KB079138

에듀윌과 함께 시작하면,
당신도 합격할 수 있습니다!

오랜 직장 생활을 마감하며 찾아온 앞날에 대한 막연한 두려움
에듀윌만 믿고 공부해 합격의 길에 올라선 50대 은퇴자

출산한지 얼마 안돼 독박 육아를 하며 시작한 도전!
새벽 2~3시까지 공부해 8개월 만에 동차 합격한 아기엄마

만년 가구기사 보조로 5년 넘게 일하다, 달리는 차 안에서도
포기하지 않고 공부해 이제는 새로운 일을 찾게 된 합격생

누구나 합격할 수 있습니다.
시작하겠다는 '다짐' 하나면 충분합니다.

마지막 페이지를 덮으면,

에듀윌과 함께
공인중개사 합격이 시작됩니다.

eduwill

13년간 베스트셀러 1위
에듀윌 공인중개사 교재

기초부터 확실하게 기초/기본 이론

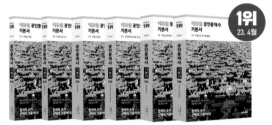

기초입문서(2종)

기본서(6종)

출제경향 파악 기출문제집

단원별 기출문제집(3종)

다양한 출제 유형 대비 문제집

기출응용 예상문제집(6종)

<이론/기출문제>를 단기에 단권으로 단단

단단(6종)

부족한 부분을 빠르게 보강하는 요약서/실전대비 교재

1차 핵심요약집+기출팩
(1종)

임선정 그림 암기법
(공인중개사법령 및 중개실무)(1종)

오시훈 키워드 암기장
(부동산공법)(1종)

심정욱 합격패스 암기노트
(민법 및 민사특별법)(1종)

7일끝장 회차별 기출문제집
(2종)

실전모의고사 완성판
(2종)

합격을 위한 비법 대공개 합격서

이영방 합격서
부동산학개론

심정욱 합격서
민법 및 민사특별법

임선정 합격서
공인중개사법령 및 중개실무

김민석 합격서
부동산공시법

한영규 합격서
부동산세법
*개정판 출시 예정

오시훈 합격서
부동산공법

신대운 합격서
쉬운 민법체계도

합격을 결정하는 파이널 교재

이영방 필살키

심정욱 필살키

임선정 필살키

오시훈 필살키

김민석 필살키

한영규 필살키

더 많은
공인중개사 교재

공인중개사,
에듀윌을 선택해야 하는 이유

8년간 아무도 깨지 못한 기록
합격자 수 1위

합격을 위한 최강 라인업
1타 교수진

공인중개사

합격만 해도 연 최대 300만원 지급
에듀윌 앰배서더

업계 최대 규모의 전국구 네트워크
동문회

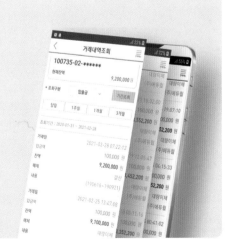

합격자 수 1위 에듀윌
6만 건이 넘는 후기

고○희 합격생

부알못, 육아맘도 딱 1년 만에 합격했어요.

저는 부동산에 관심이 전혀 없는 '부알못'이었는데, 부동산에 관심이 많은 남편의 권유로 공부를 시작했습니다. 남편 지인들이 에듀윌을 통해 많이 합격했고, '합격자 수 1위'라는 광고가 좋아 에듀윌을 선택하게 되었습니다. 교수님들이 커리큘럼대로만 하면 된다고 해서 믿고 따라갔는데 정말 반복 학습이 되더라고요. 아이 둘을 키우다 보니 낮에는 시간을 낼수 없어서 밤에만 공부하는 게 쉽지 않아 포기하고 싶을 때도 있었지만 '에듀윌 지식인'을 통해 합격하신 선배님들과 함께 공부하는 동기들의 위로가 큰 힘이 되었습니다.

이○용 합격생

군복무 중에 에듀윌 커리큘럼만 믿고 공부해 합격

에듀윌이 합격자가 많기도 하고, 교수님이 많아 제가 원하는 강의를 고를 수 있는 점이 좋았습니다. 또, 커리큘럼이 잘짜여 있어서 잘 따라만 가면 공부를 잘 할 수 있을 것 같아 에듀윌을 선택했습니다. 에듀윌의 커리큘럼대로 꾸준히 따라갔던 게 저만의 합격 비결인 것 같습니다.

안○원 합격생

5개월 만에 동차 합격, 낸 돈 그대로 돌려받았죠!

저는 야쿠르트 프레시매니저를 하다 60세에 도전하여 합격했습니다. 심화 과정부터 시작하다 보니 기본이 부족했는데, 교수님들이 하라는 대로 기본 과정과 책을 더 보면서 정리하며 따라갔던 게 주효했던 것 같습니다. 합격 후 100만 원 가까이 되는 큰 돈을 환급받아 남편이 주택관리사 공부를 한다고 해서 뒷받침해 줄 생각입니다. 저는 소공(소속 공인중개사)으로 활동을 하고 싶은 포부가 있어 최대 규모의 에듀윌 동문회 활동도 기대가 됩니다.

다음 합격의 주인공은 당신입니다!

더 많은
합격 비법

부동산세법 3회독 플래너 📅

합격을 위한 나의 목표!

※ 1회독 완료: _____월 _____일까지　　　2회독 완료: _____월 _____일까지　　　3회독 완료: _____월 _____일까지

단 원			1회독	2회독	3회독
PART 1 **조세총론**	CHAPTER 01 조세의 기초이론	1절 조세의 개념	☑	☐	☐
		2절 조세의 분류	☐	☐	☐
		3절 조세의 기본원칙	☐	☐	☐
		4절 조세의 용어정리	☐	☐	☐
		5절 가산세	☐	☐	☐
		6절 부동산 활동별 관련 조세	☐	☐	☐
		7절 서류의 송달	☐	☐	☐
	CHAPTER 02 납세의무의 성립 · 확정 · 소멸	1절 납세의무의 성립시기	☐	☐	☐
		2절 납세의무의 확정시기	☐	☐	☐
		3절 납세의무의 소멸	☐	☐	☐
		4절 납세의무의 확장	☐	☐	☐
	CHAPTER 03 조세와 타 채권과의 관계	1절 조세의 우선권	☐	☐	☐
		2절 조세우선권의 예외	☐	☐	☐
	CHAPTER 04 조세의 불복제도	1절 국세의 불복	☐	☐	☐
		2절 지방세의 불복	☐	☐	☐
PART 2 **지방세**	CHAPTER 01 취득세	1절 취득세의 특징 및 과세대상	☐	☐	☐
		2절 취득의 개념 및 유형	☐	☐	☐
		3절 납세의무자	☐	☐	☐
		4절 취득시기	☐	☐	☐
		5절 과세표준	☐	☐	☐
		6절 세 율	☐	☐	☐
		7절 취득세 비과세	☐	☐	☐
		8절 납세절차	☐	☐	☐
	CHAPTER 02 등록에 대한 등록면허세	1절 의의 및 특징	☐	☐	☐
		2절 납세의무자 및 과세표준	☐	☐	☐
		3절 세 율	☐	☐	☐
		4절 비과세	☐	☐	☐
		5절 납세절차	☐	☐	☐

단 원			1회독	2회독	3회독
PART 2 **지방세**	CHAPTER 03 재산세	1절 의의 및 특징	☐	☐	☐
		2절 과세대상	☐	☐	☐
		3절 납세의무자	☐	☐	☐
		4절 과세표준 및 세율	☐	☐	☐
		5절 비과세	☐	☐	☐
		6절 납세절차	1회독	2회독	3회독
		7절 재산세 과세대상 토지의 분류	☐	☐	☐
PART 3 **국 세**	CHAPTER 01 종합부동산세	1절 종합부동산세의 의의 및 용어의 정의	☐	☐	☐
		2절 과세대상	☐	☐	☐
		3절 납세의무자	☐	☐	☐
		4절 주택에 대한 종합부동산세	☐	☐	☐
		5절 토지에 대한 종합부동산세	☐	☐	☐
		6절 비과세	☐	☐	☐
		7절 납세절차	☐	☐	☐
	CHAPTER 02 종합소득세	1절 소득세의 개요	☐	☐	☐
		2절 부동산임대소득	☐	☐	☐
		3절 기타 부동산업	☐	☐	☐
	CHAPTER 03 양도소득세	1절 양도소득세의 의의 및 과세대상	☐	☐	☐
		2절 양도의 개념과 범위	☐	☐	☐
		3절 양도 또는 취득시기	☐	☐	☐
		4절 비과세 양도소득	☐	☐	☐
		5절 양도소득과세표준의 계산	☐	☐	☐
		6절 양도소득금액 계산의 특례	☐	☐	☐
		7절 세 율	☐	☐	☐
		8절 미등기양도자산	☐	☐	☐
		9절 납세절차	☐	☐	☐
		10절 국외자산에 대한 양도소득세	☐	☐	☐

1회독 완성! 2회독 완성! 3회독 완성!

가위로 잘라서 사용하세요!

에듀윌이
너를
지지할게
ENERGY

세상을 움직이려면
먼저 나 자신을 움직여야 한다.

– 소크라테스(Socrates)

⊕ 합격할 때까지 책임지는 개정법령 원스톱 서비스!

법령 개정이 잦은 공인중개사 시험. 일일이 찾아보지 마세요!
에듀윌에서는 필요한 개정법령만을 빠르게! 한번에! 제공해 드립니다.

에듀윌 도서몰 접속 (book.eduwill.net)	▶	우측 정오표 아이콘 클릭	▶	카테고리 공인중개사 설정 후 교재 검색

개정법령
확인하기

2024

에듀윌 공인중개사

기본서 2차

부동산세법

BEST 5

정년이 없어요

평생 일할 수 있어요!
갱신이 없는 자격증이거든요.

전망이 좋아요

국가전문자격시험 중 접수인원 무려 1위!*
일자리전망, 발전가능성, 고용평등성 높은 직업!**

* 한국산업인력공단, 2021
** 커리어넷, 2021

누구나 도전할 수 있어요

나이, 성별, 경력, 학력 등 아무 것도 필요 없어요!
응시 자격이 없는 열린 시험이에요.

학습부담이 적어요

평균 60점 이상이면 합격하는 절대평가 시험!
경쟁자 걱정 없는 시험이에요!!

자격증 자체가 스펙이에요

부동산 관련 기업에 취업할 수도 있고 창업도 할 수 있어요. 각종 공기업 취업 시에 가산점도 있어요!
정년퇴직 후 전문직으로 제2의 인생 시작도 가능하죠.
경매, 공매 행위까지 대행가능한 넓어진 업무영역은 보너스!

이렇게 좋은 공인중개사!
에듀윌과 함께라면 1년 이내에 합격할 수 있어요.

시험정보

☑ 시험 일정

시 험		2024년 제35회 제1 · 2차 시험(동시접수 · 시행)
접수기간	정 기	매년 8월 2번째 월요일부터 금요일까지
	빈자리	매년 10월 2번째 목요일부터 금요일까지
시험일정		매년 10월 마지막 주 토요일

※ 정확한 시험 일정은 큐넷 홈페이지(www.Q-Net.or.kr)에서 확인이 가능함

☑ 시험과목 및 방법

– 제1차 및 제2차 시험을 모두 객관식 5지 선택형으로 출제(매 과목당 40문항)하고, 같은 날[제1차 시험 100분, 제2차 시험 150분(100분, 50분 분리시행)]에 구분하여 시행

– 제1차 시험에 불합격한 자의 제2차 시험은 무효로 함

구 분	시험과목	문항 수	시험시간
제1차 시험 1교시 (2과목)	1. 부동산학개론(부동산감정평가론 포함) 2. 민법 및 민사특별법 중 부동산 중개에 관련되는 규정	과목당 40문항	100분 (09:30~11:10)
제2차 시험 1교시 (2과목)	1. 공인중개사의 업무 및 부동산 거래신고 등에 관한 법령 및 중개실무 2. 부동산공법 중 부동산 중개에 관련되는 규정	과목당 40문항	100분 (13:00~14:40)
제2차 시험 2교시 (1과목)	1. 부동산공시에 관한 법령(부동산등기법, 공간정보의 구축 및 관리 등에 관한 법률) 및 부동산 관련 세법	40문항	50분 (15:30~16:20)

※ 답안은 시험시행일에 시행되고 있는 법령을 기준으로 작성

☑ 합격 기준

구 분	합격결정기준
제1차 시험	매 과목 100점을 만점으로 하여 매 과목 40점 이상, 전 과목 평균 60점 이상 득점한 자
제2차 시험	매 과목 100점을 만점으로 하여 매 과목 40점 이상, 전 과목 평균 60점 이상 득점한 자

※ 1차 · 2차 시험 동시 응시 가능하나, 1차 시험에 불합격하고 2차만 합격한 경우 2차 성적은 무효로 함

부동산세법 뽀시기

구분	CHAPTER	주요 키워드	10개년 출제비중	최신 제34회
PART1 조세총론	01 조세의 기초이론	조세의 분류, 가산세	4.3%	–
	02 납세의무의 성립·확정·소멸	성립시기, 소멸	2.5%	2(12.5%)
	03 조세와 타 채권과의 관계	조세우선권	1.3%	–
	04 조세의 불복제도	불복 신청 및 청구제도	1.9%	–
	소 계		10%	2(12.5%)
PART2 지방세	01 취득세	납세의무자, 취득시기, 과세표준, 세율, 비과세, 납세절차	17.2%	2(12.5%)
	02 등록에 대한 등록면허세	과세표준, 세율, 비과세, 납세절차	8.4%	2(12.5%)
	03 재산세	과세대상, 납세의무자, 과세표준, 세율, 납세절차, 분할납부, 물납	16.9%	2(12.5%)
	[기타] 지방소득세	–	0.6%	–
	[기타] 지역자원시설세	–	0.6%	–
	소 계		43.7%	6(37.5%)
PART3 국세	01 종합부동산세	과세대상, 납세의무자, 과세표준, 납세절차	8.2%	2(12.5%)
	02 종합소득세	부동산임대소득	3.8%	1(6.3%)
	03 양도소득세	과세대상, 양도의 개념, 비과세, 납세절차, 국외자산에 대한 양도소득세	34.3%	5(31.2%)
	소 계		46.3%	8(50%)
합 계			100%	16(100%)

세법 정복하는 에듀윌의 정규 커리큘럼

기초이론 11월~12월 교재 기초입문서

여기에요!

기본이론 1월~3월 교재 기본서

핵심이론&기출문제 3월~5월 교재 단원별 기출문제집

기출응용&요약정리 6월~7월 교재 기출응용 예상문제집

부동산세법은 어떻게 공부해야 할까?

☑ 세법의 과목 특징!
1. '세법'은 '공시법'과 2과목이 하나로 묶여서 출제돼요.
2. 보통 16문제가 출제돼요.
3. 납세자의 입장이 아닌, 과세 관청의 입장에서 이해하고 판단해야 해요.

☑ 최신시험 경향은?
제34회 기출문제는 제33회에 이어 조세총론 파트가 상당히 어렵게 출제되었어요. 계산문제도 2문제가 출제되었지요. 그 외에는 제33회 시험에 비해 평이한 난이도였고, 조세총론 · 취득세 · 등록면허세 · 재산세 · 종합부동산세 각 영역에서 2문제씩, 종합소득세 1문제, 양도소득세 5문제가 출제되었어요. 최근 들어 취득세, 재산세의 출제비중은 낮아지고 등록면허세, 종합부동산세의 출제비중이 높아지고 있어요. 또한 3∼4년에 한 번씩 출제되던 종합소득세도 2년 연속 출제되고 있어요.

☑ 우리는 이렇게 대비하도록 해요

1. 큰 그림 위주로 학습!
   단순 암기보다는 전반적인 흐름을 염두에 두고, 여러 세목 간 비교 중심으로 학습해야 해요.

2. 출제비중이 높은 양도소득세, 포기하지 말자!
   양도소득세는 매년 5∼6문제 정도가 출제되는 비중 높은 세목이에요. 실무에서도 상당히 많이 쓰이는 세목으로 이를 포기한다면 합격은 멀어질 수 있어요. "내가 집을 판다, 땅을 판다."고 생각하고 적극적으로 학습에 임하는 자세가 필요해요.

단원별 모의고사		동형 모의고사	★★ 축하합니다 ★★
8월		10월	합격
	족집게 100선		
	9월		
	교재 필살키		

자세한 내용은
QR 스캔

기본기를 탄탄하게 하는!

기본서의 구성과 특징

공부 시작 전, 학습방향 잡기!

BIG DATA 기반 학습 가이드!

PART 내 CHAPTER의 10개년 출제 비중을 보여주고, 이를 바탕으로 제35회 시험 학습전략을 제시하였습니다.

3회독 플래너로 학습도 손쉽게!

10개년 기출분석 기반, 핵심이론 파악

해당 CHAPTER가 10개년 동안 얼마나 출제되었는지, 어떤 공부를 해야할지를 설명해 줍니다.

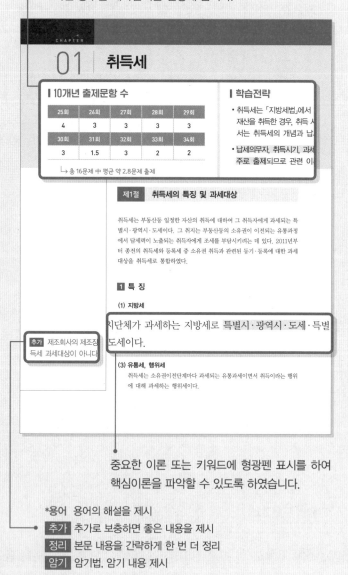

중요한 이론 또는 키워드에 형광펜 표시를 하여 핵심이론을 파악할 수 있도록 하였습니다.

*용어 용어의 해설을 제시
추가 추가로 보충하면 좋은 내용을 제시
정리 본문 내용을 간략하게 한 번 더 정리
암기 암기법, 암기 내용 제시

이해를 UP! 시키는 기출&예상문제 수록

완벽한 마무리!

문제가 출제된 적이 있는 중요한 부분에 기출표시를 하였습니다.

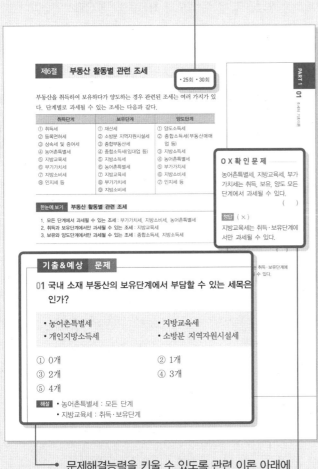

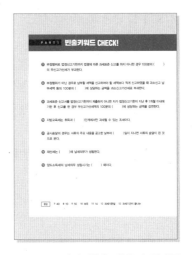

CHAPTER마다 빈칸 채우기 문제를 풀며, 빈출키워드를 점검할 수 있도록 하였습니다.

➕

제34회 최신기출로 출제경향 파악!

문제해결능력을 키울 수 있도록 관련 이론 아래에 기출&예상문제를 수록하였습니다.

이론을 정확히 이해하였는지 확인할 수 있도록, 관련 내용 옆 보조단에 OX문제를 수록하였습니다.

선별한 OX문제를 다시 풀어보며 이론 재점검! (12월 중 오픈예정)

※ PDF제공: 에듀윌 도서몰(book.eduwill.net)
▶ 부가학습자료

머리말

부동산세법은 갈수록 어렵고 복잡해지고 있습니다. 게다가 공인중개사 전체 시험에서 비중이 높은 과목이 아니다 보니 자칫 포기하거나 소홀해지기 쉽습니다. 하지만 부동산세법은 전체적인 그림만 그릴 줄 안다면 생각보다 할 만한 과목입니다.

이에 본 교재는 현행 법령에 충실하면서도 전체적인 개념을 잡을 수 있도록 최선을 다해 집필하였습니다. 자주 출제되거나 중요한 이론 부분에는 형광펜 표시를 하여 강조하였고, CHAPTER가 끝나면 빈출키워드를 정리하여 학습한 내용을 다시 한번 확인할 수 있도록 하였습니다.

부동산세법에서 다루고 있는 법령들은 매년 개정사항이 있고, 집필이 완료된 이 시점까지도 확정되지 않은 부분이 있는 등 변동성이 큽니다. 그러므로 교재가 출간된 이후에 개정되는 내용은 바로바로 에듀윌 홈페이지에서 확인하시기 바랍니다.

저 또한 수험생활을 해봤기 때문에 수험생 여러분들의 어려움을 잘 알고 있습니다. 여러분들이 합격의 문을 여는 데 조금이라도 도움이 되고자 수험생의 입장에서 최선을 다해 집필하였습니다.
하늘은 스스로 돕는 자를 돕는다고 하였습니다. 구슬이 서 말이라도 꿰어야 보배이듯 본 교재를 여러 차례 숙독하시어 여러분의 것으로 만드신다면 합격은 눈앞에 성큼 다가와 있을 것입니다.
이 교재를 보시는 모든 분들의 합격을 진심으로 기원합니다.

저자 한영규

약력
- 現 에듀윌 부동산세법 전임 교수
- 現 세무법인 세익 원당지점 대표 세무사
- 現 동고양세무서 납세자보호위원
- 前 동고양세무서 국세심사위원
- 前 내국소비세법 및 회계학개론 강의

저서
에듀윌 공인중개사 부동산세법 기초입문서, 기본서, 단단, 합격서, 단원별/회차별 기출문제집, 기출응용 예상문제집, 실전모의고사, 필살키 등 집필

PART 1 조세총론

CHAPTER 01 | **조세의 기초이론**

제1절	조세의 개념	16
제2절	조세의 분류	17
제3절	조세의 기본원칙	20
제4절	조세의 용어정리	22
제5절	가산세	27
제6절	부동산 활동별 관련 조세	33
제7절	서류의 송달	34

CHAPTER 02 | **납세의무의 성립 · 확정 · 소멸**

제1절	납세의무의 성립시기	39
제2절	납세의무의 확정시기	41
제3절	납세의무의 소멸	46
제4절	납세의무의 확장	51

CHAPTER 03 | **조세와 타 채권과의 관계**

제1절	조세의 우선권	57
제2절	조세우선권의 예외	58

CHAPTER 04 | **조세의 불복제도**

제1절	국세의 불복	62
제2절	지방세의 불복	66
	빈출키워드 CHECK!	71

이런 내용을 배워요!

차례

PART 2 지방세

CHAPTER 01 | 취득세

제1절	취득세의 특징 및 과세대상	78
제2절	취득의 개념 및 유형	83
제3절	납세의무자	85
제4절	취득시기	94
제5절	과세표준	100
제6절	세 율	107
제7절	취득세 비과세	130
제8절	납세절차	133
	빈출키워드 CHECK!	143

CHAPTER 02 | 등록에 대한 등록면허세

제1절	의의 및 특징	148
제2절	납세의무자 및 과세표준	150
제3절	세 율	152
제4절	비과세	154
제5절	납세절차	155
	빈출키워드 CHECK!	162

CHAPTER 03 | 재산세

제1절	의의 및 특징	164
제2절	과세대상	165
제3절	납세의무자	168
제4절	과세표준 및 세율	171
제5절	비과세	180
제6절	납세절차	183
제7절	재산세 과세대상 토지의 분류	193
	빈출키워드 CHECK!	214

차례

PART 3 국세

CHAPTER 01 | **종합부동산세**

제1절	종합부동산세의 의의 및 용어의 정의	222
제2절	과세대상	224
제3절	납세의무자	225
제4절	주택에 대한 종합부동산세	226
제5절	토지에 대한 종합부동산세	235
제6절	비과세	239
제7절	납세절차	240
	빈출키워드 CHECK!	250

CHAPTER 02 | **종합소득세**

제1절	소득세의 개요	252
제2절	부동산임대소득	256
제3절	기타 부동산업	269
	빈출키워드 CHECK!	270

CHAPTER 03 | **양도소득세**

제1절	양도소득세의 의의 및 과세대상	272
제2절	양도의 개념과 범위	277
제3절	양도 또는 취득시기	280
제4절	비과세 양도소득	284
제5절	양도소득과세표준의 계산	303
제6절	양도소득금액 계산의 특례	317
제7절	세 율	327
제8절	미등기양도자산	334
제9절	납세절차	336
제10절	국외자산에 대한 양도소득세	345
	빈출키워드 CHECK!	350

| 2023년 제34회 최신 기출문제 | 354 |

조세총론

최근 10개년 출제비중

10%

제34회 출제비중

12.5%

CHAPTER별 10개년 출제비중 & 출제키워드

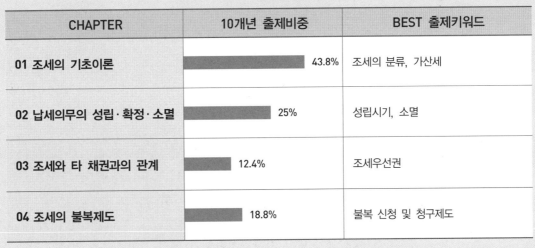

CHAPTER	10개년 출제비중	BEST 출제키워드
01 조세의 기초이론	43.8%	조세의 분류, 가산세
02 납세의무의 성립·확정·소멸	25%	성립시기, 소멸
03 조세와 타 채권과의 관계	12.4%	조세우선권
04 조세의 불복제도	18.8%	불복 신청 및 청구제도

* 여러 CHAPTER의 개념을 묻는 복합문제이거나, 법률이 개정 및 제정된 경우 분류 기준에 따라 수치가 달라질 수 있습니다.

제35회 시험 학습전략

제34회 시험의 조세총론에서 출제된 2문제는 전년도 시험에 이어 기존에 출제되지 않았던 난도가 상당히 높은 문제였습니다. 2023년에 개정이 있었던 조세우선권 PART 및 불복절차에 대해 집중하여 학습할 필요가 있습니다.

01 | 조세의 기초이론

▌10개년 출제문항 수

25회	26회	27회	28회	29회
2	1	1		

30회	31회	32회	33회	34회
1	1			1

↳ 총 16문제 中 평균 약 0.7문제 출제

▌학습전략

• 조세의 기초이론에서는 조세의 개념과 분류, 기본원칙과 용어에 대해 학습합니다.

• 조세의 분류, 용어정리, 가산세에 대한 문제가 주로 출제되므로 관련 이론을 정리해 두는 것이 좋습니다.

제1절   조세의 개념

1 조세의 정의

조세란 '국가 또는 지방자치단체가 그의 경비충당을 위한 재정수입을 조달할 목적으로 법률에 규정된 과세요건을 충족한 모든 자에게 직접적인 반대급부 없이 부과하는 금전급부'라고 정의한다.

2 조세의 특징

1. 과세주체

과세주체는 국가 또는 지방자치단체이다. 따라서 공공단체가 공공사업에 필요한 경비에 충당하기 위하여 부과하는 공과금이나 각종 회비, 전기, 가스요금 등은 조세에 해당하지 않는다.

2. 부과목적

조세는 국가 또는 지방자치단체의 경비충당을 위한 재정수입을 조달할 목적으로 부과된다. 따라서 위법행위에 대해 제재를 목적으로 하는 벌과금, 과태료* 등은 조세가 아니다.

* **과태료**
의무 이행을 태만히 한 사람에게 벌로 물게 하는 돈. 벌금과 달리 형벌의 성질을 가지지 않는 법령 위반에 대하여 부과한다.

3. 부과대상

조세는 법률에 규정된 과세요건을 충족한 모든 자에게 부과된다. 과세요건은 법률에 따라 규정되며 이러한 과세요건이 충족되면 당사자의 의사와는 관계없이 조세가 부과된다.

> **⊘ 참고** **과세요건**
>
> 1. **과세대상** : 세법에 의하여 과세의 목적이 되는 소득, 행위, 수익, 재산 등을 말한다.
> 2. **납세의무자** : 세법에 따라 조세를 납부할 의무(조세를 징수하여 납부할 의무는 제외)가 있는 자를 말한다.
> 3. **과세표준** : 세법에 따라 직접적으로 세액산출의 기초가 되는 과세대상의 수량 또는 가액(價額)을 말한다.
> 4. **세율** : 세금을 계산하는 경우 과세표준에 곱하는 비율이나 금액을 말한다.

4. 조세는 직접적인 반대급부가 없다.

납세의무자는 국가가 제공하는 국방, 복지 등의 혜택을 얻지만 이것은 자기가 납부한 조세와 정확히 비례하여 개별적으로 보상이 이루어지는 것은 아니다.

5. 금전급부의 원칙

조세는 금전급부이다. 따라서 조세는 금전납부가 원칙이며 물납은 원칙적으로 인정하지 않지만, 상속세, 재산세 등에서 특수한 경우에 물납을 허용하고 있다. 이는 납세의무자의 유동성 부족으로 인해 납부자금 마련에 어려움이 있기 때문에 도입된 제도이다.

정리 물납이 가능한 조세
재산세, 상속세 등

제2절 조세의 분류

• 26회

1. 과세권자에 따른 분류

(1) 국 세

국가가 부과·징수하는 조세로 법인세, 소득세, 부가가치세, 상속세 및 증여세, 종합부동산세, 인지세, 농어촌특별세 등을 말한다.

암기 **세목별 과세권자**

세 목	과세권자
취득세	특, 광, 도
등록면허세	도, 구
재산세	시, 군, 구

* 담세자
실제로 조세를 부담하는 자

정리 **세목별 인적 귀속 여부**

세 목	인적 귀속 여부
취득세	물세
등록면허세	물세
재산세	물세 (합산과세대상 토지는 인세)
종합부동산세	인세
양도소득세	인세

(2) 지방세

지방자치단체가 부과·징수하는 조세로 취득세, 등록면허세, 재산세, 지역자원시설세, 지방교육세, 지방소득세, 주민세 등을 말한다.

2. 조세의 사용용도가 특정되었는지에 따른 분류

(1) 보통세

세수의 용도를 특정하지 아니하고 징수하는 조세를 말하며 취득세, 등록면허세, 재산세, 종합부동산세, 양도소득세 등 대부분의 조세가 해당된다.

(2) 목적세

세수의 용도를 특정하여 징수하는 조세를 말하며 농어촌특별세, 지방교육세, 지역자원시설세 등이 해당된다.

3. 조세부담 전가 여부에 따른 분류

(1) 직접세

납세의무자와 담세자*가 일치하는 조세로 취득세, 등록면허세, 재산세, 종합부동산세, 양도소득세 등 대부분의 조세가 해당된다.

(2) 간접세

납세의무자와 담세자가 일치하지 않는 조세로 부가가치세, 지방소비세, 인지세 등의 조세가 해당된다.

4. 인적 귀속 여부에 따른 분류

(1) 인 세

납세의무자를 중심으로 그 인적 측면에 주안점을 두어 부과되는 조세로 통상 합산과세한다. 종합부동산세, 양도소득세, 토지에 대한 재산세가 인세에 해당된다.

(2) 물 세

과세물건을 중심으로 그 물적 측면에 주안점을 두어 부과되는 조세로 취득세, 등록면허세, 재산세(토지 제외)가 물세에 해당된다.

5. 과세표준에 따른 분류

(1) 종가세

과세물건을 화폐단위로 측정하는 조세로 과세표준이 금액이나 가액으로 표시되며 취득세, 등록면허세, 재산세, 종합부동산세, 양도소득세 등 대부분의 조세가 해당된다.

(2) 종량세

과세물건을 화폐 이외의 단위로 측정하는 조세로 과세표준이 수량, 면적, 건수 등으로 표시되며 등록면허세 중 말소등기, 변경등기 등이 해당된다.

6. 독립된 세원 여부에 따른 분류

(1) 독립세

독립된 세원에 대하여 부과하는 조세를 말하며 취득세, 등록면허세, 재산세, 종합부동산세, 양도소득세 등 대부분의 조세가 해당된다.

(2) 부가세

다른 조세에 부가되는 조세를 말하며 농어촌특별세, 지방교육세 등이 해당된다.

> ✔ 참고 **세목별 부가세**
>
> | 구 분 | 납부 시 부가세 | 감면 시 부가세 |
> |---|---|---|
> | 취득세 | 농어촌특별세, 지방교육세 | 농어촌특별세 |
> | 등록면허세 | 지방교육세 | 농어촌특별세 |
> | 재산세 | 지방교육세 | – |
> | 종합부동산세 | 농어촌특별세 | – |
> | 양도소득세 | – | 농어촌특별세 |
>
> ➕ 양도소득세 납부 시에는 부가세가 부과되지 않지만 지방소득세를 별도로 신고납부해야 한다.

> ✔ 참고 **지방소득세**
>
> 1. 독립세이며 납세의무가 있는 개인과 법인이 소득에 따라 내야 하는 지방세이다.
> 2. 개인의 경우 소득세 과세표준의 0.6~4.5%, 법인은 법인세 과세표준의 0.9~2.4%가 세금으로 매겨진다.

3. 개인지방소득세, 법인지방소득세로 구분하며 취득세, 자동차세와 더불어 지방자치단체 재원의 큰 부분을 차지하고 있다.
4. 소액징수면제 제도를 적용받으며(고지서 1장당 2천원 미만) 양도소득에 대한 개인지방소득세 신고기한은 양도소득과세표준 예정신고 및 확정신고 기한에 2개월을 더한 날까지 신고해야 한다.

제3절 조세의 기본원칙

1 조세부과의 원칙

1. 실질과세의 원칙(국세기본법 제14조, 지방세기본법 제17조)

(1) 귀속에 따른 실질과세

과세의 대상이 되는 소득·수익·재산·행위 또는 거래가 서류상 귀속되는 자는 명의(名義)만 있을 뿐 사실상 귀속되는 자가 따로 있을 때에는 사실상 귀속되는 자를 납세의무자로 한다.

(2) 거래내용에 대한 실질과세

과세표준 또는 세액의 계산에 관한 규정은 소득·수익·재산·행위 또는 거래의 명칭이나 형식에 관계없이 그 실질내용에 따라 적용한다.

(3) 경제적 실질에 따른 실질과세

제3자를 통한 간접적인 방법이나 둘 이상의 행위 또는 거래를 거치는 방법으로 「국세기본법」 또는 세법의 혜택을 부당하게 받기 위한 것으로 인정되는 경우에는 그 경제적 실질 내용에 따라 당사자가 직접 거래를 한 것으로 보거나 연속된 하나의 행위 또는 거래를 한 것으로 본다.

2. 신의·성실의 원칙(국세기본법 제15조, 지방세기본법 제18조)

납세자와 세무공무원은 신의에 따라 성실하게 그 의무를 이행하거나 직무를 수행하여야 한다.

3. 근거과세의 원칙(국세기본법 제16조, 지방세기본법 제19조)

① 납세의무자가 장부를 갖추어 기록하고 있을 때에는 해당 조세의 과세표준 조사 및 결정은 기록한 장부와 이에 관계되는 증거자료에 따라야 한다.

② 조세를 조사·결정할 때 기록 내용이 사실과 다르거나 누락된 것이 있을 때에는 그 부분에 대해서만 조사한 사실에 따라 결정할 수 있다.

③ 과세관청은 장부의 기록 내용과 다른 사실이나 누락된 것을 조사하여 결정하였으면 조사한 사실과 결정의 근거를 결정서에 덧붙여 적어야 한다.

④ 과세관청은 납세의무자 또는 그 대리인의 요구가 있을 때에는 위 ③의 결정서를 열람하게 하거나 사본을 발급하거나 그 사본이 원본(原本)과 다름이 없음을 확인하여야 한다.

⑤ 위 ④의 요구는 구술로 한다. 다만, 해당 과세관청의 장이 필요하다고 인정하면 결정서를 열람하거나 사본을 발급받은 사람의 서명을 요구할 수 있다.

4. 조세감면의 사후관리(국세기본법 제17조 제1항)

정부는 조세를 감면한 경우에 그 감면의 취지를 성취하거나 국가정책을 수행하기 위하여 필요하다고 인정하면 세법에서 정하는 바에 따라 감면한 세액에 상당하는 자금 또는 자산의 운용 범위를 정할 수 있다.

2 세법적용의 원칙

1. 세법해석의 기준

세법을 해석·적용할 때에는 과세의 형평과 해당 조항의 목적에 비추어 납세자의 재산권이 부당하게 침해되지 아니하도록 하여야 한다(국세기본법 제18조 제1항, 지방세기본법 제20조 제1항).

2. 소급과세의 금지

① 조세를 납부할 의무(징수의무자가 따로 규정되어 있는 경우에는 이를 징수하여 납부할 의무)가 성립된 소득·수익·재산·행위 또는 거래에 대해서는 의무 성립 후의 새로운 법에 따라 소급하여 과세하지 아니한다(국세기본법 제18조 제2항, 지방세기본법 제20조 제2항).

② 세법의 해석 또는 조세행정의 관행이 일반적으로 납세자에게 받아들여진 후에는 그 해석 또는 관행에 따른 행위나 계산은 정당한 것으로 보며 새로운 해석 또는 관행에 따라 소급하여 과세되지 아니한다(국세기본법 제18조 제3항, 지방세기본법 제20조 제3항).

3. 세무공무원의 재량의 한계

세무공무원은 과세의 형평과 해당 세법의 목적에 따른 한계를 준수하여야 한다(국세기본법 제19조, 지방세기본법 제21조).

4. 기업회계의 존중

세무공무원이 조세의 과세표준과 세액을 조사·결정할 때에는 해당 납세의무자가 계속하여 적용하고 있는 기업회계의 기준 또는 관행이 일반적으로 공정하고 타당하다고 인정되는 것이면 존중하여야 한다. 다만, 세법에서 다른 규정을 두고 있는 경우에는 그 법에서 정하는 바에 따른다(국세기본법 제20조, 지방세기본법 제22조).

제4절   조세의 용어정리

• 25회 • 30회 • 31회

「지방세기본법」에서 사용하는 용어의 뜻은 다음과 같다(지방세기본법 제2조).

(1) 지방자치단체
'지방자치단체'란 특별시·광역시·특별자치시·도·특별자치도·시·군·구(자치구)를 말한다.

(2) 지방자치단체의 장
'지방자치단체의 장'이란 특별시장·광역시장·특별자치시장·도지사·특별자치도지사·시장·군수·구청장(자치구의 구청장)을 말한다.

(3) 지방세
'지방세'란 특별시세, 광역시세, 특별자치시세, 도세, 특별자치도세 또는 시·군세, 구세(자치구의 구세)를 말한다.

(4) 지방세관계법

'지방세관계법'이란 「지방세징수법」, 「지방세법」, 「지방세특례제한법」, 「조세특례제한법」 및 「제주특별자치도 설치 및 국제자유도시 조성을 위한 특별법」을 말한다.

(5) 과세표준

'과세표준'이란 「지방세법」에 따라 직접적으로 세액산출의 기초가 되는 과세물건의 수량·면적 또는 가액(價額) 등을 말한다.

(6) 표준세율

'표준세율'이란 지방자치단체가 지방세를 부과할 경우에 통상 적용하여야 할 세율로서 재정상의 사유 또는 그 밖의 특별한 사유가 있는 경우에는 이에 따르지 아니할 수 있는 세율을 말한다.

> **추가 표준세율**
>
> 취득세, 등록면허세, 재산세, 지방소득세, 지역자원시설세 등은 50% 범위에서 가감조정할 수 있다. 단, 재산세는 해당 연도에 한한다.

(7) 과세표준 신고서

'과세표준 신고서'란 지방세의 과세표준·세율·납부세액 등 지방세의 납부 또는 환급을 위하여 필요한 사항을 기재한 신고서를 말한다.

(8) 과세표준 수정신고서

'과세표준 수정신고서'란 처음 제출한 과세표준 신고서의 기재사항을 수정하는 신고서를 말한다.

(9) 법정신고기한

'법정신고기한'이란 「지방세기본법」 또는 지방세관계법에 따라 과세표준 신고서를 제출할 기한을 말한다.

(10) 세무공무원

'세무공무원'이란 지방자치단체의 장 또는 지방세의 부과·징수 등에 관한 사무를 위임받은 공무원을 말한다.

(11) 납세의무자

'납세의무자'란 「지방세법」에 따라 지방세를 납부할 의무(지방세를 특별징수하여 납부할 의무는 제외)가 있는 자를 말한다.

(12) 납세자

'납세자'란 납세의무자(연대납세의무자와 제2차 납세의무자 및 보증인을 포함)와 특별징수의무자를 말한다.

(13) 제2차 납세의무자

'제2차 납세의무자'란 납세자가 납세의무를 이행할 수 없는 경우에 납세자
를 갈음하여 납세의무를 지는 자를 말한다.

(14) 보증인

'보증인'이란 납세자의 지방세 또는 체납처분비의 납부를 보증한 자를 말
한다.

(15) 납세고지서

'납세고지서'란 납세자가 납부할 지방세의 부과 근거가 되는 법률 및 해당
지방자치단체의 조례 규정, 납세자의 주소·성명, 과세표준, 세율, 세액,
납부기한, 납부장소, 납부기한까지 납부하지 아니한 경우에 이행될 조치
및 지방세 부과가 법령에 어긋나거나 착오가 있는 경우의 구제방법 등을
기재한 문서로서 세무공무원이 작성한 것을 말한다.

(16) 신고납부

'신고납부'란 납세의무자가 그 납부할 지방세의 과세표준과 세액을 신고하
고, 신고한 세금을 납부하는 것을 말한다.

(17) 부 과

'부과'란 지방자치단체의 장이 「지방세기본법」 또는 지방세관계법에 따라
납세의무자에게 지방세를 부담하게 하는 것을 말한다.

(18) 징 수

'징수'란 지방자치단체의 장이 「지방세기본법」 또는 지방세관계법에 따라
납세자로부터 지방자치단체의 징수금을 거두어들이는 것을 말한다.

(19) 보통징수

'보통징수'란 세무공무원이 납세고지서를 납세자에게 발급하여 지방세를
징수하는 것을 말한다.

(20) 특별징수

'특별징수'란 지방세를 징수할 때 편의상 징수할 여건이 좋은 자로 하여금
징수하게 하고 그 징수한 세금을 납부하게 하는 것을 말한다.

(21) 특별징수의무자

'특별징수의무자'란 특별징수에 의하여 지방세를 징수하고 이를 납부할 의
무가 있는 자를 말한다.

(22) 지방자치단체의 징수금

'지방자치단체의 징수금'이란 지방세 및 체납처분비를 말한다.

(23) 가산세

'가산세'란 「지방세기본법」 또는 지방세관계법에서 규정하는 의무를 성실하게 이행하도록 하기 위하여 의무를 이행하지 아니할 경우에 이 법 또는 지방세관계법에 따라 산출한 세액에 가산하여 징수하는 금액을 말한다.

(24) 체납처분비

'체납처분비'란 「지방세징수법」 제3장의 체납처분에 관한 규정에 따른 재산의 압류·보관·운반과 매각에 드는 비용(매각을 대행시키는 경우 그 수수료를 포함)을 말한다.

(25) 공과금

'공과금'이란 「지방세징수법」 또는 「국세징수법」에서 규정하는 체납처분의 예에 따라 징수할 수 있는 채권 중 국세·관세·임시수입부가세 및 지방세와 이에 관계되는 체납처분비를 제외한 것을 말한다.

(26) 지방자치단체조합

'지방자치단체조합'이란 「지방자치법」 제176조 제1항에 따른 지방자치단체조합을 말한다.

(27) 지방세정보통신망

'지방세정보통신망'이란 「전자정부법」 제2조 제10호에 따른 정보통신망으로서 행정안전부령으로 정하는 기준에 따라 행정안전부장관이 고시하는 지방세에 관한 정보통신망을 말한다.

(28) 연계정보통신망

'연계정보통신망'이란 「정보통신망 이용촉진 및 정보보호 등에 관한 법률」 제2조 제1항 제1호의 정보통신망으로서 「지방세기본법」이나 지방세관계법에 따른 신고 또는 송달을 위하여 지방세정보통신망과 연계하여 사용하는 정보통신망을 말한다.

(29) 전자신고

'전자신고'란 과세표준 신고서 등 「지방세기본법」이나 지방세관계법에 따른 신고 관련 서류를 지방세정보통신망 또는 연계정보통신망을 통하여 신고하는 것을 말한다.

(30) 전자납부

'전자납부'란 지방자치단체의 징수금을 지방세정보통신망 또는 「지방세기본법」 제136조 제1항 제1호에 따라 지방세정보통신망과 지방세수납대행기관 정보통신망을 연계한 인터넷, 전화통신장치, 자동입출금기 등의 전자매체를 이용하여 납부하는 것을 말한다.

(31) 전자송달

'전자송달'이란 「지방세기본법」이나 지방세관계법에 따라 지방세정보통신망 또는 연계정보통신망을 이용하여 송달하는 것을 말한다.

(32) 체납자

'체납자'란 지방세를 납부기한까지 납부하지 아니한 납세자를 말한다.

(33) 체납액

'체납액'이란 체납된 지방세와 체납처분비를 말한다.

(34) 특수관계인

'특수관계인'이란 본인과 다음의 어느 하나에 해당하는 관계에 있는 자를 말한다. 이 경우 「지방세기본법」 및 지방세관계법을 적용할 때 본인도 그 특수관계인의 특수관계인으로 본다.
① 혈족·인척 등 대통령령으로 정하는 친족관계
② 임원·사용인 등 대통령령으로 정하는 경제적 연관관계
③ 주주·출자자 등 대통령령으로 정하는 경영지배관계

(35) 과세자료

'과세자료'란 과세자료제출기관이 직무상 작성하거나 취득하여 관리하는 자료로서 지방세의 부과·징수와 납세의 관리에 필요한 자료를 말한다.

(36) 세무조사

'세무조사'란 지방세의 부과·징수를 위하여 질문을 하거나 해당 장부·서류 또는 그 밖의 물건을 검사·조사하거나 그 제출을 명하는 활동을 말한다.

(37) 면세점

'면세점'이란 과세표준금액이 일정금액 이하에 대해 과세하지 않는다고 정할 때 그 금액을 말한다(예 취득세에서 취득가액 50만원 이하인 경우 과세하지 않는다).

(38) 소액징수면제

'소액징수면제'란 징수할 세액이 일정금액에 미달할 경우에는 이를 징수하지 아니하는 것을 말한다(예 재산세 고지서가 1장당 2천원 미만인 경우, 징수하지 아니한다).

기출&예상 문제

지방세기본법 및 지방세법상 용어의 정의에 관한 설명으로 틀린 것은?

• 31회 수정

① '보통징수'란 지방세를 징수할 때 편의상 징수할 여건이 좋은 자로 하여금 징수하게 하고 그 징수한 세금을 납부하게 하는 것을 말한다.
② 취득세에서 사용하는 용어 중 '부동산'이란 토지 및 건축물을 말한다.
③ '세무공무원'이란 지방자치단체의 장 또는 지방세의 부과·징수 등에 관한 사무를 위임받은 공무원을 말한다.
④ '납세자'란 납세의무자(연대납세의무자와 제2차 납세의무자 및 보증인 포함)와 특별징수의무자를 말한다.
⑤ '지방자치단체의 징수금'이란 지방세 및 체납처분비를 말한다.

해설 ① 지방세를 징수할 때 편의상 징수할 여건이 좋은 자로 하여금 징수하게 하고 그 징수한 세금을 납부하게 하는 것은 특별징수라 한다.

정답 ①

제5절 가산세

• 27회

1 개요

1. 의의

가산세란 세법에서 규정하는 의무의 성실한 이행을 확보하기 위하여 세법에 따라 산출한 세액에 가산하여 징수하는 금액을 말한다.

2. 특징

① 가산세는 해당 의무가 규정된 세법의 해당 세목으로 한다.
② 해당 조세를 감면하는 경우 가산세는 그 감면대상에 포함시키지 않는다.

2 국세의 가산세

1. 무신고가산세

납세의무자가 법정신고기한까지 세법에 따른 국세의 과세표준 신고(예정신고 및 중간신고를 포함하며, 교육세법 제9조에 따른 신고 중 금융·보험업자가 아닌 자의 신고와 농어촌특별세법 및 종합부동산세법에 따른 신고는 제외)를 하지 아니한 경우에는 그 신고로 납부하여야 할 세액(국세기본법 및 세법에 따른 가산세와 세법에 따라 가산하여 납부하여야 할 이자상당가산액이 있는 경우 그 금액은 제외)에 다음에 따른 비율을 곱한 금액을 가산세로 한다(국세기본법 제47조의2 제1항).

① **부정행위로 법정신고기한까지 세법에 따른 국세의 과세표준 신고를 하지 아니한 경우** : 무신고납부세액의 100분의 40(역외거래에서 발생한 부정행위인 경우에는 100분의 60)

② **위 ① 외의 경우** : 무신고납부세액의 100분의 20

> ✅ 참고 **부정행위(조세범처벌법 제3조 제6항)**
>
> 부정행위란 다음의 경우를 말한다.
> 1. 이중장부의 작성 등 장부의 거짓 기장
> 2. 거짓 증빙 또는 거짓 문서의 작성 및 수취
> 3. 장부와 기록의 파기
> 4. 재산의 은닉, 소득·수익·행위·거래의 조작 또는 은폐
> 5. 고의적으로 장부를 작성하지 아니하거나 비치하지 아니하는 행위 또는 계산서, 세금계산서 또는 계산서합계표, 세금계산서합계표의 조작
> 6. 「조세특례제한법」 제5조의2 제1호에 따른 전사적 기업자원 관리설비의 조작 또는 전자세금계산서의 조작
> 7. 그 밖에 위계(僞計)에 의한 행위 또는 부정한 행위

2. 과소신고, 초과환급신고가산세

납세의무자가 법정신고기한까지 세법에 따른 국세의 과세표준 신고(예정신고 및 중간신고를 포함하며, 교육세법 제9조에 따른 신고 중 금융·보험업자가 아닌 자의 신고와 농어촌특별세법에 따른 신고는 제외)를 한 경우로서 납부할 세액을 신고하여야 할 세액보다 적게 신고하거나 환급받을 세액을 신고하여야 할 금액보다 많이 신고한 경우에는 과소신고한 납부세액과 초과신고한 환급세액을 합한 금액(국세기본법 및 세법에 따른 가산세와 세법에 따라 가산하

여 납부하여야 할 이자상당가산액이 있는 경우 그 금액은 제외)에 다음에 따른 산출방법을 적용한 금액을 가산세로 한다(국세기본법 제47조의3 제1항).

① **부정행위로 과소신고하거나 초과신고한 경우** : 다음의 금액을 합한 금액
  ㉠ 부정행위로 인한 과소신고납부세액등의 100분의 40(역외거래에서 발생한 부정행위로 인한 경우에는 100분의 60)에 상당하는 금액
  ㉡ 과소신고납부세액등에서 부정행위로 인한 과소신고납부세액등을 뺀 금액의 100분의 10에 상당하는 금액
② **위 ① 외의 경우** : 과소신고납부세액등의 100분의 10에 상당하는 금액

3. 납부지연가산세

납세의무자(연대납세의무자, 납세자를 갈음하여 납부할 의무가 생긴 제2차 납세의무자 및 보증인을 포함)가 법정납부기한까지 국세(인지세법 제8조 제1항에 따른 인지세는 제외)의 납부(중간예납·예정신고납부·중간신고납부를 포함)를 하지 아니하거나 납부하여야 할 세액보다 적게 납부(과소납부)하거나 환급받아야 할 세액보다 많이 환급(초과환급)받은 경우에는 다음의 금액을 합한 금액을 가산세로 한다(국세기본법 제47조의4 제1항).

① 납부하지 아니한 세액 또는 과소납부분 세액(세법에 따라 가산하여 납부하여야 할 이자상당가산액이 있는 경우에는 그 금액을 더한다) × 법정납부기한의 다음 날부터 납부일까지의 기간(납부고지일부터 납부고지서에 따른 납부기한까지의 기간은 제외) × 금융회사 등이 연체대출금에 대하여 적용하는 이자율 등을 고려하여 대통령령으로 정하는 이자율

② 초과환급받은 세액(세법에 따라 가산하여 납부하여야 할 이자상당가산액이 있는 경우에는 그 금액을 더한다) × 환급받은 날의 다음 날부터 납부일까지의 기간(납부고지일부터 납부고지서에 따른 납부기한까지의 기간은 제외) × 금융회사 등이 연체대출금에 대하여 적용하는 이자율 등을 고려하여 대통령령으로 정하는 이자율

③ 법정납부기한까지 납부하여야 할 세액(세법에 따라 가산하여 납부하여야 할 이자상당가산액이 있는 경우에는 그 금액을 더한다) 중 납부고지서에 따른 납부기한까지 납부하지 아니한 세액 또는 과소납부분 세액 × 100분의 3(국세를 납부고지서에 따른 납부기한까지 완납하지 아니한 경우에 한정)

추가 금융회사 등이 연체대출금에 대하여 적용하는 이자율 등을 고려하여 대통령령으로 정하는 이자율은 1일 10만분의 22의 율을 말한다(국세기본법 시행령 제27조의4).

추가 고지에 따른 납부지연가산세는 5년간 적용할 수 있으며, 납세고지서에 따른 고지세액이 납세고지서별·세목별 150만원 미만인 경우에는 고지에 따른 납부지연가산세를 적용하지 아니한다(국세기본법 제47조의4 제7항·제8항).

4. 가산세의 한도

「소득세법」 제81조, 제81조의3, 제81조의6, 제81조의7, 제81조의10, 제81조의11 및 제81조의13에 따른 가산세 등 어느 하나에 해당하는 가산세에 대해서는 그 의무위반의 종류별로 각각 5천만원(중소기업기본법 제2조 제1항에 따른 중소기업이 아닌 기업은 1억원)을 한도로 한다. 다만, 해당 의무를 고의적으로 위반한 경우에는 그러하지 아니하다(국세기본법 제49조 제1항).

3 지방세의 가산세

1. 무신고가산세

(1) 무신고가산세

납세의무자가 법정신고기한까지 과세표준 신고를 하지 아니한 경우에는 그 신고로 납부하여야 할 세액(지방세기본법과 지방세관계법에 따른 가산세와 가산하여 납부하여야 할 이자상당액이 있는 경우 그 금액은 제외)의 100분의 20에 상당하는 금액을 가산세로 부과한다(지방세기본법 제53조 제1항).

(2) 부정무신고가산세

위 (1)에도 불구하고 사기나 그 밖의 부정한 행위로 법정신고기한까지 과세표준 신고를 하지 아니한 경우에는 무신고납부세액의 100분의 40에 상당하는 금액을 가산세로 부과한다(지방세기본법 제53조 제2항).

2. 과소신고가산세, 초과환급신고가산세

(1) 과소신고·초과환급신고가산세

납세의무자가 법정신고기한까지 과세표준 신고를 한 경우로서 신고하여야 할 납부세액보다 납부세액을 적게 신고(과소신고)하거나 지방소득세 과세표준 신고를 하면서 환급받을 세액을 신고하여야 할 금액보다 많이 신고(초과환급신고)한 경우에는 과소신고한 납부세액과 초과환급신고한 환급세액을 합한 금액(지방세기본법과 지방세관계법에 따른 가산세와 가산하여 납부하여야 할 이자상당액이 있는 경우 그 금액은 제외)의 100분의 10에 상당하는 금액을 가산세로 부과한다(지방세기본법 제54조 제1항).

(2) 부정과소신고 · 초과환급신고가산세

위 **(1)**에도 불구하고 사기나 그 밖의 부정한 행위로 과소신고하거나 초과환급신고한 경우에는 다음의 금액을 합한 금액을 가산세로 부과한다(지방세기본법 제54조 제2항).

① 사기나 그 밖의 부정한 행위로 인한 과소신고납부세액등(부정과소신고납부세액등)의 100분의 40에 상당하는 금액

② 과소신고납부세액등에서 부정과소신고납부세액등을 뺀 금액의 100분의 10에 상당하는 금액

3. 납부지연가산세

(1) 납세의무자(연대납세의무자, 제2차 납세의무자 및 보증인을 포함)가 납부기한까지 지방세를 납부하지 아니하거나 납부하여야 할 세액보다 적게 납부(과소납부)하거나 환급받아야 할 세액보다 많이 환급(초과환급)받은 경우에는 다음의 계산식에 따라 산출한 금액을 합한 금액을 가산세로 부과한다. 이 경우 ① 및 ②의 가산세는 납부하지 아니한 세액, 과소납부분(납부하여야 할 금액에 미달하는 금액을 말한다) 세액 또는 초과환급분(환급받아야 할 세액을 초과하는 금액을 말한다) 세액의 100분의 75에 해당하는 금액을 한도로 하고, ④의 가산세를 부과하는 기간은 60개월(1개월 미만은 없는 것으로 본다)을 초과할 수 없다(지방세기본법 제55조 제1항).

① 과세표준과 세액을 지방자치단체에 신고납부하는 지방세의 법정납부기한까지 납부하지 아니한 세액 또는 과소납부분 세액(지방세관계법에 따라 가산하여 납부하여야 할 이자상당액이 있는 경우 그 금액을 더한다) × 법정납부기한의 다음 날부터 자진납부일 또는 납세고지일까지의 일수 × 금융회사 등이 연체대출금에 대하여 적용하는 이자율 등을 고려하여 대통령령으로 정하는 이자율

② 초과환급분 세액(지방세관계법에 따라 가산하여 납부하여야 할 이자상당액이 있는 경우 그 금액을 더한다) × 환급받은 날의 다음 날부터 자진납부일 또는 납세고지일까지의 일수 × 금융회사 등이 연체대출금에 대하여 적용하는 이자율 등을 고려하여 대통령령으로 정하는 이자율

③ 납세고지서에 따른 납부기한까지 납부하지 아니한 세액 또는 과소납부분 세액(지방세관계법에 따라 가산하여 납부하여야 할 이자상당액이 있는 경우 그 금액을 더하고, 가산세는 제외) × 100분의 3

추가 대통령령으로 정하는 이자율은 1일 10만분의 22를 말한다(지방세기본법 시행령 제34조).

④ 다음 계산식에 따라 납세고지서에 따른 납부기한이 지난 날부터 1개월이 지날 때마다 계산한 금액

> 납부하지 아니한 세액 또는 과소납부부분 세액(지방세관계법에 따라 가산하여 납부하여야 할 이자상당액이 있는 경우 그 금액을 더하고, 가산세는 제외) × 금융회사 등이 연체대출금에 대하여 적용하는 이자율 등을 고려하여 대통령령으로 정하는 이자율

(2) 위 **(1)**을 적용할 때 납세고지서별·세목별 세액이 30만원 미만인 경우에는 **(1)**의 ④의 가산세를 적용하지 아니한다(지방세기본법 제55조 제4항).

(3) 납세의무자가 지방자치단체 또는 지방자치단체조합인 경우에는 위 **(1)**의 ③ 및 ④의 가산세를 적용하지 아니한다(지방세기본법 제55조 제5항).

기출&예상 문제

지방세기본법상 가산세에 관한 내용으로 옳은 것은? • 27회 수정

① 무신고가산세(사기나 그 밖의 부정한 행위로 인하지 않은 경우) : 납부세액의 100분의 20에 상당하는 금액
② 무신고가산세(사기나 그 밖의 부정한 행위로 인한 경우) : 납부세액의 100분의 50에 상당하는 금액
③ 과소신고가산세(사기나 그 밖의 부정한 행위로 인하지 않은 경우) : 과소신고분 세액의 100분의 20에 상당하는 금액
④ 과소신고가산세(사기나 그 밖의 부정한 행위로 인한 경우) : 부정과소신고분 세액의 100분의 50에 상당하는 금액
⑤ 신고에 따른 납부지연가산세 : 납부하지 아니한 세액의 100분의 20에 상당하는 금액

해설 ② 무신고가산세(사기나 그 밖의 부정한 행위로 인한 경우) : 납부세액의 100분의 40에 상당하는 금액
③ 과소신고가산세(사기나 그 밖의 부정한 행위로 인하지 않은 경우) : 과소신고분 세액의 100분의 10에 상당하는 금액
④ 과소신고가산세(사기나 그 밖의 부정한 행위로 인한 경우) : 부정과소신고분 세액의 100분의 40에 상당하는 금액
⑤ 신고에 따른 납부지연가산세 : 납부하지 아니한 세액의 1일 10만분의 22에 상당하는 금액

정답 ①

제6절	부동산 활동별 관련 조세

• 25회 • 30회

부동산을 취득하여 보유하다가 양도하는 경우 관련된 조세는 여러 가지가 있다. 단계별로 과세될 수 있는 조세는 다음과 같다.

취득단계	보유단계	양도단계
① 취득세	① 재산세	① 양도소득세
② 등록면허세	② 소방분 지역자원시설세	② 종합소득세(부동산매매
③ 상속세 및 증여세	③ 종합부동산세	업 등)
④ 농어촌특별세	④ 종합소득세(임대업 등)	③ 지방소득세
⑤ 지방교육세	⑤ 지방소득세	④ 농어촌특별세
⑥ 부가가치세	⑥ 농어촌특별세	⑤ 부가가치세
⑦ 지방소비세	⑦ 지방교육세	⑥ 지방소비세
⑧ 인지세 등	⑧ 부가가치세	⑦ 인지세 등
	⑨ 지방소비세	

한눈에 보기	부동산 활동별 관련 조세

1. 모든 단계에서 과세될 수 있는 조세 : 부가가치세, 지방소비세, 농어촌특별세
2. 취득과 보유단계에서만 과세될 수 있는 조세 : 지방교육세
3. 보유와 양도단계에서만 과세될 수 있는 조세 : 종합소득세, 지방소득세

기출&예상	문제

01 국내 소재 부동산의 보유단계에서 부담할 수 있는 세목은 모두 몇 개 인가?

• 30회 수정

- 농어촌특별세
- 지방교육세
- 개인지방소득세
- 소방분 지역자원시설세

① 0개   ② 1개
③ 2개   ④ 3개
⑤ 4개

해설	• 농어촌특별세 : 모든 단계

- 지방교육세 : 취득·보유단계
- 개인지방소득세 : 보유·양도단계
- 소방분 지역자원시설세 : 보유단계

정답	⑤

02 2024년 10월 중 부동산을 취득하는 경우, 취득단계에서 부담할 수 있는 세금을 모두 고른 것은?

• 25회 수정

㉠ 재산세	㉡ 농어촌특별세
㉢ 종합부동산세	㉣ 지방교육세
㉤ 인지세	

① ㉠, ㉡, ㉢   ② ㉠, ㉡, ㉤   ③ ㉠, ㉢, ㉣

④ ㉡, ㉣, ㉤   ⑤ ㉢, ㉣, ㉤

해설 ㉡ 농어촌특별세 : 모든 단계
㉣ 지방교육세 : 취득·보유단계
㉤ 인지세 : 취득·양도단계
㉠ 재산세 : 보유단계
㉢ 종합부동산세 : 보유단계

정답 ④

제7절 **서류의 송달**

• 24회 • 33회

1 의 의

서류의 송달이란 과세관청의 행정처분의 내용 및 이에 관련되는 사항을 당사자 또는 이해관계인에게 문서로써 알리는 절차를 말한다.

2 송달받아야 할 자 및 송달장소

1. 송달받아야 할 자

(1) 원 칙

① 서류는 그 명의인(그 서류에 수신인으로 지정되어 있는 자)에게 송달하여야 한다(국세기본법 제8조 제1항, 지방세기본법 제28조 제1항).

② 연대납세의무자에게 서류를 송달할 때에는 그 대표자를 명의인으로 하며, 대표자가 없으면 연대납세의무자 중 세금을 징수하기 유리한 자를 명의인으로 한다. 다만, 납세의 고지와 독촉에 관한 서류는 연대납세의무자 모두에게 각각 송달하여야 한다(국세기본법 제8조 제2항, 지방세기본법 제28조 제2항).

추가 송달받아야 할 사람이 교정시설 또는 국가경찰관서의 유치장에 체포·구속 또는 유치(留置)된 사실이 확인된 경우에는 해당 교정시설의 장 또는 국가경찰관서의 장에게 송달한다(국세기본법 제8조 제5항).

③ 상속이 개시된 경우에 상속재산관리인이 있을 때에는 그 상속재산관리인의 주소 또는 영업소에 송달한다(국세기본법 제8조 제3항, 지방세기본법 제28조 제3항).

④ 납세관리인이 있을 때에는 납세의 고지와 독촉에 관한 서류는 그 납세관리인의 주소 또는 영업소에 송달한다(국세기본법 제8조 제4항, 지방세기본법 제28조 제4항).

(2) 예 외

송달할 장소에서 서류를 송달받아야 할 자를 만나지 못하였을 때에는 그 사용인이나 그 밖의 종업원 또는 동거인으로서 사리를 판별할 수 있는 사람에게 서류를 송달할 수 있다(국세기본법 제10조 제4항, 지방세기본법 제30조 제3항).

2. 송달장소

(1) 원 칙

주소, 거소(居所), 영업소 또는 사무소[정보통신망을 이용한 송달(전자송달)인 경우에는 명의인의 전자우편주소(국세정보통신망에 저장하는 경우에는 명의인의 사용자확인기호를 이용하여 접근할 수 있는 곳)]에 송달한다(국세기본법 제8조 제1항, 지방세기본법 제28조 제1항).

(2) 예 외

서류의 송달을 받을 자가 주소 또는 영업소 중에서 송달받을 장소를 정부에 신고한 경우에는 그 신고된 장소에 송달하여야 한다. 이를 변경한 경우에도 또한 같다(국세기본법 제9조, 지방세기본법 제29조).

3 송달방법

1. 원 칙

교부, 우편 또는 전자송달의 방법으로 한다(국세기본법 제10조, 지방세기본법 제30조).

(1) 우 편

납부의 고지·독촉·강제징수 또는 세법에 따른 정부의 명령과 관계되는 서류의 송달을 우편으로 할 때에는 등기우편으로 하여야 한다. 다만, 일정한 경우는 일반우편으로 송달할 수 있다.

(2) 교 부

교부에 의한 서류 송달은 해당 행정기관의 소속 공무원이 서류를 송달할 장소에서 송달받아야 할 자에게 서류를 교부하는 방법으로 한다. 다만, 송달을 받아야 할 자가 송달받기를 거부하지 아니하면 다른 장소에서 교부할 수 있다.

(3) 송달받아야 할 자를 만나지 못한 경우

위 **(1)**과 **(2)**의 경우에 송달할 장소에서 서류를 송달받아야 할 자를 만나지 못하였을 때에는 그 사용인이나 그 밖의 종업원 또는 동거인으로서 사리를 판별할 수 있는 사람에게 서류를 송달할 수 있으며, 서류를 송달받아야 할 자 또는 그 사용인이나 그 밖의 종업원 또는 동거인으로서 사리를 판별할 수 있는 사람이 정당한 사유 없이 서류 수령을 거부할 때에는 송달할 장소에 서류를 둘 수 있다.

(4) 전자송달

전자송달은 대통령령으로 정하는 바에 따라 서류를 송달받아야 할 자가 신청한 경우에만 한다. 다만, 납부고지서가 송달되기 전에 납세자가 세액을 자진납부한 경우 납부한 세액에 대해서는 자진납부한 시점에 전자송달을 신청한 것으로 본다.

2. 예외 : 공시송달

공시송달이란 교부나 우편의 방법으로 송달이 불가능한 경우 서류의 주요 내용을 공고함으로써 송달에 갈음하는 절차를 말한다.

(1) 공시송달의 사유

다음 사유가 있는 경우에 공시송달할 수 있다(국세기본법 제11조, 시행령 제7조의2).

> ① 주소 또는 영업소가 국외에 있고 송달하기 곤란한 경우
> ② 주소 또는 영업소가 분명하지 아니한 경우
> ③ 서류를 등기우편으로 송달하였으나 수취인이 부재중(不在中)인 것으로 확인되어 반송됨으로써 납부기한 내에 송달이 곤란하다고 인정되는 경우

O X 확 인 문 제

서류를 송달할 장소에서 송달을 받을 자가 정당한 사유 없이 그 수령을 거부한 경우에는 공시송달하여야 한다. •24회 (   )

정답 (×)
정당한 사유 없이 서류 수령을 거부할 때에는 송달할 장소에 서류를 둘 수 있다.

④ 세무공무원이 2회 이상 납세자를 방문[처음 방문한 날과 마지막 방문한 날 사이의 기간이 3일(기간을 계산할 때 공휴일, 대체공휴일, 토요일 및 일요일은 산입하지 않는다) 이상이어야 한다]해 서류를 교부하려고 하였으나 수취인이 부재중인 것으로 확인되어 납부기한까지 송달이 곤란하다고 인정되는 경우

(2) 송달의 효력 발생

① 송달하는 서류는 송달받아야 할 자에게 도달한 때부터 효력이 발생한다. 다만, 전자송달의 경우에는 송달받을 자가 지정한 전자우편주소에 입력된 때(국세정보통신망에 저장하는 경우에는 저장된 때)에 그 송달을 받아야 할 자에게 도달한 것으로 본다(국세기본법 제12조).

② 공시송달의 경우는 서류의 주요 내용을 공고한 날부터 14일이 지나면 서류의 송달이 된 것으로 본다(국세기본법 제11조 제1항).

3. 송달지연으로 인한 납부기한의 연장

(1) 일반적인 경우

기한을 정하여 납세고지서, 납부통지서, 독촉장 또는 납부최고서를 송달하였더라도 다음의 어느 하나에 해당하면 지방자치단체의 징수금의 납부기한은 해당 서류가 도달한 날부터 14일이 지난 날로 한다(지방세기본법 제31조 제1항).

① 서류가 납부기한이 지난 후에 도달한 경우

② 서류가 도달한 날부터 7일 이내에 납부기한이 되는 경우

(2) 고지한 경우

위 (1)에도 불구하고 「지방세징수법」 제22조 제2항에 따른 고지의 경우에는 다음의 구분에 따른 날을 납부기한으로 한다(지방세기본법 제31조 제2항).

① **고지서가 납부기한이 지난 후에 도달한 경우** : 고지서가 도달한 날

② **고지서가 납부기한 전에 도달한 경우** : 납부기한이 되는 날

지방세기본법상 서류의 송달에 관한 설명으로 틀린 것은? • 33회

① 연대납세의무자에게 납세의 고지에 관한 서류를 송달할 때에는 연대 납세의무자 모두에게 각각 송달하여야 한다.

② 기한을 정하여 납세고지서를 송달하였더라도 서류가 도달한 날부터 10일이 되는 날에 납부기한이 되는 경우 지방자치단체의 징수금의 납부기한은 해당 서류가 도달한 날부터 14일이 지난 날로 한다.

③ 납세관리인이 있을 때에는 납세의 고지와 독촉에 관한 서류는 그 납세관리인의 주소 또는 영업소에 송달한다.

④ 교부에 의한 서류송달의 경우에 송달할 장소에서 서류를 송달받아야 할 자를 만나지 못하였을 때에는 그의 사용인으로서 사리를 분별할 수 있는 사람에게 서류를 송달할 수 있다.

⑤ 서류송달을 받아야 할 자의 주소 또는 영업소가 분명하지 아니한 경우에는 서류의 주요 내용을 공고한 날부터 14일이 지나면 서류의 송달이 된 것으로 본다.

해설 ② 기한을 정하여 납세고지서, 납부통지서, 독촉장 또는 납부최고서를 송달하였더라도 서류가 도달한 날부터 7일 이내에 납부기한이 되는 경우 지방자치단체의 징수금의 납부기한은 해당 서류가 도달한 날부터 14일이 지난 날로 한다(지방세기본법 제31조 제1항 제2호).

① 납세의 고지와 독촉에 관한 서류는 연대납세의무자 모두에게 각각 송달하여야 한다(지방세기본법 제28조 제2항 단서).

③ 「지방세기본법」 제28조 제4항

④ 송달할 장소에서 서류를 송달받아야 할 자를 만나지 못하였을 때에는 그의 사용인, 그 밖의 종업원 또는 동거인으로서 사리를 분별할 수 있는 사람에게 서류를 송달할 수 있으며, 서류의 송달을 받아야 할 자 또는 그의 사용인, 그 밖의 종업원 또는 동거인으로서 사리를 분별할 수 있는 사람이 정당한 사유 없이 서류의 수령을 거부하면 송달할 장소에 서류를 둘 수 있다(지방세기본법 제30조 제3항).

⑤ 「지방세기본법」 제33조 제1항

정답 ②

02 | 납세의무의 성립·확정·소멸

▌10개년 출제문항 수						▌학습전략

25회	26회	27회	28회	29회
			1	1

30회	31회	32회	33회	34회
				2

↳ 총 16문제 中 평균 약 0.4문제 출제

▌학습전략

• 부동산 관련 세금을 납부할 의무는 세법 등이 정하는 과세요건이 충족되면 성립합니다. 이 챕터에서는 세금을 납부하는 의무의 성립·확정·소멸에 대해 학습합니다.

• 납세의무의 성립시기, 소멸에 대한 문제가 주로 출제되므로 관련 이론을 정리해 두는 것이 좋습니다.

제1절 | 납세의무의 성립시기

• 29회

납세의무의 성립이란 법에서 정한 과세요건을 충족함으로써 추상적인 납세의무가 발생한 상태를 말한다. 따라서 아직 구체적으로 납부할 세액이 확정되지 아니한 상태이다.

1 지방세의 납세의무 성립시기

지방세를 납부할 의무는 다음의 구분에 따른 시기에 성립한다(지방세기본법 제34조).

> ① **취득세** : 과세물건을 취득하는 때
> ② **등록면허세**
>   ⊙ **등록에 대한 등록면허세** : 재산권과 그 밖의 권리를 등기하거나 등록하는 때
>   ⓒ **면허에 대한 등록면허세** : 각종의 면허를 받는 때와 납기가 있는 달의 1일
> ③ **레저세** : 승자투표권, 승마투표권 등을 발매하는 때
> ④ **담배소비세** : 담배를 제조장 또는 보세구역으로부터 반출(搬出)하거나 국내로 반입(搬入)하는 때
> ⑤ **지방소비세** : 「국세기본법」에 따른 부가가치세의 납세의무가 성립하는 때

⑥ **주민세**
   ㉠ **개인분 및 사업소분** : 과세기준일
   ㉡ **종업원분** : 종업원에게 급여를 지급하는 때
⑦ **지방소득세** : 과세표준이 되는 소득에 대하여 소득세·법인세의 납세의무가 성립하는 때
⑧ **재산세** : 과세기준일(6월 1일)
⑨ **자동차세**
   ㉠ **자동차 소유에 대한 자동차세** : 납기가 있는 달의 1일
   ㉡ **자동차 주행에 대한 자동차세** : 과세표준이 되는 교통·에너지·환경세의 납세의무가 성립하는 때
⑩ **지역자원시설세**
   ㉠ **발전용수** : 발전용수를 수력발전(양수발전은 제외)에 사용하는 때
   ㉡ **지하수** : 지하수를 채수(採水)하는 때
   ㉢ **지하자원** : 지하자원을 채광(採鑛)하는 때
   ㉣ **컨테이너** : 컨테이너를 취급하는 부두를 이용하기 위하여 컨테이너를 입항·출항하는 때
   ㉤ **원자력발전** : 원자력발전소에서 발전하는 때
   ㉥ **화력발전** : 화력발전소에서 발전하는 때
   ㉦ **건축물 및 선박** : 과세기준일(6월 1일)
⑪ **지방교육세** : 과세표준이 되는 세목의 납세의무가 성립하는 때
⑫ **특별징수하는 지방소득세** : 과세표준이 되는 소득에 대하여 소득세·법인세를 원천징수하는 때
⑬ **수시로 부과하여 징수하는 지방세** : 수시부과할 사유가 발생하는 때

2 국세의 납세의무 성립시기

국세를 납부할 의무는 「국세기본법」 및 세법에서 정하는 과세요건이 충족되면 성립한다. 국세를 납부할 의무의 성립시기는 다음의 구분에 따른다(국세기본법 제21조).

① **소득세·법인세** : 과세기간이 끝나는 때. 다만, 청산소득에 대한 법인세는 그 법인이 해산을 하는 때를 말한다.
② **상속세** : 상속이 개시되는 때
③ **증여세** : 증여에 의하여 재산을 취득하는 때
④ **부가가치세** : 과세기간이 끝나는 때. 다만, 수입재화의 경우에는 세관장에게 수입신고를 하는 때를 말한다.

O X 확 인 문 제

거주자의 양도소득에 대한 지방소득세의 성립시기는 매년 3월 31일이다. •29회   (   )

정답 (×)
양도소득세의 성립시기를 준용하므로 과세기간이 끝나는 때이다.

⑤ 개별소비세·주세 및 교통·에너지·환경세 : 과세물품을 제조장으로부터 반출하거나 판매장에서 판매하는 때, 과세장소에 입장하거나 과세유흥장소에서 유흥음식행위를 하는 때 또는 과세영업장소에서 영업행위를 하는 때. 다만, 수입물품의 경우에는 세관장에게 수입신고를 하는 때를 말한다.

⑥ 인지세 : 과세문서를 작성한 때

⑦ 증권거래세 : 해당 매매거래가 확정되는 때

⑧ 교육세 : 다음의 구분에 따른 시기

　㉠ 국세에 부과되는 교육세 : 해당 국세의 납세의무가 성립하는 때

　㉡ 금융·보험업자의 수익금액에 부과되는 교육세 : 과세기간이 끝나는 때

⑨ 농어촌특별세 :「농어촌특별세법」제2조 제2항에 따른 본세의 납세의무가 성립하는 때

⑩ 종합부동산세 : 과세기준일(6월 1일)

⑪ 원천징수하는 소득세·법인세 : 소득금액 또는 수입금액을 지급하는 때

⑫ 납세조합이 징수하는 소득세 또는 예정신고납부하는 소득세 : 과세표준이 되는 금액이 발생한 달의 말일

⑬ 중간예납하는 소득세·법인세 또는 예정신고기간·예정부과기간에 대한 부가가치세 : 중간예납기간 또는 예정신고기간·예정부과기간이 끝나는 때

⑭ 수시부과(隨時賦課)하여 징수하는 국세 : 수시부과할 사유가 발생한 때

제2절 　납세의무의 확정시기

납세의무의 확정이란 추상적으로 성립된 납세의무를 납세의무자의 신고 또는 과세관청의 결정에 의해 구체적으로 납부할 세액을 확정하는 것을 말한다.

1 신고납부 방법

(1) 신고납부

납세의무자의 신고에 의하여 과세표준과 세액을 확정하는 방법이다. 따라서 납세의무자가 해당 과세관청에 신고서를 제출하는 때를 확정시기로 본다(지방세기본법 제35조 제1항 제1호, 국세기본법 제22조 제2항).

O X 확 인 문 제

종합부동산세는 고지징수 규정
에도 불구하고 납세의무자가 신
고·납부를 선택할 수 있다.
• 19회 수정   (   )

정답 (○)

추가 상속세 및 증여세는 정부부
과방법으로 세액을 확정한다. 다
만, 납세의무자에게 세액결정을
위한 자료제공의 협력의무를 지게
하고 있어 신고기한 내 신고를 해
야 한다. 즉, 신고 시 납부세액이
결정되는 것이 아니라 세무조사를
통해 과세관청이 결정한다.

추가 농어촌특별세, 지방교육세
등 부가세는 본세의 확정방법에
따라 확정된다.

(2) 해당 세목

① **국세** : 법인세, 소득세(양도소득세 포함), 종합부동산세(신고납부 선택 시),
부가가치세 등

② **지방세** : 취득세, 등록면허세, 지방소득세 등

> ✅ 참고 **신고의무를 이행하지 아니한 경우**
>
> 신고불성실가산세(무신고 및 과소신고가산세), 납부지연가산세를 더해 과세관
> 청이 결정한 세액을 보통징수(고지징수) 방법에 의해 징수한다.

2 부과과세 방법(지방세는 보통징수, 국세는 정부부과)

(1) 부과과세

과세관청의 부과처분에 의하여 과세표준과 세액을 확정하는 방법이다. 따
라서 과세관청이 결정하는 때를 확정시기로 본다(지방세기본법 제35조 제1항
제3호, 국세기본법 제22조 제3항).

(2) 해당 세목

① **국세** : 종합부동산세, 상속세 및 증여세 등

② **지방세** : 재산세, 소방분 지역자원시설세 등

3 자동확정 방법

(1) 자동확정

납세의무를 확정하기 위한 특별한 절차 없이 납세의무의 성립과 동시에
납세의무가 확정되는 것을 말한다(지방세기본법 제35조 제2항, 국세기본법
제22조 제4항).

(2) 해당 세목

① **국세** : 인지세, 원천징수하는 소득세 또는 법인세 등

② **지방세** : 특별징수하는 지방소득세, 납부지연가산세, 특별징수 납부지
연가산세

구 분	성립시기	확정시기
취득세	취득하는 때	신고서 제출 시
등록면허세	등기·등록하는 때	신고서 제출 시
재산세	과세기준일(6월 1일)	과세관청의 결정 시
종합부동산세	과세기준일(6월 1일)	과세관청의 결정 시(신고납부 선택 시에는 신고서 제출 시)
양도소득세	예정신고 : 과세표준이 되는 금액이 발생한 달의 말일	신고서 제출 시
	확정신고 : 과세기간이 끝나는 때	

4 기한 후 신고

1. 기한 후 신고 대상

법정신고기한까지 과세표준 신고서를 제출하지 아니한 자

2. 절 차

① 「지방세법」에 따라 그 지방세의 과세표준과 세액(지방세기본법 및 지방세법에 따른 가산세를 포함)을 결정하여 통지하기 전에는 기한 후 신고서를 제출할 수 있다(지방세기본법 제51조 제1항).

② 기한 후 신고서를 제출한 자로서 지방세관계법에 따라 납부하여야 할 세액이 있는 자는 그 세액을 납부하여야 한다(지방세기본법 제51조 제2항).

3. 기한 후 신고의 효력

① 기한 후 신고는 납세의무를 확정하는 효력은 없다.

② 기한 후 신고서를 제출한 경우 지방자치단체의 장은 「지방세법」에 따라 신고일부터 3개월 이내에 그 지방세의 과세표준과 세액을 결정 또는 경정하여 신고인에게 통지하여야 한다(지방세기본법 제51조 제3항).

③ 그 과세표준과 세액을 조사할 때 조사 등에 장기간이 걸리는 등 부득이한 사유로 신고일부터 3개월 이내에 결정 또는 경정할 수 없는 경우에는 그 사유를 신고인에게 통지하여야 한다(지방세기본법 제51조 제3항 단서).

4. 가산세의 감면

기한 후 신고 시 다음과 같이 무신고가산세의 일부를 감면한다. 단, 과세관청이 결정할 것을 미리 알고 기한 후 신고를 한 경우는 제외한다(지방세기본법 제57조 제2항 제2호).

> ① 법정신고기한이 지난 후 1개월 이내에 기한 후 신고를 한 경우 : 무신고가산세액의 100분의 50에 상당하는 금액
> ② 법정신고기한이 지난 후 1개월 초과 3개월 이내에 기한 후 신고를 한 경우 : 무신고가산세액의 100분의 30에 상당하는 금액
> ③ 법정신고기한이 지난 후 3개월 초과 6개월 이내에 기한 후 신고를 한 경우 : 무신고가산세액의 100분의 20에 상당하는 금액

5 수정신고

1. 수정신고 대상

「지방세기본법」 또는 지방세관계법에 따른 법정신고기한까지 과세표준 신고서를 제출한 자 및 납기 후의 과세표준 신고서를 제출한 자가 다음의 어느 하나에 해당할 때에는 과세표준 수정신고를 할 수 있다(지방세기본법 제49조 제1항).

① 과세표준 신고서 또는 납기 후의 과세표준 신고서에 기재된 과세표준 및 세액이 지방세관계법에 따라 신고하여야 할 과세표준 및 세액보다 적을 때

② 과세표준 신고서 또는 납기 후의 과세표준 신고서에 기재된 환급세액이 지방세관계법에 따라 신고하여야 할 환급세액을 초과할 때

③ 그 밖에 특별징수의무자의 정산과정에서 누락 등이 발생하여 그 과세표준 및 세액이 지방세관계법에 따라 신고하여야 할 과세표준 및 세액 등보다 적을 때

2. 수정신고 절차

① 지방자치단체의 장이 지방세관계법에 따라 그 지방세의 과세표준과 세액을 결정하거나 경정하여 통지하기 전까지는 과세표준 수정신고서를 제출할 수 있다(지방세기본법 제49조 제1항).

② 수정신고로 인하여 추가납부세액이 발생한 경우에는 그 수정신고를 한 자는 추가납부세액을 납부하여야 한다(지방세기본법 제49조 제2항).

3. 수정신고 효력

① **납세의무자가 신고납부하는 때 확정되는 조세** : 수정신고로써 확정되는 효력이 있다.

② **정부가 결정하는 때 확정되는 조세** : 수정신고로써 확정되는 효력은 없다.

4. 가산세 감면

수정신고 시 다음과 같이 과소신고가산세를 감면한다. 단, 과세관청이 경정할 것을 미리 알고 수정신고한 경우는 제외한다(지방세기본법 제57조 제2항 제1호).

---

① 법정신고기한이 지난 후 1개월 이내에 수정신고한 경우 : 과소신고가산세액의 100분의 90에 상당하는 금액
② 법정신고기한이 지난 후 1개월 초과 3개월 이내에 수정신고한 경우 : 과소신고가산세액의 100분의 75에 상당하는 금액
③ 법정신고기한이 지난 후 3개월 초과 6개월 이내에 수정신고한 경우 : 과소신고가산세액의 100분의 50에 상당하는 금액
④ 법정신고기한이 지난 후 6개월 초과 1년 이내에 수정신고한 경우 : 과소신고가산세액의 100분의 30에 상당하는 금액
⑤ 법정신고기한이 지난 후 1년 초과 1년 6개월 이내에 수정신고한 경우 : 과소신고가산세액의 100분의 20에 상당하는 금액
⑥ 법정신고기한이 지난 후 1년 6개월 초과 2년 이내에 수정신고한 경우 : 과소신고가산세액의 100분의 10에 상당하는 금액

• 26회 • 28회 • 34회

1. 소멸사유(지방세기본법 제37조, 국세기본법 제26조)

① 납세의무의 실현으로 소멸되는 경우 : 납부, 충당*
② 납세의무가 미실현된 상태에서 소멸하는 경우 : 부과의 취소, 부과제척기간의 만료, 징수권 소멸시효의 완성
③ 납세의무 소멸사유에 해당하지 아니하는 경우 : 납세의무자의 사망, 법인의 합병, 정리보류(결손처분)

2. 부과의 제척기간 만료(지방세기본법 제38조 제1항, 국세기본법 제26조의2 제1항)

제척기간이란 법에서 정하는 권리의 존속기간이다. 즉, 과세관청이 납세의무자에게 조세를 부과(결정, 경정, 부과 취소 등)할 수 있는 기간을 말한다. 납세의무자의 법적 안정성 보장을 위해 부과제척기간이 만료가 되면 납세의무는 소멸한다.

구 분		내 용	제척기간
국 세	상속세 및 증여세	① 사기나 그 밖의 부정한 행위로 국세를 포탈하거나 환급·공제를 받은 경우, 무신고·거짓신고 또는 누락신고를 한 경우	15년
		② 위 ① 이외의 경우	10년
	상속세 및 증여세 이외의 국세	① 사기나 그 밖의 부정한 행위로 국세를 포탈하거나 환급·공제를 받은 경우	10년
		② 법정신고기한까지 과세표준 신고서를 제출하지 아니한 경우	7년
		③ 위 ①, ② 이외의 경우	5년
지방세	모든 지방세	① 사기나 그 밖의 부정한 행위로 지방세를 포탈하거나 환급·공제 또는 감면받은 경우	10년
		② 법정신고기한까지 과세표준 신고서를 제출하지 아니한 경우	7년
		③ 위 ①, ② 이외의 경우	5년

＊충당

납세의무자가 환급받을 세액을 납세의무자가 납부할 다른 세액과 상계하는 것

추가 정리보류

체납자의 재산 등이 없다는 것이 판명되어 더 이상 조세를 징수할 수 없다고 인정될 때는 정리보류(체납처분)를 할 수 있으나 정리보류를 한 후 압류할 수 있는 다른 재산을 발견하였을 때에는 지체 없이 체납처분을 하여야 한다. 따라서 납세의무의 소멸사유에 해당되지 아니한다(지방세징수법 제106조).

O X 확 인 문 제

납세자가 법정신고기한까지 소득세의 과세표준 신고서를 제출하지 아니하여 해당 지방소득세를 부과할 수 없는 경우에 지방세 부과제척기간은 5년이다. • 26회
( )

정답 (×)
무신고의 경우 7년의 제척기간을 적용한다.

⊘ 참고 **부과제척기간의 기산일**

1. 국세 부과제척기간의 기산일(국세기본법 시행령 제12조의3)
   ① 국세를 부과할 수 있는 날은 다음의 날로 한다.
      ㉠ 과세표준과 세액을 신고하는 국세(종합부동산세법에 따라 신고하는 종합부동산세는 제외)의 경우 해당 국세의 과세표준과 세액에 대한 신고기한 또는 신고서 제출기한(과세표준 신고기한)의 다음 날. 이 경우 중간예납·예정신고기한과 수정신고기한은 과세표준 신고기한에 포함되지 아니한다.
      ㉡ 종합부동산세 및 인지세의 경우 해당 국세의 납세의무가 성립한 날
   ② 다음의 날은 위 ①에도 불구하고 국세를 부과할 수 있는 날로 한다.
      ㉠ 원천징수의무자 또는 납세조합에 대하여 부과하는 국세의 경우 해당 원천징수세액 또는 납세조합징수세액의 법정납부기한의 다음 날
      ㉡ 과세표준 신고기한 또는 위 ㉠에 따른 법정납부기한이 연장되는 경우 그 연장된 기한의 다음 날
      ㉢ 공제, 면제, 비과세 또는 낮은 세율의 적용 등에 따른 세액(소득공제를 받은 경우에는 공제받은 소득금액에 상당하는 세액을 말하고, 낮은 세율을 적용받은 경우에는 일반세율과의 차이에 상당하는 세액을 말한다. 이하 '공제세액등'이라 함)을 의무불이행 등의 사유로 징수하는 경우 해당 공제세액등을 징수할 수 있는 사유가 발생한 날

2. 지방세 부과제척기간의 기산일(지방세기본법 시행령 제19조)
   ① 지방세를 부과할 수 있는 날은 다음의 구분에 따른다.
      ㉠ 「지방세기본법」 또는 지방세관계법에서 신고납부하도록 규정된 지방세의 경우 : 해당 지방세에 대한 신고기한의 다음 날. 이 경우 예정신고기한, 중간예납기한 및 수정신고기한은 신고기한에 포함되지 아니한다.
      ㉡ 위 ㉠에 따른 지방세 외의 지방세의 경우 : 해당 지방세의 납세의무성립일
   ② 위 ①에도 불구하고 다음에서 정한 날을 지방세를 부과할 수 있는 날로 한다.
      ㉠ 특별징수의무자 또는 「소득세법」에 따른 납세조합에 대하여 부과하는 지방세의 경우 : 해당 특별징수세액 또는 납세조합징수세액의 납부기한의 다음 날
      ㉡ 신고납부기한 또는 위 ㉠에 따른 법정납부기한이 연장되는 경우 : 그 연장된 기한의 다음 날
      ㉢ 비과세 또는 감면받은 세액 등에 대한 추징사유가 발생하여 추징하는 경우 : 다음에서 정한 날
         ⓐ 「지방세기본법」 또는 지방세관계법에서 비과세 또는 감면받은 세액을 신고납부하도록 규정된 경우에는 그 신고기한의 다음 날
         ⓑ 위 ⓐ 외의 경우에는 비과세 또는 감면받은 세액을 부과할 수 있는 사유가 발생한 날

⊕ 보충 제척기간 계산 특례

1. 상속세 및 증여세
   ① 납세자가 부정행위로 상속세·증여세를 포탈한 경우에 상속·증여가 있음을 안 날부터 1년 이내에 상속세 및 증여세를 부과할 수 있다. 다만, 상속인이나 증여자 및 수증자가 사망한 경우와 포탈세액 산출의 기준이 되는 재산가액이 50억원 이하인 경우에는 그러하지 아니하다.
   ② 명의신탁 증여의제 등에 대한 부과제척기간 : 명의신탁 등이 있음을 안 날부터 1년
2. 양도소득세 : 부담부증여에 대한 양도소득세는 부과제척기간이 증여세 부과제척기간과 동일하게 적용된다.
3. 취득 관련 지방세 : 다음에 따른 취득으로서 법정신고기한까지 과세표준 신고서를 제출하지 아니한 경우에는 10년으로 한다.
   ① 상속 또는 증여(부담부증여를 포함)를 원인으로 취득하는 경우
   ② 「부동산 실권리자명의 등기에 관한 법률」 제2조 제1호에 따른 명의신탁약정으로 실권리자가 사실상 취득하는 경우
   ③ 타인의 명의로 법인의 주식 또는 지분을 취득하여 과점주주가 되어 해당 법인의 부동산 등을 취득한 것으로 보는 경우
4. 경정청구 또는 조정권고의 대상이 된 과세표준세액과 연계된 다른 과세기간의 과세표준·세액의 조정이 필요한 경우 : 경정청구일 또는 조정권고일부터 2개월
5. 최초의 신고·결정 또는 경정에서 과세표준·세액의 계산 근거가 된 거래·행위 등이 그 거래·행위 등과 관련된 소송에 대한 판결이나 상호 합의에 의하여 확정된 경우 : 판결 등이 확정된 날부터 1년
6. 역외거래(국제거래)특례
   ① 부정행위로 국세를 포탈하거나 환급·공제받은 경우 : 15년
   ② 납세자가 법정신고기한까지 과세표준 신고서를 제출하지 아니한 경우 : 10년

3. 징수권 소멸시효의 완성

일정기간 권리를 행사하지 아니하면 그 권리를 소멸시키는 제도를 말한다. 즉, 과세관청이 납세의무자에게 대해 가지고 있는 조세채권의 징수행위를 일정기간 행사하지 않는다면 더 이상 조세를 징수할 수 없다.

구 분	소멸시효
국세 5억원 이상, 지방세 5천만원 이상	10년
국세 5억원 미만, 지방세 5천만원 미만	5년

O X 확 인 문 제

직계존속의 토지를 상속을 원인으로 취득한 경우 취득세를 신고하지 아니하면 부과제척기간은 7년을 적용한다. (   )

정답 (×)
취득 관련 지방세의 무신고 중 상속, 증여를 원인으로 한 경우는 10년의 제척기간을 적용한다.

추가 시효적용 시 국세 및 지방세 금액
가산세를 제외한 금액을 말한다.

O X 확 인 문 제

5억원 이상의 지방세는 10년간 그 권리를 행사하지 않으면 소멸시효가 완성된다. • 23회 수정 (   )

정답 (×)
5천만원 이상의 지방세는 10년간 그 권리를 행사하지 않으면 소멸시효가 완성된다.

> **⊘참고** **징수권을 행사할 수 있는 때**
>
> 1. 과세표준과 세액의 신고로 납세의무가 확정되는 세목의 경우 신고한 세액에 대해서는 그 법정납부기한의 다음 날
> 2. 과세표준과 세액을 관세관청이 결정 또는 경정하는 경우 납세고지한 세액에 대해서는 그 납세고지서에 따른 납부기한의 다음 날

> **⊘참고** **시효의 중단과 정지(지방세기본법 제40조, 국세기본법 제28조)**
>
> 1. 지방세징수권의 시효는 다음의 사유로 중단된다.
>   ① 납세고지
>   ② 독촉 또는 납부최고
>   ③ 교부청구
>   ④ 압류
> 2. 위 1.에 따라 중단된 시효는 다음의 기간이 지난 때부터 새로 진행한다.
>   ① 고지한 납부기간
>   ② 독촉 또는 납부최고에 따른 납부기간
>   ③ 교부청구 중의 기간
>   ④ 압류해제까지의 기간
> 3. 소멸시효는 다음의 어느 하나에 해당하는 기간에는 진행되지 아니한다 (시효의 정지).
>   ① 분할납부기간
>   ② 연부(年賦)기간
>   ③ 징수유예기간
>   ④ 체납처분유예기간
>   ⑤ 사해행위(詐害行爲) 취소의 소송을 제기하여 그 소송이 진행 중인 기간
>   ⑥ 「민법」에 따른 채권자대위소송을 제기하여 그 소송이 진행 중인 기간
>   ⑦ 체납자가 국외에 6개월 이상 계속하여 체류하는 경우 해당 국외 체류기간

추가 중단과 정지
소멸시효와는 달리 제척기간에는 중단과 정지제도가 없다.

01 국세기본법령상 국세의 부과제척기간에 관한 설명으로 옳은 것은?

• 34회

① 납세자가 「조세범 처벌법」에 따른 사기나 그 밖의 부정한 행위로 종합소득세를 포탈하는 경우(역외거래 제외) 그 국세를 부과할 수 있는 날부터 15년을 부과제척기간으로 한다.

② 지방국세청장은 「행정소송법」에 따른 소송에 대한 판결이 확정된 경우 그 판결이 확정된 날부터 2년이 지나기 전까지 경정이나 그 밖에 필요한 처분을 할 수 있다.

③ 세무서장은 「감사원법」에 따른 심사청구에 대한 결정에 의하여 명의대여 사실이 확인되는 경우에는 당초의 부과처분을 취소하고 그 결정이 확정된 날부터 1년 이내에 실제로 사업을 경영한 자에게 경정이나 그 밖에 필요한 처분을 할 수 있다.

④ 종합부동산세의 경우 부과제척기간의 기산일은 과세표준과 세액에 대한 신고기한의 다음 날이다.

⑤ 납세자가 법정신고기한까지 과세표준신고서를 제출하지 아니한 경우(역외거래 제외)에는 해당 국세를 부과할 수 있는 날부터 10년을 부과제척기간으로 한다.

해설 ① 납세자가 「조세범 처벌법」에 따른 사기나 그 밖의 부정한 행위로 종합소득세를 포탈하는 경우(역외거래 제외) 그 국세를 부과할 수 있는 날부터 10년을 부과제척기간으로 한다.

② 지방국세청장은 「행정소송법」에 따른 소송에 대한 판결이 확정된 경우 그 판결이 확정된 날부터 1년이 지나기 전까지 경정이나 그 밖에 필요한 처분을 할 수 있다.

④ 종합부동산세의 경우 부과제척기간의 기산일은 납세의무가 성립한 날(과세기준일인 6월 1일)이다.

⑤ 납세자가 법정신고기한까지 과세표준신고서를 제출하지 아니한 경우(역외거래 제외)에는 해당 국세를 부과할 수 있는 날부터 7년을 부과제척기간으로 한다.

정답 ③

02 지방세기본법상 지방자치단체의 징수금을 납부할 의무가 소멸되는
것은 모두 몇 개인가?
• 28회

> ㉠ 납부·충당되었을 때
> ㉡ 지방세징수권의 소멸시효가 완성되었을 때
> ㉢ 법인이 합병한 때
> ㉣ 지방세부과의 제척기간이 만료되었을 때
> ㉤ 납세의무자의 사망으로 상속이 개시된 때

① 1개   ② 2개   ③ 3개
④ 4개   ⑤ 5개

해설 ③ 법인의 합병(㉢)과 납세의무자의 사망(㉤)은 납세의무의 승계사유이다.

정답 ③

제4절 **납세의무의 확장**

1 납세의무의 승계

1. 법인의 합병

법인이 합병한 경우 합병 후 존속하는 법인 또는 합병으로 설립된 법인은
합병으로 소멸된 법인에 부과되거나 그 법인이 납부할 국세 및 강제징수
비, 지방자치단체의 징수금을 납부할 의무를 진다(국세기본법 제23조, 지방
세기본법 제41조).

2. 상속(국세기본법 제24조, 지방세기본법 제42조)

① 상속이 개시된 경우에 상속인[상속세 및 증여세법 제2조 제5호에 따른 수
유자(受遺者)를 포함] 또는 「민법」 제1053조에 따른 상속재산관리인은
피상속인에게 부과되거나 피상속인이 납부할 국세 및 강제징수비, 지
방자치단체의 징수금을 상속으로 얻은 재산의 한도 내에서 납부할 의
무를 진다.

② 위 ①에 따른 납세의무 승계를 피하면서 재산을 상속받기 위하여 피상속인이 상속인을 수익자로 하는 보험 계약을 체결하고 상속인은 「민법」 제1019조 제1항에 따라 상속을 포기한 것으로 인정되는 경우로서 상속포기자가 피상속인의 사망으로 보험금을 받는 때에는 상속포기자를 상속인으로 보고, 보험금을 상속받은 재산으로 보아 위 ①을 적용한다.

③ 위 ①의 경우 상속인이 2명 이상일 때에는 각 상속인은 피상속인에 대한 국세 및 강제징수비, 지방자치단체의 징수금을 「민법」에 따른 상속분(다음의 어느 하나에 해당하는 경우에는 대통령령으로 정하는 비율로 한다)에 따라 나누어 계산한 금액을 상속으로 얻은 재산의 한도에서 연대하여 납부할 의무를 진다. 이 경우 각 상속인은 상속인 중에서 피상속인에 대한 국세 및 강제징수비, 지방자치단체의 징수금을 납부할 대표자를 정하여 대통령령으로 정하는 바에 따라 관할 세무서 및 지방자치단체의 장에게 신고하여야 한다.

  ㉠ 상속인 중 수유자가 있는 경우
  ㉡ 상속인 중 「민법」에 따라 상속을 포기한 사람이 있는 경우
  ㉢ 상속인 중 「민법」에 따라 유류분을 받을 사람이 있는 경우
  ㉣ 상속으로 받은 재산에 보험금이 포함되어 있는 경우

2 연대납세의무 · 34회

연대납세의무란 수인의 납세의무자가 동일한 납세의무에 대하여 각각 독립하여 납세의무 전부를 각자 이행할 의무가 있고 1인이 납세의무를 이행하면 다른 연대납세의무도 소멸한다.

1. 공유물, 공동사업에 관한 연대납세의무

공유물(공동주택의 공유물은 제외), 공동사업 또는 그 공동사업에 속하는 재산과 관계되는 국세 및 강제징수비, 지방자치단체의 징수금은 공유자 또는 공동사업자가 연대하여 납부할 의무를 진다(국세기본법 제25조 제1항, 지방세기본법 제44조 제1항).

2. 법인의 분할, 합병에 대한 연대납세의무

① 법인이 분할되거나 분할합병된 후 분할되는 법인(분할법인)이 존속하는 경우 다음의 법인은 분할등기일 이전에 분할법인에 부과되거나 납세의무가 성립한 국세 및 강제징수비, 지방자치단체의 징수금에 대하여 분할로 승계된 재산가액을 한도로 연대하여 납부할 의무가 있다(국세기본법 제25조 제2항, 지방세기본법 제44조 제2항).
  - ㉠ 분할법인
  - ㉡ 분할 또는 분할합병으로 설립되는 법인(분할 신설 법인)
  - ㉢ 분할법인의 일부가 다른 법인과 합병하는 경우 그 합병의 상대방인 다른 법인(분할합병의 상대방 법인)

② 법인이 분할 또는 분할합병한 후 소멸하는 경우 다음의 법인은 분할법인에 부과되거나 분할법인이 납부하여야 할 국세 및 강제징수비, 지방자치단체의 징수금에 대하여 분할로 승계된 재산가액을 한도로 연대하여 납부할 의무가 있다(국세기본법 제25조 제3항, 지방세기본법 제44조 제3항).
  - ㉠ 분할 신설 법인
  - ㉡ 분할합병의 상대방 법인

③ 법인이 「채무자 회생 및 파산에 관한 법률」 제215조에 따라 새로운 회사를 설립하는 경우 기존의 법인에 부과되거나 납세의무가 성립한 국세 및 강제징수비, 지방자치단체의 징수금은 신회사가 연대하여 납부할 의무를 진다(국세기본법 제25조 제4항, 지방세기본법 제44조 제4항).

3 제2차 납세의무

주된 납세자가 납세의무를 이행할 수 없을 때 그 부족분에 대하여 보충적으로 부담하는 것을 말한다.

1. 청산인 등의 제2차 납세의무

① 법인이 해산한 경우에 그 법인에 부과되거나 그 법인이 납부할 국세 및 강제징수비, 지방자치단체의 징수금을 납부하지 아니하고 남은 재산을 분배하거나 인도(引渡)하여, 그 법인에 대하여 체납처분을 집행하여도 징수할 금액보다 적은 경우에는 청산인과 남은 재산을 분배받거나 인도받은 자는 그 부족한 금액에 대하여 제2차 납세의무를 진다(국세기본법 제38조 제1항, 지방세기본법 제45조 제1항).

② 위 ①에 따른 제2차 납세의무는 청산인에게는 분배하거나 인도한 재산의 가액을, 남은 재산을 분배받거나 인도받은 자에게는 각자가 분배·인도받은 재산의 가액을 한도로 한다(국세기본법 제38조 제2항, 지방세기본법 제45조 제2항).

2. 출자자의 제2차 납세의무

① 법인(주식을 자본시장과 금융투자업에 관한 법률에 따른 증권시장으로서 대통령령으로 정하는 증권시장에 상장한 법인은 제외)의 재산으로 그 법인에 부과되거나 그 법인이 납부할 국세 및 강제징수비, 지방자치단체의 징수금에 충당하여도 부족한 경우에는 그 지방자치단체의 징수금의 과세기준일 또는 납세의무성립일(이에 관한 규정이 없는 세목의 경우에는 납기개시일) 현재 다음의 어느 하나에 해당하는 자는 그 부족액에 대하여 제2차 납세의무를 진다(국세기본법 제39조, 지방세기본법 제46조).

② 다만, 다음 ⓛ에 따른 **과점주주의 경우에는 그 부족액을 그 법인의 발행주식총수**(의결권이 없는 주식은 제외) **또는 출자총액으로 나눈 금액에 해당 과점주주가 실질적으로 권리를 행사하는 소유주식 수**(의결권이 없는 주식은 제외) **또는 출자액을 곱하여 산출한 금액을 한도로 한다**(국세기본법 제39조 단서, 지방세기본법 제46조 단서).

    ㉠ 무한책임사원

ⓛ 주주 또는 유한책임사원 1명과 그의 특수관계인 중 대통령으로
정하는 자로서 그들의 소유주식의 합계 또는 출자액의 합계가 해당
법인의 발행주식 총수 또는 출자총액의 100분의 50을 초과하면서
그에 관한 권리를 실질적으로 행사하는 자들(과점주주)

3. 법인의 제2차 납세의무

① 국세 및 지방세(둘 이상의 국세 및 지방세의 경우에는 납부기한이 뒤에 도래
하는 국세 및 지방세)의 납부기간 종료일 현재 법인의 무한책임사원 또는
과점주주(출자자)의 재산(그 법인의 발행주식 또는 출자지분은 제외)으로 그
출자자가 납부할 국세 및 강제징수비, 지방자치단체의 징수금에 충당
하여도 부족한 경우에는 그 법인은 다음의 어느 하나에 해당하는 경우
에만 그 출자자의 소유주식 또는 출자지분의 가액 한도 내에서 그 부족
한 금액에 대하여 제2차 납세의무를 진다(국세기본법 제40조 제1항, 지방
세기본법 제47조 제1항).
ⓖ 정부 및 지방자치단체의 장이 출자자의 소유주식 또는 출자지분을
재공매하거나 수의계약으로 매각하려 하여도 매수희망자가 없을 때
ⓛ 법인이 외국법인인 경우로서 출자자의 소유주식 또는 출자지분이
외국에 있는 재산에 해당하여 「국세징수법」에 따른 압류 등 강제징
수가 제한되는 경우
ⓒ 법률 또는 법인의 정관에서 출자자의 소유주식 또는 출자지분의 양
도를 제한하고 있을 때
② 위 ①에 따른 법인의 제2차 납세의무는 그 법인의 자산총액에서 부채
총액을 뺀 가액을 그 법인의 발행주식총액 또는 출자총액으로 나눈 가
액에 그 출자자의 소유주식금액 또는 출자액을 곱하여 산출한 금액을
한도로 한다(국세기본법 제40조 제1항, 지방세기본법 제47조 제1항).

4. 사업양수인의 제2차 납세의무

① 사업의 양도·양수가 있는 경우 그 사업에 관하여 양도일 이전에 양도
인의 납세의무가 확정된 국세 및 강제징수비, 지방자치단체의 징수금
을 양도인의 재산으로 충당하여도 부족할 때에는 양수인은 그 부족한
금액에 대하여 양수한 재산의 가액 한도 내에서 제2차 납세의무를 진
다(국세기본법 제41조 제1항, 지방세기본법 제48조 제1항).

O X 확 인 문 제

사업의 양도·양수가 있는 경우,
그 사업에 관한 징수금을 양도인
의 재산으로 충당하여도 부족할
때에는 양수인은 양수받은 재산을
한도로 제2차 납세의무를 진다.
• 23회 수정   (   )

정답 (○)

② 위 ①에서 '양수인'이란 사업장별로 그 사업에 관한 모든 권리와 의무를 포괄승계(미수금에 관한 권리와 미지급금에 관한 의무의 경우에는 그 전부를 승계하지 아니하더라도 포괄승계로 본다)한 다음의 자로서 양도인이 사업을 경영하던 장소에서 양도인이 경영하던 사업과 같거나 유사한 종목의 사업을 경영하는 자를 말한다(국세기본법 제41조 제2항, 지방세기본법 제48조 제2항).

ㄱ 양도인과 특수관계인인 자

ㄴ 양도인의 조세회피를 목적으로 사업을 양수한 자

③ **사업양수인에 대한 제2차 납세의무 범위** : 위 ①에서 '양수한 재산의 가액'이란 다음의 가액을 말한다(국세기본법 시행령 제23조 제2항, 지방세기본법 시행령 제27조 제1항).

ㄱ 사업의 양수인이 양도인에게 지급하였거나 지급하여야 할 금액이 있는 경우에는 그 금액

ㄴ 위 ㄱ에 따른 금액이 없거나 불분명한 경우에는 양수한 자산 및 부채를 「상속세 및 증여세법」 규정을 준용하여 평가한 후 그 자산총액에서 부채총액을 뺀 가액

> ✔ 참고 **양도담보권자의 물적납세의무(국세기본법 제42조)**
>
> 1. 납세자가 국세 및 강제징수비를 체납한 경우에 그 납세자에게 양도담보재산이 있을 때에는 그 납세자의 다른 재산에 대하여 강제징수를 하여도 징수할 금액에 미치지 못하는 경우에만 「국세징수법」에서 정하는 바에 따라 그 양도담보재산으로써 납세자의 국세 및 강제징수비를 징수할 수 있다. 다만, 그 국세의 법정기일 전에 담보의 목적이 된 양도담보재산에 대해서는 그러하지 아니하다.
> 2. 「국세징수법」 제7조 제1항에 따라 양도담보권자에게 납부고지가 있은 후 납세자가 양도에 의하여 실질적으로 담보된 채무를 불이행하여 해당 재산이 양도담보권자에게 확정적으로 귀속되고 양도담보권이 소멸하는 경우에는 납부고지 당시의 양도담보재산이 계속하여 양도담보재산으로서 존속하는 것으로 본다.
> 3. 위 1. 및 2.의 '양도담보재산'이란 당사자 간의 계약에 의하여 납세자가 그 재산을 양도하였을 때에 실질적으로 양도인에 대한 채권담보의 목적이 된 재산을 말한다.

03 | 조세와 타 채권과의 관계

▌10개년 출제문항 수

25회	26회	27회	28회	29회
				1

30회	31회	32회	33회	34회
1				

↳ 총 16문제 中 평균 약 0.2문제 출제

▌학습전략

• 조세채권은 원칙적으로 납세자의 다른 공과금 기타의 채권에 우선하여 징수합니다. 이 챕터에서는 조세의 우선권에 대해 학습합니다.

• 조세채권과 다른 채권과의 우선순위에 대한 문제가 주로 출제되므로 관련 이론을 정리해 두는 것이 좋습니다.

채권자평등주의에 따라 모든 채권은 평등하게 취급되나 담보물권자는 담보로 제공받은 특정재산의 매각대금에 관해서는 이러한 채권자평등주의의 예외로 다른 채권보다 우선변제를 받을 수 있다. 그런데 조세채권도 채권이므로 다른 채권과의 우선순위 문제가 발생한다.

제1절 | 조세의 우선권

• 29회 • 30회

1. 조세의 우선징수

국세 및 강제징수비, 지방자치단체의 징수금은 다른 공과금과 그 밖의 채권에 우선하여 징수한다(국세기본법 제35조 제1항, 지방세기본법 제71조 제1항).

2. 체납액 및 징수금 내 징수순위(국세징수법 제3조, 지방세징수법 제4조)

> ① **국세** : 강제징수비 ⇨ 국세(가산세 제외) ⇨ 가산세
> ② **지방세** : 체납처분비 ⇨ 지방세(가산세 제외) ⇨ 가산세

O X 확 인 문 제

지방자치단체 징수금의 징수순위는 체납처분비, 지방세, 가산세의 순서로 한다. ( )

정답 (○)

3. 압류에 의한 우선

① 지방자치단체의 징수금의 체납처분(또는 국세의 강제징수)에 의하여 납세자의 재산을 압류한 후 다른 지방자치단체의 징수금 또는 국세의 교부청구가 있으면 압류에 관계되는 지방자치단체의 징수금(또는 국세 및 강제징수비)은 교부청구한 다른 지방자치단체의 징수금 또는 국세에 우선하여 징수한다(국세기본법 제36조 제1항, 지방세기본법 제73조 제1항).
② 다른 지방자치단체의 징수금 또는 국세의 체납처분에 의하여 납세자의 재산을 압류한 후 지방자치단체의 징수금 교부청구가 있으면 교부청구한 지방자치단체의 징수금은 압류에 관계되는 지방자치단체의 징수금 또는 국세의 다음으로 징수한다(국세기본법 제36조 제2항, 지방세기본법 제73조 제2항).

4. 담보가 있는 조세의 우선

납세담보물을 매각하였을 때에는 위 **3.**에도 불구하고 그 국세 및 강제징수비, 지방자치단체의 징수금은 매각대금 중에서 다른 국세 및 강제징수비와 지방세에 우선하여 징수한다(국세기본법 제37조, 지방세기본법 제74조).

한눈에 보기	조세채권 간 우선순위

담보된 조세 ⇨ 압류한 조세 ⇨ 교부청구한 조세

제2절   조세우선권의 예외

1. 공익비용 우선

다음은 조세채권보다 우선하여 징수한다(국세기본법 제35조 제1항 제1호·제2호, 지방세기본법 제71조 제1항 제1호·제2호).
① 지방세나 공과금의 체납처분 또는 강제징수를 할 때 그 체납처분 또는 강제징수 금액 중에서 국세 및 강제징수비를 징수하는 경우의 그 지방세나 공과금의 체납처분비 또는 강제징수비

② 강제집행*·경매 또는 파산 절차에 따라 재산을 매각할 때 그 매각금액 중에서 국세 및 강제징수비를 징수하는 경우의 그 강제집행, 경매 또는 파산 절차에 든 비용

* 강제집행
사법상 또는 행정법상의 의무를 이행하지 아니하는 사람에 대하여 국가가 강제 권력으로 그 의무의 이행을 실현하는 작용이나 절차

2. 법정기일 전에 설정된 채권의 우선

(1) 피담보채권의 우선

조세채권이라 하더라도 법정기일 전에 전세권·질권·저당권의 설정을 등기·등록한 사실 또는 「주택임대차보호법」 및 「상가건물 임대차보호법」에 따른 대항요건과 임대차계약증서상의 확정일자(確定日字)를 갖춘 사실이 증명되는 재산을 매각하여 그 매각금액에서 조세채권(그 재산에 대하여 부과된 조세 등은 제외)을 징수하는 경우의 그 전세권·질권·저당권에 따라 담보된 채권, 등기 또는 확정일자를 갖춘 임대차계약증서상의 보증금에는 우선하지 못한다(국세기본법 제35조 제1항 제3호, 지방세기본법 제71조 제1항 제3호).

> **참고** **법정기일**
>
> 법정기일은 다음과 같다.
> 1. 과세표준과 세액의 신고에 의하여 납세의무가 확정되는 지방세의 경우 신고한 해당 세액에 대해서는 그 신고일
> 2. 과세표준과 세액을 지방자치단체가 결정·경정 또는 수시부과결정하는 경우에 고지한 해당 세액에 대해서는 납세고지서의 발송일
> 3. 특별징수의무자로부터 징수하는 지방세의 경우에는 위 1. 및 2.의 기일과 관계없이 그 납세의무의 확정일
> 4. 양도담보재산 또는 제2차 납세의무자의 재산에서 지방세를 징수하는 경우에는 납부통지서의 발송일

(2) 당해세 우선

매각되는 그 재산에 대하여 부과된 다음의 조세(당해세)는 전세권, 질권 또는 저당권에 따른 채권 또는 임대차보증금반환채권보다 우선한다(국세기본법 제35조 제3항, 지방세기본법 제71조 제5항).

① **국세** : 상속세 및 증여세, 종합부동산세(부가되는 농어촌특별세 및 가산세 포함)

② **지방세** : 재산세(부가되는 지방교육세 포함)·자동차세(자동차 소유에 대한 자동차세만 해당)·소방분 지역자원시설세 및 지방교육세(재산세와 자동차세에 부가되는 지방교육세만 해당)

추가 취득세, 종합소득세 등은 당해세에 해당하지 않는다.

3. 소액임차보증금의 우선

「주택임대차보호법」 또는 「상가건물 임대차보호법」이 적용되는 임대차관계에 있는 주택 또는 건물을 매각할 때 그 매각금액 중에서 조세를 징수하는 경우 임대차에 관한 보증금 중 일정 금액으로서 「주택임대차보호법」 또는 「상가건물 임대차보호법」에 따라 임차인이 우선하여 변제받을 수 있는 금액에 관한 채권은 조세채권보다 우선한다(국세기본법 제35조 제1항 제4호, 지방세기본법 제71조 제1항 제4호).

4. 임금채권의 우선

사용자의 재산을 매각하거나 추심(推尋)할 때 그 매각금액 또는 추심금액 중에서 국세를 징수하는 경우에 「근로기준법」 또는 「근로자퇴직급여 보장법」에 따라 국세에 우선하여 변제되는 임금, 퇴직금, 재해보상금, 그 밖에 근로관계로 인한 채권은 조세채권보다 우선한다(국세기본법 제35조 제1항 제5호, 지방세기본법 제71조 제1항 제5호).

한눈에 보기 **조세채권과 담보된 채권과의 관계(배당순서)**

순 위	내 용
0순위	공익비용(강제집행·경매·파산절차에 소요된 비용), 강제징수비, 체납처분비
1순위	소액보증금, 최종 3개월분 임금, 3년간 퇴직금, 재해보상금
2순위(당해세)	상속세 및 증여세, 재산세, 종합부동산세, 소방분 지역자원시설세 및 이에 부가되는 부가세, 가산세 등
3순위	설정일과 법정기일이 빠른 순

> **✔ 참고** **주택보증금의 전세권설정일 또는 확정일자보다 법정기일이 늦은 당해세의 경우(국세기본법 제35조 제7항, 지방세기본법 제71조 제6항)**
> 「주택임대차보호법」 제3조의2 제2항에 따라 대항요건과 확정일자를 갖춘 임차권에 의하여 담보된 임대차보증금반환채권 또는 같은 법 제2조에 따른 주거용 건물에 설정된 전세권에 의하여 담보된 채권(임대차보증금반환채권 등)은 해당 임차권 또는 전세권이 설정된 재산이 국세 및 지방세의 강제징수, 체납처분 또는 공매, 경매 절차를 통하여 매각되어 그 매각금액에서 국세 및 지방세를 징수하는 경우 그 확정일자 또는 설정일보다 법정기일이 늦은 해당 재산에 대하여 부과된 상속세, 증여세 및 종합부동산세, 재산세 등의 우선 징수 순서에 대신하여 변제될 수 있다. 이 경우 대신 변제되는 금액은 우선 징수할 수 있었던 해당 재산에 대하여 부과된 상속세, 증여세 및 종합부동산세, 재산세 등의

징수액에 한정하며, 임대차보증금반환채권 등보다 우선 변제되는 저당권 등의 변제액과 제3항에 따라 해당 재산에 대하여 부과된 상속세, 증여세 및 종합부동산세, 재산세 등을 우선 징수하는 경우에 배분받을 수 있었던 임대차보증금반환채권 등의 변제액에는 영향을 미치지 아니한다.

기출&예상 문제

01 법정기일 전에 저당권의 설정을 등기한 사실이 등기사항증명서(부동산등기부 등본)에 따라 증명되는 재산을 매각하여 그 매각금액에서 국세 또는 지방세를 징수하는 경우, 그 재산에 대하여 부과되는 다음의 국세 또는 지방세 중 저당권에 따라 담보된 채권에 우선하여 징수하는 것은 모두 몇 개인가?   • 30회 수정

- 종합부동산세   • 취득세에 부가되는 지방교육세
- 등록면허세   • 부동산임대에 따른 종합소득세
- 소방분 지역자원시설세

① 1개   ② 2개   ③ 3개
④ 4개   ⑤ 5개

해설 ② 당해세에 관한 문제로 종합부동산세, 소방분 지역자원시설세가 이에 해당한다.

정답 ②

02 국세기본법 및 지방세기본법상 조세채권과 일반채권의 관계에 관한 설명으로 틀린 것은?   • 29회 수정

① 납세담보물 매각 시 압류에 관계되는 조세채권은 담보 있는 조세채권보다 우선한다.
② 재산의 매각대금 배분 시 당해 재산에 부과된 종합부동산세는 당해 재산에 설정된 저당권에 따라 담보된 채권보다 우선한다.
③ 취득세 신고서를 납세지 관할 지방자치단체장에게 제출한 날 전에 저당권설정등기 사실이 증명되는 재산을 매각하여 그 매각금액에서 취득세를 징수하는 경우, 저당권에 따라 담보된 채권은 취득세에 우선한다.
④ 강제집행으로 부동산을 매각할 때 그 매각금액 중에 국세를 징수하는 경우, 강제집행비용은 국세에 우선한다.
⑤ 재산의 매각대금 배분 시 당해 재산에 부과된 재산세는 당해 재산에 설정된 저당권에 따라 담보된 채권보다 우선한다.

해설 ① 담보 있는 조세채권이 압류에 관계되는 조세채권보다 우선한다.

정답 ①

04 | 조세의 불복제도

10개년 출제문항 수

25회	26회	27회	28회	29회
	1			
30회	31회	32회	33회	34회
1			1	

└→ 총 16문제 中 평균 약 0.3문제 출제

학습전략

• 조세 처분에 불복하는 자는 이의신청, 심사청구, 심판청구 등을 제기할 수 있습니다. 이 챕터에서는 이러한 조세의 불복 절차에 대해 학습합니다.

• 지방세의 불복에 대한 문제가 주로 출제되므로 관련 이론을 정리해 두는 것이 좋습니다.

제1절 국세의 불복

• 30회

1 대 상

「국세기본법」 또는 세법에 따른 처분으로서 위법 또는 부당한 처분을 받거나 필요한 처분을 받지 못함으로 인하여 권리나 이익을 침해당한 자는 그 처분의 취소 또는 변경을 청구하거나 필요한 처분을 청구할 수 있다(국세기본법 제55조 제1항).

> ⊕ 보충 **국세불복 제외 대상**
>
> 1. 「조세범 처벌절차법」에 따른 통고처분*
> 2. 「감사원법」에 따라 심사청구를 한 처분이나 그 심사청구에 대한 처분
> 3. 「국세기본법」 및 세법에 따른 과태료 부과처분

* 통고처분
법률을 위반한 자에게 위반행위에 대하여 벌금 등을 납부할 것을 알리는 행정행위를 말한다.

② 국세불복절차

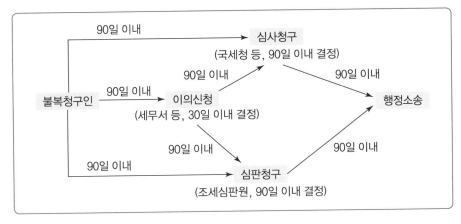

불복청구는 원칙적으로 1심급이나, 이의신청을 거치는 경우에는 예외적으로 2심급이 된다. 따라서 동일한 처분에 대해서는 심사청구와 심판청구를 중복하여 제기할 수 없다. 또한 행정소송은 「국세기본법」에 따른 심사청구 또는 심판청구와 그에 대한 결정을 거치지 아니하면 제기할 수 없다.

1. 이의신청

(1) 청구기간 및 절차

이의신청은 불복의 사유를 갖추어 해당 처분을 하였거나 하였어야 할 세무서장에게 하거나 세무서장을 거쳐 관할 지방국세청장에게 그 처분이 있은 것을 안 날(처분의 통지를 받은 때에는 그 받은 날)부터 90일 이내에 하여야 한다(국세기본법 제66조 제1항, 제61조 제1항).

(2) 결 정

① 이의신청을 받은 세무서장과 지방국세청장은 각각 국세심사위원회의 심의를 거쳐 30일 이내에 결정하여야 한다(국세기본법 제66조 제7항).
② 다만, 이의신청인이 다음 ③에 따라 송부받은 의견서에 대하여 결정기간 내에 항변하는 경우에는 이의신청을 받은 날부터 60일 이내에 하여야 한다(국세기본법 제66조 제7항 단서).
③ 이의신청서를 받은 세무서장 또는 지방국세청장은 지체 없이 이의신청의 대상이 된 처분에 대한 의견서를 이의신청인에게 송부하여야 한다. 이 경우 의견서에는 처분의 근거·이유, 처분의 이유가 된 사실 등이 구체적으로 기재되어야 한다(국세기본법 제66조 제8항).

(3) 이의신청은 임의절차로 반드시 거쳐야 하는 것은 아니다.

추가 **감사원 심사청구**
불복청구인은 「감사원법」에 의한 감사원 심사청구를 거쳐 행정소송을 제기할 수도 있다.

O X 확 인 문 제

이의신청을 받은 세무서장 또는 지방국세청장은 각각 국세심사위원회의 심의를 거쳐 그 신청을 받은 날부터 항변이 있는 경우에도 30일 이내에 결정을 하여야 한다. •23회 수정 ( )

정답 (×)

항변하는 경우에는 이의신청을 받은 날부터 60일 이내에 결정하여야 한다.

2. 심사청구

(1) 청구기간

① 심사청구는 해당 처분이 있음을 안 날(처분의 통지를 받은 때에는 그 받은 날)부터 90일 이내에 제기하여야 한다(국세기본법 제61조 제1항).

② 이의신청을 거친 후 심사청구를 하려면 이의신청에 대한 결정의 통지를 받은 날부터 90일 이내에 제기하여야 한다. 다만, 결정기간 내에 결정의 통지를 받지 못한 경우에는 그 결정기간이 지난 날부터 90일 이내에 심사청구를 할 수 있다(국세기본법 제61조 제2항).

(2) 청구절차

심사청구는 불복의 사유를 갖추어 해당 처분을 하였거나 하였어야 할 세무서장을 거쳐 국세청장에게 하여야 한다(국세기본법 제62조 제1항).

(3) 결 정

국세청장은 심사청구를 받으면 국세심사위원회의 의결에 따라 그 청구를 받은 날부터 90일 이내에 다음의 결정을 하여야 한다(국세기본법 제64조 제1항, 제65조 제1항·제2항).

> ① 심사청구가 다음의 어느 하나에 해당하는 경우에는 그 청구를 각하하는 결정을 한다.
>   ㉠ 심판청구를 제기한 후 심사청구를 제기(같은 날 제기한 경우도 포함)한 경우
>   ㉡ 청구기간이 지난 후에 청구된 경우
>   ㉢ 심사청구 후 보정기간에 필요한 보정을 하지 아니한 경우
>   ㉣ 심사청구가 적법하지 아니한 경우
>   ㉤ 위 ㉠부터 ㉣까지의 규정에 따른 경우와 유사한 경우로서 대통령령으로 정하는 경우
> ② 심사청구가 이유 없다고 인정될 때에는 그 청구를 기각하는 결정을 한다.
> ③ 심사청구가 이유 있다고 인정될 때에는 그 청구의 대상이 된 처분의 취소·경정 결정을 하거나 필요한 처분의 결정을 한다.

3. 심판청구

(1) 청구기간

① 심판청구는 해당 처분이 있음을 안 날(처분의 통지를 받은 때에는 그 받은 날)부터 90일 이내에 제기하여야 한다(국세기본법 제68조 제1항).

추가 각하
불복청구의 절차적 요건을 구비하지 못했을 경우에 본안 심리에 나아가지 아니한 채 신청 자체를 배척하는 결정

추가 기각
불복청구의 이유가 없다고 하여 배척하는 판결 또는 결정

추가 인용
불복청구의 이유가 있다고 내리는 판결 또는 결정

② 이의신청을 거친 후 심판청구를 하려면 이의신청에 대한 결정의 통지를 받은 날부터 90일 이내에 제기하여야 한다. 다만, 결정기간 내에 결정의 통지를 받지 못한 경우에는 그 결정기간이 지난 날부터 90일 이내에 심판청구를 할 수 있다(국세기본법 제68조 제2항, 제61조 제2항).

(2) 청구절차

심판청구를 하려는 자는 불복의 사유 등이 기재된 심판청구서를 그 처분을 하였거나 하였어야 할 세무서장이나 조세심판원장에게 제출하여야 한다. 이 경우 심판청구서를 받은 세무서장은 이를 지체 없이 조세심판원장에게 송부하여야 한다(국세기본법 제69조 제1항).

(3) 결 정

조세심판원장이 심판청구를 받았을 때에는 조세심판관회의가 심리를 거쳐 청구를 받은 날부터 90일 이내에 결정한다(국세기본법 제78조 제1항, 제65조 제2항).

➕ 보충 **청구기한의 연장(국세기본법 제61조 제4항, 시행령 제2조)**

이의신청, 심사청구, 심판청구인이 다음의 사유로 법에서 정한 기간에 이의신청, 심사청구, 심판청구를 할 수 없을 때에는 그 사유가 소멸한 날부터 14일 이내에 할 수 있다.

1. 납세자가 화재, 전화(戰禍), 그 밖의 재해를 입거나 도난을 당한 경우
2. 납세자 또는 그 동거가족이 질병이나 중상해로 6개월 이상의 치료가 필요하거나 사망하여 상중(喪中)인 경우
3. 정전, 프로그램의 오류나 그 밖의 부득이한 사유로 한국은행(그 대리점을 포함) 및 체신관서의 정보통신망의 정상적인 가동이 불가능한 경우
4. 금융회사 등(한국은행 국고대리점 및 국고수납대리점인 금융회사 등만 해당) 또는 체신관서의 휴무나 그 밖의 부득이한 사유로 정상적인 세금납부가 곤란하다고 국세청장이 인정하는 경우
5. 권한 있는 기관에 장부나 서류가 압수 또는 영치된 경우
6. 「세무사법」 제2조 제3호에 따라 납세자의 장부 작성을 대행하는 세무사(같은 법 제16조의4에 따라 등록한 세무법인을 포함) 또는 같은 법 제20조의2에 따른 공인회계사(공인회계사법 제24조에 따라 등록한 회계법인을 포함)가 화재, 전화, 그 밖의 재해를 입거나 도난을 당한 경우
7. 그 밖에 위 1, 2. 또는 5.에 준하는 사유가 있는 경우

4. 심사청구 등이 집행에 미치는 효력

① 이의신청, 심사청구 또는 심판청구는 세법에 특별한 규정이 있는 것을 제외하고는 해당 처분의 집행에 효력을 미치지 아니한다. 다만, 해당 재결청(裁決廳)이 처분의 집행 또는 절차의 속행 때문에 이의신청인, 심사청구인 또는 심판청구인에게 중대한 손해가 생기는 것을 예방할 필요성이 긴급하다고 인정할 때에는 처분의 집행 또는 절차 속행의 전부 또는 일부의 정지(집행정지)를 결정할 수 있다(국세기본법 제57조 제1항).

② 재결청은 집행정지 또는 집행정지의 취소에 관하여 심리·결정하면 지체 없이 당사자에게 통지하여야 한다(국세기본법 제57조 제2항).

추가 대리인

1. 이의신청인, 심사청구인 또는 심판청구인과 처분청은 변호사, 세무사 또는 「세무사법」에 따른 세무사등록부 또는 공인회계사 세무대리업무등록부에 등록한 공인회계사를 대리인으로 선임할 수 있다(국세기본법 제59조 제1항).
2. 이의신청인, 심사청구인 또는 심판청구인은 신청 또는 청구의 대상이 소액(국세 3천만원 미만, 지방세 1천만원 미만)인 경우에는 그 배우자, 4촌 이내의 혈족 또는 그 배우자의 4촌 이내의 혈족을 대리인으로 선임할 수 있다(국세기본법 제59조 제2항).

> **⊕ 보충** **불고불리, 불이익변경금지(국세기본법 제65조의3, 제79조)**
>
> 1. 국세청장, 조세심판관회의 등은 결정을 할 때 심사, 심판청구를 한 처분 외의 처분에 대해서는 그 처분의 전부 또는 일부를 취소 또는 변경하거나 새로운 처분의 결정을 하지 못한다.
> 2. 국세청장, 조세심판관회의 등은 결정을 할 때 심사, 심판청구를 한 처분보다 청구인에게 불리한 결정을 하지 못한다.

제2절   지방세의 불복

1 대 상

추가 지방세는 심사청구제도가 없다.

「지방세기본법」 또는 지방세관계법에 따른 처분으로서 위법·부당한 처분을 받았거나 필요한 처분을 받지 못하여 권리 또는 이익을 침해당한 자는 이의신청 또는 심판청구를 할 수 있다(지방세기본법 제89조).

> **⊕ 보충** **지방세 불복 제외대상**
>
> 1. 이의신청 또는 심판청구에 대한 처분(다만, 이의신청에 대한 처분에 대하여 심판청구를 하는 경우는 제외)
> 2. 「지방세기본법」에 따른 통고처분
> 3. 「감사원법」에 따라 심사청구를 한 처분이나 그 심사청구에 대한 처분
> 4. 과세전적부심사의 청구에 대한 처분
> 5. 「지방세기본법」에 따른 과태료의 부과

2 지방세 불복절차 ·26회 ·30회 ·33회

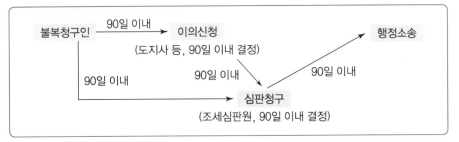

➕ 행정소송은 「지방세기본법」에 따른 심판청구와 그에 대한 결정을 거치지 아니하면 제기할
수 없다.

1. 이의신청

(1) 청구절차

이의신청은 불복의 사유를 적어 해당 처분을 하였거나 하였어야 할 다음의
해당 지방자치단체장에게 하여야 한다(지방세기본법 제90조).

① **특별시세·광역시세·도세** : 시·도지사

② **특별자치시세·특별자치도세** : 특별자치시장·특별자치도지사

③ **시·군·구세** : 시장·군수·구청장

> ✅참고 **이의신청 관할 특례**
>
> 도세 중 소방분 지역자원시설세 및 시·군세에 부가하여 징수하는 지방교육세
> 와 특별시세·광역시세 중 특별시분 재산세, 소방분 지역자원시설세 및 구세(군
> 세 및 특별시분 재산세를 포함)에 부가하여 징수하는 지방교육세는 시장·군
> 수·구청장에게 이의신청을 하여야 한다.

(2) 청구기간

그 처분이 있은 것을 안 날(처분의 통지를 받았을 때에는 그 통지를 받은 날)부
터 90일 이내에 이의신청을 해야 한다(지방세기본법 제90조).

(3) 결 정

이의신청을 받은 지방자치단체의 장은 신청을 받은 날부터 90일 이내에
지방세심의위원회의 의결에 따라 다음의 구분에 따른 결정을 하고 신청인
에게 이유를 함께 기재한 결정서를 송달하여야 한다. 다만, 이의신청 기간
이 지난 후에 제기된 이의신청 등 대통령령으로 정하는 사유에 해당하는
경우에는 지방세심의위원회의 의결을 거치지 아니하고 결정할 수 있다
(지방세기본법 제96조 제1항).

① 이의신청이 적법하지 아니한 때(행정소송, 심판청구 또는 감사원법에 따른 심사청구를 제기하고 이의신청을 제기한 경우를 포함) 또는 이의신청 기간이 지났거나 보정기간에 필요한 보정을 하지 아니할 때 : 신청을 각하하는 결정

② 이의신청이 이유 없다고 인정될 때 : 신청을 기각하는 결정

③ 이의신청이 이유 있다고 인정될 때 : 신청의 대상이 된 처분의 취소, 경정 또는 필요한 처분의 결정. 다만, 처분의 취소·경정 또는 필요한 처분의 결정을 하기 위하여 사실관계 확인 등 추가적으로 조사가 필요한 경우에는 처분청으로 하여금 이를 재조사하여 그 결과에 따라 취소·경정하거나 필요한 처분을 하도록 하는 재조사 결정을 할 수 있다.

(4) 이의신청은 임의절차로, 반드시 거쳐야 하는 것은 아니다.

2. 심판청구

(1) 청구기간 및 절차

① 이의신청을 거친 후에 심판청구를 할 때에는 이의신청에 대한 결정 통지를 받은 날부터 90일 이내에 조세심판원장에게 심판청구를 하여야 한다(지방세기본법 제91조 제1항).

② 결정기간에 이의신청에 대한 결정 통지를 받지 못한 경우에는 위 ①에도 불구하고 그 결정기간이 지난 날부터 90일 이내에 심판청구를 할 수 있다(지방세기본법 제91조 제2항).

③ 이의신청을 거치지 아니하고 바로 심판청구를 할 때에는 그 처분이 있은 것을 안 날(처분의 통지를 받았을 때에는 통지받은 날)부터 90일 이내에 조세심판원장에게 심판청구를 하여야 한다(지방세기본법 제91조 제3항).

> ◆ 참고 **청구기한의 연장 등**
>
> 이의신청인 또는 심판청구인이 천재지변, 사변(事變), 화재(火災), 그 밖의 사유(신고·신청·청구 및 그 밖의 서류의 제출·통지에 관한 기한연장사유로 한정)로 인하여 이의신청 또는 심판청구기간에 이의신청 또는 심판청구를 할 수 없을 때에는 그 사유가 소멸한 날부터 14일 이내에 이의신청 또는 심판청구를 할 수 있다(지방세기본법 제94조).

(2) 결 정

조세심판원장이 심판청구를 받았을 때에는 조세심판관회의가 심리를 거쳐 청구를 받은 날부터 90일 이내에 결정한다.

O X 확 인 문 제

지방세에 관한 불복 시 불복청구인은 이의신청을 거치지 않고 심판청구를 제기할 수 없다. •26회

(   )

정답 (×)

이의신청은 임의절차로, 반드시 거쳐야 하는 절차는 아니다.

추가 보정기간은 결정기간에 포함되지 아니한다.

3. 심판청구 등이 집행에 미치는 효력

이의신청 또는 심판청구는 그 처분의 집행에 효력이 미치지 아니한다. 다만, 압류한 재산에 대해서는 이의신청 또는 심판청구의 결정이 있는 날부터 30일까지 그 공매처분을 보류할 수 있다(지방세기본법 제99조 제1항).

기출&예상 문제

01 지방세기본법상 이의신청·심판청구에 관한 설명으로 **틀린** 것은?

• 30회 수정

① 「지방세기본법」에 따른 과태료의 부과처분을 받은 자는 이의신청 또는 심판청구를 할 수 없다.

② 심판청구는 그 처분의 집행에 효력이 미치지 아니하지만 압류한 재산에 대하여는 심판청구의 결정이 있는 날부터 30일까지 그 공매처분을 보류할 수 있다.

③ 지방세에 관한 불복 시 불복청구인은 이의신청을 거친 후에만 심판청구를 하여야 한다.

④ 이의신청인은 신청금액이 1천만원 미만인 경우에는 그의 배우자, 4촌 이내의 혈족 또는 그의 배우자의 4촌 이내의 혈족을 대리인으로 선임할 수 있다.

⑤ 심판청구가 이유 없다고 인정될 때에는 청구를 기각하는 결정을 한다.

해설 ③ 이의신청은 임의절차로, 반드시 거쳐야 하는 절차는 아니다.

정답 ③

02 지방세기본법상 이의신청과 심판청구에 관한 설명으로 옳은 것을 모두 고른 것은?

• 33회

㉠ 통고처분은 이의신청 또는 심판청구의 대상이 되는 처분에 포함된다.
㉡ 이의신청인은 신청 또는 청구 금액이 8백만원인 경우에는 그의 배우자를 대리인으로 선임할 수 있다.
㉢ 보정기간은 결정기간에 포함하지 아니한다.
㉣ 이의신청을 거치지 아니하고 바로 심판청구를 할 수는 없다.

① ㉠   ② ㉡
③ ㉠, ㉣   ④ ㉡, ㉢
⑤ ㉢, ㉣

해설 ⓒ 이의신청인은 신청 또는 청구 금액이 1천만원 미만인 경우에는 그의 배우자, 4촌 이내의 혈족 또는 그의 배우자의 4촌 이내 혈족을 대리인으로 선임할 수 있다(지방세기본법 제93조 제2항).

ⓒ 보정기간은 결정기간에 포함하지 아니한다(지방세기본법 제95조 제3항).

㉠ 통고처분은 이의신청 또는 심판청구의 대상이 되는 처분에 포함되지 아니한다(지방세기본법 제89조 제2항).

㉣ 이의신청을 거치지 아니하고 바로 심판청구를 할 수 있다(지방세기본법 제91조 제3항).

정답 ④

PART 1 빈출키워드 CHECK!

1 국세이면서 목적세인 부가세는 ( )가 있다.

2 조세부과의 원칙은 ( ), 신의성실의 원칙, 근거과세의 원칙, 조세감면 후 사후관리이다.

3 세법적용의 원칙은 세법해석의 재산권 부당침해 금지, ( ), 세무공무원의 재량의 한계, 기업회계의 존중이다.

4 ( )이란 지방자치단체의 장 또는 지방세의 부과·징수 등에 관한 사무를 위임받은 공무원을 말한다.

5 ( )란 납세의무자(연대납세의무자와 제2차 납세의무자 및 보증인을 포함)와 특별징수의무자를 말한다.

6 ( )란 지방세를 징수할 때 편의상 징수할 여건이 좋은 자로 하여금 징수하게 하고 그 징수한 세금을 납부하게 하는 것을 말한다.

정답 1 농어촌특별세 2 실질과세의 원칙 3 소급과세의 금지 4 세무공무원 5 납세자 6 특별징수

⑦ 부정행위로 법정신고기한까지 법령에 따른 과세표준 신고를 하지 아니한 경우 100분의 (   )의 무신고가산세가 부과된다.

⑧ 부정행위가 아닌 경우로 납부할 세액을 신고하여야 할 세액보다 적게 신고하였을 때 과소신고 납부세액 등의 100분의 (   )에 상당하는 금액을 과소신고가산세로 부과한다.

⑨ 과세표준 신고서를 법정신고기한까지 제출하지 아니한 자가 법정신고기한이 지난 후 1개월 이내에 기한 후 신고를 한 경우 무신고가산세액의 100분의 (   )에 상당하는 금액을 감면한다.

⑩ 지방교육세는 취득과 (   )단계에서만 과세될 수 있는 조세이다.

⑪ 공시송달의 경우는 서류의 주요 내용을 공고한 날부터 (   )일이 지나면 서류의 송달이 된 것으로 본다.

⑫ 재산세는 (   )에 납세의무가 성립한다.

⑬ 양도소득세의 납세의무 성립시기는 (   ) 때이다.

정답 **7** 40 **8** 10 **9** 50 **10** 보유 **11** 14 **12** 과세기준일 **13** 과세기간이 끝나는

⑭ 신고납부방식을 선택한 종합부동산세의 납세의무 확정시기는 신고서를 (　　　)하는 때이다.

⑮ 일반적인 양도소득세를 무신고한 경우 적용되는 양도소득세 부과제척기간은 (　　　)년이다.

⑯ 부담부증여 시 채무인수부분에 관한 양도소득세를 무신고한 경우 적용되는 양도소득세 부과제척기간은 (　　　)년이다.

⑰ 직계존속으로부터 토지를 상속받은 경우 취득세 무신고에 따른 취득세 부과제척기간은 (　　　)년이다.

⑱ 지방세 체납액(가산세 제외)이 6천만원인 경우 징수권 소멸시효는 (　　　)년이다.

⑲ 부과제척기간에는 중단과 정지제도가 (　　　).

⑳ 지방세 징수금 내 징수순위는 (　　　), 지방세, 가산세 순이다.

㉑ 조세채권 간 징수우선순위는 담보된 조세, (　　　)한 조세, 교부청구한 조세 순이다.

정답	14 제출　15 7　16 15　17 10　18 10　19 없다　20 체납처분비　21 압류

㉒ 국세에 대해 이의신청을 받은 세무서장과 지방국세청장은 각각 국세심사위원회의 심의를 거쳐 (   )일 이내에 결정하여야 한다.

㉓ 심사청구는 해당 처분이 있음을 안 날(처분의 통지를 받은 때에는 그 받은 날)부터 (   )일 이내에 제기하여야 한다.

㉔ 이의신청 결정기간 내에 결정의 통지를 받지 못한 경우에는 결정의 통지를 받기 전이라도 그 결정기간이 지난 날부터 (   )일 이내에 심판청구를 할 수 있다.

㉕ 이의신청인 또는 심판청구인은 천재지변, 사변(事變), 화재(火災), 그 밖의 사유(신고·신청·청구 및 그 밖의 서류의 제출·통지에 관한 기한연장사유로 한정)로 인하여 이의신청 또는 심판청구기간에 이의신청 또는 심판청구를 할 수 없을 때에는 그 사유가 소멸한 날부터 (   )일 이내에 이의신청 또는 심판청구를 할 수 있다.

㉖ 지방세 이의신청 또는 심판청구는 그 처분의 집행에 효력이 미치지 아니한다. 다만, 압류한 재산에 대해서는 이의신청 또는 심판청구의 결정이 있는 날부터 (   )일까지 그 공매처분을 보류할 수 있다.

정답   **22** 30   **23** 90   **24** 90   **25** 14   **26** 30

에듀윌이
너를
지지할게
ENERGY

인생의 목적은
끊임없는 전진에 있다.

– 프리드리히 니체(Friedrich Wilhelm Nietzsche)

PART

2

지방세

최근 10개년 출제비중

43.7%

제34회 출제비중

37.5%

CHAPTER별 10개년 출제비중 & 출제키워드

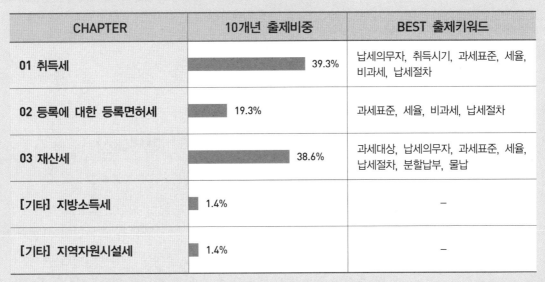

CHAPTER	10개년 출제비중	BEST 출제키워드
01 취득세	39.3%	납세의무자, 취득시기, 과세표준, 세율, 비과세, 납세절차
02 등록에 대한 등록면허세	19.3%	과세표준, 세율, 비과세, 납세절차
03 재산세	38.6%	과세대상, 납세의무자, 과세표준, 세율, 납세절차, 분할납부, 물납
[기타] 지방소득세	1.4%	−
[기타] 지역자원시설세	1.4%	−

* 여러 CHAPTER의 개념을 묻는 복합문제이거나, 법률이 개정 및 제정된 경우 분류 기준에 따라 수치가 달라질 수 있습니다.

제35회 시험 학습전략

구체적인 세율 등을 묻는 문제보다는 종합형 문제들이 주로 출제되고 있습니다. 지엽적인 내용보다는 전반적인 흐름에 중점을 두어 학습할 필요가 있습니다.

01 | 취득세

10개년 출제문항 수

25회	26회	27회	28회	29회
4	3	3	3	3

30회	31회	32회	33회	34회
3	1.5	3	2	2

└→ 총 16문제 中 평균 약 2.8문제 출제

학습전략

• 취득세는 「지방세법」에서 열거하고 있는 토지·건축물 등 법령이 정한 재산을 취득한 경우, 취득 사실에 대하여 부과하는 조세입니다. 이 챕터에서는 취득세의 개념과 납세흐름에 대해 학습합니다.

• 납세의무자, 취득시기, 과세표준, 세율, 비과세, 납세절차에 대한 문제가 주로 출제되므로 관련 이론을 정리해 두는 것이 좋습니다.

제1절 | 취득세의 특징 및 과세대상

취득세는 부동산등 일정한 자산의 취득에 대하여 그 취득자에게 과세되는 특별시·광역시·도세이다. 그 취지는 부동산등의 소유권이 이전되는 유통과정에서 담세력이 노출되는 취득자에게 조세를 부담시키려는 데 있다. 2011년부터 종전의 취득세와 등록세 중 소유권 취득과 관련된 등기·등록에 대한 과세대상을 취득세로 통합하였다.

1 특 징

(1) 지방세

취득세는 지방자치단체가 과세하는 지방세로 특별시·광역시·도세·특별자치시·특별자치도세이다.

(2) 물 세

취득세는 물건별로 과세되는 개별과세인 물세이다.

(3) 유통세, 행위세

취득세는 소유권이전단계마다 과세되는 유통과세이면서 취득이라는 행위에 대해 과세하는 행위세이다.

(4) 사실과세

취득세는 등기·등록 여부와 관계없이 사실상 취득 시 과세한다.

(5) 신고주의

취득세의 납세의무는 납세의무자가 취득하는 때 성립하고 신고하는 때 확정된다.

2 과세대상

취득세는 부동산, 차량, 기계장비, 항공기, 선박, 입목, 광업권, 어업권, 양식업권, 골프회원권, 승마회원권, 콘도미니엄 회원권, 종합체육시설 이용회원권 또는 요트회원권을 취득한 자에게 부과한다(지방세법 제7조 제1항).

1. 부동산 ·31회

'부동산'이란 토지 및 건축물을 말한다(지방세법 제6조 제2호).

(1) 토 지

'토지'란 「공간정보의 구축 및 관리 등에 관한 법률」에 따라 지적공부(地籍公簿)의 등록대상이 되는 토지와 그 밖에 사용되고 있는 사실상의 토지를 말한다(지방세법 제6조 제3호).

(2) 건축물

'건축물'이란 「건축법」 제2조 제1항 제2호에 따른 건축물(이와 유사한 형태의 건축물을 포함)과 토지에 정착하거나 지하 또는 다른 구조물에 설치하는 레저시설, 저장시설, 독(dock)시설, 접안시설, 도관시설, 급수·배수시설, 에너지 공급시설 및 그 밖에 이와 유사한 시설(이에 딸린 시설을 포함)로서 대통령령으로 정하는 것을 말한다(지방세법 제6조 제4호).

① **「건축법」상 건축물**: '건축물'이란 토지에 정착(定着)하는 공작물 중 지붕과 기둥 또는 벽이 있는 것과 이에 딸린 시설물, 지하나 고가(高架)의 공작물에 설치하는 사무소·공연장·점포·차고·창고, 그 밖에 대통령령으로 정하는 것을 말한다(건축법 제2조 제1항 제2호).

② **독립된 시설물**: 레저시설, 저장시설, 독(dock)시설, 접안시설, 도관시설, 급수·배수시설, 에너지 공급시설 및 그 밖에 이와 유사한 시설은 다음의 것을 말한다(지방세법 시행령 제5조).

㉠ 레저시설 : 수영장, 스케이트장, 골프연습장(체육시설의 설치·이용에 관한 법률에 따라 골프연습장업으로 신고된 20타석 이상의 골프연습장만 해당), 전망대, 옥외스탠드, 유원지의 옥외오락시설(유원지의 옥외오락시설과 비슷한 오락시설로서 건물 안 또는 옥상에 설치하여 사용하는 것을 포함)

　㉡ 저장시설 : 수조, 저유조, 저장창고, 저장조(저장용량이 1톤 이하인 액화석유가스 저장조는 제외) 등의 옥외저장시설(다른 시설과 유기적으로 관련되어 있고 일시적으로 저장기능을 하는 시설을 포함)

　㉢ 독시설 및 접안시설 : 독, 조선대(造船臺)

　㉣ 도관시설(연결시설을 포함) : 송유관, 가스관, 열수송관

　㉤ 급수·배수시설 : 송수관(연결시설을 포함), 급수·배수시설, 복개설비

　㉥ 에너지 공급시설 : 주유시설, 가스충전시설, 환경친화적 자동차 충전시설, 송전철탑(전압 20만 볼트 미만을 송전하는 것과 주민들의 요구로 전기사업법 제72조에 따라 이전·설치하는 것은 제외)

　㉦ 그 밖의 시설 : 잔교(棧橋)(이와 유사한 구조물을 포함), 기계식 또는 철골조립식 주차장, 차량 또는 기계장비 등을 자동으로 세차 또는 세척하는 시설, 방송중계탑(방송법 제54조 제1항 제5호에 따라 국가가 필요로 하는 대외방송 및 사회교육방송 중계탑은 제외) 및 무선통신기지국용 철탑을 말한다.

③ **건축물에 딸린 시설물** : 다음은 건축물에 부착·설치된 경우에만 과세된다(지방세법 시행령 제6조).

　㉠ 승강기(엘리베이터, 에스컬레이터, 그 밖의 승강시설)

　㉡ 시간당 20kW 이상의 발전시설

　㉢ 난방용·욕탕용 온수 및 열 공급시설

　㉣ 시간당 7,560kcal급 이상의 에어컨(중앙조절식만 해당)

　㉤ 부착된 금고

　㉥ 교환시설

　㉦ 건물의 냉난방, 급수·배수, 방화, 방범 등의 자동관리를 위하여 설치하는 인텔리전트 빌딩시스템 시설

　㉧ 구내의 변전·배전시설

2. 부동산에 준(準)하는 것

(1) 차 량

'차량'이란 원동기를 장치한 모든 차량과 피견인차 및 궤도로 승객 또는 화물을 운반하는 모든 기구를 말한다(지방세법 제6조 제7호).

(2) 기계장비

'기계장비'란 건설공사용, 화물하역용 및 광업용으로 사용되는 기계장비로서 「건설기계관리법」에서 규정한 건설기계 및 이와 유사한 기계장비 중 행정안전부령으로 정하는 것을 말한다(지방세법 제6조 제8호).

(3) 항공기

'항공기'란 사람이 탑승·조종하여 항공에 사용하는 비행기, 비행선, 활공기(滑空機), 회전익(回轉翼) 항공기 및 그 밖에 이와 유사한 비행기구로서 대통령령으로 정하는 것을 말한다(지방세법 제6조 제9호).

(4) 선 박

'선박'이란 기선, 범선, 부선(艀船) 및 그 밖에 명칭에 관계없이 모든 배를 말한다(지방세법 제6조 제10호).

(5) 입 목

'입목'이란 지상의 과수, 임목과 죽목(竹木)을 말한다(지방세법 제6조 제11호).

3. 각종 권리

(1) 광업권

'광업권'이란 「광업법」에 따른 광업권을 말한다(지방세법 제6조 제12호).

(2) 어업권

'어업권'이란 「수산업법」 또는 「내수면어업법」에 따른 어업권을 말한다(지방세법 제6조 제13호).

(3) 양식업권

'양식업권'이란 「양식산업발전법」에 따른 양식업권을 말한다(지방세법 제6조 제13의2호).

추가 제조회사의 제조장비는 취득세 과세대상이 아니다.

O X 확 인 문 제

등기된 부동산임차권은 취득세 과세대상이다.　　　(　　)

정답 (×)
부동산임차권은 취득세 과세대상인 권리에 해당하지 않는다.

(4) 회원권

① **골프회원권** : '골프회원권'이란 「체육시설의 설치 · 이용에 관한 법률」에 따른 회원제 골프장의 회원으로서 골프장을 이용할 수 있는 권리를 말한다(지방세법 제6조 제14호).

② **승마회원권** : '승마회원권'이란 「체육시설의 설치 · 이용에 관한 법률」에 따른 회원제 승마장의 회원으로서 승마장을 이용할 수 있는 권리를 말한다(지방세법 제6조 제15호).

③ **콘도미니엄 회원권** : '콘도미니엄 회원권'이란 「관광진흥법」에 따른 콘도미니엄과 이와 유사한 휴양시설로서 대통령령으로 정하는 시설을 이용할 수 있는 권리를 말한다(지방세법 제6조 제16호).

④ **종합체육시설 이용회원권** : '종합체육시설 이용회원권'이란 「체육시설의 설치 · 이용에 관한 법률」에 따른 회원제 종합체육시설업에서 그 시설을 이용할 수 있는 회원의 권리를 말한다(지방세법 제6조 제17호).

⑤ **요트회원권** : '요트회원권'이란 「체육시설의 설치 · 이용에 관한 법률」에 따른 회원제 요트장의 회원으로서 요트장을 이용할 수 있는 권리를 말한다(지방세법 제6조 제18호).

한눈에 보기 **취득세 과세대상**

구 분	과세대상 자산
부동산	토지, 건축물(시설물 포함)
부동산에 준하는 것	차량, 선박, 항공기, 기계장비(건설기계), 입목
각종 권리	양식업권, 광업권, 어업권, 회원권(골프, 승마, 콘도미니엄, 종합체육시설 이용, 요트)

제2절 취득의 개념 및 유형

• 27회 • 32회

1 개 념

1. 취득의 정의

'취득'이란 매매, 교환, 상속, 증여, 기부, 법인에 대한 현물출자, 건축, 개수(改修), 공유수면의 매립, 간척에 의한 토지의 조성 등과 그 밖에 이와 유사한 취득으로서 원시취득(수용재결로 취득한 경우 등 과세대상이 이미 존재하는 상태에서 취득하는 경우는 제외), 승계취득 또는 유상·무상의 모든 취득을 말한다(지방세법 제6조 제1호).

2. 실질주의

부동산등의 취득은 관계 법령에 따른 등기·등록 등을 하지 아니한 경우라도 사실상 취득하면 각각 취득한 것으로 보고 해당 취득물건의 소유자 또는 양수인을 각각 취득자로 한다. 다만, 차량, 기계장비, 항공기 및 주문을 받아 건조하는 선박은 승계취득인 경우에만 해당한다(지방세법 제7조 제2항). 이처럼 취득세는 소유권변동의 법률적인 요건을 갖추지 못한 경우에도 해당 물건에 대한 사용·수익·처분권을 배타적으로 행사할 수 있다면 사실상 취득한 것으로 보아 과세하는 실질주의를 택하고 있다.

2 취득의 유형

1. 유상승계취득 • 25회 • 26회

매매, 교환, 현물출자*, 대물변제*, 부담부증여*에 있어 채무인수 부분 등이 있다.

O X 확인문제

부동산의 취득은 「민법」 등 관계 법령에 따른 등기를 하지 아니한 경우라도 사실상 취득하면 취득한 것으로 본다. • 27회 • 32회

( )

정답 (○)

* 현물출자

주주가 금전 외의 현물을 출자하는 것을 말한다. 이때 출자받은 법인은 취득세(유상승계취득), 출자자는 양도소득세 납세의무를 진다.

* 대물변제

채무자가 부담하고 있던 본래의 채무이행에 대체하여 다른 급여를 함으로써 채권을 소멸시키는 채권자와 변제자 사이의 계약(민법 제466조). 이혼 시 위자료로 취득세 과세대상 물건을 취득한 경우 유상승계취득에 속한다.

* 부담부증여

「민법」은 증여를 받는 자에게 일정한 급부를 할 의무를 부담시키는 증여계약을 상대부담 있는 증여라고 한다.

구 분	증여자	수증자
인수한 채무액	양도소득세	취득세(유상승계)
취득가액 중 인수한 채무액을 제외한 부분	–	취득세(무상승계) 증여세(무상승계)

➕ 1. 배우자 또는 직계존비속으로부터의 부동산등의 부담부증여의 경우에는 채무 인수액을 증여로 추정한다. 따라서 증여자는 납세의무가 없으며 수증자는 취득가액 전체를 무상승계취득한 것으로 추정하여 과세한다.
2. 다만, 실제 채무인수사실이 객관적으로 확인되는 경우에는 그러하지 아니한다.

> ✅ 참고   「소득세법」과 「상속세 및 증여세법」상 부담부증여 시 채무인수액
>
> 1. 「소득세법」에서는 증여자의 채무를 수증자가 인수하는 경우에는 증여가액 중 그 채무액에 상당하는 부분은 그 자산이 유상으로 사실상 이전되는 것으로 보아 양도소득세를 과세하도록 규정하고 있다.
> 2. 「상속세 및 증여세법」에서는 배우자 간 또는 직계존비속 간의 부담부증여는 수증자가 증여자의 채무를 인수한 경우(객관적으로 인정되는 국가·지방자치단체 및 금융회사 등의 채무 또는 채무부담계약서·채권자확인서·담보설정 및 이자지급에 관한 증빙 등에 의하여 그 사실을 확인할 수 있는 경우는 제외)에도 그 채무액을 증여로 추정하여 증여세를 과세하도록 규정하고 있다.

2. 무상승계취득

상속, 증여, 이혼 시 재산분할, 부담부증여에 있어 채무인수 이외의 부분 등이 있다.

3. 원시취득

① 소유자가 없던 과세대상 물건의 소유권을 창출시켜 취득하는 것을 말하며 공유수면의 매립·간척, 건축(신축, 증축, 개축, 재축, 이전), 시효취득* 등이 있다.
② 다만, 차량, 기계장비, 항공기 및 주문을 받아 건조하는 선박은 승계취득인 경우에만 과세한다(지방세법 제7조 제2항 단서).

4. 의제취득(간주취득)

원시, 승계취득에 해당하지는 않지만 법령에 사실상 취득한 것으로 보는 다음의 것들을 말한다.

---

* 시효취득
「민법」 규정에 의해 부동산의 경우 20년 이상, 동산은 10년 이상 점유하면 소유권을 취득하는 것을 말한다.

(1) 토지의 지목변경

토지의 지목을 사실상 변경함으로써 그 가액이 증가한 경우에는 그 증가한 가액에 대해 취득으로 본다(지방세법 제7조 제4항).

(2) 개 수

「건축법」에 의한 대수선과 건축물에 딸린 시설물 중 법령으로 정하는 시설물을 한 종류 이상 설치하거나 수선하는 것을 말한다. 개수를 통해 그 가액이 증가한 경우에는 그 증가한 가액에 대해 취득으로 본다.

(3) 차량등 종류변경

선박, 차량과 기계장비의 종류를 변경함으로써 그 가액이 증가한 경우에는 그 증가한 가액에 대해 취득으로 본다(지방세법 제7조 제4항).

(4) 과점주주의 주식취득

법인의 주식 또는 지분을 취득함으로써 「지방세기본법」 제46조 제2호에 따른 과점주주*중 대통령령으로 정하는 과점주주가 되었을 때에는 그 과점주주가 해당 법인의 부동산등(법인이 신탁법에 따라 신탁한 재산으로서 수탁자 명의로 등기·등록이 되어 있는 부동산등을 포함)을 취득(법인설립 시에 발행하는 주식 또는 지분을 취득함으로써 과점주주가 된 경우에는 취득으로 보지 아니한다)한 것으로 본다(지방세법 제7조 제5항).

제3절 납세의무자

• 26회 • 27회 • 28회 • 29회 • 32회 • 34회

1 본래의 납세의무자

1. 사실상 취득자

부동산등의 취득은 「민법」, 「자동차관리법」, 「건설기계관리법」, 「항공안전법」, 「선박법」, 「입목에 관한 법률」, 「광업법」, 「수산업법」 또는 「양식산업발전법」 등 관계 법령에 따른 등기·등록 등을 하지 아니한 경우라도 사실상 취득하면 각각 취득한 것으로 보고 해당 취득물건의 소유자 또는 양수인을 각각 취득자로 한다(지방세법 제7조 제2항).

추가 1톤 트럭을 매입하여 캠핑카 등으로 개조하는 것이 종류변경의 대표적인 사례이다.

* 과점주주
주주 또는 유한책임사원 1명과 그의 특수관계인 중 대통령령으로 정하는 자로서 그들의 소유주식의 합계 또는 출자액의 합계가 해당 법인의 발행주식 총수 또는 출자총액의 100분의 50을 초과하면서 그에 관한 권리를 실질적으로 행사하는 자들을 말한다.

O X 확 인 문 제

법인설립 시 발행하는 주식 또는 지분을 취득함으로써 과점주주가 된 경우에도 취득세가 과세된다. • 23회   (   )

정답 (×)
법인설립 시 과점주주가 된 경우에는 취득세가 과세되지 아니한다.

2. 승계취득자

차량, 기계장비, 항공기 및 주문을 받아 건조하는 선박은 승계취득인 경우에만 납세의무가 있다(지방세법 제7조 제2항 단서).

2 의제 납세의무자

1. 주체구조부의 취득자

건축물 중 조작(造作)설비, 그 밖의 부대설비에 속하는 부분으로서 그 주체구조부(主體構造部)와 하나가 되어 건축물로서의 효용가치를 이루고 있는 것에 대하여는 주체구조부 취득자 외의 자가 가설(加設)한 경우에도 **주체구조부의 취득자가 함께 취득한 것으로 본다**(지방세법 제7조 제3항).

2. 조합원 및 사업시행자

선박, 차량과 기계장비의 종류를 변경하거나 토지의 지목을 사실상 변경함으로써 그 가액이 증가한 경우에는 취득으로 본다. 이 경우 「도시개발법」에 따른 도시개발사업(환지방식만 해당)의 시행으로 토지의 지목이 사실상 변경된 때에는 그 환지계획에 따라 공급되는 **환지는 조합원이, 체비지 또는 보류지는 사업시행자가 각각 취득한 것으로 본다**(지방세법 제7조 제4항).

3. 수입하는 자

외국인 소유의 취득세 과세대상 물건(차량, 기계장비, 항공기 및 선박만 해당)을 직접 사용하거나 국내의 대여시설 이용자에게 대여하기 위하여 임차하여 수입하는 경우에는 수입하는 자가 취득한 것으로 본다(지방세법 제7조 제6항).

4. 상속인 각자

상속(피상속인이 상속인에게 한 유증 및 포괄유증과 신탁재산의 상속을 포함)으로 인하여 취득하는 경우에는 **상속인 각자가 상속받는 취득물건**(지분을 취득하는 경우에는 그 지분에 해당하는 취득물건)을 취득한 것으로 본다. **공동상속의 경우에는 공유자가 연대하여 납부할 의무를 진다**(지방세법 제7조 제7항).

5. 조합원 또는 조합

(1) 조합원

「주택법」 제11조에 따른 주택조합과 「도시 및 주거환경정비법」 제35조 제
3항 및 「빈집 및 소규모주택 정비에 관한 특례법」 제23조에 따른 재건축조
합 및 소규모재건축조합이 해당 조합원용으로 취득하는 조합주택용 부동
산(공동주택과 부대시설·복리시설 및 그 부속토지)은 그 조합원이 취득한 것으
로 본다(지방세법 제7조 제8항).

(2) 조 합

조합원에게 귀속되지 아니하는 부동산은 해당 조합이 취득한 것으로 본다
(지방세법 제7조 제8항 단서).

6. 시설대여업자

「여신전문금융업법」에 따른 시설대여업자가 건설기계나 차량의 시설대여
를 하는 경우로서 같은 법 제33조 제1항에 따라 대여시설이용자의 명의로
등록하는 경우라도 그 건설기계나 차량은 시설대여업자가 취득한 것으로
본다(지방세법 제7조 제9항).

7. 취득대금을 지급한 자

기계장비나 차량을 기계장비대여업체 또는 운수업체의 명의로 등록하는
경우(영업용으로 등록하는 경우로 한정)라도 해당 기계장비나 차량의 구매계
약서, 세금계산서, 차주대장(車主臺帳) 등에 비추어 기계장비나 차량의 취
득대금을 지급한 자가 따로 있음이 입증되는 경우 그 기계장비나 차량은
취득대금을 지급한 자가 취득한 것으로 본다(지방세법 제7조 제10항).

8. 배우자 또는 직계존비속의 부동산 취득 시 증여의제

배우자 또는 직계존비속의 부동산등을 취득하는 경우에는 증여로 취득한
것으로 본다. 다만, 다음 어느 하나에 해당하는 경우에는 유상으로 취득한
것으로 본다(지방세법 제7조 제11항).
① 공매(경매를 포함)를 통하여 부동산등을 취득한 경우
② 파산선고로 인하여 처분되는 부동산등을 취득한 경우

O X 확 인 문 제

직계비속이 권리의 이전에 등기
가 필요한 직계존속의 부동산을
서로 교환한 경우 무상으로 취득
한 것으로 본다. •27회 ( )

정답 (×)
유상승계취득한 것으로 본다.

③ 권리의 이전이나 행사에 등기 또는 등록이 필요한 부동산등을 서로 교환한 경우

④ **해당 부동산등의 취득을 위하여 그 대가를 지급한 사실이 다음 어느 하나에 의하여 증명되는 경우**

    ㉠ 그 대가를 지급하기 위한 취득자의 소득이 증명되는 경우

    ㉡ 소유재산을 처분 또는 담보한 금액으로 해당 부동산을 취득한 경우

    ㉢ 이미 상속세 또는 증여세를 과세(비과세 또는 감면받은 경우를 포함)받았거나 신고한 경우로서 그 상속 또는 수증 재산의 가액으로 그 대가를 지급한 경우

    ㉣ 위 ㉠, ㉡, ㉢에 준하는 것으로서 취득자의 재산으로 그 대가를 지급한 사실이 입증되는 경우

9. 부담부증여의 경우 채무인수액의 증여의제

(1) 채무인수액

증여자의 채무를 인수하는 부담부(負擔附)증여의 경우에는 그 채무액에 상당하는 부분은 부동산등을 유상으로 취득하는 것으로 본다. 다만, 배우자 또는 직계존비속으로부터의 부동산등의 부담부증여의 경우에는 위 '8. 배우자 또는 직계존비속의 부동산 취득 시 증여의제'를 적용한다(지방세법 제7조 제12항).

(2) 채무인수액 이외 부분

부담부증여 시 취득재산가액 중 채무인수액 이외 부분은 언제나 무상취득한 것으로 본다.

10. 상속재산의 재분할의 경우

상속개시 후 상속재산에 대하여 등기·등록·명의개서(名義改書) 등에 의하여 각 상속인의 상속분이 확정되어 등기등이 된 후, 그 상속재산에 대하여 공동상속인이 협의하여 재분할한 결과 특정 상속인이 당초 상속분을 초과하여 취득하게 되는 재산가액은 그 재분할에 의하여 상속분이 감소한 상속인으로부터 증여받아 취득한 것으로 본다. 다만, 다음 어느 하나에 해당하는 경우에는 그러하지 아니하다(지방세법 제7조 제13항).

① 법정 신고·납부기한 내에 재분할에 의한 취득과 등기등을 모두 마친 경우
② 상속회복청구의 소에 의한 법원의 확정판결에 의하여 상속인 및 상속재산에 변동이 있는 경우
③ 「민법」에 따른 채권자대위권의 행사에 의하여 공동상속인들의 법정상속분대로 등기등이 된 상속재산을 상속인 사이의 협의분할에 의하여 재분할하는 경우

11. 택지공사가 준공된 토지의 사실상 지목변경 시

(1) 토지의 소유자

「공간정보의 구축 및 관리 등에 관한 법률」 제67조에 따른 대(垈) 중 「국토의 계획 및 이용에 관한 법률」 등 관계 법령에 따른 택지공사가 준공된 토지에 정원 또는 부속시설물 등을 조성·설치하는 경우에는 그 정원 또는 부속시설물 등은 토지에 포함되는 것으로서 토지의 지목을 사실상 변경하는 것으로 보아 토지의 소유자가 취득한 것으로 본다(지방세법 제7조 제14항).

(2) 건축물을 취득하는 자

건축물을 건축하면서 그 건축물에 부수되는 정원 또는 부속시설물 등을 조성·설치하는 경우에는 그 정원 또는 부속시설물 등은 건축물에 포함되는 것으로 보아 건축물을 취득하는 자가 취득한 것으로 본다(지방세법 제7조 제14항 단서).

12. 위탁자

「신탁법」 제10조에 따라 신탁재산의 위탁자 지위의 이전이 있는 경우에는 새로운 위탁자가 해당 신탁재산을 취득한 것으로 본다. 다만, 위탁자 지위의 이전에도 불구하고 신탁재산에 대한 실질적인 소유권 변동이 있다고 보기 어려운 경우(자본시장과 금융투자업에 관한 법률에 따른 부동산집합투자기구의 집합투자업자가 그 위탁자의 지위를 다른 집합투자업자에게 이전하는 경우)에는 그러하지 아니하다(지방세법 제7조 제15항, 시행령 제11조의3).

13. 개발사업 대상 부동산의 소유자

「도시개발법」에 따른 도시개발사업과 「도시 및 주거환경정비법」에 따른 정비사업의 시행으로 해당 사업의 대상이 되는 부동산의 소유자(상속인을 포함)가 환지계획 또는 관리처분계획에 따라 공급받거나 토지상환채권으로 상환받는 건축물은 그 소유자가 원시취득한 것으로 보며, 토지의 경우에는 그 소유자가 승계취득한 것으로 본다. 이 경우 토지는 당초 소유한 토지 면적을 초과하는 경우로서 그 초과한 면적에 해당하는 부분에 한정하여 취득한 것으로 본다(지방세법 제7조 제16항).

14. 과점주주

(1) 제도의 취지

본래 법인의 주식 등을 취득함으로써 과점주주가 되는 것은 해당 법인의 부동산등 과세대상 자산을 직접적으로 취득하는 것은 아니지만 이를 취득으로 간주하여 취득세를 과세하는 이유는 다음과 같다.

① 과점주주가 된 경우에는 실질적으로 그 법인에 대한 지배권을 장악하므로 그 지배권을 행사할 수 있는 범위(지분비율) 안에서는 해당 법인의 취득물건을 취득한 것이나 마찬가지다.

② 비공개법인의 주식이나 지분을 특정인이 독과점하는 것을 억제하여 널리 일반인에게 분산되도록 하기 위해서는 과점주주에 대한 간주취득세가 필요하다.

(2) 성립요건

추가 유가증권시장에 주식을 상장한 법인의 경우에는 과점주주에 대한 간주취득세가 과세되지 않는다.

① **비상장법인** : 비상장법인의 주식 또는 지분을 취득함으로써 과점주주가 되었을 때에는 그 과점주주가 해당 법인의 부동산등(법인이 신탁법에 따라 신탁한 재산으로서 수탁자 명의로 등기·등록이 되어 있는 부동산등을 포함)을 취득한 것으로 본다. 이 경우 과점주주 간에는 연대납세의무가 있다(지방세법 제7조 제5항).

> 과세표준 = 해당 법인의 부동산등 취득세 과세대상 물건가액 × 지분비율
> (증가비율)

② **법인설립일 이후 과점주주** : 법인설립 시에 발행하는 주식 또는 지분을 취득함으로써 과점주주가 된 경우에는 취득으로 보지 아니한다.

🔍 사 례

1. **최초로 과점주주가 된 경우** : 법인의 과점주주가 아닌 주주 또는 유한책임
사원이 다른 주주 또는 유한책임사원의 주식 또는 지분(주식등)을 취득하
거나 증자 등으로 최초로 과점주주가 된 경우에는 최초로 과점주주가 된
날 현재 해당 과점주주가 소유하고 있는 법인의 주식등을 모두 취득한 것
으로 보아 취득세를 부과한다(지방세법 시행령 제11조 제1항).

구 분	취득비율	지분비율	취득으로 간주되는 지분비율
설립 시	–	40%	–
증자 및 취득	20%	60%	60%

2. **과점주주의 지분비율이 증가한 경우** : 이미 과점주주가 된 주주 또는 유한
책임사원이 해당 법인의 주식등을 취득하여 해당 법인의 주식등의 총액에
대한 과점주주가 가진 주식등의 비율이 증가된 경우에는 그 증가분을 취
득으로 보아 취득세를 부과한다. 다만, 증가된 후의 주식등의 비율이 해당
과점주주가 이전에 가지고 있던 주식등의 최고비율보다 증가되지 아니한
경우에는 취득세를 부과하지 아니한다(지방세법 시행령 제11조 제2항).

구 분	취득비율	지분비율	취득으로 간주되는 지분비율
설립 시	–	60%	–
증자 및 취득	20%	80%	20%
양 도	(10%)	70%	–
증자 및 취득	5%	75%	–

> **추가** 과점주주 상호간의 주식이동 시 과점주주 전체 지분비율이 증가되지 않는다면 취득세 납세의무가 발생하지 않는다.

3. **과점주주였으나 주식등의 양도, 해당 법인의 증자 등으로 과점주주에 해
당되지 아니하는 주주 또는 유한책임사원이 된 자가 해당 법인의 주식등
을 취득하여 다시 과점주주가 된 경우**에는 다시 과점주주가 된 당시의 주
식등의 비율이 그 이전에 과점주주가 된 당시의 주식등의 비율보다 증가
된 경우에만 그 증가분만을 취득으로 보아 취득세를 부과한다(지방세법
시행령 제11조 제3항).

구 분	취득비율	지분비율	취득으로 간주되는 지분비율
설립 시	–	40%	–
증자 및 취득	20%	60%	60%
양 도	(30%)	30%	–
증자 및 취득	40%	70%	10%

01 지방세법상 과점주주의 간주취득세가 과세되는 경우가 <u>아닌</u> 것은 모두 몇 개인가? (단, 주식발행법인은 자본시장과 금융투자업에 관한 법률 시행령 제176조의9 제1항에 따른 유가증권시장에 상장한 법인이 아니며, 지방세특례제한법은 고려하지 않음) ・29회

> ㉠ 법인설립 시에 발행하는 주식을 취득함으로써 과점주주가 된 경우
> ㉡ 과점주주가 아닌 주주가 다른 주주로부터 주식을 취득함으로써 최초로 과점주주가 된 경우
> ㉢ 이미 과점주주가 된 주주가 해당 법인의 주식을 취득하여 해당 법인의 주식의 총액에 대한 과점주주가 가진 주식의 비율이 증가된 경우
> ㉣ 과점주주 집단 내부에서 주식이 이전되었으나 과점주주 집단이 소유한 총주식의 비율에 변동이 없는 경우

① 0개   ② 1개   ③ 2개
④ 3개   ⑤ 4개

해설 ㉠ 법인설립 시 주식을 취득함으로써 과점주주가 된 경우는 과세되지 아니한다.
㉣ 과점주주 상호간의 주식이동 시 과점주주 전체 지분비율이 증가되지 않는다면 취득세 납세의무가 발생하지 않는다.
㉡ 최초로 과점주주가 된 경우 해당 과점주주가 소유하고 있는 법인의 주식등을 모두 취득한 것으로 보아 취득세를 부과한다(지방세법 시행령 제11조 제1항).
㉢ 이미 과점주주가 된 주주 또는 유한책임사원이 해당 법인의 주식등을 취득하여 해당 법인의 주식등의 총액에 대한 과점주주가 가진 주식등의 비율이 증가된 경우에는 그 증가분을 취득으로 보아 취득세를 부과한다(지방세법 시행령 제11조 제2항).

정답 ③

02 지방세법령상 취득세에 관한 설명으로 <u>틀린</u> 것은? ・34회

① 건축물 중 조작 설비에 속하는 부분으로서 그 주체구조부와 하나가 되어 건축물로서의 효용가치를 이루고 있는 것에 대하여는 주체구조부 취득자 외의 자가 가설한 경우에도 주체구조부의 취득자가 함께 취득한 것으로 본다.
② 「도시개발법」에 따른 환지방식에 의한 도시개발사업의 시행으로 토지의 지목이 사실상 변경됨으로써 그 가액이 증가한 경우에는 그 환지계획에 따라 공급되는 환지는 사업시행자가, 체비지 또는 보류지는 조합원이 각각 취득한 것으로 본다.
③ 경매를 통하여 배우자의 부동산을 취득하는 경우에는 유상으로 취득한 것으로 본다.

④ 형제자매인 증여자의 채무를 인수하는 부동산의 부담부증여의 경우에는 그 채무액에 상당하는 부분은 부동산을 유상으로 취득하는 것으로 본다.

⑤ 부동산의 승계취득은 「민법」 등 관계 법령에 따른 등기를 하지 아니한 경우라도 사실상 취득하면 취득한 것으로 보고 그 부동산의 양수인을 취득자로 한다.

> **해설** ② 선박, 차량과 기계장비의 종류를 변경하거나 토지의 지목을 사실상 변경함으로써 그 가액이 증가한 경우에는 취득으로 본다. 이 경우 「도시개발법」에 따른 도시개발사업(환지방식만 해당)의 시행으로 토지의 지목이 사실상 변경된 때에는 그 환지계획에 따라 공급되는 환지는 조합원이, 체비지 또는 보류지는 사업시행자가 각각 취득한 것으로 본다(지방세법 제7조 제4항).

> 정답 ②

03 지방세법상 취득세 납세의무에 관한 설명으로 옳은 것은? •32회

① 토지의 지목을 사실상 변경함으로써 그 가액이 증가한 경우에는 취득으로 보지 아니한다.

② 상속회복청구의 소에 의한 법원의 확정판결에 의하여 특정 상속인이 당초 상속분을 초과하여 취득하게 되는 재산가액은 상속분이 감소한 상속인으로부터 증여받아 취득한 것으로 본다.

③ 권리의 이전이나 행사에 등기 또는 등록이 필요한 부동산을 직계존속과 서로 교환한 경우에는 무상으로 취득한 것으로 본다.

④ 증여로 인한 승계취득의 경우 해당 취득물건을 등기·등록하더라도 취득일부터 60일 이내에 공증받은 공정증서에 의하여 계약이 해제된 사실이 입증되는 경우에는 취득한 것으로 보지 아니한다.

⑤ 증여자가 배우자 또는 직계존비속이 아닌 경우 증여자의 채무를 인수하는 부담부증여의 경우에는 그 채무액에 상당하는 부분은 부동산등을 유상으로 취득하는 것으로 본다.

> **해설** ① 간주취득에 해당하여 취득세를 과세한다.
> ② 상속회복청구의 소에 의한 법원의 확정판결에 의하여 특정 상속인이 당초 상속분을 초과하여 취득하게 되는 재산가액은 상속분이 감소한 상속인으로부터 증여받아 취득한 것으로 보지 아니한다.
> ③ 권리의 이전이나 행사에 등기 또는 등록이 필요한 부동산을 직계존속과 서로 교환한 경우에는 유상으로 취득한 것으로 본다.
> ④ 증여로 인한 승계취득의 경우 해당 취득물건을 등기·등록하지 아니하고 취득일부터 60일 이내에 공증받은 공정증서에 의하여 계약이 해제된 사실이 입증되는 경우에는 취득한 것으로 보지 아니한다.

> 정답 ⑤

과세대상 물건을 취득한 때 취득세 납세의무는 성립하며 취득시기는 신고납부기한의 기산점이 되는 등 중요한 의미를 지니고 있다. 취득시기는 취득의 형태에 따라 다음과 같이 달라진다.

1 유상승계취득 ·28회 ·30회 ·34회

1. 원칙 : 사실상 잔금지급일

유상승계취득의 경우에는 사실상 잔금지급일에 취득한 것으로 본다(지방세법 시행령 제20조 제2항 제1호).

2. 계약상 잔금지급일

(1) 사실상의 잔금지급일을 확인할 수 없는 경우에는 그 계약상의 잔금지급일(계약상 잔금지급일이 명시되지 않은 경우에는 계약일부터 60일이 경과한 날)에 취득한 것으로 본다(지방세법 시행령 제20조 제2항 제2호).

(2) 다만, 해당 취득물건을 등기·등록하지 않고 다음의 어느 하나에 해당하는 서류로 계약이 해제된 사실이 입증되는 경우에는 취득한 것으로 보지 않는다(지방세법 시행령 제20조 제2항 제2호 단서).
 ① 화해조서·인낙조서(해당 조서에서 취득일부터 60일 이내에 계약이 해제된 사실이 입증되는 경우만 해당)
 ② 공정증서(공증인이 인증한 사서증서를 포함하되, 취득일부터 60일 이내에 공증받은 것만 해당)
 ③ 행정안전부령으로 정하는 계약해제신고서(취득일부터 60일 이내에 제출된 것만 해당)
 ④ 부동산 거래신고 관련 법령에 따른 부동산거래계약 해제등 신고서(취득일부터 60일 이내에 등록관청에 제출한 경우만 해당)

3. 연부취득의 경우

연부*로 취득하는 것(취득가액의 총액이 50만원 이하의 경우는 제외)은 그 사실상의 연부금 지급일을 취득일로 본다(지방세법 시행령 제20조 제5항).

4. 등기일 또는 등록일

위 **1**, **2**, **3**.에 따른 취득일 전에 등기 또는 등록을 한 경우에는 그 등기일 또는 등록일에 취득한 것으로 본다(지방세법 시행령 제20조 제14항).

2 무상승계취득 ·28회 ·30회 ·34회

1. 원칙 : 계약일

(1) 무상취득의 경우에는 그 계약일(상속 또는 유증으로 인한 취득의 경우에는 상속 또는 유증개시일)에 취득한 것으로 본다(지방세법 시행령 제20조 제1항).

(2) 다만, 해당 취득물건을 등기·등록하지 않고 다음의 어느 하나에 해당하는 서류로 계약이 해제된 사실이 입증되는 경우에는 취득한 것으로 보지 않는다(지방세법 시행령 제20조 제1항 단서).

① 화해조서·인낙조서(해당 조서에서 취득일부터 60일 이내에 계약이 해제된 사실이 입증되는 경우만 해당)

② 공정증서(공증인이 인증한 사서증서를 포함하되, 취득일부터 60일 이내에 공증받은 것만 해당)

③ 행정안전부령으로 정하는 계약해제신고서(취득일부터 60일 이내에 제출된 것만 해당)

2. 등기 또는 등록일

증여취득 시 계약일에 취득한 것으로 보나 계약일 전에 등기 또는 등록을 한 경우에는 그 등기일 또는 등록일에 취득한 것으로 본다(지방세법 시행령 제20조 제14항).

---

* 연부(年賦)
매매계약서상 연부계약 형식을 갖추고 일시에 완납할 수 없는 대금을 2년 이상에 걸쳐 일정액씩 분할하여 지급하는 것을 말한다 (지방세법 제6조 제20호).

추가 상속 또는 유증으로 인한 취득의 경우에는 언제나 상속 또는 유증개시일이 취득시기이다.

O X 확 인 문 제

무상승계취득한 취득물건을 취득일에 등기·등록한 후 화해조서·인낙조서에 의하여 취득일부터 60일 이내에 계약이 해제된 사실을 입증하는 경우에는 취득한 것으로 보지 아니한다. ·28회
(   )

정답 (×)
등기·등록하지 않고 화해조서·인낙조서에 의하여 취득일부터 60일 이내에 계약이 해제된 사실을 입증하는 경우에는 취득한 것으로 보지 아니한다.

정리 증여취득 시 취득시기

세 목	시 기
취득세	계약일과 등기·등록일 중 빠른 날
양도소득세	증여를 받은 날

3. 이혼 시 재산분할

「민법」 제839조의2 및 제843조에 따른 재산분할로 인한 취득의 경우에는 취득물건의 등기일 또는 등록일을 취득일로 본다(지방세법 시행령 제20조 제13항).

3 원시취득 ·28회 ·30회

1. 건축 또는 개수

건축물을 건축 또는 개수하여 취득하는 경우에는 사용승인서(도시개발법 제51조 제1항에 따른 준공검사 증명서, 도시 및 주거환경정비법 시행령 제74조에 따른 준공인가증 및 그 밖에 건축 관계 법령에 따른 사용승인서에 준하는 서류를 포함)를 내주는 날(사용승인서를 내주기 전에 임시사용승인을 받은 경우에는 그 임시사용승인일을 말하고, 사용승인서 또는 임시사용승인서를 받을 수 없는 건축물의 경우에는 사실상 사용이 가능한 날)과 사실상의 사용일 중 빠른 날을 취득일로 본다(지방세법 시행령 제20조 제6항).

2. 토지의 매립·간척

관계 법령에 따라 매립·간척 등으로 토지를 원시취득하는 경우에는 공사준공인가일을 취득일로 본다. 다만, 공사준공인가일 전에 사용승낙·허가를 받거나 사실상 사용하는 경우에는 사용승낙일·허가일 또는 사실상 사용일 중 빠른 날을 취득일로 본다(지방세법 시행령 제20조 제8항).

3. 시효취득

정리 **시효취득 시 취득시기**

세 목	시 기
취득세	등기·등록일
양도소득세	점유개시일

「민법」 제245조 및 제247조에 따른 점유로 인한 취득의 경우에는 취득물건의 등기일 또는 등록일을 취득일로 본다(지방세법 시행령 제20조 제12항).

4 의제취득(간주취득)

1. 지목변경

토지의 지목변경에 따른 취득은 토지의 지목이 사실상 변경된 날과 공부상 변경된 날 중 빠른 날을 취득일로 본다. 다만, 토지의 지목변경일 이전에 사용하는 부분에 대해서는 그 사실상의 사용일을 취득일로 본다(지방세법 시행령 제20조 제10항).

2. 차량등의 종류변경

차량·기계장비 또는 선박의 종류변경에 따른 취득은 사실상 변경한 날과 공부상 변경한 날 중 빠른 날을 취득일로 본다(지방세법 시행령 제20조 제9항).

3. 과점주주

법인의 과점주주가 아닌 주주 또는 유한책임사원이 다른 주주 또는 유한책임사원의 주식 또는 지분을 취득하거나 증자 등으로 최초로 과점주주가 된 경우에는 최초로 과점주주가 된 날 현재 해당 과점주주가 소유하고 있는 법인의 주식등을 모두 취득한 것으로 보아 취득세를 부과한다(지방세법 시행령 제11조 제1항).

5 기타의 취득시기

1. 조합원에게 귀속되지 아니하는 토지 · 28회 · 32회 · 34회

(1) 사용검사를 받은 날

「주택법」제11조에 따른 주택조합이 주택건설사업을 하면서 조합원으로부터 취득하는 토지 중 조합원에게 귀속되지 아니하는 토지를 취득하는 경우에는 「주택법」제49조에 따른 사용검사를 받은 날에 그 토지를 취득한 것으로 본다(지방세법 시행령 제20조 제7항).

O X 확 인 문 제

「도시 및 주거환경정비법」에 따른 재건축조합이 재건축사업을 하면서 조합원으로부터 취득하는 토지 중 조합원에게 귀속되지 아니하는 토지를 취득하는 경우에는 같은 법에 따른 소유권이전고시일의 다음 날에 그 토지를 취득한 것으로 본다. • 32회

( )

정답 (○)

(2) 소유권이전고시일의 다음 날

「도시 및 주거환경정비법」 제35조 제3항에 따른 재건축조합이 재건축사업을 하거나 「빈집 및 소규모주택 정비에 관한 특례법」 제23조 제2항에 따른 소규모재건축조합이 소규모재건축사업을 하면서 조합원으로부터 취득하는 토지 중 조합원에게 귀속되지 아니하는 토지를 취득하는 경우에는 「도시 및 주거환경정비법」 제86조 제2항 또는 「빈집 및 소규모주택 정비에 관한 특례법」 제40조 제2항에 따른 소유권이전고시일의 다음 날에 그 토지를 취득한 것으로 본다(지방세법 시행령 제20조 제7항).

2. 차량등의 원시취득

차량 · 기계장비 · 항공기 및 선박의 경우에는 다음을 최초의 취득일로 본다 (지방세법 시행령 제20조 제3항).

① **주문을 받거나 판매하기 위하여 차량등을 제조 · 조립 · 건조하는 경우** : 실수요자가 차량등을 인도받는 날과 계약서 상의 잔금지급일 중 빠른 날
② **차량등을 제조 · 조립 · 건조하는 자가 그 차량등을 직접 사용하는 경우** : 차량등의 등기 또는 등록일과 사실상의 사용일 중 빠른 날

3. 수입 시

수입에 따른 취득은 해당 물건을 우리나라에 반입하는 날(보세구역을 경유하는 것은 수입신고필증 교부일)을 취득일로 본다. 다만, 차량등의 실수요자가 따로 있는 경우에는 실수요자가 차량등을 인도받는 날과 계약상의 잔금지급일 중 빠른 날을 승계취득일로 보며, 취득자의 편의에 따라 수입물건을 우리나라에 반입하지 않거나 보세구역을 경유하지 않고 외국에서 직접 사용하는 경우에는 그 수입물건의 등기 또는 등록일을 취득일로 본다(지방세법 시행령 제20조 제4항).

기출&예상 문제

01 지방세법상 취득의 시기에 관한 설명으로 틀린 것은? •30회

① 상속으로 인한 취득의 경우 : 상속개시일

② 공매방법에 의한 취득의 경우 : 그 사실상의 잔금지급일과 등기일 또는 등록일 중 빠른 날

③ 건축물(주택 아님)을 건축하여 취득하는 경우로서 사용승인서를 내주기 전에 임시사용승인을 받은 경우 : 그 임시사용승인일과 사실상의 사용일 중 빠른 날

④ 「민법」 제839조의2에 따른 재산분할로 인한 취득의 경우 : 취득물건의 등기일 또는 등록일

⑤ 관계 법령에 따라 매립으로 토지를 원시취득하는 경우 : 취득물건의 등기일

> **해설** ⑤ 관계 법령에 따라 매립·간척 등으로 토지를 원시취득하는 경우에는 공사준공인가일을 취득일로 본다. 다만, 공사준공인가일 전에 사용승낙·허가를 받거나 사실상 사용하는 경우에는 사용승낙일·허가일 또는 사실상 사용일 중 빠른 날을 취득일로 본다(지방세법 시행령 제20조 제8항).
>
> **정답** ⑤

02 지방세법상 취득의 시기 등에 관한 설명으로 틀린 것은? •28회 수정

① 연부로 취득하는 것(취득가액의 총액이 50만원 이하인 것은 제외)은 그 사실상의 연부금 지급일을 취득일로 본다. 단, 취득일 전에 등기 또는 등록한 경우에는 그 등기일 또는 등록일에 취득한 것으로 본다.

② 관계 법령에 따라 매립·간척 등으로 토지를 원시취득하는 경우로서 공사준공인가일 전에 사실상 사용하는 경우에는 그 사실상 사용일을 취득일로 본다.

③ 「주택법」 제11조에 따른 주택조합이 주택건설사업을 하면서 조합원으로부터 취득하는 토지 중 조합원에게 귀속되지 아니하는 토지를 취득하는 경우에는 「주택법」 제49조에 따른 사용검사를 받은 날에 그 토지를 취득한 것으로 본다.

④ 「도시 및 주거환경정비법」 제35조 제3항에 따른 재건축조합이 재건축사업을 하면서 조합원으로부터 취득하는 토지 중 조합원에게 귀속되지 아니하는 토지를 취득하는 경우에는 「도시 및 주거환경정비법」 제86조 제2항에 따른 소유권이전고시일에 그 토지를 취득한 것으로 본다.

⑤ 토지의 지목변경에 따른 취득은 토지의 지목이 사실상 변경된 날과 공부상 변경된 날 중 빠른 날을 취득일로 본다. 다만, 토지의 지목변경일 이전에 사용하는 부분에 대해서는 그 사실상의 사용일을 취득일로 본다.

해설 ④ 「도시 및 주거환경정비법」 제35조 제3항에 따른 재건축조합이 재건축사업을 하면서 조합원으로부터 취득하는 토지 중 조합원에게 귀속되지 아니하는 토지를 취득하는 경우에는 「도시 및 주거환경정비법」 제86조 제2항에 따른 소유권이전고시일의 다음 날에 그 토지를 취득한 것으로 본다(지방세법 시행령 제20조 제7항).

정답 ④

03 지방세기본법령 및 지방세법령상 취득세 납세의무의 성립에 관한 설명으로 틀린 것은?

• 34회 수정

① 상속으로 인한 취득의 경우에는 상속개시일이 납세의무의 성립시기이다.
② 부동산의 증여계약으로 인한 취득에 있어서 소유권이전등기를 하지 않고 계약일부터 60일 이내에 공증받은 공정증서로 계약이 해제된 사실이 입증되는 경우에는 취득한 것으로 보지 않는다.
③ 유상승계취득의 경우 사실상의 잔금지급일과 등기일 또는 등록일 중 빠른 날이 납세의무의 성립시기이다.
④ 「민법」에 따른 이혼 시 재산분할로 인한 부동산 취득의 경우에는 취득물건의 등기일이 납세의무의 성립시기이다.
⑤ 「도시 및 주거환경정비법」에 따른 재건축조합이 재건축사업을 하면서 조합원으로부터 취득하는 토지 중 조합원에게 귀속되지 아니하는 토지를 취득하는 경우에는 같은 법에 따른 준공인가 고시일의 다음 날이 납세의무의 성립시기이다.

해설 ⑤ 취득세 납세의무의 성립시기는 과세물건을 취득하는 때이다(지방세기본법 제34조 제1항 제1호). 「도시 및 주거환경정비법」에 따른 재건축조합이 재건축사업을 하거나 「빈집 및 소규모주택 정비에 관한 특례법」에 따른 소규모재건축조합이 소규모재건축사업을 하면서 조합원으로부터 취득하는 토지 중 조합원에게 귀속되지 아니하는 토지를 취득하는 경우에는 「도시 및 주거환경정비법」 또는 「빈집 및 소규모주택 정비에 관한 특례법」에 따른 소유권이전 고시일의 다음 날에 그 토지를 취득한 것으로 본다(지방세법 시행령 제20조 제7항).

정답 ⑤

제5절　과세표준

취득세의 과세표준은 **취득 당시의 가액**으로 한다. 다만, 연부로 취득하는 경우 취득세의 과세표준은 연부금액(매회 사실상 지급되는 금액을 말하며, 취득금액에 포함되는 **계약보증금을 포함**)으로 한다(지방세법 제10조).

1. 유상승계취득의 경우 과세표준

(1) 원 칙

부동산등을 유상거래(매매 또는 교환 등 취득에 대한 대가를 지급하는 거래)로 승계취득하는 경우 취득당시가액은 취득시기 이전에 해당 물건을 취득하기 위하여 거래 상대방이나 제3자에게 지급하였거나 지급하여야 할 일체의 비용으로서 사실상의 취득가격으로 한다(지방세법 제10조의3 제1항).

(2) 예 외

지방자치단체의 장은 특수관계인 간의 거래로 그 취득에 대한 조세부담을 부당하게 감소시키는 행위 또는 계산을 한 것으로 인정되는 경우(부당행위계산)에는 위 (1)에도 불구하고 시가인정액(매매사례가액, 감정가액, 공매가액 등)을 취득당시가액으로 결정할 수 있다(지방세법 제10조의3 제2항).

(3) 부당행위계산의 유형

부당행위계산은 특수관계인으로부터 시가인정액보다 낮은 가격으로 부동산을 취득한 경우로서 시가인정액과 사실상 취득가격의 차액이 3억원 이상이거나 시가인정액의 100분의 5에 상당하는 금액 이상인 경우로 한다(지방세법 시행령 제18조의2).

2. 무상취득의 경우 과세표준

(1) 원 칙

부동산등을 무상취득하는 경우 취득 당시의 가액은 취득시기 현재 불특정 다수인 사이에 자유롭게 거래가 이루어지는 경우 통상적으로 성립된다고 인정되는 가액(시가인정액)으로 한다(지방세법 제10조의2 제1항).

(2) 예 외

다음은 해당 가액을 취득당시가액으로 한다(지방세법 제10조의2 제2항).

① **상속에 따른 무상취득의 경우** : 시가표준액

② **상속 이외의 취득물건에 대한 시가표준이 1억원 이하인 부동산등을 무상취득하는 경우** : 시가인정액과 시가표준액 중에서 납세자가 정하는 가액

③ **위 ①, ②에 해당하지 아니하는 경우** : 시가인정액으로 하되, 시가인정액을 산정하기 어려운 경우에는 시가표준액

(3) 부담부증여 시 과세표준

증여자의 채무를 인수하는 부담부증여의 경우 유상으로 취득한 것으로 보는 채무액에 상당하는 부분(채무부담액)에 대해서는 유상승계취득에서의 과세표준을 적용하고, 취득물건의 시가인정액에서 채무부담액을 뺀 잔액에 대해서는 무상취득에서의 과세표준을 적용한다(지방세법 제10조의2 제6항).

> ✅ **참고** **무상승계취득 시 취득가액을 감정가액으로 신고하려는 경우**
>
> 1. 납세자가 취득세 신고를 할 때 과세표준으로 감정가액을 신고하려는 경우에는 둘 이상의 감정기관(① 시가표준액이 10억원 이하인 부동산등과 ② 법인 합병·분할 및 조직변경을 원인으로 취득하는 부동산등의 경우에는 하나의 감정기관으로 한다)에 감정을 의뢰하고 그 결과를 첨부하여야 한다.
> 2. 신고를 받은 지방자치단체의 장은 감정기관이 평가한 납세자가 제시한 원감정가액이 지방자치단체의 장이 다른 감정기관에 의뢰하여 평가한 재감정가액의 100분의 80에 미달하는 경우에는 1년의 범위에서 기간을 정하여 해당 감정기관을 시가불인정 감정기관으로 지정할 수 있다.
> 3. 시가불인정 감정기관으로 지정된 감정기관이 평가한 감정가액은 그 지정된 기간 동안 시가인정액으로 보지 아니한다.

> ➕ **보충** **시가표준액** •32회
>
> 시가표준액이란 과세권자가 지방세 과세 시 기준이 되는 금액이다(지방세법 제4조, 시행령 제2조·제3조·제4조).

구 분	시가표준액
① 「부동산 가격공시에 관한 법률」에 따라 가액이 공시되는 토지 및 주택	㉠ 토지 : 개별공시지가 ㉡ 주택 : 개별주택가격 또는 공동주택가격 ➕ 다만, 개별공시지가 또는 개별주택가격이 공시되지 아니한 경우에는 특별자치시장·특별자치도지사·시장·군수 또는 구청장(자치구의 구청장)이 같은 법에 따라 국토교통부장관이 제공한 토지가격비준표 또는 주택가격비준표를 사용하여 산정한 가액으로 하고, 공동주택가격이 공시되지 아니한 경우에는 대통령령으로 정하는 기준에 따라 특별자치시장·특별자치도지사·시장·군수 또는 구청장이 산정한 가액으로 한다.
② 위 ① 이외의 건축물과 선박, 항공기, 기타 과세대상	거래가격, 수입가격, 신축·건조·제조가격 등을 고려하여 정한 기준가격에 종류, 구조, 용도, 경과연수 등 과세대상별 특성을 고려하여 대통령령으로 정하는 기준에 따라 지방자치단체의 장이 결정한 가액으로 한다. ➕ 건축물의 시가표준액 = 건물신축가격기준액 × 적용지수(구조별·용도별·위치별 지수) × 경과연수별 잔가율 × 면적(m^2) × 가감산율

3. 원시취득의 경우 과세표준

(1) 원 칙

부동산등을 원시취득하는 경우 취득당시가액은 **사실상 취득가격**으로 한다(지방세법 제10조의4 제1항).

> **⊕ 보충   사실상 취득가격의 범위(지방세법 시행령 제18조)** •27회 •29회
>
> 1. 사실상 취득가격이란 해당 물건을 취득하기 위하여 거래 상대방 또는 제3자에게 지급했거나 지급해야 할 직접비용과 다음의 어느 하나에 해당하는 간접비용의 합계액을 말한다. 다만, 취득대금을 일시급 등으로 지급하여 일정액을 할인받은 경우에는 그 할인된 금액으로 한다.
>   ① 건설자금에 충당한 차입금의 이자 또는 이와 유사한 금융비용(법인이 아닌 자가 취득한 경우 제외)
>   ② 할부 또는 연부(年賦) 계약에 따른 이자상당액 및 연체료(법인이 아닌 자가 취득한 경우 제외)
>   ③ 「농지법」에 따른 농지보전부담금, 「문화예술진흥법」에 따른 미술작품의 설치 또는 문화예술진흥기금에 출연하는 금액, 「산지관리법」에 따른 대체산림자원조성비 등 관계 법령에 따라 의무적으로 부담하는 비용
>   ④ 취득에 필요한 용역을 제공받은 대가로 지급하는 용역비·수수료(건축 및 토지조성공사로 수탁자가 취득하는 경우 위탁자가 수탁자에게 지급하는 신탁수수료를 포함)
>   ⑤ 취득대금 외에 당사자의 약정에 따른 취득자 조건 부담액과 채무인수액
>   ⑥ 부동산을 취득하는 경우 「주택도시기금법」에 따라 매입한 국민주택채권을 해당 부동산의 취득 이전에 양도함으로써 발생하는 매각차손. 이 경우 행정안전부령으로 정하는 금융회사등 외의 자에게 양도한 경우에는 동일한 날에 금융회사등에 양도하였을 경우 발생하는 매각차손을 한도로 한다.
>   ⑦ 「공인중개사법」에 따른 공인중개사에게 지급한 중개보수(법인이 아닌 자가 취득한 경우 제외)
>   ⑧ 붙박이 가구·가전제품 등 건축물에 부착되거나 일체를 이루면서 건축물의 효용을 유지 또는 증대시키기 위한 설비·시설 등의 설치비용
>   ⑨ 정원 또는 부속시설물 등을 조성·설치하는 비용
>   ⑩ 위 ①부터 ⑨까지의 비용에 준하는 비용
> 2. 다음의 어느 하나에 해당하는 비용은 사실상 취득가격에 포함하지 않는다.
>   ① 취득하는 물건의 판매를 위한 광고선전비 등의 판매비용과 그와 관련한 부대비용
>   ② 「전기사업법」, 「도시가스사업법」, 「집단에너지사업법」, 그 밖의 법률에 따라 전기·가스·열 등을 이용하는 자가 분담하는 비용
>   ③ 이주비, 지장물 보상금 등 취득물건과는 별개의 권리에 관한 보상 성격으로 지급되는 비용
>   ④ 부가가치세
>   ⑤ 위 ①부터 ④까지의 비용에 준하는 비용

O X 확 인 문 제

할부 또는 연부계약에 따른 이자상당액 및 연체료는 개인이 취득하는 경우에는 사실상 취득가격에 포함되지 아니한다.
•21회 수정   (   )

정답 (○)

(2) 예 외

법인이 아닌 자가 건축물을 건축하여 취득하는 경우로서 사실상 취득가격을 확인할 수 없는 경우의 취득당시가액은 시가표준액으로 한다(지방세법 제10조의4 제2항).

4. 취득으로 보는 경우의 과세표준

(1) 원 칙

다음의 경우 취득당시가액은 그 변경으로 증가한 가액에 해당하는 사실상 취득가격으로 한다(지방세법 제10조의6 제1항).
① 토지의 지목을 사실상 변경한 경우
② 선박, 차량 또는 기계장비의 용도 등을 변경한 경우

(2) 예 외

법인이 아닌 자가 위 **(1)**의 어느 하나에 해당하는 경우로서 사실상 취득가격을 확인할 수 없는 경우, 취득당시가액은 다음의 방법에 따라 계산한 가액으로 한다(지방세법 제10조의6 제2항, 시행령 제18조의6).
① **토지의 지목을 사실상 변경한 경우** : 토지의 지목이 사실상 변경된 때를 기준으로 ㉠의 가액에서 ㉡의 가액을 뺀 가액
  ㉠ 지목변경 이후의 토지에 대한 시가표준액(해당 토지에 대한 개별공시지가의 공시기준일이 지목변경으로 인한 취득일 전인 경우에는 인근 유사토지의 가액을 기준으로 부동산 가격공시에 관한 법률에 따라 국토교통부장관이 제공한 토지가격비준표를 사용하여 시장·군수·구청장이 산정한 가액을 말한다)
  ㉡ 지목변경 전의 토지에 대한 시가표준액(지목변경으로 인한 취득일 현재 해당 토지의 변경 전 지목에 대한 개별공시지가를 말한다. 다만, 변경 전 지목에 대한 개별공시지가가 없는 경우에는 인근 유사토지의 가액을 기준으로 부동산 가격공시에 관한 법률에 따라 국토교통부장관이 제공한 토지가격비준표를 사용하여 시장·군수·구청장이 산정한 가액을 말한다)
② **선박, 차량 또는 기계장비의 용도 등을 변경한 경우** : 시가표준액

(3) 건축물의 개수

건축물을 개수하는 경우 취득당시가액은 위 **3.** 원시취득의 경우 과세표준에 따른다(지방세법 제10조의6 제3항).

(4) 과점주주의 과세표준

과점주주가 취득한 것으로 보는 해당 법인의 부동산등의 취득당시가액은 해당 법인의 결산서와 그 밖의 장부 등에 따른 그 부동산등의 총가액을 그 법인의 주식 또는 출자의 총수로 나눈 가액에 과점주주가 취득한 주식 또는 출자의 수를 곱한 금액으로 한다. 이 경우 과점주주는 조례로 정하는 바에 따라 취득당시가액과 그 밖에 필요한 사항을 신고하여야 한다(지방세법 제10조의6 제4항).

> **◎ 참고** **무상취득 · 유상승계취득 · 원시취득의 경우 과세표준에 대한 특례**
>
> 1. **대물변제, 교환, 양도담보 등 유상거래를 원인으로 취득하는 경우** : 다음에 따른 가액으로 한다. 다만, 특수관계인으로부터 부동산등을 취득하는 경우로서 부당행위계산을 한 것으로 인정되는 경우 취득당시가액은 시가인정액으로 한다(지방세법 제10조의5 제3항, 시행령 제18조의4 제1호).
>   ① **대물변제** : 대물변제액(대물변제액 외에 추가로 지급한 금액이 있는 경우에는 그 금액을 포함). 다만, 대물변제액이 시가인정액을 초과하는 경우 취득당시가액은 시가인정액으로 한다.
>   ② **교환** : 교환을 원인으로 이전받는 부동산등의 시가인정액과 이전하는 부동산등의 시가인정액(상대방에게 추가로 지급하는 금액과 상대방으로부터 승계받는 채무액이 있는 경우 그 금액을 더하고, 상대방으로부터 추가로 지급받는 금액과 상대방에게 승계하는 채무액이 있는 경우 그 금액을 차감) 중 높은 가액
>   ③ **양도담보** : 양도담보에 따른 채무액(채무액 외에 추가로 지급한 금액이 있는 경우 그 금액을 포함). 다만, 그 채무액이 시가인정액을 초과하는 경우 취득당시가액은 시가인정액으로 한다.
> 2. **법인의 합병 · 분할 및 조직변경을 원인으로 취득하는 경우** : 시가인정액. 다만, 시가인정액을 산정하기 어려운 경우 취득당시가액은 시가표준액으로 한다(지방세법 시행령 제18조의4 제2호).

01 甲은 특수관계 없는 乙로부터 다음과 같은 내용으로 주택을 취득하였다. 취득세 과세표준 금액으로 옳은 것은?

• 29회 수정

- 아래의 계약내용은 「부동산 거래신고 등에 관한 법률」 제3조에 따른 신고서를 제출하여 같은 법 제5조에 따라 검증이 이루어짐
- 계약내용
  - 총매매대금   500,000,000원
  - 2024년 7월 2일 계약금   50,000,000원
  - 2024년 8월 2일 중도금   150,000,000원
  - 2024년 9월 3일 잔금   300,000,000원
- 甲이 주택 취득과 관련하여 지출한 비용
  - 총매매대금 외에 당사자약정에 의하여 乙의 은행채무를 甲이 대신 변제한 금액   10,000,000원
  - 법령에 따라 매입한 국민주택채권을 해당 주택의 취득 이전에 금융회사에 양도함으로써 발생하는 매각차손(잔금지급일보다 등기가 먼저 진행된 것이다)   1,000,000원

① 500,000,000원
② 501,000,000원
③ 509,000,000원
④ 510,000,000원
⑤ 511,000,000원

해설 ⑤ 「부동산 거래신고 등에 관한 법률」 제3조에 따른 신고서를 제출하여 같은 법 제5조에 따라 검증이 이루어진 경우 사실상 취득가액을 과세표준으로 한다. 따라서 총매매대금 5억원에 은행채무 1천만원과 국민주택채권 매각차손 1백만원을 포함하여 511,000,000원이 과세표준이 된다.

정답 ⑤

02 지방세법상 사실상의 취득가격 또는 연부금액을 취득세의 과세표준으로 하는 경우 취득가격 또는 연부금액에 포함되지 <u>않는</u> 것은? (단, 특수관계인과의 거래가 아니며, 비용 등은 취득시기 이전에 지급되었음)

• 27회 수정

① 「전기사업법」에 따라 전기를 사용하는 자가 분담하는 비용
② 법인이 건설자금에 충당한 차입금의 이자
③ 법인이 연부로 취득하는 경우 연부계약에 따른 이자상당액
④ 취득에 필요한 용역을 제공받은 대가로 지급하는 용역비
⑤ 취득대금 외에 당사자의 약정에 따른 취득자 조건 부담액

해설 ① 「전기사업법」에 따라 전기를 사용하는 자가 분담하는 비용은 사실상 취득가격 또는 연부금액을 과세표준으로 하는 경우 과세표준에 포함되지 아니한다.

정답 ①

5. 토지, 건물의 일괄취득

부동산등을 한꺼번에 취득하여 각 과세물건의 취득 당시의 가액이 구분되지 않는 경우에는 한꺼번에 취득한 가격을 각 과세물건별 시가표준액 비율로 나눈 금액을 각각의 취득 당시의 가액으로 한다(지방세법 시행령 제19조 제1항).

제6절   세 율

1 표준세율

취득세는 표준세율로 되어 있다. 따라서 지방자치단체의 장은 조례로 정하는 바에 따라 취득세의 세율을 표준세율의 100분의 50 범위에서 가감할 수 있다(지방세법 제14조).

1. 부동산 취득세율 ·24회 ·25회 ·26회 ·27회 ·28회 ·30회

(1) 부동산에 대한 취득세는 과세표준에 다음에 해당하는 표준세율을 적용하여 계산한 금액을 그 세액으로 한다(지방세법 제11조 제1항·제3항).

취득원인		표준세율	비 고
① 상속으로 인한 취득	농 지	1천분의 23(2.3%)	–
	농지 외의 것	1천분의 28(2.8%)	
② 상속 외의 무상취득		1천분의 35(3.5%) [단, 비영리사업자의 취득은 1천분의 28(2.8%)]	–
③ 원시취득(수용재결로 취득한 경우 등 과세대상이 이미 존재하는 상태에서 취득은 제외)		1천분의 28(2.8%)	증축, 개수로 인해 건축물의 면적이 증가할 때 그 증가된 부분은 원시취득으로 본다.

추가 **농지**(지방세법 시행령 제21조)
1. 취득 당시 공부상 지목이 논, 밭 또는 과수원인 토지로서 실제 농작물의 경작이나 다년생 식물의 재배지로 이용되는 토지. 이 경우 농지 경영에 직접 필요한 농막(農幕)·두엄간·양수장·못·늪·농도(農道)·수로 등이 차지하는 토지 부분을 포함한다.
2. 취득 당시 공부상 지목이 논, 밭, 과수원 또는 목장용지인 토지로서 실제 축산용으로 사용되는 축사와 그 부대시설로 사용되는 토지, 초지 및 사료밭

④ 공유물의 분할 또는 부동산의 공유권 해소를 위한 지분이전으로 인한 취득		1천분의 23(2.3%)	등기부등본상 본인지분을 초과하는 부분의 경우는 승계취득으로 본다.
⑤ 합유물 및 총유물의 분할로 인한 취득		1천분의 23(2.3%)	–
⑥ 그 밖의 원인으로 인한 취득	농지	1천분의 30(3.0%)	법인이 합병 또는 분할에 따라 부동산을 취득하는 경우를 포함한다.
	농지 외의 것	1천분의 40(4.0%)	
⑦ 유상거래를 원인으로 주택을 취득한 경우		1천분의 10~1천분의 30	오피스텔은 1천분의 40

> **참고** 비영리사업자(지방세법 시행령 제22조)
>
> 1. 종교 및 제사를 목적으로 하는 단체
> 2. 「초·중등교육법」 및 「고등교육법」에 따른 학교, 「경제자유구역 및 제주국제자유도시의 외국교육기관 설립·운영에 관한 특별법」 또는 「기업도시개발특별법」에 따른 외국교육기관을 경영하는 자 및 「평생교육법」에 따른 교육시설을 운영하는 평생교육단체
> 3. 「사회복지사업법」에 따라 설립된 사회복지법인
> 4. 「지방세특례제한법」 제22조 제1항에 따른 사회복지법인등
> 5. 「정당법」에 따라 설립된 정당

(2) 공유물의 경우

상속, 증여, 유상승계취득하는 부동산이 공유물일 때에는 그 취득지분의 가액을 과세표준으로 하여 각각의 세율을 적용한다(지방세법 제11조 제2항).

(3) 주택 유상거래 취득세율 적용배제

주택을 신축 또는 증축한 이후 해당 주거용 건축물의 소유자(배우자 및 직계존비속을 포함)가 해당 주택의 부속토지를 취득하는 경우에는 1천분의 10~1천분의 30을 적용하지 아니한다(지방세법 제11조 제4항).

(4) 주택을 지분으로 취득한 경우

지분으로 취득한 주택의 취득 당시의 가액은 다음 계산식에 따라 산출한 전체 주택의 취득당시가액으로 한다(지방세법 제11조 제1항 제8호).

$$\text{전체 주택의 취득당시가액} = \text{취득지분에 따른 취득당시가액} \times \frac{\text{전체 주택의 시가표준액}}{\text{취득지분의 시가표준액}}$$

■■ 주택의 유상거래 취득세 표준세율

해당 주택의 취득당시가액	표준세율	비 고
6억원 이하	1천분의 10(1%)	
6억원 초과 9억원 이하	$\left(\text{해당 주택의 취득당시가액} \times \dfrac{2}{3억원} - 3 \right) \times \dfrac{1}{100}$	이 경우 소수점 이하 다섯째자리에서 반올림하여 소수점 넷째자리까지 계산한다.
9억원 초과	1천분의 30(3%)	–

➕ 예시 : 취득당시가액이 7억 6천만원인 경우

(7.6억원 × 2/3억원 − 3) × 1/100 ≒ 0.0207(2.07%)

기출&예상 문제

01 지방세법상 취득세의 표준세율이 가장 높은 것은? ·30회 수정

① 상속으로 건물(주택 아님)을 취득한 경우
② 「사회복지사업법」에 따라 설립된 사회복지법인이 독지가의 기부에 의하여 건물을 취득한 경우
③ 영리법인이 공유수면을 매립하여 농지를 취득한 경우
④ 개인이 유상거래를 원인으로 「지방세법」 제10조에 따른 취득 당시의 가액이 6억원인 주택(주택법에 의한 주택으로서 등기부에 주택으로 기재된 주거용 건축물과 그 부속토지)을 취득한 경우. 단, 1세대 1주택에 속한다.
⑤ 유상거래를 원인으로 농지를 취득한 경우

해설 ⑤ 1천분의 30
① 1천분의 28
② 1천분의 28
③ 1천분의 28
④ 1천분의 10(조정대상지역 여부에 관계없이 첫 번째 주택 취득 시에는 1천분의 10∼1천분의 30의 세율 적용)

정답 ⑤

02 지방세법상 부동산 취득 시 취득세 과세표준에 적용되는 표준세율로 옳은 것을 모두 고른 것은? ・26회 수정

> ⊙ 상속으로 인한 농지 취득 : 1천분의 23
> ⓛ 공유권(총유물)의 분할로 인한 취득 : 1천분의 23
> ⓒ 원시취득(공유수면의 매립 또는 간척으로 인한 농지 취득 제외) : 1천분의 28
> ⓔ 법령으로 정한 비영리사업자의 상속 외의 무상취득 : 1천분의 28

① ⊙, ⓛ   ② ⓛ, ⓒ
③ ⊙, ⓒ   ④ ⓛ, ⓒ, ⓔ
⑤ ⊙, ⓛ, ⓒ, ⓔ

해설 ⊙ⓛⓒⓔ 모두 옳은 지문이다.

정답 ⑤

2. 주택 취득에 대한 중과세율 ・33회

(1) 유상거래 취득에 대한 중과

주택(공유지분이나 부속토지만을 소유하거나 취득하는 경우에도 주택을 소유하거나 취득한 것으로 본다)을 유상거래를 원인으로 취득하는 경우로서 다음 어느 하나에 해당하는 경우에는 취득당시가액에 따라 1천분의 10~1천분의 30의 세율을 적용하는 규정에도 불구하고 다음에 따른 세율을 적용한다(지방세법 제13조의2 제1항).

① **법인**(국세기본법에 따른 법인으로 보는 단체, 부동산등기법에 따른 법인 아닌 사단·재단 등 개인이 아닌 자를 포함)**이 주택을 취득하는 경우** : 1천분의 40을 표준세율로 하여 해당 세율에 중과기준세율의 100분의 400을 합한 세율

② **1세대 2주택**(대통령령으로 정하는 일시적 2주택은 제외)**에 해당하는 주택으로서 「주택법」에 따른 조정대상지역에 있는 주택을 취득하는 경우 또는 1세대 3주택에 해당하는 주택으로서 조정대상지역 외의 지역에 있는 주택을 취득하는 경우** : 1천분의 40을 표준세율로 하여 해당 세율에 중과기준세율의 100분의 200을 합한 세율

> **✓ 참고** **세대의 기준(지방세법 시행령 제28조의3)**

1. 1세대란 주택을 취득하는 사람과 「주민등록법」 제7조에 따른 세대별 주민등록표 또는 「출입국관리법」 제34조 제1항에 따른 등록외국인기록표 및 외국인등록표(등록외국인기록표등)에 함께 기재되어 있는 가족(동거인은 제외)으로 구성된 세대를 말하며 주택을 취득하는 사람의 배우자(사실혼은 제외하며, 법률상 이혼을 했으나 생계를 같이 하는 등 사실상 이혼한 것으로 보기 어려운 관계에 있는 사람을 포함), 취득일 현재 미혼인 30세 미만의 자녀 또는 부모(주택을 취득하는 사람이 미혼이고 30세 미만인 경우로 한정)는 주택을 취득하는 사람과 같은 세대별 주민등록표 또는 등록외국인기록표등에 기재되어 있지 않더라도 1세대에 속한 것으로 본다.
2. 다음의 어느 하나에 해당하는 경우에는 각각 별도의 세대로 본다.
   ① 부모와 같은 세대별 주민등록표에 기재되어 있지 않은 30세 미만의 자녀로서 주택 취득일이 속하는 달의 직전 12개월 동안 발생한 소득으로서 행정안전부장관이 정하는 소득이 「국민기초생활 보장법」에 따른 기준 중위소득을 12개월로 환산한 금액의 100분의 40 이상이고, 소유하고 있는 주택을 관리·유지하면서 독립된 생계를 유지할 수 있는 경우. 다만, 미성년자인 경우는 제외한다.
   ② 취득일 현재 65세 이상의 직계존속(배우자의 직계존속을 포함하며, 직계존속 중 어느 한 사람이 65세 미만인 경우를 포함)을 동거봉양(同居奉養)하기 위하여 30세 이상의 직계비속, 혼인한 직계비속 또는 위 ①에 따른 소득요건을 충족하는 성년인 직계비속이 합가(合家)한 경우
   ③ 취학 또는 근무상의 형편 등으로 세대전원이 90일 이상 출국하는 경우로서 「주민등록법」 제10조의3 제1항 본문에 따라 해당 세대가 출국 후에 속할 거주지를 다른 가족의 주소로 신고한 경우
   ④ 별도의 세대를 구성할 수 있는 사람이 주택을 취득한 날부터 60일 이내에 세대를 분리하기 위하여 그 취득한 주택으로 주소지를 이전하는 경우

> **✓ 참고** **일시적 2주택(지방세법 시행령 제28조의5)**

1. 국내에 주택, 조합원입주권, 주택분양권 또는 오피스텔을 1개 소유한 1세대가 그 주택, 조합원입주권, 주택분양권 또는 오피스텔(종전주택등)을 소유한 상태에서 이사·학업·취업·직장이전 및 이와 유사한 사유로 다른 1주택(신규 주택)을 추가로 취득한 후 3년 이내에 종전주택등(신규 주택이 조합원입주권 또는 주택분양권에 의한 주택이거나 종전주택등이 조합원입주권 또는 주택분양권인 경우에는 신규 주택을 포함)을 처분하는 경우 해당 신규 주택을 말한다.
2. 위 1.을 적용할 때 조합원입주권 또는 주택분양권을 1개 소유한 1세대가 그 조합원입주권 또는 주택분양권을 소유한 상태에서 신규 주택을 취득한 경우에는 해당 조합원입주권 또는 주택분양권에 의한 주택을 취득한 날부터 일시적 2주택 기간을 기산한다.

3. 위 1.을 적용할 때 종전주택등이 「도시 및 주거환경정비법」 제74조 제1항에 따른 관리처분계획의 인가 또는 「빈집 및 소규모주택 정비에 관한 특례법」 제29조 제1항에 따른 사업시행계획인가를 받은 주택인 경우로서 관리처분계획인가 또는 사업시행계획인가 당시 해당 사업구역에 거주하는 세대가 신규 주택을 취득하여 그 신규 주택으로 이주한 경우에는 그 이주한 날에 종전주택등을 처분한 것으로 본다.

③ **1세대 3주택 이상에 해당하는 주택으로서 조정대상지역에 있는 주택을 취득하는 경우 또는 1세대 4주택 이상에 해당하는 주택으로서 조정대상지역 외의 지역에 있는 주택을 취득하는 경우** : 1천분의 40을 표준세율로 하여 해당 세율에 중과기준세율의 100분의 400을 합한 세율

④ 위 ①~③의 중과세율(법인의 주택 취득 및 개인의 다주택 중과)과 사치성재산의 취득에 대한 중과세율이 동시에 적용되는 과세물건에 대한 취득세율은 「지방세법」 제16조 제5항(같은 취득물건에 대하여 둘 이상의 세율이 적용되는 경우에는 그중 높은 세율을 적용)에도 불구하고 위 ①~③의 세율에 중과기준세율의 100분의 400을 합한 세율을 적용한다(지방세법 제13조의2 제3항).

➕ 법인이 고급주택을 취득한 경우 : 법인의 주택취득세율 12%[표준세율 4% + (2%의 4배)] + (2%의 4배) = 20%(1천분의 200)

⑤ 조정대상지역 지정고시일 이전에 주택에 대한 매매계약(공동주택 분양계약을 포함)을 체결한 경우(다만, 계약금을 지급한 사실 등이 증빙서류에 의하여 확인되는 경우에 한정)에는 조정대상지역으로 지정되기 전에 주택을 취득한 것으로 본다(지방세법 제13조의2 제4항).

⑥ **주택 수 판단의 범위** : 주택 유상거래 취득에 대한 중과세율을 적용할 때 다음의 어느 하나에 해당하는 경우에는 세대별 소유 주택 수에 가산한다(지방세법 제13조의3).

　ⓐ 「신탁법」에 따라 신탁된 주택은 위탁자의 주택 수에 가산한다.

　ⓑ **조합원입주권** : 「도시 및 주거환경정비법」에 따른 관리처분계획의 인가 및 「빈집 및 소규모주택 정비에 관한 특례법」에 따른 사업시행계획인가로 인하여 취득한 입주자로 선정된 지위[도시 및 주거환경정비법에 따른 재건축사업 또는 재개발사업, 빈집 및 소규모주택 정비에 관한 특례법에 따른 소규모재건축사업을 시행하는 정비사업조합의 조합원으로서 취득한 것(그 조합원으로부터 취득한 것을 포함)으로 한정하며, 이에 딸린 토지를 포함]는 해당 주거용 건축물이 멸실된 경우라도 해당 조합원입주권 소유자의 주택 수에 가산한다.

ⓒ 주택분양권 : 「부동산 거래신고 등에 관한 법률」 제3조 제1항 제2호에 따른 '부동산에 대한 공급계약'을 통하여 주택을 공급받는 자로 선정된 지위(해당 지위를 매매 또는 증여 등의 방법으로 취득한 것을 포함)는 해당 주택분양권을 소유한 자의 주택 수에 가산한다.

ⓔ 재산세를 주택으로 과세하는 오피스텔은 해당 오피스텔을 소유한 자의 주택 수에 가산한다.

주택 유상취득 시 취득세율

구 분		어느 지역의 주택을 취득하였는가	
		조정대상지역	비조정대상지역
법인이 주택을 취득하는 경우		1천분의 120(12%)	
개인이 주택을 취득하는 경우	1주택 (무주택자가 첫 번째 주택을 취득)	1천분의 10~1천분의 30(1~3%)	
	2주택 (1주택자가 두 번째 주택을 취득)	1천분의 80(일시적 2주택은 1천분의 10~1천분의 30)	1천분의 10~1천분의 30 (1~3%)
	3주택 (2주택자가 세 번째 주택을 취득)	1천분의 120(12%)	1천분의 80(8%)
	4주택 이상 (3주택자가 네 번째 주택을 취득 등)	1천분의 120(12%)	

✅참고 **주택 수의 산정방법(지방세법 시행령 제28조의4)**

1. 주택 취득에 대한 중과세율을 적용할 때 세율 적용의 기준이 되는 1세대의 주택 수는 주택 취득일 현재 취득하는 주택을 포함하여 1세대가 국내에 소유하는 주택뿐 아니라 조합원입주권, 주택분양권, 재산세를 주택으로 과세하는 오피스텔의 수를 말한다. 이 경우 조합원입주권 또는 주택분양권에 의하여 취득하는 주택의 경우에는 조합원입주권 또는 주택분양권의 취득일(분양사업자로부터 주택분양권을 취득하는 경우에는 분양계약일)을 기준으로 해당 주택 취득 시의 세대별 주택 수를 산정한다.
2. 위 1.을 적용할 때 주택, 조합원입주권, 주택분양권 또는 오피스텔을 동시에 2개 이상 취득하는 경우에는 납세의무자가 정하는 바에 따라 순차적으로 취득하는 것으로 본다.
3. 위 1.을 적용할 때 1세대 내에서 1개의 주택, 조합원입주권, 주택분양권 또는 오피스텔을 세대원이 공동으로 소유하는 경우에는 1개의 주택, 조합원입주권, 주택분양권 또는 오피스텔을 소유한 것으로 본다.

4. 위 1.을 적용할 때 상속으로 여러 사람이 공동으로 1개의 주택, 조합원입주권, 주택분양권 또는 오피스텔을 소유하는 경우 지분이 가장 큰 상속인을 그 주택, 조합원입주권, 주택분양권 또는 오피스텔의 소유자로 보고, 지분이 가장 큰 상속인이 두 명 이상인 경우에는 그중 다음의 순서에 따라 그 주택, 조합원입주권, 주택분양권 또는 오피스텔의 소유자를 판정한다. 이 경우, 미등기 상속주택 또는 오피스텔의 소유지분이 종전의 소유지분과 변경되어 등기되는 경우에는 등기상 소유지분을 상속개시일에 취득한 것으로 본다.
   ① 그 주택 또는 오피스텔에 거주하는 사람
   ② 나이가 가장 많은 사람

5. 위 1.~4.의 규정에 따라 1세대의 주택 수를 산정할 때 다음 어느 하나에 해당하는 주택, 조합원입주권, 주택분양권 또는 오피스텔은 소유주택 수에서 제외한다.
   ① 위 1.~4.의 규정에 따라 1세대의 주택 수를 산정할 때 소유주택 수에서 제외되는 주택
      ㉠ 시가표준액(지분이나 부속토지만을 취득한 경우에는 전체 주택의 시가표준액)이 1억원 이하인 주택으로서 주택 수 산정일 현재 해당 주택의 시가표준액 기준을 충족하는 주택[다만, 도시 및 주거환경정비법에 따른 정비구역(종전의 주택건설촉진법에 따라 설립인가를 받은 재건축조합의 사업부지를 포함)으로 지정·고시된 지역 또는 빈집 및 소규모주택 정비에 관한 특례법에 따른 사업시행구역에 소재하는 주택은 제외]
      ㉡ 주택 유상거래 취득 중과세의 예외에 해당하는 ⓐ 노인복지주택, ⓑ 공공지원민간임대주택, ⓒ 가정어린이집으로 운영하기 위하여 취득하는 주택 및 ⓓ 사원에 대한 임대용으로 직접 사용할 목적으로 취득하는 주택으로서 주택 수 산정일 현재 해당 용도에 직접 사용하고 있는 주택
      ㉢ 주택 유상거래 취득 중과세의 예외에 해당하는 「문화재보호법」 제2조 제3항에 따른 지정문화재 또는 같은 조 제4항에 따른 등록문화재에 해당하는 주택
      ㉣ 주택 유상거래 취득 중과세의 예외에 해당하는 ⓐ 공익사업을 위하여 취득하는 주택 및 주택건설사업을 위하여 취득하는 주택으로서 멸실시킬 목적으로 취득하는 주택, ⓑ 주택의 공사대금으로 취득한 미분양주택에 해당하는 주택. 다만, ⓑ에 해당하는 주택의 경우에는 그 주택의 취득일부터 3년 이내의 기간으로 한정한다.
      ㉤ 주택 유상거래 취득 중과세의 예외에 해당하는 농어촌주택으로서 주택 수 산정일 현재 건축물의 가액 요건(건축물의 가액이 6,500만원 이내일 것)을 충족하는 주택
   ② 「통계법」 제22조에 따라 통계청장이 고시하는 산업에 관한 표준분류에 따른 주거용 건물 건설업을 영위하는 자가 신축하여 보유하는 주택. 다만, 자기 또는 임대계약 등 권원을 불문하고 타인이 거주한 기간이 1년 이상인 주택은 제외한다.

③ 상속을 원인으로 취득한 주택, 조합원입주권, 주택분양권 또는 오피스텔로서 상속개시일부터 5년이 지나지 않은 주택, 조합원입주권, 주택분양권 또는 오피스텔

④ 주택 수 산정일 현재 「지방세법」 제4조에 따른 시가표준액(지분이나 부속토지만을 취득한 경우에는 전체 건축물과 그 부속토지의 시가표준액)이 1억원 이하인 오피스텔

⑤ 주택 수 산정일 현재 「지방세법」 제14조에 따른 시가표준액이 1억원 이하인 부속토지만을 소유한 경우 해당 부속토지

⑥ 혼인한 사람이 혼인 전 소유한 주택분양권으로 주택을 취득하는 경우 다른 배우자가 혼인 전부터 소유하고 있는 주택

> ✔ **참고**　**주택 유상거래 취득 중과세의 예외(지방세법 시행령 제28조의2)**

주택의 유상거래를 원인으로 취득하는 경우 취득세 중과세 규정을 적용할 때 다음 어느 하나에 해당하는 주택은 중과세 대상으로 보지 않는다.

1. 시가표준액(지분이나 부속토지만을 취득한 경우에는 전체 주택의 시가표준액을 말한다)이 1억원 이하인 주택. 다만, 「도시 및 주거환경정비법」 제2조 제1호에 따른 정비구역(종전의 주택건설촉진법에 따라 설립인가를 받은 재건축조합의 사업부지를 포함)으로 지정·고시된 지역 또는 「빈집 및 소규모주택 정비에 관한 특례법」 제2조 제1항 제4호에 따른 사업시행구역에 소재하는 주택은 제외한다.

2. 「공공주택 특별법」 제4조 제1항에 따라 지정된 공공주택사업자가 다음의 어느 하나에 해당하는 주택을 공급(①의 경우 신축·개축하여 공급하는 경우를 포함)하기 위하여 취득하는 주택

    ① 「공공주택 특별법」 제43조 제1항에 따라 공급하는 공공매입임대주택. 다만, 정당한 사유 없이 그 취득일부터 2년이 경과할 때까지 공공매입임대주택으로 공급하지 않거나 공공매입임대주택으로 공급한 기간이 3년 미만인 상태에서 매각·증여하거나 다른 용도로 사용하는 경우는 제외한다.

    ② 「공공주택 특별법」에 따른 지분적립형 분양주택이나 이익공유형 분양주택

3. 「공공주택 특별법」 제4조 제1항에 따라 지정된 공공주택사업자가 위 2.의 ②의 주택을 분양받은 자로부터 환매하여 취득하는 주택

4. 「공공주택 특별법」 제40조의7 제2항 제2호에 따른 토지등소유자가 같은 법 제40조의10 제3항에 따라 공공주택사업자로부터 현물보상으로 공급받아 취득하는 주택

5. 「노인복지법」 제32조 제1항 제3호에 따른 노인복지주택으로 운영하기 위하여 취득하는 주택. 다만, 정당한 사유 없이 그 취득일부터 1년이 경과할 때까지 해당 용도에 직접 사용하지 않거나 해당 용도로 직접 사용한 기간이 3년 미만인 상태에서 매각·증여하거나 다른 용도로 사용하는 경우는 제외한다.

6. 「도시재생 활성화 및 지원에 관한 특별법」 제55조의3에 따른 토지등소유자가 같은 법 제45조 제1호에 따른 혁신지구사업시행자로부터 현물보상으로 공급받아 취득하는 주택

7. 「문화재보호법」 제2조 제3항에 따른 지정문화재 또는 같은 조 제4항에 따른 등록문화재에 해당하는 주택

8. 「민간임대주택에 관한 특별법」 제2조 제7호에 따른 임대사업자가 같은 조 제4호에 따른 공공지원민간임대주택으로 공급하기 위하여 취득하는 주택. 다만, 정당한 사유 없이 그 취득일부터 2년이 경과할 때까지 공공지원민간임대주택으로 공급하지 않거나 공공지원민간임대주택으로 공급한 기간이 3년 미만인 상태에서 매각·증여하거나 다른 용도로 사용하는 경우는 제외한다.

9. 「영유아보육법」 제10조 제5호에 따른 가정어린이집으로 운영하기 위하여 취득하는 주택. 다만, 정당한 사유 없이 그 취득일부터 1년이 경과할 때까지 해당 용도에 직접 사용하지 않거나 해당 용도로 직접 사용한 기간이 3년 미만인 상태에서 매각·증여하거나 다른 용도로 사용하는 경우는 제외하되, 가정어린이집을 「영유아보육법」 제10조 제1호에 따른 국공립어린이집으로 전환한 경우는 당초 용도대로 직접 사용하는 것으로 본다.

10. 「주택도시기금법」 제3조에 따른 주택도시기금과 「한국토지주택공사법」에 따라 설립된 한국토지주택공사가 공동으로 출자하여 설립한 부동산투자회사 또는 「한국자산관리공사 설립 등에 관한 법률」에 따라 설립된 한국자산관리공사가 출자하여 설립한 부동산투자회사가 취득하는 주택으로서 취득 당시 다음의 요건을 모두 갖춘 주택
    ① 해당 주택의 매도자가 거주하고 있는 주택으로서 해당 주택 외에 매도자가 속한 세대가 보유하고 있는 주택이 없을 것
    ② 매도자로부터 취득한 주택을 5년 이상 매도자에게 임대하고 임대기간 종료 후에 그 주택을 재매입할 수 있는 권리를 매도자에게 부여할 것
    ③ 「지방세법」 제4조에 따른 시가표준액(지분이나 부속토지만을 취득한 경우에는 전체 주택의 시가표준액)이 5억원 이하인 주택일 것

11. 다음의 어느 하나에 해당하는 주택으로서 멸실시킬 목적으로 취득하는 주택. 다만, ②의 ⓑ의 경우에는 정당한 사유 없이 그 취득일부터 1년이 경과할 때까지 해당 주택을 멸실시키지 않거나 그 취득일부터 3년이 경과할 때까지 주택을 신축하여 판매하지 않은 경우는 제외하고, ②의 ⓑ 외의 경우에는 정당한 사유 없이 3년(②의 ⓑ의 경우 2년)이 경과할 때까지 해당 주택을 멸실시키지 않은 경우는 제외한다.
    ① 「공공기관의 운영에 관한 법률」 제4조에 따른 공공기관 또는 「지방공기업법」 제3조에 따른 지방공기업이 「공익사업을 위한 토지 등의 취득 및 보상에 관한 법률」 제4조에 따른 공익사업을 위하여 취득하는 주택
    ② 다음 중 어느 하나에 해당하는 자가 주택건설사업을 위하여 취득하는 주택. 다만, 해당 주택건설사업이 주택과 주택이 아닌 건축물을 한꺼번에 신축하는 사업인 경우에는 신축하는 주택의 건축면적 등을 고려하여 행정안전부령으로 정하는 바에 따라 산정한 부분으로 한정한다.
        ㉠ 「도시 및 주거환경정비법」 제2조 제8호에 따른 사업시행자

    ⓛ 「빈집 및 소규모주택 정비에 관한 특례법」 제2조 제1항 제5호에 따른 사업시행자

    ⓒ 「주택법」 제2조 제11호에 따른 주택조합(같은 법 제11조 제2항에 따른 '주택조합설립인가를 받으려는 자'를 포함)

    ⓔ 「주택법」 제4조에 따라 등록한 주택건설사업자

    ⓜ 「민간임대주택에 관한 특별법」 제23조에 따른 공공지원민간임대주택 개발사업 시행자

    ⓗ 주택신축판매업[한국표준산업분류에 따른 주거용 건물 개발 및 공급업과 주거용 건물 건설업(자영건설업으로 한정)]을 영위할 목적으로 「부가가치세법」 제8조 제1항에 따라 사업자등록을 한 자

12. 주택의 시공자(주택법 제33조 제2항에 따른 시공자 및 건축법 제2조 제16호에 따른 공사시공자)가 다음의 어느 하나에 해당하는 자로부터 해당 주택의 공사대금으로 취득한 미분양주택(주택법 제54조에 따른 사업주체가 같은 조에 따라 공급하는 주택으로서 입주자모집공고에 따른 입주자의 계약일이 지난 주택단지에서 취득일 현재까지 분양계약이 체결되지 않아 선착순의 방법으로 공급하는 주택). 다만, ①의 자로부터 취득한 주택으로서 자기 또는 임대계약 등 권원을 불문하고 타인이 거주한 기간이 1년 이상인 경우는 제외한다.

    ① 「건축법」 제11조에 따른 허가를 받은 자

    ② 「주택법」 제15조에 따른 사업계획승인을 받은 자

13. 다음의 어느 하나에 해당하는 자가 저당권의 실행 또는 채권변제로 취득하는 주택. 다만, 취득일부터 3년이 경과할 때까지 해당 주택을 처분하지 않은 경우는 제외한다.

    ① 「농업협동조합법」에 따라 설립된 조합

    ② 「산림조합법」에 따라 설립된 산림조합 및 그 중앙회

    ③ 「상호저축은행법」에 따른 상호저축은행

    ④ 「새마을금고법」에 따라 설립된 새마을금고 및 그 중앙회

    ⑤ 「수산업협동조합법」에 따라 설립된 조합

    ⑥ 「신용협동조합법」에 따라 설립된 신용협동조합 및 그 중앙회

    ⑦ 「은행법」에 따른 은행

14. 「지방세법 시행령」 제28조 제2항에 따른 농어촌주택

15. 사원에 대한 임대용으로 직접 사용할 목적으로 취득하는 주택으로서 1구의 건축물의 연면적(전용면적)이 60m² 이하인 공동주택(건축법 시행령 별표 1 제1호 다목에 따른 다가구주택으로서 건축법 제38조에 따른 건축물대장에 호수별로 전용면적이 구분되어 기재되어 있는 다가구주택을 포함). 다만, 다음의 어느 하나에 해당하는 주택은 제외한다.

    ① 취득하는 자가 개인인 경우로서 「지방세기본법 시행령」 제2조 제1항 각 호의 어느 하나에 해당하는 관계인 사람에게 제공하는 주택

    ② 취득하는 자가 법인인 경우로서 「지방세기본법」 제46조 제2호에 따른 과점주주에게 제공하는 주택

    ③ 정당한 사유 없이 그 취득일부터 1년이 경과할 때까지 해당 용도에 직접 사용하지 않거나 해당 용도로 직접 사용한 기간이 3년 미만인 상태에서 매각·증여하거나 다른 용도로 사용하는 주택

16. 물적분할[법인세법 제46조 제2항 각 호의 요건(같은 항 제2호의 경우 전액이 주식등이어야 한다)을 갖춘 경우로 한정]로 인하여 분할신설법인이 분할법인으로부터 취득하는 미분양주택. 다만, 분할등기일부터 3년 이내에 「법인세법」 제47조 제3항 각 호의 어느 하나에 해당하는 사유가 발생한 경우(같은 항 각 호 외의 부분 단서에 해당하는 경우는 제외)는 제외한다.

17. 「주택법」에 따른 리모델링주택조합이 같은 법 제22조 제2항에 따라 취득하는 주택

18. 「주택법」 제2조 제10호 나목의 사업주체가 취득하는 다음의 주택
    ① 「주택법」에 따른 토지임대부 분양주택을 공급하기 위하여 취득하는 주택
    ② 「주택법」에 따른 토지임대부 분양주택을 분양받은 자로부터 환매하여 취득하는 주택

(2) 상속 외의 무상취득에 대한 중과

① 조정대상지역에 있는 주택으로서 취득 당시 시가표준액 3억원 이상의 주택을 상속 외의 무상취득을 원인으로 취득하는 경우에는 1천분의 35(비영리사업자의 취득은 1천분의 28)를 적용하는 규정에도 불구하고 1천분의 40을 표준세율로 하여 해당 세율에 중과기준세율의 100분의 400을 합한 세율을 적용한다(지방세법 제13조의2 제2항).

② 다만, 1세대 1주택자가 소유한 주택을 배우자 또는 직계존비속이 무상취득하는 등 다음 중 어느 하나에 해당하는 경우에는 중과하지 아니한다(지방세법 제13조의2 제2항 단서, 시행령 제28조의6 제2항).
    ㉠ 1세대 1주택을 소유한 사람으로부터 해당 주택을 배우자 또는 직계존비속이 상속 외의 무상취득을 원인으로 취득하는 경우
    ㉡ 다음의 사유로 취득세율의 특례 적용대상에 해당하는 경우
        ⓐ 적격합병의 요건을 갖춘 법인의 합병으로 인한 취득
        ⓑ 이혼 시 재산분할로 인한 취득

③ 「법인세법」에 따른 적격분할로 인하여 분할신설법인이 분할법인으로부터 취득하는 미분양주택. 다만, 분할등기일부터 3년 이내에 과세이연 중단사유가 발생하는 경우에는 제외한다.

2 취득세율의 특례 · 24회 · 26회 · 28회

부동산 소유권에 관해서는 2011년부터 종전의 취득세와 종전의 등록세를 통합하여 과세하고 있다. 이에 종전에 취득세만 과세하던 취득과 종전에 등록세만 과세하던 취득에 대해서는 다음과 같이 특례세율을 적용하고 있다.

정리 무상취득이지만 1천분의 35가 아닌 1천분의 40을 표준세율로 하여 중과기준세율의 100분의 400을 합한 세율을 적용한다.

1. 등기·등록 대상이 아닌 취득(종전 취득세만 과세)

다음 중 어느 하나에 해당하는 취득에 대한 취득세는 중과기준세율을 적용하여 계산한 금액을 그 세액으로 한다(지방세법 제15조 제2항).

> 취득세율 = 중과기준세율(1천분의 20, 즉 2%)

다만, 취득물건이 과밀억제권에서 공장 신·증설에 대한 중과세대상에 해당하는 경우에는 중과기준세율(1천분의 20)의 100분의 300을, 사치성 재산에 해당하는 경우에는 중과기준세율(1천분의 20)의 100분의 500을 각각 적용한다(지방세법 제15조 제2항 단서).

① 개수로 인한 취득(개수로 건축물의 면적이 증가하여 원시취득으로 보는 경우는 제외)

② 선박·차량과 기계장비 및 토지의 가액 증가

③ 과점주주의 간주취득

④ 외국인 소유의 취득세 과세대상 물건(차량, 기계장비, 항공기 및 선박만 해당)을 임차하여 수입하는 경우의 취득(연부로 취득하는 경우로 한정)

⑤ 시설대여업자의 건설기계 또는 차량 취득

⑥ 취득대금을 지급한 자의 기계장비 또는 차량 취득(다만, 기계장비 또는 차량을 취득하면서 기계장비대여업체 또는 운수업체의 명의로 등록하는 경우로 한정)

⑦ 택지공사가 준공된 토지에 정원 또는 부속시설물 등으로 조성·설치하는 경우 토지의 소유자의 취득

⑧ **그 밖에 레저시설의 취득 등 대통령령으로 정하는 취득**

　㉠ 레저시설, 저장시설, 독시설, 접안시설, 도관시설, 급수·배수시설 및 에너지 공급시설의 취득

　㉡ 무덤과 이에 접속된 부속시설물의 부지로 사용되는 토지로서 지적공부상 지목이 묘지인 토지의 취득

　㉢ 임시흥행장 등 존속기간이 1년을 초과하는 임시건축물의 취득

　㉣ 「여신전문금융업법」에 따라 건설기계나 차량을 등록한 대여시설이용자가 그 시설대여업자로부터 취득하는 건설기계 또는 차량의 취득

　㉤ 건축물을 건축하여 취득하는 경우로서 그 건축물에 대하여 소유권의 보존등기 또는 소유권의 이전등기에 대한 등록면허세 납세의무가 성립한 후 취득시기가 도래하는 건축물의 취득

O X 확 인 문 제

개수로 인하여 건축물 면적이 증가할 때에는 그 증가된 부분은 특례세율인 1천분의 20을 적용한다.　　　　　(　)

정답 (×)

그 증가된 부분은 원시취득으로 보아 1천분의 28의 세율을 적용한다.

2. 형식적인 소유권 취득(종전 등록세만 과세)

다음 중 어느 하나에 해당하는 취득에 대한 취득세는 표준세율에서 중과기준세율(1천분의 20)을 뺀 세율로 산출한 금액을 세액으로 하되, 주택의 유상거래를 원인으로 한 취득에 대한 취득세는 해당 세율(1천분의 10~1천분의 30)에 100분의 50을 곱한 세율을 적용하여 산출한 금액을 그 세액으로 한다(지방세법 제15조 제1항).

> 취득세율 = 표준세율 − 중과기준세율(1천분의 20, 즉 2%)

다만, 취득물건이 대도시에서 법인설립 등과 공장 신·증설에 따른 부동산 취득에 대한 중과대상에 해당하는 경우에는 '표준세율 − 중과기준세율'의 100분의 300을 적용한다(지방세법 제15조 제1항 단서).

① 환매등기를 병행하는 부동산의 매매로서 환매기간 내에 매도자가 환매한 경우의 그 매도자와 매수자의 취득

② **상속으로 인한 취득 중 다음 어느 하나에 해당하는 취득**

    ㉠ 대통령령으로 정하는 1가구 1주택의 취득

    ㉡ 「지방세특례제한법」에 따라 취득세의 감면대상이 되는 농지의 취득

③ 「법인세법」 규정에 따른 적격합병의 요건을 갖춘 법인의 합병으로 인한 취득. 다만, 법인의 합병으로 인하여 취득한 과세물건이 합병 후에 중과세대상에 해당하게 되는 경우 또는 합병등기일부터 3년 이내에 폐업 등으로 인한 과세이연의 중단사유가 발생한 경우에는 그러하지 아니하다.

④ 공유물·합유물의 분할 또는 「부동산 실권리자명의 등기에 관한 법률」 제2조 제1호 나목에서 규정하고 있는 부동산의 공유권 해소를 위한 지분이전으로 인한 취득(등기부등본상 본인 지분을 초과하는 부분의 경우에는 제외)

⑤ 건축물의 이전으로 인한 취득. 다만, 이전한 건축물의 가액이 종전 건축물의 가액을 초과하는 경우에 그 초과하는 가액에 대하여는 그러하지 아니하다.

⑥ 「민법」에 따른 이혼 시 재산분할로 인한 취득

⑦ 벌채하여 원목을 생산하기 위한 입목의 취득

01 지방세법상 취득세 표준세율에서 중과기준세율을 뺀 세율로 산출한 금액을 그 세액으로 하는 것으로만 모두 묶은 것은? (단, 취득물건은 지방세법 제11조 제1항 제8호에 따른 주택 외의 부동산이며 취득세 중과대상이 아님) • 28회

> ㉠ 환매등기를 병행하는 부동산의 매매로서 환매기간 내에 매도자가 환매한 경우의 그 매도자와 매수자의 취득
> ㉡ 존속기간이 1년을 초과하는 임시건축물의 취득
> ㉢ 「민법」 제839조의2에 따라 이혼 시 재산분할로 인한 취득
> ㉣ 등기부등본상 본인 지분을 초과하지 않는 공유물의 분할로 인한 취득

① ㉠, ㉡   ② ㉡, ㉣   ③ ㉢, ㉣
④ ㉠, ㉡, ㉢   ⑤ ㉠, ㉢, ㉣

해설 ㉡ 1천분의 20 세율 적용대상이다.

정답 ⑤

02 지방세법상 취득세의 과세표준 및 세율에 관한 설명으로 틀린 것은?
• 26회 수정

① 취득세의 과세표준은 취득 당시의 가액으로 한다. 다만, 연부로 취득하는 경우의 과세표준은 매회 사실상 지급되는 금액을 말하며, 취득금액에 포함되는 계약보증금을 포함한다.
② 건축(신축·재축 제외)으로 인하여 건축물 면적이 증가할 때에는 그 증가된 부분에 대하여 원시취득으로 보아 해당 세율을 적용한다.
③ 환매등기를 병행하는 부동산의 매매로서 환매기간 내에 매도자가 환매한 경우의 그 매도자와 매수자의 취득에 대한 취득세는 표준세율에 중과기준세율(100분의 200)을 합한 세율로 산출한 금액으로 한다.
④ 토지를 취득한 자가 그 취득한 날부터 1년 이내에 그에 인접한 토지를 취득한 경우에는 각각 그 전후의 취득에 관한 토지의 취득을 1건의 토지취득으로 보아 면세점을 적용한다.
⑤ 지방자치단체장은 조례로 정하는 바에 따라 취득세 표준세율의 100분의 50 범위에서 가감할 수 있다.

해설 ③ 환매등기를 병행하는 부동산의 매매로서 환매기간 내에 매도자가 환매한 경우의 그 매도자와 매수자의 취득에 대한 취득세는 표준세율에서 중과기준세율(1천분의 20)을 뺀 세율로 산출한 금액을 세액으로 한다.

정답 ③

3 일반자산 취득에 대한 중과세율

일정한 자산의 취득에 대해서는 취득세를 중과하는데 같은 취득물건에 대하여 **둘 이상의 세율이 해당되는 경우에는 그중 높은 세율을 적용한다**(지방세법 제13조, 제16조 제5항).

구 분	중과세율
① 과밀억제권역*에서 공장 신·증설에 대한 중과	표준세율 + 중과기준세율(1천분의 20)의 2배
② 대도시에서 법인설립 등과 공장 신·증설에 따른 부동산 취득에 대한 중과	표준세율의 3배 − 중과기준세율(1천분의 20)의 2배
③ 사치성 재산의 취득에 대한 중과	표준세율 + 중과기준세율(1천분의 20)의 4배
④ 위 ①과 ②가 동시에 적용되는 경우	표준세율의 3배
⑤ 위 ②와 ③이 동시에 적용되는 경우	표준세율의 3배 + 중과기준세율(1천분의 20)의 2배

1. 과밀억제권역에서 공장 신·증설 등에 대한 중과

다음에 해당하는 경우 취득세는 '표준세율 + 중과기준세율(1천분의 20)'의 2배의 세율을 적용한다(지방세법 제13조 제1항).

(1) 과밀억제권역에서 본점이나 주사무소의 사업용으로 신축하거나 증축하는 건축물(신탁법에 따른 수탁자가 취득한 신탁재산 중 위탁자가 신탁기간 중 또는 신탁종료 후 위탁자의 본점이나 주사무소의 사업용으로 사용하기 위하여 신축하거나 증축하는 건축물을 포함)과 그 부속토지를 취득하는 경우

(2) 과밀억제권역(산업단지·유치지역 및 공업지역은 제외)**에서 공장**(법령에서 정하는 도시형 공장 제외)**을 신설하거나 증설하기 위하여 다음의 사업용 과세물건을 취득하는 경우**

① 신설하거나 증설하는 공장용 건축물(연면적 500m²이상)과 그 부속토지

② 공장을 신설하거나 증설(건축물 연면적의 100분의 20 이상을 증설하거나 건축물 연면적 330m²를 초과하여 증설하는 경우만 해당)한 날부터 5년 이내에 취득하는 공장용 차량 및 기계장비

* 과밀억제권역

수도권의 인구와 산업을 적정하게 배치하기 위하여 구분한 권역의 하나로 인구와 산업이 지나치게 집중되었거나 집중될 우려가 있어 이전하거나 정비할 필요가 있는 지역을 말함(서울특별시와 인천광역시, 경기도의 일부지역)

추가 본점이나 주사무소의 사업용 부동산

법인의 본점 또는 주사무소의 사무소로 사용하는 부동산과 그 부대시설용 부동산(기숙사, 합숙소, 사택, 연수시설, 체육시설 등 복지후생시설과 예비군 병기고 및 탄약고는 제외)을 말한다(지방세법 시행령 제25조).

> ✅ 참고 **중과세 배제(지방세법 시행규칙 제7조 제2항 제2호)**

다음의 어느 하나에 해당하는 경우에는 중과세대상에서 제외한다.
1. 기존 공장의 기계설비 및 동력장치를 포함한 모든 생산설비를 포괄적으로 승계취득하는 경우
2. 해당 과밀억제권역에 있는 기존 공장을 폐쇄하고 해당 과밀억제권역의 다른 장소로 이전한 후 해당 사업을 계속하는 경우. 다만, 타인 소유의 공장을 임차하여 경영하던 자가 그 공장을 신설한 날부터 2년 이내에 이전하는 경우 및 서울특별시 외의 지역에서 서울특별시로 이전하는 경우에는 그러하지 아니하다.
3. 기존 공장(승계취득한 공장을 포함)의 업종을 변경하는 경우
4. 기존 공장을 철거한 후 1년 이내에 같은 규모로 재축(건축공사에 착공한 경우를 포함)하는 경우
5. 행정구역변경 등으로 새로 과밀억제권역으로 편입되는 지역은 편입되기 전에 「산업집적활성화 및 공장설립에 관한 법률」 제13조에 따른 공장설립 승인 또는 건축허가를 받은 경우
6. 부동산을 취득한 날부터 5년 이상 경과한 후 공장을 신설하거나 증설하는 경우
7. 차량 또는 기계장비를 노후 등의 사유로 대체취득하는 경우. 다만, 기존의 차량 또는 기계장비를 매각하거나 폐기처분하는 날을 기준으로 그 전후 30일 이내에 취득하는 경우만 해당한다.

> ✅ 참고 **도시형 공장**

1. 시장·군수·구청장 및 관리기관은 첨단산업의 공장, 공해발생정도가 낮은 공장 및 도시민생활과 밀접한 관계가 있는 공장등을 대통령령으로 정하는 바에 따라 도시형 공장으로 지정할 수 있다(산업집적활성화 및 공장설립에 관한 법률 제28조).
2. 도시형 공장은 다음의 어느 하나에 해당하는 공장을 말한다.
   ① 특정대기유해물질을 배출하는 대기오염물질배출시설을 설치하는 공장이나 특정수질유해물질을 배출하는 폐수배출시설을 설치하는 공장등을 제외한 공장
   ② 반도체나 컴퓨터 제조업 등을 경영하는 공장으로서 위 ①에 따른 공장에 해당하지 아니하는 공장(환경영향평가법 제22조에 따른 환경영향평가 대상사업의 범위에 해당하는 공장만 해당)

2. 대도시에서 법인설립 등과 공장 신·증설에 따른 부동산취득에 대한 중과

(1) 다음의 어느 하나에 해당하는 부동산(신탁법에 따른 수탁자가 취득한 신탁재산을 포함)을 취득하는 경우의 취득세는 '표준세율의 3배에서 중과기준세율(1천분의 20)의 2배를 뺀' 세율을 적용한다. 다만, 유상거래를 원인으로 주택을 취득(법인의 주택유상취득)하는 경우에는 '표준세율 + 중과기준세율(1천분의 20)'의 4배의 세율을 적용한다(지방세법 제13조 제2항).

　① 대도시(산업단지를 제외한 과밀억제권역)에서 법인을 설립[대통령령으로 정하는 휴면(休眠)법인을 인수하는 경우를 포함]하거나 지점 또는 분사무소를 설치하는 경우 및 법인의 본점·주사무소·지점 또는 분사무소를 대도시 밖에서 대도시로 전입(수도권의 경우에는 서울특별시 외의 지역에서 서울특별시로의 전입도 대도시로의 전입으로 본다)함에 따라 대도시의 부동산을 취득(그 설립·설치·전입 이후의 부동산 취득을 포함)하는 경우

　② 대도시(유치지역 및 공업지역은 제외)에서 공장을 신설하거나 증설함에 따라 부동산을 취득하는 경우

(2) 다만, 대도시에서 설치가 불가피하다고 인정되는 업종으로서 대통령령으로 정하는 업종(대도시 중과 제외 업종)에 직접 사용할 목적으로 부동산을 취득하는 경우에는 중과세율을 적용하지 아니한다(지방세법 제13조 제2항 단서).

> ✅ 참고　**대도시 법인 중과 제외 업종(지방세법 시행령 제26조 제1항)**
>
> 1. 「사회기반시설에 대한 민간투자법」 제2조 제3호에 따른 사회기반시설사업(같은 조 제9호에 따른 부대사업을 포함)
> 2. 「한국은행법」 및 「한국수출입은행법」에 따른 은행업
> 3. 「해외건설촉진법」에 따라 신고된 해외건설업(해당 연도에 해외건설 실적이 있는 경우로서 해외건설에 직접 사용하는 사무실용 부동산만 해당) 및 「주택법」 제4조에 따라 국토교통부에 등록된 주택건설사업(주택건설용으로 취득한 후 3년 이내에 주택건설에 착공하는 부동산만 해당)
> 4. 「전기통신사업법」 제5조에 따른 전기통신사업
> 5. 「산업발전법」에 따라 산업통상자원부장관이 고시하는 첨단기술산업과 「산업집적활성화 및 공장설립에 관한 법률 시행령」 별표 1의2 제2호 마목에 따른 첨단업종
> 6. 「유통산업발전법」에 따른 유통산업, 「농수산물유통 및 가격안정에 관한 법률」에 따른 농수산물도매시장·농수산물공판장·농수산물종합유통센터·유통자회사 및 「축산법」에 따른 가축시장

7. 「여객자동차 운수사업법」에 따른 여객자동차운송사업 및 「화물자동차 운수사업법」에 따른 화물자동차운송사업과 「물류시설의 개발 및 운영에 관한 법률」 제2조 제3호에 따른 물류터미널사업 및 「물류정책기본법 시행령」 제3조 및 별표 1에 따른 창고업

8. 정부출자법인 또는 정부출연법인(국가나 지방자치단체가 납입자본금 또는 기본재산의 100분의 20 이상을 직접 출자 또는 출연한 법인만 해당)이 경영하는 사업

9. 「의료법」 제3조에 따른 의료업

10. 개인이 경영하던 제조업(소득세법 제19조 제1항 제3호에 따른 제조업). 다만, 행정안전부령으로 정하는 바에 따라 법인으로 전환하는 기업만 해당하며, 법인전환에 따라 취득한 부동산의 가액(지방세법 제4조에 따른 시가표준액)이 법인 전환 전의 부동산가액을 초과하는 경우에 그 초과부분과 법인으로 전환한 날 이후에 취득한 부동산은 「지방세법」 제13조 제2항 각 호외의 부분 본문을 적용한다.

11. 「산업집적활성화 및 공장설립에 관한 법률 시행령」 별표 1의2 제3호 가목에 따른 자원재활용업종

12. 「소프트웨어 진흥법」 제2조 제3호에 따른 소프트웨어사업 및 같은 법 제61조에 따라 설립된 소프트웨어공제조합이 소프트웨어산업을 위하여 수행하는 사업

13. 「공연법」에 따른 공연장 등 문화예술시설운영사업

14. 「방송법」 제2조 제2호·제5호·제8호·제11호 및 제13호에 따른 방송사업·중계유선방송사업·음악유선방송사업·전광판방송사업 및 전송망사업

15. 「과학관의 설립·운영 및 육성에 관한 법률」에 따른 과학관시설운영사업

16. 「산업집적활성화 및 공장설립에 관한 법률」 제28조에 따른 도시형 공장을 경영하는 사업

17. 「벤처투자 촉진에 관한 법률」 제37조에 따라 등록한 중소기업창업투자회사가 중소기업창업 지원을 위하여 수행하는 사업. 다만, 법인설립 후 1개월 이내에 같은 법에 따라 등록하는 경우만 해당한다.

18. 「한국광해광업공단법」에 따른 한국광해광업공단이 석탄산업합리화를 위하여 수행하는 사업

19. 「소비자기본법」 제33조에 따라 설립된 한국소비자원이 소비자 보호를 위하여 수행하는 사업

20. 「건설산업기본법」 제54조에 따라 설립된 공제조합이 건설업을 위하여 수행하는 사업

21. 「엔지니어링산업 진흥법」 제34조에 따라 설립된 공제조합이 그 설립 목적을 위하여 수행하는 사업

22. 「주택도시기금법」에 따른 주택도시보증공사가 주택건설업을 위하여 수행하는 사업

23. 「여신전문금융업법」 제2조 제12호에 따른 할부금융업

24. 「통계법」 제22조에 따라 통계청장이 고시하는 한국표준산업분류에 따른 실내경기장·운동장 및 야구장 운영업

25. 「산업발전법」(법률 제9584호 산업발전법 전부개정법률로 개정되기 전의 것) 제14조에 따라 등록된 기업구조조정전문회사가 그 설립 목적을 위하여 수행하는 사업. 다만, 법인설립 후 1개월 이내에 같은 법에 따라 등록하는 경우만 해당한다.

26. 「지방세특례제한법」 제21조 제1항에 따른 청소년단체, 같은 법 제45조에 따른 학술단체·장학법인 및 같은 법 제52조에 따른 문화예술단체·체육단체가 그 설립 목적을 위하여 수행하는 사업

27. 「중소기업진흥에 관한 법률」 제69조에 따라 설립된 회사가 경영하는 사업

28. 「도시 및 주거환경정비법」 제35조 또는 「빈집 및 소규모주택 정비에 관한 특례법」 제23조에 따라 설립된 조합이 시행하는 「도시 및 주거환경정비법」 제2조 제2호의 정비사업 또는 「빈집 및 소규모주택 정비에 관한 특례법」 제2조 제1항 제3호의 소규모주택정비사업

29. 「방문판매 등에 관한 법률」 제38조에 따라 설립된 공제조합이 경영하는 보상금지급책임의 보험사업 등 같은 법 제37조 제1항 제3호에 따른 공제사업

30. 「한국주택금융공사법」에 따라 설립된 한국주택금융공사가 같은 법 제22조에 따라 경영하는 사업

31. 「민간임대주택에 관한 특별법」 제5조에 따라 등록을 한 임대사업자 또는 「공공주택 특별법」 제4조에 따라 지정된 공공주택사업자가 경영하는 주택임대사업

32. 「전기공사공제조합법」에 따라 설립된 전기공사공제조합이 전기공사업을 위하여 수행하는 사업

33. 「소방산업의 진흥에 관한 법률」 제23조에 따른 소방산업공제조합이 소방산업을 위하여 수행하는 사업

34. 「중소기업 기술혁신 촉진법」 제15조 및 같은 법 시행령 제13조에 따라 기술혁신형 중소기업으로 선정된 기업이 경영하는 사업. 다만, 법인의 본점·주사무소·지점·분사무소를 대도시 밖에서 대도시로 전입하는 경우는 제외한다.

35. 「주택법」에 따른 리모델링주택조합이 시행하는 같은 법 제66조 제1항 및 제2항에 따른 리모델링사업

36. 「공공주택 특별법」에 따른 공공매입임대주택(같은 법 제4조 제1항 제2호 및 제3호에 따른 공공주택사업자와 공공매입임대주택을 건설하는 사업자가 공공매입임대주택을 건설하여 양도하기로 2022년 12월 31일까지 약정을 체결하고 약정일부터 3년 이내에 건설에 착공하는 주거용 오피스텔로 한정)을 건설하는 사업

37. 「공공주택 특별법」 제4조 제1항에 따라 지정된 공공주택사업자가 같은 법에 따른 지분적립형 분양주택이나 이익공유형 분양주택을 공급·관리하는 사업

3. 사치성 재산에 대한 중과

다음의 어느 하나에 해당하는 부동산등을 취득하는 경우(고급주택 등을 구분하여 그 일부를 취득하는 경우를 포함)의 취득세는 표준세율에 중과기준세율의 100분의 400을 합한 세율을 적용하여 계산한 금액을 그 세액으로 한다(지방세법 제13조 제5항).

(1) 회원제 골프장

① 「체육시설의 설치·이용에 관한 법률」에 따른 회원제 골프장용 부동산 중 구분등록의 대상이 되는 **토지와 건축물 및 그 토지 상(上)의 입목**을 말한다.

　➕ 일반골프장 및 골프회원권은 중과세대상이 아니다.

② 골프장에 대한 중과세 적용은 그 시설을 갖추어 「체육시설의 설치·이용에 관한 법률」에 따라 체육시설업의 등록(시설을 증설하여 변경등록하는 경우를 포함)을 하는 경우뿐만 아니라 등록을 하지 아니하더라도 사실상 골프장으로 사용하는 경우에도 적용한다.

(2) 고급주택

법정요건을 충족한 주거용 건축물 또는 그 부속토지를 말한다.

① 부속된 토지의 경계가 명확하지 아니할 때에는 바닥면적의 10배에 해당하는 토지를 그 부속토지로 본다.

② 2명 이상이 구분하여 취득하거나 1명 또는 여러 명이 시차를 두고 구분하여 취득하여도 중과대상에 해당된다(지방세법 시행령 제28조 제1항).

③ 주거용 건축물을 취득한 날부터 60일[상속으로 인한 경우는 상속개시일이 속하는 달의 말일부터, 실종으로 인한 경우는 실종선고일이 속하는 달의 말일부터 각각 6개월(납세자가 외국에 주소를 둔 경우에는 각각 9개월)] 이내에 주거용이 아닌 용도로 사용하거나 고급주택이 아닌 용도로 사용하기 위하여 용도변경공사를 착공하는 경우는 중과하지 아니한다.

④ **고급주택의 요건**(지방세법 시행령 제28조 제4항)

구 분	시설 및 면적 요건	시가표준액 9억원 초과요건
단독주택	1구의 건축물의 연면적(주차장면적 제외)이 331m²를 초과	○
	1구의 건축물의 대지면적이 662m²를 초과	○

	1구의 건축물에 엘리베이터(적재하중 200kg 이하의 소형엘리베이터는 제외)가 설치	○
	1구의 건축물에 에스컬레이터 또는 67m² 이상의 수영장 중 1개 이상의 시설이 설치	×
공동주택	1구의 공동주택의 건축물 연면적(공용면적은 제외)이 245m²(복층형은 274m²로 하되, 한 층의 면적이 245m²를 초과하는 것은 제외)를 초과	○

⑤ 여러 가구가 한 건축물에 거주할 수 있도록 건축된 다가구용 주택은 한 가구가 독립하여 거주할 수 있도록 구획된 부분을 각각 1구의 건축물로 보아 공동주택의 기준을 적용한다(지방세법 시행령 제28조 제4항 제4호).

(3) 고급오락장

도박장, 유흥주점영업장, 특수목욕장, 그 밖에 이와 유사한 용도에 사용되는 건축물 중 대통령령으로 정하는 건축물과 그 부속토지를 말한다.

① 부속된 토지의 경계가 명확하지 아니할 때에는 바닥면적의 10배에 해당하는 토지를 그 부속토지로 본다.

② 2명 이상이 구분하여 취득하거나 1명 또는 여러 명이 시차를 두고 구분하여 취득하여도 중과대상에 해당된다(지방세법 시행령 제28조 제1항).

③ 고급오락장용 건축물을 취득한 날부터 60일[상속으로 인한 경우는 상속개시일이 속하는 달의 말일부터, 실종으로 인한 경우는 실종선고일이 속하는 달의 말일부터 각각 6개월(납세자가 외국에 주소를 둔 경우에는 각각 9개월)] 이내에 고급오락장이 아닌 용도로 사용하거나 고급오락장이 아닌 용도로 사용하기 위하여 용도변경공사를 착공하는 경우는 중과하지 아니한다.

④ 고급오락장이 건축물의 일부에 시설되었을 때에는 해당 건축물에 부속된 토지 중 그 건축물의 연면적에 대한 고급오락장용 건축물의 연면적 비율에 해당하는 토지를 고급오락장의 부속토지로 본다(지방세법 시행령 제28조 제5항).

(4) 고급선박

비업무용 자가용 선박으로서 시가표준액 3억원을 초과하는 선박을 말한다. 다만, 실험·실습 등의 용도에 사용할 목적으로 취득하는 것은 제외한다(지방세법 시행령 제28조 제6항).

4. 중과세율의 적용 · 25회

① 토지나 건축물을 취득한 후 **5년 이내**에 해당 토지나 건축물이 다음 어느 하나에 해당하게 된 경우에는 해당 중과세율을 적용하여 취득세를 추징한다(지방세법 제16조 제1항).

> 추징세액 = (과세표준 × 중과세율) − 기납부세액(가산세 제외)

　㉠ 과밀억제권역 내 본점이나 주사무소의 사업용 부동산(본점 또는 주사무소용 건축물을 신축하거나 증축하는 경우와 그 부속토지만 해당)
　㉡ 과밀억제권역 내 공장의 신설용 또는 증설용 부동산
　㉢ 사치성 재산에 해당되는 회원제 골프장, 고급주택 또는 고급오락장

② 고급주택, 회원제 골프장 또는 고급오락장용 건축물을 증축·개축 또는 개수한 경우와 일반건축물을 증축·개축 또는 개수하여 고급주택 또는 고급오락장이 된 경우에 그 증가되는 건축물의 가액에 대하여 적용할 취득세의 세율은 표준세율과 중과기준세율(1천분의 20)의 100분의 400을 합한 세율을 적용한다(지방세법 제16조 제2항).

③ 과밀억제권역 내 공장 신설 또는 증설의 경우에 사업용 과세물건의 소유자와 공장을 신설하거나 증설한 자가 다를 때에는 **그 사업용 과세물건의 소유자**가 공장을 신설하거나 증설한 것으로 보아 중과세율을 적용한다. 다만, 취득일부터 공장 신설 또는 증설을 시작한 날까지의 기간이 5년이 지난 사업용 과세물건은 제외한다(지방세법 제16조 제3항).

④ 취득한 부동산이 취득한 날부터 5년 이내에 대도시에서 법인설립 등과 공장 신·증설에 따른 중과세대상이 되는 경우에는 해당 중과세율(표준세율의 100분의 300에서 중과기준세율의 100분의 200을 뺀 세율)을 적용하여 취득세를 추징한다(지방세법 제16조 제4항).

⑤ **같은 취득물건에 대하여 둘 이상의 세율이 해당되는 경우에는 그중 높은 세율을 적용한다**(지방세법 제16조 제5항).

⑥ 취득한 부동산이 다음 어느 하나에 해당하는 경우에는 위 ⑤의 규정에도 불구하고 다음의 세율을 적용하여 취득세를 추징한다.
　㉠ 위 ①의 ㉠ 또는 ㉡과 ④가 동시에 적용되는 경우 : 표준세율의 100분의 300

O X 확 인 문 제

같은 취득물건에 대하여 둘 이상의 세율이 해당되는 경우에는 그중 낮은 세율을 적용한다. · 25회
( )

정답 (×)
높은 세율을 적용한다.

ⓛ 사치성 재산에 대한 중과와 법인의 주택 취득 등 중과세 규정이 동시에 적용되는 경우 : 법인의 주택 취득 등 중과세율(표준세율 + 중과기준세율의 100분의 400)에 중과기준세율의 100분의 400을 합한 세율

➕ **법인이 고급주택을 취득한 경우** : 표준세율(1천분의 40) + [법인 주택 취득에 대한 중과세인 중과기준세율(1천분의 20)의 4배 + 사치성 재산에 대한 중과세인 중과기준세율(1천분의 20)의 4배] = 1천분의 200

제7절   취득세 비과세

1 국가등에 대한 비과세

1. 국가등의 취득 ·31회 ·32회

① 국가 또는 지방자치단체(다른 법률에서 국가 또는 지방자치단체로 의제되는 법인은 제외), 「지방자치법」에 따른 지방자치단체조합, 외국정부 및 주한국제기구의 취득에 대해서는 취득세를 부과하지 아니한다(지방세법 제9조 제1항).

② 대한민국 정부기관의 취득에 대하여 과세하는 외국정부의 취득에 대해서는 취득세를 부과한다(지방세법 제9조 제1항 단서).

2. 국가등에 귀속 또는 기부채납 ·28회

국가, 지방자치단체 또는 지방자치단체조합(국가등)에 귀속 또는 기부채납(사회기반시설에 대한 민간투자법에 따른 방식으로 귀속되는 경우를 포함하며, 이하 '귀속등'이라 함)을 조건으로 취득하는 부동산 및 사회기반시설에 대해서는 취득세를 부과하지 아니한다. 다만, 다음의 어느 하나에 해당하는 경우 그 해당 부분에 대해서는 취득세를 부과한다(지방세법 제9조 제2항).

① 국가등에 귀속등의 조건을 이행하지 아니하고 타인에게 매각·증여하거나 귀속등을 이행하지 아니하는 것으로 조건이 변경된 경우

② 국가등에 귀속등의 반대급부로 국가등이 소유하고 있는 부동산 및 사회기반시설을 무상으로 양여받거나 기부채납 대상물의 무상사용권을 제공받는 경우

2 형식적인 소유권 취득

1. 신탁에 의한 취득 ·29회

신탁(신탁법에 따른 신탁으로서 신탁등기가 병행되는 것만 해당)으로 인한 신탁 재산의 취득으로서 다음 어느 하나에 해당하는 경우에는 취득세를 부과하지 아니한다. 다만, 신탁재산의 취득 중 주택조합등과 조합원 간의 부동산 취득 및 주택조합등의 비조합원용 부동산 취득은 제외한다(지방세법 제9조 제3항).

① 위탁자로부터 수탁자에게 신탁재산을 이전하는 경우

② 신탁의 종료로 인하여 수탁자로부터 위탁자에게 신탁재산을 이전하는 경우

③ 수탁자가 변경되어 신수탁자에게 신탁재산을 이전하는 경우

2. 법률에 의한 환매권 행사

「징발재산정리에 관한 특별조치법」 또는 「국가보위에 관한 특별조치법 폐지법률」 부칙 제2항에 따른 동원대상지역 내의 토지의 수용·사용에 관한 환매권의 행사로 매수하는 부동산의 취득에 대하여는 취득세를 부과하지 아니한다(지방세법 제9조 제4항).

3. 임시건축물

① 임시흥행장, 공사현장사무소 등(사치성 재산은 제외) 임시건축물의 취득에 대하여는 취득세를 부과하지 아니한다(지방세법 제9조 제5항).

② 다만, 존속기간이 1년을 초과하는 경우에는 취득세를 부과한다(지방세법 제9조 제5항 단서).

4. 공동주택의 개수 ·28회 ·30회

「주택법」에 따른 공동주택의 개수(건축법에 따른 대수선은 제외)로 인한 취득 중 개수로 인한 취득 당시 주택의 시가표준액이 9억원 이하인 주택의 개수로 인한 취득에 대해서는 취득세를 부과하지 아니한다(지방세법 제9조 제6항, 시행령 제12조의2).

O X 확 인 문 제

「주택법」에 따른 주택조합이 비조합원용 부동산을 취득하는 경우에는 취득세가 과세된다.
( )

정답 (○)

추가 환매등기를 병행하는 부동산의 매매로서 환매기간 내에 매도자가 환매한 경우의 매도자와 매수자의 취득은 특례세율(표준세율에서 1천분의 20을 뺀 세율) 적용대상이다.

추가 임시건축물의 존속기간이 1년을 초과하는 경우에는 특례세율(중과기준세율) 적용대상이다.

5. 사용할 수 없는 차량의 상속

다음의 어느 하나에 해당하는 차량에 대해서는 상속에 따른 취득세를 부과하지 아니한다(지방세법 제9조 제7항).

① 상속개시 이전에 천재지변·화재·교통사고·폐차·차령초과(車齡超過) 등으로 사용할 수 없게 된 차량으로서 대통령령으로 정하는 차량

② 차령초과로 사실상 차량을 사용할 수 없는 경우 등 대통령령으로 정하는 사유로 상속으로 인한 이전등록을 하지 아니한 상태에서 폐차함에 따라 상속개시일부터 3개월 이내에 말소등록된 차량

기출&예상 문제

01 지방세법상 취득세가 부과되지 않는 것은? ·30회

① 「주택법」에 따른 공동주택의 개수(건축법에 따른 대수선 제외)로 인한 취득 중 개수로 인한 취득 당시 주택의 시가표준액이 9억원 이하인 경우

② 형제간에 부동산을 상호교환한 경우

③ 직계존속으로부터 거주하는 주택을 증여받은 경우

④ 파산선고로 인하여 처분되는 부동산을 취득한 경우

⑤ 「주택법」에 따른 주택조합이 해당 조합원용으로 조합주택용 부동산을 취득한 경우

해설 ① 「주택법」에 따른 공동주택의 개수(건축법에 따른 대수선 제외)로 인한 취득 중 개수로 인한 취득 당시 주택의 시가표준액이 9억원 이하인 경우에는 취득세 비과세대상이다.

정답 ①

02 지방세법상 신탁(신탁법에 따른 신탁으로서 신탁등기가 병행되는 것임)**으로 인한 신탁재산의 취득으로서 취득세를 부과하는 경우는 모두 몇 개인가?** ·29회

㉠ 위탁자로부터 수탁자에게 신탁재산을 이전하는 경우

㉡ 신탁의 종료로 인하여 수탁자로부터 위탁자에게 신탁재산을 이전하는 경우

㉢ 수탁자가 변경되어 신수탁자에게 신탁재산을 이전하는 경우

㉣ 「주택법」에 따른 주택조합이 비조합원용 부동산을 취득하는 경우

① 0개   ② 1개   ③ 2개
④ 3개   ⑤ 4개

> **해설** ㉣ 신탁재산의 취득 중 주택조합등과 조합원 간의 부동산 취득 및 주택조합등의 비조합원용 부동산 취득은 취득세 비과세대상에서 제외한다(지방세법 제9조 제3항).
>
> 정답 ②

제8절 납세절차

• 25회 • 26회 • 31회 • 32회 • 33회

1 납세지

1. 물건별 납세지(지방세법 제8조 제1항)

① **부동산** : 부동산 소재지
② **차량** : 「자동차관리법」에 따른 등록지. 다만, 등록지가 사용본거지와 다른 경우에는 사용본거지를 납세지로 하고, 철도차량의 경우에는 해당 철도차량의 청소, 유치(留置), 조성, 검사, 수선 등을 주로 수행하는 철도차량기지의 소재지를 납세지로 한다.
③ **기계장비** : 「건설기계관리법」에 따른 등록지
④ **항공기** : 항공기의 정치장(定置場) 소재지
⑤ **선박** : 선적항 소재지. 다만, 「수상레저기구의 등록 및 검사에 관한 법률」에 해당하는 동력수상레저기구의 경우에는 등록지로 하고, 그 밖에 선적항이 없는 선박의 경우에는 정계장 소재지(정계장이 일정하지 아니한 경우에는 선박 소유자의 주소지)로 한다.
⑥ **입목** : 입목 소재지
⑦ **광업권** : 광구 소재지
⑧ **어업권·양식업권** : 어장 소재지
⑨ **골프회원권, 승마회원권, 콘도미니엄 회원권, 종합체육시설 이용회원권 또는 요트회원권** : 골프장·승마장·콘도미니엄·종합체육시설 및 요트 보관소의 소재지

O X 확 인 문 제

서울시 노원구에 거주하는 甲이 의정부시에 소재하는 토지를 취득하였을 때 취득세 납세지는 의정부시이다.   (   )

정답 (○)

2. 납세지가 불분명한 경우

납세지가 분명하지 아니한 경우에는 해당 취득물건의 소재지를 그 납세지로 한다(지방세법 제8조 제2항).

3. 둘 이상의 지방자치단체에 걸쳐 있는 경우

같은 취득물건이 둘 이상의 지방자치단체에 걸쳐 있는 경우에는 각 시·군·구에 납부할 취득세를 산출할 때 그 과세표준은 취득 당시의 가액을 취득물건의 소재지별 시가표준액 비율로 나누어 계산한다(지방세법 시행령 제12조).

2 신고·납부

다음에 따라 취득세를 신고하려는 자는 행정안전부령으로 정하는 신고서에 취득물건, 취득일 및 용도 등을 적어 납세지를 관할하는 시장·군수·구청장에게 신고하여야 한다.

1. 일반적인 경우

취득세 과세물건을 취득한 자는 그 취득한 날부터 60일 이내에 그 과세표준에 세율을 적용하여 산출한 세액을 신고하고 납부하여야 한다(지방세법 제20조 제1항).

2. 잔금 후 토지거래 허가 시

「부동산 거래신고 등에 관한 법률」에 따른 토지거래계약에 관한 허가구역에 있는 토지를 취득하는 경우로서 토지거래계약에 관한 허가를 받기 전에 거래대금을 완납한 경우에는 그 허가일이나 허가구역의 지정 해제일 또는 축소일로부터 60일 이내에 그 과세표준에 세율을 적용하여 산출한 세액을 신고하고 납부하여야 한다(지방세법 제20조 제1항).

3. 무상취득 시

(1) 증여 등 취득 시

상속을 제외한 무상취득으로 인한 경우는 취득일이 속하는 달의 말일부터 3개월 이내에 그 과세표준에 세율을 적용하여 산출한 세액을 신고하고 납부하여야 한다(지방세법 제20조 제1항).

(2) 상속으로 취득 시

상속으로 인한 경우는 상속개시일이 속하는 달의 말일부터, 실종으로 인한 경우는 실종선고일이 속하는 달의 말일부터 각각 6개월(외국에 주소를 둔 상속인이 있는 경우에는 각각 9개월) 이내에 그 과세표준에 세율을 적용하여 산출한 세액을 신고하고 납부하여야 한다(지방세법 제20조 제1항).

기출&예상 문제

지방세법상 취득세 신고·납부에 관한 설명이다. (   ) 안에 들어갈 내용을 순서대로 나열한 것은? (단, 납세자가 국내에 주소를 둔 경우에 한함)

• 25회

> 취득세 과세물건을 취득한 자는 그 취득한 날부터 (   ) 이내, 상속으로 인한 경우는 상속개시일이 속하는 달의 말일부터 (   ) 이내에 그 과세표준에 세율을 적용하여 산출한 세액을 신고하고 납부하여야 한다.

① 10일, 3개월   ② 30일, 3개월
③ 60일, 3개월   ④ 60일, 6개월
⑤ 90일, 6개월

해설 ④ 취득세 과세물건을 취득한 자는 그 취득한 날부터 '60일' 이내, 상속으로 인한 경우는 상속개시일이 속하는 달의 말일부터 '6개월' 이내에 그 과세표준에 세율을 적용하여 산출한 세액을 신고하고 납부하여야 한다.

정답 ④

---

4. 취득 후 중과세대상이 된 경우

취득세 과세물건을 취득한 후에 그 과세물건이 중과세율의 적용대상이 되었을 때에는 중과세대상이 된 날부터 60일 이내에 중과세율을 적용하여 산출한 세액에서 이미 납부한 세액(가산세는 제외)을 공제한 금액을 세액으로 하여 신고하고 납부하여야 한다(지방세법 제20조 제2항).

O X 확 인 문 제

취득세 과세물건을 취득한 후에 그 과세물건이 중과세율의 적용대상이 되었을 때에는 취득한 날부터 60일 이내에 중과세율을 적용하여 산출한 세액에서 이미 납부한 세액(가산세 포함)을 공제한 금액을 신고하고 납부하여야 한다. • 32회 (   )

정답 (×)
가산세는 제외한다.

5. 비과세 등이 과세대상이 된 경우

「지방세법」 또는 다른 법령에 따라 취득세를 비과세, 과세면제 또는 경감받은 후에 해당 과세물건이 취득세 부과대상 또는 추징 대상이 되었을 때에는 그 사유 발생일부터 60일 이내에 해당 과세표준에 세율을 적용하여 산출한 세액[경감받은 경우에는 이미 납부한 세액(가산세는 제외)을 공제한 세액]을 신고하고 납부하여야 한다(지방세법 제20조 제3항).

6. 등기·등록을 하려는 경우

위 1.부터 5.까지의 신고·납부기한 이내에 재산권과 그 밖의 권리의 취득·이전에 관한 사항을 공부(公簿)에 등기하거나 등록[등재(登載)를 포함]하려는 경우에는 등기 또는 등록 신청서를 등기·등록관서에 접수하는 날까지 취득세를 신고·납부하여야 한다(지방세법 제20조 제4항).

7. 채권자대위자의 신고납부 시

① 「부동산등기법」 제28조에 따라 채권자대위권에 의한 등기신청을 하려는 채권자는 납세의무자를 대위하여 부동산의 취득에 대한 취득세를 신고·납부할 수 있다. 이 경우 채권자대위자는 행정안전부령으로 정하는 바에 따라 납부확인서를 발급받을 수 있다(지방세법 제20조 제5항).

② 지방자치단체의 장은 위 ①에 따른 채권자대위자의 신고납부가 있는 경우 납세의무자에게 그 사실을 즉시 통보하여야 한다(지방세법 제20조 제6항).

3 보통징수

1. 세액의 추징

다음 어느 하나에 해당하는 경우에는 법령에 따른 산출세액 또는 그 부족세액에 「지방세기본법」 규정에 따라 산출한 가산세를 합한 금액을 세액으로 하여 보통징수의 방법으로 징수한다(지방세법 제21조 제1항).

① 취득세 납세의무자가 위 2에 따른 신고 또는 납부의무를 다하지 아니한 경우

② 일시적 2주택으로 신고하였으나 그 취득일로부터 대통령령으로 정하는 기간 내에 대통령령으로 정하는 종전주택을 처분하지 못하여 1주택으로 되지 아니한 경우

2. 가산세

(1) 일반가산세

① **무신고가산세** : 납세의무자가 법정신고기한까지 과세표준 신고를 하지 않은 경우에는 다음에 따른 금액을 가산세로 부과한다(지방세기본법 제53조).

구 분	무신고가산세
㉠ 일반적인 무신고	무신고납부세액*의 100분의 20
㉡ 사기·부정행위로 인한 무신고	무신고납부세액의 100분의 40

② **과소신고가산세** : 납세의무자가 법정신고기한까지 과세표준 신고를 한 경우로서 신고하여야 할 납부세액보다 납부세액을 적게 신고한 경우에는 다음에 따른 금액을 가산세로 부과한다(지방세기본법 제54조).

구 분	과소신고가산세
㉠ 일반적인 과소신고	과소신고납부세액*의 100분의 10
㉡ 사기·부정행위로 인한 과소신고	부정과소신고납부세액의 100분의 40 + [(과소신고납부세액 − 부정과소신고납부세액)의 100분의 10]

③ **납부지연가산세**(지방세기본법 제55조 제1항)

㉠ 납세의무자가 지방세관계법에 따른 납부기한까지 지방세를 납부하지 아니하거나 납부하여야 할 세액보다 적게 납부한 경우에는 다음의 계산식에 따라 산출한 금액을 합한 금액을 가산세로 부과한다.

> 납부하지 아니한 세액 또는 과소납부분 세액(지방세관계법에 따라 가산하여 납부하여야 할 이자 상당 가산액이 있는 경우 그 금액을 더한다) × 납부기한의 다음 날부터 자진납부일 또는 부과결정일까지의 기간 × 금융회사 등이 연체대출금에 대하여 적용하는 이자율 등을 고려하여 대통령령으로 정하는 이자율(1일 10만분의 22)

㉡ 이 경우 가산세는 납부하지 아니한 세액, 과소납부분(납부하여야 할 금액에 미달하는 금액) 세액 또는 초과환급분(환급받아야 할 세액을 초과하는 금액) 세액의 100분의 75에 해당하는 금액을 한도로 한다.

추가 **일시적 2주택에 해당하는 기간 등**(지방세법 시행령 제36조의3)

1. 대통령령으로 정하는 기간이란 신규 주택(종전주택등이 조합원입주권 또는 주택분양권인 경우에는 해당 입주권 또는 주택분양권에 의한 주택)을 취득한 날부터 3년(종전주택등과 신규 주택이 모두 주택법에 따른 조정대상지역에 있는 경우에는 2년)을 말한다.
2. 대통령령으로 정하는 종전주택이란 종전주택등을 말한다. 이 경우 신규 주택이 조합원입주권 또는 주택분양권에 의한 주택이거나 종전주택등이 조합원입주권 또는 주택분양권인 경우에는 신규 주택을 포함한다.

* 무신고납부세액

그 신고로 납부하여야 할 세액(가산세와 가산하여 납부하여야 할 이자상당액이 있는 경우 그 금액은 제외)을 말한다.

* 과소신고납부세액

과소신고한 납부하여야 할 세액(가산세와 가산하여 납부하여야 할 이자상당액이 있는 경우 그 금액은 제외)을 말한다.

(2) 중가산세(지방세법 제21조 제2항, 시행령 제37조)

① 납세의무자가 취득세 과세물건을 사실상 취득한 후 신고를 하지 아니하고 매각하는 경우에는 산출세액에 100분의 80을 가산한 금액을 세액으로 하여 보통징수의 방법으로 징수한다.

② 다만, 다음의 경우에는 중가산세를 적용하지 아니한다(즉, 일반무신고가산세 적용).

　　㉠ 취득세 과세물건 중 등기 또는 등록이 필요하지 아니하는 과세물건 (골프회원권, 승마회원권, 콘도미니엄 회원권, 종합체육시설 이용회원권 및 요트회원권은 제외)

　　㉡ 지목변경, 차량·기계장비 또는 선박의 종류 변경, 주식등의 취득 등 취득으로 보는 과세물건

(3) 수정신고 시 가산세 배제

납세의무자가 신고기한까지 취득세를 시가인정액으로 신고한 후 지방자치단체의 장이 세액을 경정하기 전에 그 시가인정액을 수정신고한 경우에는 「지방세기본법」에 따른 가산세를 부과하지 아니한다(지방세법 제21조 제3항).

(4) 법인장부 등의 작성과 보존 불성실가산세 ·33회

① 취득세 납세의무가 있는 법인은 취득당시가액을 증명할 수 있는 장부와 관련 증거서류를 작성하여 갖춰 두어야 한다(지방세법 제22조의2 제1항).

② 지방자치단체의 장은 취득세 납세의무가 있는 법인이 위 ①에 따른 의무를 이행하지 아니하는 경우에는 산출된 세액 또는 부족세액의 100분의 10에 상당하는 금액을 징수하여야 할 세액에 가산한다(지방세법 제22조의2 제2항).

4 매각통보

다음의 자는 취득세 과세물건을 매각(연부로 매각한 것을 포함)하면 매각일부터 30일 이내에 그 물건 소재지를 관할하는 지방자치단체의 장에게 통보하거나 신고하여야 한다(지방세법 제19조).

① 국가, 지방자치단체 또는 지방자치단체조합
② 국가 또는 지방자치단체의 투자기관(재투자기관을 포함)
③ 그 밖에 위 ① 및 ②에 준하는 기관 및 단체로서 대통령령으로 정하는 자

5 면세점 •26회 •31회 •33회

(1) 취득가액이 50만원 이하일 때에는 취득세를 부과하지 아니한다(지방세법 제17조 제1항).

(2) 토지나 건축물을 취득한 자가 그 취득한 날부터 1년 이내에 그에 인접한 토지나 건축물을 취득한 경우에는 각각 그 전후의 취득에 관한 토지나 건축물의 취득을 1건의 토지 취득 또는 1구의 건축물 취득으로 보아 위 **(1)**을 적용한다(지방세법 제17조 제2항).

6 등기자료의 통보

등기·등록관서의 장은 등기 또는 등록 후에 취득세가 납부되지 아니하였거나 납부부족액을 발견하였을 때에는 다음 달 10일까지 납세지를 관할하는 시장·군수·구청장에게 통보하여야 한다(지방세법 시행령 제38조).

7 부가세

1. 납부 시 부가세

취득세 납부 시 부가세는 다음과 같다.

(1) 농어촌특별세

취득세의 표준세율을 1천분의 20으로 적용하여 산출한 세액의 100분의 10

(2) 지방교육세

① 표준세율에서 중과기준세율을 뺀 세율을 적용하여 산출한 세액의 100분의 20

② 1천분의 10~1천분의 30의 세율이 적용되는 주택의 유상거래의 경우 해당 세율에 100분의 50을 곱하여 산출한 세액의 100분의 20

2. 감면 시 부가세

취득세 감면 시에는 감면세액의 100분의 20을 농어촌특별세로 부과한다.

기출&예상 문제

01 지방세법상 취득세의 부과·징수에 관한 설명으로 틀린 것은?

• 25회 수정

① 납세의무자가 취득세 과세물건을 사실상 취득한 후 취득세 신고를 하지 아니하고 매각하는 경우에는 산출세액에 100분의 50을 가산한 금액을 세액으로 하여 보통징수의 방법으로 징수한다.

② 재산권을 공부에 등기하려는 경우에는 등기신청 접수일까지 취득세를 신고·납부하여야 한다.

③ 등기·등록관서의 장은 취득세가 납부되지 아니하였거나 납부부족액을 발견하였을 때에는 다음 달 10일까지 납세지를 관할하는 시장·군수에게 통보하여야 한다.

④ 취득세 납세의무자가 신고 또는 납부의무를 다하지 아니하면 산출세액 또는 그 부족세액에 「지방세기본법」의 규정에 따라 산출한 가산세를 합한 금액을 세액으로 하여 보통징수의 방법으로 징수한다.

⑤ 지방자치단체의 장은 취득세 납세의무가 있는 법인이 장부 등의 작성과 보존의무를 이행하지 아니한 경우에는 산출된 세액 또는 부족세액의 100분의 10에 상당하는 금액을 징수하여야 할 세액에 가산한다.

해설 ① 납세의무자가 취득세 과세물건을 사실상 취득한 후 취득세 신고를 하지 아니하고 매각하는 경우에는 산출세액에 100분의 80을 가산한 금액을 세액으로하여 보통징수의 방법으로 징수한다.

정답 ①

02 지방세법상 취득세의 부과·징수에 관한 설명으로 옳은 것은?

• 33회

① 취득세의 징수는 보통징수의 방법으로 한다.

② 상속으로 취득세 과세물건을 취득한 자는 상속개시일부터 60일 이내에 산출한 세액을 신고하고 납부하여야 한다.

③ 신고·납부기한 이내에 재산권과 그 밖의 권리의 취득·이전에 관한 사항을 공부에 등기하거나 등록(등재 포함)하려는 경우에는 등기 또는 등록 신청서를 등기·등록관서에 접수하는 날까지 취득세를 신고·납부하여야 한다.

④ 취득세 과세물건을 취득한 후에 그 과세물건이 중과세율의 적용대상이 되었을 때에는 중과세율을 적용하여 산출한 세액에서 이미 납부한 세액(가산세 포함)을 공제한 금액을 세액으로 하여 신고·납부하여야 한다.

⑤ 법인의 취득당시가액을 증명할 수 있는 장부가 없는 경우 지방자치단체의 장은 그 산출된 세액의 100분의 20을 징수하여야 할 세액에 가산한다.

> **해설** ③ 「지방세법」 제20조 제4항
> ① 취득세의 징수는 신고납부의 방법으로 한다(지방세법 제18조).
> ② 상속으로 취득세 과세물건을 취득한 자는 상속개시일이 속하는 달의 말일부터 6개월(외국에 주소를 둔 상속인이 있는 경우에는 9개월) 이내에 산출한 세액을 신고하고 납부하여야 한다(지방세법 제20조 제1항).
> ④ 취득세 과세물건을 취득한 후에 그 과세물건이 중과세율의 적용대상이 되었을 때에는 중과세율을 적용하여 산출한 세액에서 이미 납부한 세액(가산세 제외)을 공제한 금액을 세액으로 하여 신고·납부하여야 한다(지방세법 제20조 제2항).
> ⑤ 법인의 취득당시가액을 증명할 수 있는 장부가 없는 경우 지방자치단체의 장은 그 산출된 세액의 100분의 10을 징수하여야 할 세액에 가산한다(지방세법 제22조의2 제2항).

정답 ③

03 지방세법상 취득세에 관한 설명으로 옳은 것은? · 33회

① 건축물 중 부대설비에 속하는 부분으로서 그 주체구조부와 하나가 되어 건축물로서의 효용가치를 이루고 있는 것에 대하여는 주체구조부 취득자 외의 자가 가설한 경우에도 주체구조부의 취득자가 함께 취득한 것으로 본다.

② 세대별 소유주택 수에 따른 중과세율을 적용함에 있어 주택으로 재산세를 과세하는 오피스텔(2022년 취득)은 해당 오피스텔을 소유한 자의 주택 수에 가산하지 아니한다.

③ 납세의무자가 토지의 지목을 사실상 변경한 후 산출세액에 대한 신고를 하지 아니하고 그 토지를 매각하는 경우에는 산출세액에 100분의 80을 가산한 금액을 세액으로 하여 징수한다.

④ 공사현장사무소 등 임시건축물의 취득에 대하여는 그 존속기간에 관계없이 취득세를 부과하지 아니한다.

⑤ 토지를 취득한 자가 취득한 날부터 1년 이내에 그에 인접한 토지를 취득한 경우 그 취득가액이 100만원일 때에는 취득세를 부과하지 아니한다.

> **해설** ① 「지방세법」 제7조 제3항
> ② 세대별 소유주택 수에 따른 중과세율을 적용함에 있어 주택으로 재산세를 과세하는 오피스텔(2022년 취득)은 해당 오피스텔을 소유한 자의 주택 수에 가산한다(지방세법 시행령 제28조의4 제1항).
> ③ 납세의무자가 토지의 지목을 사실상 변경한 후 산출세액에 대한 신고를 하지 아니하고 그 토지를 매각하는 경우에는 중가산세를 적용하지 아니한다(지방세법 시행령 제37조).
> ④ 임시흥행장, 공사현장사무소 등(사치성 재산은 제외) 임시건축물의 취득에 대하여는 취득세를 부과하지 아니한다. 다만, 존속기간이 1년을 초과하는 경우에는 취득세를 부과한다(지방세법 제9조 제5항).
> ⑤ 취득가액이 50만원 이하일 때에는 취득세를 부과하지 아니한다. 토지나 건축물을 취득한 자가 그 취득한 날부터 1년 이내에 그에 인접한 토지나 건축물을 취득한 경우에는 각각 그 전후의 취득에 관한 토지나 건축물의 취득을 1건의 토지 취득 또는 1구의 건축물 취득으로 보아 면세점을 적용한다(지방세법 제17조).

정답 ①

① 부동산등의 취득은 「민법」 등 관계 법령에 따른 등기·등록 등을 하지 아니한 경우라도 (   ) 취득하면 각각 취득한 것으로 보고 해당 취득물건의 소유자 또는 양수인을 각각 취득자로 한다.

② 취득세 과세대상인 토지는 지적공부의 등록대상이 되는 토지와 그 밖에 (   )의 토지 를 말한다.

③ 원칙적으로 부담부증여에 있어서 증여자의 채무를 수증자가 인수하는 경우에는 그 채무액 에 해당하는 부분은 그 자산을 (   )승계취득한 것으로 본다.

④ 배우자 또는 직계존비속의 부동산 등을 취득하는 경우, 배우자 또는 직계존비속 간의 부담 부증여에 있어 채무인수액에 해당하는 금액은 (   )취득한 것으로 본다.

⑤ 토지의 지목을 사실상 변경함으로써 그 가액이 (   )한 경우에는 취득으로 본다.

⑥ (   ) 시 발행하는 주식 또는 지분을 취득함으로써 과점주주가 된 경우에는 취득세 납 세의무가 없다.

⑦ 유상승계취득의 경우에는 (   )에 취득한 것으로 보는 것을 원칙으로 한다.

정답 **1** 사실상 **2** 사용되고 있는 사실상 **3** 유상 **4** 증여 **5** 증가 **6** 법인설립
7 사실상 잔금지급일

❽ 증여에 의한 무상승계취득의 경우에는 그 (   )이 취득시기가 된다.

❾ 관계 법령에 따라 매립, 간척 등으로 토지를 원시취득하는 경우에는 (   )을 취득일로 본다.

❿ 「주택법」에 따른 주택건설사업을 하면서 조합원에게 귀속되지 않은 토지를 취득하는 경우에는 「주택법」에 따른 (   )를 받은 날에 그 토지를 취득한 것으로 본다.

⓫ 취득세의 과세표준은 취득 당시의 가액으로 한다. 다만, 연부로 취득하는 경우 취득세의 과세표준은 연부금액[매회 사실상 지급되는 금액을 말하며, 취득금액에 포함되는 계약보증금을 (   )]으로 한다.

⓬ 할부 또는 연부계약에 따른 이자상당액 및 연체료는 사실상 취득가액의 범위에 포함된다. 다만, (   )가 취득하는 경우는 취득가격 또는 연부금액에서 제외한다.

⓭ 법인이 아닌 자가 건축물을 건축하여 취득하는 경우로서 사실상 취득가격을 확인할 수 없는 경우의 취득당시가액은 (   )으로 한다.

⓮ 취득가액이 (   )만원 이하인 때에는 취득세를 부과하지 아니한다.

정답   **8** 계약일   **9** 공사준공인가일   **10** 사용검사   **11** 포함한다   **12** 법인이 아닌 자   **13** 시가표준액
        14 50

⑮ 연부취득의 경우에는 (   )을 기준으로 면세점 여부를 판단하여야 한다.

⑯ 건축 또는 개수로 인하여 면적이 증가할 때에는 그 증가된 부분에 대하여 (   )취득으로 보아 세율을 적용한다.

⑰ 일반골프장 및 (   )은 중과세대상에 해당하지 아니한다.

⑱ 고급오락장용 건축물을 유상승계취득한 경우 취득한 날부터 (   )일 이내에 고급오락장이 아닌 용도로 사용하거나 사용하기 위하여 용도변경공사를 착공하는 경우에는 중과세하지 아니한다.

⑲ 다가구주택의 경우 한 가구가 독립하여 거주할 수 있도록 구획된 부분을 각각 1구의 건물로 보아 (   )주택 기준을 적용하여 고급주택 여부를 판정한다.

⑳ 중과세대상이 되는 공장이란 생산설비를 갖춘 건축물의 연면적이 (   )m² 이상인 공장(도시형공장 제외)을 말한다.

㉑ 원칙적으로 조정대상지역에 있는 주택으로서 취득 당시 시가표준액 (   )억원 이상의 주택을 무상취득을 원인으로 취득하는 경우 1천분의 (   )을 표준세율로 하여 해당세율에 중과기준세율의 100분의 400을 합한 세율을 적용한다.

정답   **15** 총연부금액   **16** 원시   **17** 골프회원권   **18** 60   **19** 공동   **20** 500   **21** 3, 40

㉒ 취득한 부동산이 과밀억제권역 내 중과세 또는 대도시 내 중과세가 동시에 적용되는 경우에는 표준세율의 100분의 (   )에 해당하는 세율로 과세한다.

㉓ 「주택법」에 따른 주택조합과 「도시 및 주거환경법」에 의한 재건축조합 등이 해당 조합원용으로 취득하는 조합주택용 부동산은 그 (   )이 취득한 것으로 본다.

㉔ 「신탁법」에 따라 신탁재산의 위탁자 지위의 이전이 있는 경우에는 새로운 (   )가 해당 신탁재산을 취득한 것으로 본다.

㉕ 건축물 중 조작설비, 그 밖의 부대설비에 속하는 부분으로서 그 주체구조부와 하나가 되어 건축물로서의 효용가치를 이루고 있는 것에 대해서는 주체구조부 취득자 외의 자가 가설한 경우에도 (   ) 취득자가 함께 취득한 것으로 본다.

㉖ 차량, 기계장비, 항공기 원시취득은 과세하지 아니하고, (   )취득부터 과세대상 취득으로 본다.

㉗ 취득세 과세대상 취득물건을 (   )하지 아니하고 화해조서 등에 의하여 취득일부터 60일 이내에 계약이 해제된 사실이 입증되는 경우에는 취득한 것으로 보지 아니한다.

정답 **22** 300 **23** 조합원 **24** 위탁자 **25** 주체구조부 **26** 승계 **27** 등기·등록

28 신탁재산의 취득 중 ( )등과 조합원 간의 부동산 취득 및 ( )등의 비조합원용 부동산 취득은 비과세대상에서 제외한다.

29 주택의 규모에 관계없이 「주택법」에 따른 공동주택의 개수[건축법에 따른 대수선은 ( )한다]로 인한 취득 중 개수 당시 그 주택의 시가표준액이 ( )억원 이하인 주택에 대해서는 취득세를 부과하지 아니한다.

30 취득세를 신고하고자 하는 자는 ( ) 소재지를 관할하는 시장·군수·구청장 등에게 신고하여야 한다.

31 등기·등록관서의 장은 등기 또는 등록 후에 취득세가 납부되지 아니하였거나 납부부족액을 발견했을 때에는 ( )까지 납세지를 관할하는 시장·군수·구청장 등에게 통보하여야 한다.

32 원칙적으로 납세의무자가 취득세 과세물건을 사실상 취득한 후 신고를 하지 아니하고 매각하는 경우에는 산출세액에 100분의 ( )을 가산한 금액을 세액으로 하여 보통징수의 방법으로 징수한다.

정답 | **28** 주택조합, 주택조합 **29** 제외, 9 **30** 과세물건 **31** 다음 달 10일 **32** 80

02 | 등록에 대한 등록면허세

▌10개년 출제문항 수

25회	26회	27회	28회	29회
	1	1	2	2
30회	31회	32회	33회	34회
1	2.5	1	1	2

↳ 총 16문제 中 평균 약 1.4문제 출제

▌학습전략

• 등록면허세는 재산권과 그 밖의 권리의 설정·변경 또는 소멸에 관한 사항을 공부에 등기하거나 등록하는 경우에 납부하는 조세입니다. 이 챕터에서는 등록면허세의 개념과 납세흐름에 대해 학습합니다.

• 과세표준, 세율, 납세절차에 대한 문제가 주로 출제되므로 관련 이론을 정리해 두는 것이 좋습니다.

제1절 의의 및 특징

1 의 의 ·27회 ·29회 ·32회

(1) 등록면허세는 각종 등록을 하거나 면허를 받는 자에게 그 등록, 면허의 종류에 따라 부과되는 도, 구, 특별자치도, 특별자치시세이다. 본서에서는 수험목적에 맞게 등록에 대한 등록면허세만을 다루고자 한다.

(2) '등록'이란 재산권과 그 밖의 권리의 설정·변경 또는 소멸에 관한 사항을 공부에 등기하거나 등록하는 것을 말한다. 다만, 취득세 과세대상에 해당하는 취득을 원인으로 이루어지는 등기 또는 등록은 제외하되, 다음의 어느 하나에 해당하는 등기나 등록은 포함한다(지방세법 제23조 제1호).

> ① 광업권·어업권 및 양식업권의 취득에 따른 등록
> ② 외국인 소유의 취득세 과세대상 물건(차량, 기계장비, 항공기 및 선박만 해당)의 연부취득에 따른 등기 또는 등록
> ③ 취득세에 대한 부과제척기간이 경과한 물건의 등기 또는 등록
> ④ 취득세 면세점(취득가액 50만원 이하)에 해당하는 물건의 등기 또는 등록

지방세법상 등록면허세가 과세되는 등기 또는 등록이 <u>아닌</u> 것은? (단, 2024년 1월 1일 이후 등기 또는 등록한 것으로 가정함) • 27회 수정

① 광업권의 취득에 따른 등록
② 외국인 소유의 선박을 직접 사용하기 위하여 연부취득조건으로 수입하는 선박의 등록
③ 취득세 부과제척기간이 지난 주택의 등기
④ 취득가액이 50만원 이하인 차량의 등록
⑤ 사실상의 잔금지급일을 2024년 12월 1일로 하는 부동산(취득가액 1억원)의 소유권이전등기

해설 ⑤ 사실상의 잔금지급일을 2024년 12월 1일로 하는 부동산(취득가액 1억원)의 소유권이전등기는 취득세만 과세(등록분을 포함하여 취득세로 과세)되며 등록면허세가 별도로 과세되지 아니한다.

정답 ⑤

2 특 징

(1) 신고납부

등록면허세는 신고함으로써 납세의무가 확정되는 지방세이다.

(2) 유통세, 행위세, 수수료형 조세

등록면허세는 그 등기·등록행위에 대하여 과세하는 행위세이고, 재산권의 유통단계에 과세하는 유통세이며 수수료의 성격을 가지고 있는 조세이다.

(3) 형식주의

등록면허세는 외형적 요건만 갖추면 실지권리자 여부와는 관계없이 납세의무가 성립하는 형식주의 과세하는 조세이다.

(4) 최저세액

면세점이나 소액징수면제 제도를 두고 있지 않고 오히려 세액이 6천원 미만인 경우 6천원을 징수하거나 추징하는 최저세액 규정을 적용하고 있다.

(5) 종가세, 종량세

등록면허세는 대부분 채권금액 등을 과세표준으로 하는 종가세이지만 권리의 소멸이나 변경 등은 건수를 과세표준으로 하는 종량세로서의 성격도 가지고 있다.

추가 실질과세원칙이 적용되는 다른 세목과는 달리 등록에 대한 등록면허세의 과세대상이 되는 등기·등록의 실지권리자 여부나 정당성과 관계없이 외형상으로 등기 또는 등록의 형식적 요건만 갖추어도 과세대상 등기·등록에 포함된다.

1 납세의무자

(1) 재산권과 그 밖의 권리의 설정·변경 또는 소멸에 관한 사항을 공부에 등기하거나 등록하는 경우에 그 등록을 하는 자*가 등록면허세를 납부할 의무를 진다(지방세법 제23조 제1호, 제24조 제1호).

① **지상권설정** : 지상권자

② **지역권설정** : 지역권자(요역지 소유자)

③ **저당권설정** : 저당권자(채권자)

④ **전세권설정** : 전세권자

⑤ **임차권설정** : 임차권자(임차인)

⑥ **말소등기** : 그 등기의 설정자(저당권의 경우 저당권설정자인 채무자)

> **⊘ 참고** **대위등기의 납세의무자**
>
> 지방세 체납처분으로 그 소유권을 국가 또는 지방자치단체명의로 이전하는 경우에 이미 그 물건에 전세권, 가등기, 압류등기 등으로 되어 있는 것을 말소하는 대위적 등기와 성명의 복구나 소유권의 보존 등 일체의 채권자 대위적 등기에 대하여는 그 소유자가 등록면허세를 납부하여야 한다(지방세법 기본통칙 23-2…2).

(2) 등기·등록이 된 이후 법원의 판결 등에 의해 그 등기 또는 등록이 무효 또는 취소가 되어 등기·등록이 말소된다 하더라도 이미 납부한 등록면허세는 과오납으로 환급할 수 없다(지방세법 기본통칙 23-2…1).

2 과세표준

(1) 부동산가액 · 34회

소유권, 지상권, 지역권 등기 시 부동산가액(지역권은 요역지가액)을 과세표준으로 한다.

① 부동산, 선박, 항공기, 자동차 및 건설기계의 등록에 대한 등록면허세의 과세표준은 등록 당시의 가액으로 한다(지방세법 제27조 제1항).

---

* 등록을 하는 자

여기서 그 등록을 하는 자는 공부에 등기 또는 등록을 받는 명의자(외형상 등기권리자)를 말하며 사실상의 등기권리자를 말하는 것은 아니다.

O X 확 인 문 제

甲 소유 주택에 乙이 전세보증금을 지급하고 전세권설정등기를 하려는 경우 등록면허세 납세의무자는 甲이다. ( )

정답 (×)

전세권자인 乙이 납세의무자이다.

② 위 ①에 따른 과세표준은 등록자의 신고에 따른다. 다만, 신고가 없거나 신고가액이 시가표준액보다 적은 경우에는 시가표준액을 과세표준으로 한다(지방세법 제27조 제2항).

③ 위 ②에도 불구하고 다음에 따른 취득을 원인으로 하는 등록의 경우 취득당시가액을 과세표준으로 한다. 다만, 등록 당시에 자산재평가 또는 감가상각 등의 사유로 그 가액이 달라진 경우에는 변경된 가액을 과세표준으로 한다(지방세법 제27조 제3항). 이 경우 자산재평가 또는 감가상각 등의 사유로 변경된 가액을 과세표준으로 할 경우에는 등기일 또는 등록일 현재의 법인장부 또는 결산서 등으로 증명되는 가액을 과세표준으로 한다(지방세법 시행령 제42조 제1항).

> ㉠ 광업권·어업권 및 양식업권의 취득에 따른 등록
> ㉡ 외국인 소유의 취득세 과세대상 물건(차량, 기계장비, 항공기 및 선박만 해당)의 연부취득에 따른 등기 또는 등록
> ㉢ 취득세에 대한 부과제척기간이 경과한 물건의 등기 또는 등록
> ㉣ 취득세 면세점(취득가액 50만원 이하)에 해당하는 물건의 등기 또는 등록

④ 주택의 토지와 건축물을 한꺼번에 평가하여 토지나 건축물에 대한 과세표준이 구분되지 아니하는 경우에는 한꺼번에 평가한 개별주택가격을 토지나 건축물의 가액 비율로 나눈 금액을 각각 토지와 건축물의 과세표준으로 한다(지방세법 시행령 제42조 제2항).

(2) 채권금액 ·30회 ·33회

① 저당권, 가압류, 가처분, 경매신청, 저당권에 대한 가등기의 경우 일정한 채권금액이 있으면 채권금액을 과세표준으로 한다.

② 채권금액으로 과세액을 정하는 경우에 일정한 채권금액이 없을 때에는 채권의 목적이 된 것의 가액 또는 처분의 제한의 목적이 된 금액을 그 채권금액으로 본다(지방세법 제27조 제4항).

(3) 전세금액, 월임대차금액 ·32회

전세권은 전세금액, 임차권은 월임대차금액을 과세표준으로 한다.

(4) 건 수

말소등기, 지목변경등기, 토지 합필등기, 건물의 구조변경등기 등은 건수를 과세표준으로 하며 이를 기준으로 정액세율을 적용한다.

O X 확 인 문 제

채권금액으로 과세액을 정하는 경우에 일정한 채권금액이 없을 때에는 채권의 목적이 된 것의 가액 또는 처분의 제한의 목적이 된 금액을 그 채권금액으로 본다. ·30회 ( )

정답 (○)

1 표준세율

등록면허세는 등록에 대하여 과세표준에 다음에서 정하는 세율을 적용하여 계산한 금액을 그 세액으로 한다(지방세법 제28조 제1항). 지방자치단체의 장은 조례로 정하는 바에 따라 등록면허세의 세율을 다음 표준세율의 100분의 50의 범위에서 가감할 수 있다(지방세법 제28조 제6항).

구 분		과세표준	세 율
소유권보존등기		부동산가액	1천분의 8
소유권 이전등기	유 상		1천분의 20(1천분의 10~1천분의 30의 세율이 적용되는 주택의 경우에는 해당 주택의 취득세율에 100분의 50을 곱한 세율)
	상속(농지 포함)		1천분의 8
	상속 이외 무상 (비영리사업자 포함)		1천분의 15
소유권 외의 물권과 임차권의 설정 및 이전	지상권	부동산가액	1천분의 2
	지역권	요역지가액	
	전세권	전세금액	
	임차권	월임대차금액	
	저당권, 가압류, 가처분, 경매신청	채권금액	
	가등기	부동산가액 또는 채권금액	
그 밖의 등기(말소, 변경등기 등)		건당	6천원

지방세법상 부동산등기에 대한 등록면허세의 과세표준과 표준세율로서 틀린 것은? (단, 부동산등기에 대한 표준세율을 적용하여 산출한 세액이 그 밖의 등기 또는 등록세율보다 크다고 가정하며, 중과세 및 비과세와 지방세특례제한법은 고려하지 않음)   • 31회 수정

① 소유권보존 : 부동산가액의 1천분의 8

② 가처분(저당권과 관련됨) : 부동산가액의 1천분의 2

③ 지역권설정 : 요역지가액의 1천분의 2

④ 전세권이전 : 전세금액의 1천분의 2

⑤ 상속으로 인한 소유권이전 : 부동산가액의 1천분의 8

해설 ② 가처분(저당권과 관련됨) : 채권금액의 1천분의 2

정답 ②

2 중과세율

(1) 중과세대상 등기

다음 어느 하나에 해당하는 등기를 할 때에는 표준세율의 100분의 300으로 한다(지방세법 제28조 제2항).

① 대도시에서 법인을 설립(설립 후 또는 휴면법인을 인수한 후 5년 이내에 자본 또는 출자액을 증가하는 경우를 포함)하거나 지점이나 분사무소를 설치함에 따른 등기

② 대도시 밖에 있는 법인의 본점이나 주사무소를 대도시로 전입(전입 후 5년 이내에 자본 또는 출자액이 증가하는 경우를 포함)함에 따른 등기. 이 경우 전입은 법인의 설립으로 보아 세율을 적용한다.

(2) 최저세액의 중과

부동산등기에 대한 산출세액이 6천원 미만일 때에는 6천원의 100분의 300으로 한다.

(3) 대도시 중과 제외

대도시에 설치가 불가피하다고 인정되는 업종으로서 대통령령으로 정하는 업종에 대해서는 중과세율을 적용하지 아니한다.

· 30회 · 34회

1. 국가등에 대한 비과세

① 국가, 지방자치단체, 지방자치단체조합, 외국정부 및 주한국제기구가 자기를 위하여 받는 등록 또는 면허에 대하여는 등록면허세를 부과하지 아니한다(지방세법 제26조 제1항).

② 다만, 대한민국 정부기관의 등록 또는 면허에 대하여 과세하는 외국 정부의 등록 또는 면허의 경우에는 등록면허세를 부과한다(지방세법 제26조 제1항 단서).

2. 형식적인 등기·등록에 대한 비과세

다음의 어느 하나에 해당하는 등기·등록에 대하여는 등록면허세를 부과하지 아니한다(지방세법 제26조 제2항, 시행령 제40조 제1항).

① 회사의 정리 또는 특별청산에 관하여 법원의 촉탁으로 인한 등기 또는 등록. 다만, 법인의 자본금 또는 출자금의 납입, 증자 및 출자전환에 따른 등기 또는 등록은 제외한다.

② 행정구역의 변경, 주민등록번호의 변경, 지적(地籍) 소관청의 지번 변경, 계량단위의 변경, 등기 또는 등록 담당 공무원의 착오 및 이와 유사한 사유로 인한 등기 또는 등록으로서 주소, 성명, 주민등록번호, 지번, 계량단위 등의 단순한 표시변경·회복 또는 경정 등기 또는 등록

③ 무덤과 이에 접속된 부속시설물의 부지로 사용되는 토지로서 지적공부상 지목이 묘지인 토지에 관한 등기

OX 확인문제

등기 담당 공무원의 착오로 인한 지번의 오기에 대한 경정 등기에 대해서는 등록면허세를 부과하지 아니한다. · 30회 ( )

정답 (○)

지방세법령상 등록에 대한 등록면허세가 비과세되는 경우로 틀린 것은?

• 34회

① 지방자치단체조합이 자기를 위하여 받는 등록
② 무덤과 이에 접속된 부속시설물의 부지로 사용되는 토지로서 지적공부상 지목이 묘지인 토지에 관한 등기
③ 회사의 정리 또는 특별청산에 관하여 법원의 촉탁으로 인한 등기 (법인의 자본금 또는 출자금의 납입, 증자 및 출자전환에 따른 등기 제외)
④ 대한민국 정부기관의 등록에 대하여 과세하는 외국정부의 등록
⑤ 등기 담당 공무원의 착오로 인한 주소 등의 단순한 표시변경 등기

해설 ④ 국가, 지방자치단체, 지방자치단체조합, 외국정부 및 주한국제기구가 자기를 위하여 받는 등록 또는 면허에 대하여는 등록면허세를 부과하지 아니한다. 다만, 대한민국 정부기관의 등록 또는 면허에 대하여 과세하는 외국정부의 등록 또는 면허의 경우에는 등록면허세를 부과한다(지방세법 제26조 제1항).

정답 ④

제5절 납세절차

• 26회 • 28회 • 29회 • 30회 • 31회 • 32회 • 33회 • 34회

1 납세지

등기 또는 등록에 대한 등록면허세의 납세지는 다음에서 정하는 바에 따른다 (지방세법 제25조 제1항).

① **부동산등기** : 부동산 소재지
② **선박 등기 또는 등록** : 선적항 소재지
③ **자동차 등록** : 「자동차관리법」에 따른 등록지. 다만, 등록지가 사용본거지와 다른 경우에는 사용본거지를 납세지로 한다.
④ **건설기계 등록** : 「건설기계관리법」에 따른 등록지
⑤ **항공기 등록** : 정치장 소재지
⑥ **법인 등기** : 등기에 관련되는 본점·지점 또는 주사무소·분사무소 등의 소재지
⑦ **상호 등기** : 영업소 소재지
⑧ **광업권 및 조광권 등록** : 광구 소재지
⑨ **어업권, 양식업권 등록** : 어장 소재지

O X 확 인 문 제

부동산등기에 대한 등록면허세의 납세지는 부동산 소재지이다.
• 30회   (   )

정답 (○)

⑩ 저작권, 출판권, 저작인접권, 컴퓨터프로그램 저작권, 데이터베이스 제작자의 권리 등록 : 저작권자, 출판권자, 저작인접권자, 컴퓨터프로그램 저작권자, 데이터베이스 제작권자 주소지
⑪ 특허권, 실용신안권, 디자인권 등록 : 등록권자 주소지
⑫ 상표, 서비스표 등록 : 주사무소 소재지
⑬ 영업의 허가 등록 : 영업소 소재지
⑭ 지식재산권담보권 등록 : 지식재산권자 주소지
⑮ 그 밖의 등록 : 등록관청 소재지

(1) 같은 등록에 관계되는 재산이 둘 이상의 지방자치단체에 걸쳐 있어 등록면허세를 지방자치단체별로 부과할 수 없을 때에는 등록관청 소재지를 납세지로 한다.

(2) 같은 채권의 담보를 위하여 설정하는 둘 이상의 저당권을 등록하는 경우에는 이를 하나의 등록으로 보아 그 등록에 관계되는 재산을 처음 등록하는 등록관청 소재지를 납세지로 한다.

(3) 납세지가 분명하지 아니한 경우에는 등록관청 소재지를 납세지로 한다.

기출&예상 문제

거주자인 개인 乙은 甲이 소유한 부동산(시가 6억원)에 전세기간 2년, 전세보증금 3억원으로 하는 전세계약을 체결하고, 전세권설정등기를 하였다. 지방세법상 등록면허세에 관한 설명으로 옳은 것은? •32회

① 과세표준은 6억원이다.
② 표준세율은 전세보증금의 1천분의 8이다.
③ 납부세액은 6천원이다.
④ 납세의무자는 乙이다.
⑤ 납세지는 甲의 주소지이다.

해설 ① 과세표준은 전세보증금인 3억원이다.
② 표준세율은 전세보증금의 1천분의 2이다.
③ 납부세액은 60만원이다(3억원 × 1천분의 2).
⑤ 납세지는 부동산 소재지이다.

정답 ④

2 징수방법

1. 원칙 : 신고납부

(1) 일반적인 경우

등록을 하려는 자는 「지방세법」 제27조에 따른 과세표준에 세율을 적용하여 산출한 세액을 등록을 하기 전까지 납세지를 관할하는 지방자치단체의 장에게 신고하고 납부하여야 한다(지방세법 제30조 제1항).

(2) 중과세대상이 되었을 때

등록면허세 과세물건을 등록한 후에 해당 과세물건이 중과세율의 적용대상이 되었을 때에는 그 사유 발생일부터 60일 이내에 중과세율을 적용하여 산출한 세액에서 이미 납부한 세액(가산세는 제외)을 공제한 금액을 세액으로 하여 납세지를 관할하는 지방자치단체의 장에게 신고하고 납부하여야 한다(지방세법 제30조 제2항).

(3) 비과세 등이 과세대상이 되었을 때

등록면허세를 비과세, 과세면제 또는 경감받은 후에 해당 과세물건이 등록면허세 부과대상 또는 추징대상이 되었을 때에는 그 사유 발생일부터 60일 이내에 해당 과세표준에 해당 세율을 적용하여 산출한 세액[경감받은 경우에는 이미 납부한 세액(가산세는 제외)을 공제한 세액]을 납세지를 관할하는 지방자치단체의 장에게 신고하고 납부하여야 한다(지방세법 제30조 제3항).

(4) 신고의제

신고의무를 다하지 아니한 경우에도 등록면허세 산출세액을 등록을 하기 전까지 납부하였을 때에는 신고를 하고 납부한 것으로 본다. 이 경우 무신고가산세 및 과소신고가산세를 부과하지 아니한다(지방세법 제30조 제4항).

2. 예외 : 보통징수

(1) 등록면허세 납세의무자가 신고 또는 납부의무를 다하지 아니하면 산출한 세액 또는 그 부족세액에 「지방세기본법」 규정에 따른 다음의 가산세를 합한 금액을 세액으로 하여 보통징수의 방법으로 징수한다.

① **무신고가산세** : 납세의무자가 법정신고기한까지 과세표준 신고를 하지 않은 경우에는 다음에 따른 금액을 가산세로 부과한다(지방세기본법 제53조).

추가 채권자대위자 신고납부

1. 채권자대위자는 납세의무자를 대위하여 부동산의 등기에 대한 등록면허세를 신고납부할 수 있다. 이 경우 채권자대위자는 행정안전부령으로 정하는 바에 따라 납부확인서를 발급받을 수 있다(지방세법 제30조 제5항).

2. 지방자치단체의 장은 채권자대위자의 신고납부가 있는 경우 납세의무자에게 그 사실을 즉시 통보하여야 한다(지방세법 제30조 제6항).

구 분	무신고가산세
㉠ 일반적인 무신고	무신고납부세액의 100분의 20
㉡ 사기·부정행위로 인한 무신고	무신고납부세액의 100분의 40

② **과소신고가산세** : 납세의무자가 법정신고기한까지 과세표준 신고를 한 경우로서 신고하여야 할 납부세액보다 납부세액을 적게 신고한 경우에는 다음에 따른 금액을 가산세로 부과한다(지방세기본법 제54조).

구 분	과소신고가산세
㉠ 일반적인 과소신고	과소신고납부세액의 100분의 10
㉡ 사기·부정행위로 인한 과소신고	부정과소신고납부세액의 100분의 40 + [(과소신고납부세액 − 부정과소신고납부세액)의 100분의 10]

③ **납부지연가산세**(지방세기본법 제55조 제1항)
  ㉠ 납세의무자가 지방세관계법에 따른 납부기한까지 지방세를 납부하지 아니하거나 납부하여야 할 세액보다 적게 납부한 경우에는 다음의 계산식에 따라 산출한 금액을 합한 금액을 가산세로 부과한다.

  > 납부하지 아니한 세액 또는 과소납부분 세액(지방세관계법에 따라 가산하여 납부하여야 할 이자 상당 가산액이 있는 경우 그 금액을 더한다) × 납부기한의 다음 날부터 자진납부일 또는 부과결정일까지의 기간 × 금융회사 등이 연체대출금에 대하여 적용하는 이자율 등을 고려하여 대통령령으로 정하는 이자율(1일 10만분의 22)

  ㉡ 이 경우 가산세는 납부하지 아니한 세액, 과소납부분(납부하여야 할 금액에 미달하는 금액) 세액 또는 초과환급분(환급받아야 할 세액을 초과하는 금액) 세액의 100분의 75에 해당하는 금액을 한도로 한다.

(2) 미납부 및 납부부족액에 대한 통보

등기·등록관서의 장은 등기 또는 등록 후에 등록면허세가 납부되지 아니하였거나 납부부족액을 발견하였을 때에는 다음 달 10일까지 납세지를 관할하는 시장·군수·구청장에게 통보하여야 한다(지방세법 시행령 제50조 제1항).

3 부가세 등

1. 납부 시 부가세 : 지방교육세

등록면허세 납부세액의 100분의 20을 지방교육세로 부과한다(지방세법 제151조 제2호).

2. 감면 시 부가세 : 농어촌특별세

등록면허세 감면 시 감면세액의 100분의 20을 농어촌특별세로 부과한다(농어촌특별세법 제5조 제1항 제1호).

3. 최저세액

부동산등기의 경우 세액이 **6천원 미만**일 때에는 **6천원**으로 한다(지방세법 제28조 제2항).

기출&예상 문제

01 지방세법상 취득세 또는 등록면허세의 신고·납부에 관한 설명으로 옳은 것은? (단, 비과세 및 지방세특례제한법은 고려하지 않음)

• 31회

① 상속으로 취득세 과세물건을 취득한 자는 상속개시일로부터 6개월 이내에 과세표준과 세액을 신고·납부하여야 한다.

② 취득세 과세물건을 취득한 후 중과세대상이 되었을 때에는 표준세율을 적용하여 산출한 세액에서 이미 납부한 세액(가산세 포함)을 공제한 금액을 세액으로 하여 신고·납부하여야 한다.

③ 지목변경으로 인한 취득세 납세의무자가 신고를 하지 아니하고 매각하는 경우 산출세액에 100분의 80을 가산한 금액을 세액으로 하여 징수한다.

④ 등록을 하려는 자가 등록면허세 신고의무를 다하지 않고 산출세액을 등록 전까지 납부한 경우 「지방세기본법」에 따른 무신고가산세를 부과한다.

⑤ 등기·등록관서의 장은 등기 또는 등록 후에 등록면허세가 납부되지 아니하였거나 납부부족액을 발견한 경우에는 다음 달 10일까지 납세지를 관할하는 시장·군수·구청장에게 통보하여야 한다.

① 상속으로 취득세 과세물건을 취득한 자는 상속개시일이 속하는 달의 말일로 부터 6개월 이내에 과세표준과 세액을 신고·납부하여야 한다.

② 취득세 과세물건을 취득한 후 중과세대상이 되었을 때에는 중과세율을 적용하여 산출한 세액에서 이미 납부한 세액(가산세 제외)을 공제한 금액을 세액으로 하여 신고·납부하여야 한다.

③ 지목변경으로 인한 취득세 납세의무자가 신고를 하지 아니하고 매각하는 경우에는 중가산세 부과대상이 아니다.

④ 등록을 하려는 자가 등록면허세 신고의무를 다하지 않고 산출세액을 등록 전까지 납부한 경우 신고를 하고 납부한 것으로 본다.

정답 ⑤

02 지방세법령상 등록에 대한 등록면허세에 관한 설명으로 틀린 것은?
(단, 지방세관계법령상 감면 및 특례는 고려하지 않음)   •34회

① 같은 등록에 관계되는 재산이 둘 이상의 지방자치단체에 걸쳐 있어 등록면허세를 지방자치단체별로 과할 수 없을 때에는 등록관청 소재지를 납세지로 한다.

② 지방자치단체의 장은 조례로 정하는 바에 따라 등록면허세의 세율을 부동산 등기에 따른 표준세율의 100분의 50의 범위에서 가감할 수 있다.

③ 주택의 토지와 건축물을 한꺼번에 평가하여 토지나 건축물에 대한 과세표준이 구분되지 아니하는 경우에는 한꺼번에 평가한 개별주택가격을 토지나 건축물의 가액비율로 나눈 금액을 각각 토지와 건축물의 과세표준으로 한다.

④ 부동산의 등록에 대한 등록면허세의 과세표준은 등록자가 신고한 당시의 가액으로 하고, 신고가 없거나 신고가액이 시가표준액보다 많은 경우에는 시가표준액으로 한다.

⑤ 채권자대위자는 납세의무자를 대위하여 부동산의 등기에 대한 등록면허세를 신고납부할 수 있다.

④ 부동산의 등록에 대한 등록면허세의 과세표준은 조례로 정하는 바에 따라 등록자의 신고에 따른다. 다만, 신고가 없거나 신고가액이 시가표준액보다 적은 경우에는 시가표준액을 과세표준으로 한다(지방세법 제27조 제2항).

정답 ④

03 지방세법상 등록에 대한 등록면허세에 관한 설명으로 틀린 것은?

• 33회

① 채권금액으로 과세액을 정하는 경우에 일정한 채권금액이 없을 때에는 채권의 목적이 된 것의 가액 또는 처분의 제한의 목적이 된 금액을 그 채권금액으로 본다.

② 같은 채권의 담보를 위하여 설정하는 둘 이상의 저당권을 등록하는 경우에는 이를 하나의 등록으로 보아 그 등록에 관계되는 재산을 처음 등록하는 등록관청 소재지를 납세지로 한다.

③ 부동산 등기에 대한 등록면허세의 납세지가 분명하지 아니한 경우에는 등록관청 소재지를 납세지로 한다.

④ 지상권 등기의 경우에는 특별징수의무자가 징수할 세액을 납부기한까지 부족하게 납부하면 특별징수의무자에게 과소납부분 세액의 100분의 1을 가산세로 부과한다.

⑤ 지방자치단체의 장은 채권자대위자의 부동산의 등기에 대한 등록면허세 신고납부가 있는 경우 납세의무자에게 그 사실을 즉시 통보하여야 한다.

> **해설** ④ 특별징수의무자가 징수하였거나 징수할 세액을 기한까지 납부하지 아니하거나 부족하게 납부하더라도 특별징수의무자에게 가산세는 부과하지 아니한다 (지방세법 제31조 제4항).
> ① 「지방세법」 제27조 제4항
> ② 「지방세법」 제25조 제1항 제17호
> ③ 「지방세법」 제25조 제1항 제18호
> ⑤ 「지방세법」 제30조 제6항
>
> 정답 ④

1. 부동산가액에 따라 과세표준을 정하는 등기로는 (   ), 지상권, 지역권, (   )과 지상권 및 지역권에 대한 가등기가 있다.

2. 취득 당시 가액을 과세표준으로 하는 경우 등기·등록 당시에 자산의 재평가 또는 감가상각 등의 사유로 그 가액이 달라진 경우에는 (   ) 가액을 과세표준으로 한다.

3. 채권금액으로 과세액을 정하는 경우 일정한 채권금액이 없을 때에는 채권의 (   )이 된 것의 가액 또는 처분의 제한의 (   )이 된 금액을 그 채권금액으로 본다.

4. 부동산임차권과 부동산임차권가등기는 (   )을 과세표준으로 한다.

5. 농지를 상속받은 경우 부동산가액의 1천분의 (   )을 등록면허세의 표준세율로 한다.

6. 부동산등기 시 세액이 (   )천원 미만인 때에는 이를 (   )천원으로 한다.

정답 1 소유권, 소유권 2 변경된 3 목적, 목적 4 월임대차금액 5 8 6 6, 6

7 지방자치단체의 장은 채권자대위자의 신고납부가 있는 경우 납세의무자에게 그 사실을 (   ) 통보하여야 한다.

8 같은 등록에 관계되는 재산이 둘 이상의 지방자치단체에 걸쳐 있어 등록면허세를 지방자치단체별로 부과할 수 없을 때는 (   ) 소재지를 납세지로 한다.

9 신고의무를 다하지 아니한 경우에도 등록면허세 산출세액을 등록을 하기 전까지 납부하였을 때에는 (   )를 하고 납부한 것으로 본다.

정답   **7** 즉시   **8** 등록관청   **9** 신고

03 | 재산세

▮ 10개년 출제문항 수

25회	26회	27회	28회	29회
3	3	3	3	2.5

30회	31회	32회	33회	34회
3	3	2.5	2	2

↳ 총 16문제 中 평균 약 2.7문제 출제

▮ 학습전략

- 재산세는 토지·건축물·주택·선박·항공기에 대하여 정기적으로 부과하는 조세입니다. 이 챕터에서는 재산세의 개념과 납세흐름에 대해 학습합니다.
- 과세대상, 납세의무자, 과세표준, 세율, 납세절차에 대한 문제가 주로 출제되므로 관련 이론을 정리해 두는 것이 좋습니다.

제1절 **의의 및 특징**

• 30회

1 의 의

재산세는 토지, 건축물, 주택, 선박, 항공기의 보유에 대하여 과세기준일(매년 6월 1일) 현재 보유자에게 정기적으로 부과하는 시·군·구세이다(특별시는 구와 공동과세).

2 특 징

(1) 보통징수

재산세는 과세관청에서 세액을 결정하여 보통징수방식으로 징수한다.

(2) 보유세

재산세는 과세대상물건을 보유하는 동안 매년 부과하는 보유세이다.

O X 확 인 문 제

재산세는 특별시와 광역시의 경우 구와 공동과세한다. (   )

정답 (×)

특별시만 구와 공동과세한다.

---

(3) 실질과세

과세대상 물건의 공부상 등재현황과 사실상의 현황이 다를 경우에는 사실상 현황에 의하여 재산세를 부과한다. 다만, 재산세의 과세대상 물건을 공부상 등재현황과 달리 이용함으로써 재산세 부담이 낮아지는 경우 등 대통령령으로 정하는 경우에는 공부상 등재현황에 따라 재산세를 부과한다 (지방세법 제106조 제3항).

> ✔ 참고 **대통령령으로 정하는 경우(지방세법 시행령 제105조의2)**
>
> 1. 관계 법령에 따라 허가 등을 받아야 함에도 불구하고 허가 등을 받지 않고 재산세의 과세대상 물건을 이용하는 경우로서 사실상 현황에 따라 재산세를 부과하면 오히려 재산세 부담이 낮아지는 경우
> 2. 재산세 과세기준일 현재의 사용이 일시적으로 공부상 등재현황과 달리 사용하는 것으로 인정되는 경우

(4) 물세, 인세

재산세는 소유자별로 관할구역 내 보유하고 있는 과세물건별로 과세(물세)함을 원칙으로 하지만 종합합산과세대상 토지 및 별도합산과세대상 토지는 합산과세(인세)한다.

(5) 기 타

세부담의 상한, 소액징수면제, 분할납부, 물납 제도를 두고 있다.

제2절 과세대상

1. 토 지 ·28회 ·29회

'토지'란 「공간정보의 구축 및 관리 등에 관한 법률」에 따라 지적공부의 등록대상이 되는 토지와 그 밖에 사용되고 있는 사실상의 토지를 말한다(지방세법 제104조 제1호). 다만, 주택의 부속토지는 주택분 재산세로 과세되므로 제외한다.

O X 확 인 문 제

재산세의 과세대상 물건이 공부상 등재 현황과 사실상의 현황이 다른 경우에는 공부상 등재현황에 따라 재산세를 부과하는 것을 원칙으로 한다. ·30회 ( )

정답 (×)
사실상의 현황에 의하여 재산세를 부과하는 것을 원칙으로 한다.

2. 건축물

(1) '건축물'이란 「건축법」에 따른 건축물(이와 유사한 형태의 건축물을 포함)과 토지에 정착하거나 지하 또는 다른 구조물에 설치하는 레저시설, 저장시설, 독(dock)시설, 접안시설, 도관시설, 급수·배수시설, 에너지 공급시설 및 그 밖에 이와 유사한 시설(이에 딸린 시설을 포함)을 말한다(지방세법 제6조 제4호).

(2) 공부상 등재되지 아니한 건축물이나 「건축법」상 허가를 받지 않은 건축물에 대해서도 과세한다. 다만, 주거용 건축물은 주택분 재산세로 과세하므로 제외한다.

3. 주 택 ·31회 ·33회

(1) '주택'이란 세대(世帶)의 구성원이 장기간 독립된 주거생활을 할 수 있는 구조로 된 건축물의 전부 또는 일부 및 그 부속토지를 말하며, 단독주택과 공동주택으로 구분한다(주택법 제2조 제1호). 이 경우 토지와 건축물의 범위에서 주택은 제외한다(지방세법 제104조 제3호 단서). 즉, 주택 및 부속토지는 토지분, 건축물분이 아닌 주택분 재산세로 과세된다.

(2) 주택의 부속토지의 경계가 명백하지 아니한 경우에는 그 주택의 바닥면적의 10배에 해당하는 토지를 주택의 부속토지로 한다.

(3) 다가구주택

다가구주택은 1가구가 독립하여 구분사용할 수 있도록 분리된 부분을 1구의 주택으로 본다. 이 경우 그 부속토지는 건물면적의 비율에 따라 각각 나눈 면적을 1구의 부속토지로 본다(지방세법 시행령 제112조).

(4) 겸용주택 등(지방세법 제106조 제2항)

① 1동(棟)의 건물이 주거와 주거 외의 용도로 사용되고 있는 경우에는 주거용으로 사용되는 부분만을 주택으로 본다. 이 경우 건물의 부속토지는 주거와 주거 외의 용도로 사용되는 건물의 면적비율에 따라 각각 안분하여 주택의 부속토지와 건축물의 부속토지로 구분한다.

② 1구(構)의 건물이 주거와 주거 외의 용도로 사용되고 있는 경우에는 주거용으로 사용되는 면적이 전체의 100분의 50 이상인 경우에는 주택으로 본다.

③ 건축물에서 허가 등이나 사용승인(임시사용승인을 포함)을 받지 아니하고 주거용으로 사용하는 면적이 전체 건축물 면적(허가 등이나 사용승인을 받은 면적을 포함)의 100분의 50 이상인 경우에는 그 건축물 전체를 주택으로 보지 아니하고, 그 부속토지는 종합합산과세대상 토지로 본다.

기출&예상 문제

지방세법상 재산세 과세대상의 구분에 있어 주거용과 주거 외의 용도를 겸하는 건물 등에 관한 설명으로 옳은 것을 모두 고른 것은? • 33회

㉠ 1동(棟)의 건물이 주거와 주거 외의 용도로 사용되고 있는 경우에는 주거용으로 사용되는 부분만을 주택으로 본다.
㉡ 1구(構)의 건물이 주거와 주거 외의 용도로 사용되고 있는 경우 주거용으로 사용되는 면적이 전체의 100분의 60인 경우에는 주택으로 본다.
㉢ 주택의 부속토지의 경계가 명백하지 아니한 경우에는 그 주택의 바닥면적의 10배에 해당하는 토지를 주택의 부속토지로 한다.

① ㉠   ② ㉢   ③ ㉠, ㉡
④ ㉡, ㉢   ⑤ ㉠, ㉡, ㉢

해설 ㉠ 이 경우 건물의 부속토지는 주거와 주거 외의 용도로 사용되는 건물의 면적 비율에 따라 각각 안분하여 주택의 부속토지와 건축물의 부속토지로 구분한다(지방세법 제106조 제2항 제1호).
㉡ 1구(構)의 건물이 주거와 주거 외의 용도로 사용되고 있는 경우 주거용으로 사용되는 면적이 전체의 100분의 50 이상인 경우에는 주택으로 본다(지방세법 제106조 제2항 제2호).
㉢ 「지방세법 시행령」 제105조

정답 ⑤

4. 항공기

'항공기'란 사람이 탑승·조종하여 항공에 사용하는 비행기, 비행선, 활공기(滑空機), 회전익(回轉翼) 항공기 및 그 밖에 이와 유사한 비행기구를 말한다(지방세법 제6조 제9호).

5. 선 박

'선박'이란 기선, 범선, 부선(艀船) 및 그 밖에 명칭에 관계없이 모든 배를 말한다(지방세법 제6조 제10호).

1 원칙적인 납세의무자

재산세 과세기준일 현재 재산을 사실상 소유하고 있는 자는 재산세를 납부할 의무가 있다(지방세법 제107조 제1항).

(1) 공유재산인 경우

그 지분에 해당하는 부분(지분의 표시가 없는 경우에는 지분이 균등한 것으로 본다)에 대해서는 그 지분권자

(2) 주택의 건물과 부속토지의 소유자가 다를 경우

그 주택에 대한 산출세액을 건축물과 그 부속토지의 시가표준액 비율로 안분계산(按分計算)한 부분에 대해서는 그 소유자

2 의제 납세의무자

재산세 과세기준일 현재 다음 어느 하나에 해당하는 자는 재산세를 납부할 의무가 있다(지방세법 제107조 제2항·제3항).

(1) 공부상의 소유자

① 매매 등의 사유로 소유권이 변동되었는데도 신고하지 아니하여 사실상의 소유자를 알 수 없을 때

② 공부상에 개인 등의 명의로 등재되어 있는 사실상의 종중재산으로서 종중소유임을 신고하지 아니하였을 때

③ 「채무자 회생 및 파산에 관한 법률」에 따른 파산선고 이후 파산종결의 결정까지 파산재단에 속하는 재산의 경우

(2) 주된 상속자

상속이 개시된 재산으로서 상속등기가 이행되지 아니하고 사실상의 소유자를 신고하지 아니하였을 때

추가 주된 상속자

「민법」상 상속지분이 가장 높은 사람으로 하되, 상속지분이 가장 높은 사람이 두 명 이상이면 그 중 나이가 가장 많은 사람으로 한다(지방세법 시행규칙 제53조).

O X 확 인 문 제

상속이 개시된 재산으로서 상속등기가 이행되지 아니하고 사실상의 소유자를 신고하지 아니하였을 때는 상속인 각자가 납세의무를 진다.　　(　　)

정답 (X)
주된 상속자가 납세의무를 진다.

(3) 매수계약자

① 국가, 지방자치단체, 지방자치단체조합과 재산세 과세대상 재산을 연부(年賦)로 매매계약을 체결하고 그 재산의 사용권을 무상으로 받은 경우

② 국가, 지방자치단체 및 지방자치단체조합이 선수금을 받아 조성하는 매매용 토지로서 사실상 조성이 완료된 토지의 사용권을 무상으로 받은 자가 있는 경우에는 그 자를 매수계약자로 본다(지방세법 시행령 제106조 제2항).

(4) 위탁자

「신탁법」에 따른 수탁자의 명의로 등기 또는 등록된 신탁재산의 경우에는 위탁자(주택법에 따른 지역주택조합 및 직장주택조합이 조합원이 납부한 금전으로 매수하여 소유하고 있는 신탁재산의 경우에는 해당 지역주택조합 및 직장주택조합을 위탁자로 한다). 이 경우 위탁자가 신탁재산을 소유한 것으로 본다.

(5) 사업시행자

「도시개발법」에 따라 시행하는 환지(換地) 방식에 의한 도시개발사업 및 「도시 및 주거환경정비법」에 따른 정비사업(재개발사업만 해당)의 시행에 따른 환지계획에서 일정한 토지를 환지로 정하지 아니하고 체비지* 또는 보류지*로 정한 경우에는 사업시행자

(6) 수입자

외국인 소유의 항공기 또는 선박을 임차하여 수입하는 경우에는 수입하는 자

(7) 사용자

재산세 과세기준일 현재 소유권의 귀속이 분명하지 아니하여 사실상의 소유자를 확인할 수 없는 경우

---

* 체비지
토지구획정리사업 등을 시행하면서 사업비용의 일부에 충당하기 위해 환지로 정하지 않고 남겨 둔 일정한 토지를 말한다.

* 보류지
규약·정관·시행규정 또는 사업계획으로 정한 일정한 목적에 공용(供用)하기 위해 환지로 정하지 않고 남겨 둔 토지를 말한다.

추가 소유권의 귀속이 분명하지 아니한 경우
소유권에 대해 분쟁이 생겨 소송 중이거나 공부상 소유자의 행방불명 등의 사유로 장기간 그 소유자가 관리하고 있지 않은 경우를 말한다.

01 지방세법상 재산세의 과세대상 및 납세의무자에 관한 설명으로 옳은 것은? (단, 비과세는 고려하지 않음) •31회 수정

① 「신탁법」에 따른 신탁재산에 속하는 종합합산과세대상 토지는 위탁자의 토지와 합산한다.
② 토지와 주택에 대한 재산세 과세대상은 종합합산과세대상, 별도합산과세대상 및 분리과세대상으로 구분한다.
③ 국가가 선수금을 받아 조성하는 매매용 토지로서 사실상 조성이 완료된 토지의 사용권을 무상으로 받은 자는 재산세를 납부할 의무가 없다.
④ 주택 부속토지의 경계가 명백하지 아니한 경우 그 주택의 바닥면적의 20배에 해당하는 토지를 주택의 부속토지로 한다.
⑤ 재산세 과세대상인 건축물의 범위에는 주택을 포함한다.

해설 ② 종합합산과세대상, 별도합산과세대상 및 분리과세대상으로 구분하는 것은 토지만 해당된다.
③ 국가가 선수금을 받아 조성하는 매매용 토지로서 사실상 조성이 완료된 토지의 사용권을 무상으로 받은 자는 재산세를 납부할 의무가 있다.
④ 주택 부속토지의 경계가 명백하지 아니한 경우 그 주택의 바닥면적의 10배에 해당하는 토지를 주택의 부속토지로 한다.
⑤ 재산세 과세대상인 건축물의 범위에는 주택을 제외한다.

정답 ①

02 지방세법상 재산세의 과세기준일 현재 납세의무자에 관한 설명으로 틀린 것은? •28회

① 공유재산인 경우 그 지분에 해당하는 부분(지분의 표시가 없는 경우에는 지분이 균등한 것으로 봄)에 대해서는 그 지분권자를 납세의무자로 본다.
② 소유권의 귀속이 분명하지 아니하여 사실상의 소유자를 확인할 수 없는 경우에는 그 사용자가 납부할 의무가 있다.
③ 지방자치단체와 재산세 과세대상 재산을 연부로 매매계약을 체결하고 그 재산의 사용권을 무상으로 받은 경우에는 그 매수계약자를 납세의무자로 본다.
④ 공부상에 개인 등의 명의로 등재되어 있는 사실상의 종중재산으로서 종중소유임을 신고하지 아니하였을 때에는 공부상 소유자를 납세의무자로 본다.

⑤ 상속이 개시된 재산으로서 상속등기가 이행되지 아니하고 사실상의 소유자를 신고하지 아니하였을 때에는 공동상속인 각자가 받았거나 받을 재산에 따라 납부할 의무를 진다.

> **해설** ⑤ 상속이 개시된 재산으로서 상속등기가 이행되지 아니하고 사실상의 소유자를 신고하지 아니하였을 때에는 주된 상속자가 납부할 의무를 진다.
>
> **정답** ⑤

제4절 과세표준 및 세율

1 과세표준 ・26회 ・27회 ・30회 ・32회

재산세 과세표준은 언제나 **과세기준일(매년 6월 1일) 현재의 시가표준액**을 기준으로 산정한다.

1. 토지, 건축물, 주택

토지, 건축물, 주택에 대한 재산세의 과세표준은 시가표준액에 부동산 시장의 동향과 지방재정 여건 등을 고려하여 다음의 어느 하나에서 정한 범위에서 대통령령으로 정하는 공정시장가액비율을 곱하여 산정한 가액으로 한다.

(1) 토지 및 건축물

시가표준액의 100분의 50부터 100분의 90까지(2024년은 70%)

(2) 주 택

시가표준액의 100분의 40부터 100분의 80까지. 다만, 1세대 1주택은 100분의 30부터 100분의 70까지(2024년은 60%)

2. 선박, 항공기

선박 및 항공기에 대한 재산세의 과세표준은 시가표준액으로 한다(지방세법 제110조 제2항).

추가 법인장부가액으로 사실상 취득가액이 확인되는 등의 경우에도 개인, 법인 구분 없이 언제나 과세기준일 현재의 시가표준액을 기준으로 과세표준을 계산한다.

O X 확 인 문 제

주택에 대한 재산세의 과세표준은 시가표준액의 100분의 70으로 한다. ・30회 ( )

정답 (×)
시가표준액의 100분의 60으로 한다.

1. 세율 적용

① 재산세는 물건별로 세율을 적용하는 것이 원칙이지만 토지는 분리과세 대상, 별도합산과세대상, 종합합산과세대상으로 구분하여 합산과세대상 토지는 관할구역 내 소유자의 토지가액을 합산하여 세율을 적용한다.

② 별도합산과세대상, 종합합산과세대상 토지는 「지방자치법」에 따라 둘 이상의 지방자치단체가 통합된 경우에는 통합 지방자치단체의 조례로 정하는 바에 따라 5년의 범위에서 통합 이전 지방자치단체 관할구역별로 세율을 적용할 수 있다(지방세법 제113조 제5항).

③ 재산세는 다음과 같이 세율을 적용한다(지방세법 제113조 제1항~제3항).

구 분		세율 적용	비 고
토 지	㉠	분리과세대상 토지는 해당 토지의 가액을 과세표준으로 하여 비례세율을 적용한다.	물건별 개별과세(물세)
	㉡	별도합산과세대상 토지는 납세의무자가 소유하고 있는 해당 지방자치단체 관할구역에 있는 별도합산과세대상 토지의 가액을 모두 합한 금액을 과세표준으로 하여 초과누진세율을 적용한다.	소유자별 관할구역 내 합산과세(인세)
	㉢	종합합산과세대상 토지는 납세의무자가 소유하고 있는 해당 지방자치단체 관할구역에 있는 종합합산과세대상 토지의 가액을 모두 합한 금액을 과세표준으로 하여 초과누진세율을 적용한다.	
주 택		주택별로 표준세율(또는 특례세율)을 적용한다. ㉠ 주택을 2명 이상이 공동으로 소유하거나 토지와 건물의 소유자가 다를 경우 해당 주택에 대한 세율을 적용할 때 해당 주택의 토지와 건물의 가액을 합산한 과세표준에 표준세율 또는 특례세율을 적용한다. ㉡ 다가구주택은 1가구가 독립하여 구분사용할 수 있도록 분리된 부분을 1구의 주택으로 본다. 이 경우 그 부속토지는 건물면적의 비율에 따라 각각 나눈 면적을 1구의 부속토지로 본다(지방세법 시행령 제112조).	물건별 개별과세(물세)
건축물, 선박, 항공기		해당 재산별로 그 과세표준액에 비례세율을 적용한다.	

2. 표준세율

재산세 표준세율은 다음과 같다(지방세법 제111조 제1항). 지방자치단체의 장은 특별한 재정수요나 재해 등의 발생으로 재산세의 세율 조정이 불가피하다고 인정되는 경우 조례로 정하는 바에 따라 표준세율의 100분의 50의 범위에서 가감할 수 있다. 다만, 가감한 세율은 해당 연도에만 적용한다(지방세법 제111조 제3항).

(1) 분리과세대상 토지

구 분	표준세율
전, 답, 과수원, 목장용지, 임야	1천분의 0.7
공장용지, 산업용 토지, 염전, 터미널 등	1천분의 2
회원제 골프장용 토지, 고급오락장용 토지	1천분의 40

(2) 별도합산과세대상 토지

과세표준에 따라 다음의 3단계 초과누진세율을 적용한다.

과세표준	세 율
2억원 이하	1,000분의 2
2억원 초과 10억원 이하	40만원 + 2억원 초과금액의 1,000분의 3
10억원 초과	280만원 + 10억원 초과금액의 1,000분의 4

(3) 종합합산과세대상 토지

과세표준에 따라 다음의 3단계 초과누진세율을 적용한다.

과세표준	세 율
5,000만원 이하	1,000분의 2
5,000만원 초과 1억원 이하	10만원 + 5,000만원 초과금액의 1,000분의 3
1억원 초과	25만원 + 1억원 초과금액의 1,000분의 5

(4) 건축물

① **일반 건축물**(다음의 ②, ③을 제외한 건축물) : 1천분의 2.5
② **시지역의 주거지역 등의 공장용 건축물**[특별시·광역시(군지역은 제외)·특별자치시(읍·면지역은 제외)·특별자치도(읍·면지역은 제외) 또는 시(읍·면지역은 제외) 지역에서 국토의 계획 및 이용에 관한 법률과 그 밖의 관계 법령에 따라 지정된 주거지역 및 해당 지방자치단체의 조례로 정하는 지역의 대통령령으로 정하는 공장용 건축물] : 1천분의 5
③ **회원제 골프장, 고급오락장용 건축물** : 1천분의 40

O X 확 인 문 제

과세표준이 5억원인 「수도권정비계획법」에 따른 과밀억제권역 외의 읍·면지역의 공장용 건축물의 재산세 표준세율은 1천분의 2.5이다. •32회 ( )

정답 (○)

(5) 주택(부속토지 포함)

① 과세표준에 따라 다음의 4단계 초과누진세율을 적용한다.

과세표준	세 율
6천만원 이하	1,000분의 1
6천만원 초과 1억 5천만원 이하	60,000원 + 6천만원 초과금액의 1,000분의 1.5
1억 5천만원 초과 3억원 이하	195,000원 + 1억 5천만원 초과금액의 1,000분의 2.5
3억원 초과	570,000원 + 3억원 초과금액의 1,000분의 4

② **1세대 1주택에 대한 특례세율**(지방세법 제111조의2)

㉠ 대통령령으로 정하는 1세대 1주택으로 시가표준액이 9억원 이하인 주택에 대해서는 다음의 4단계 초과누진세율을 적용한다.

과세표준	세 율
6천만원 이하	1,000분의 0.5
6천만원 초과 1억 5천만원 이하	30,000원 + 6천만원 초과금액의 1,000분의 1
1억 5천만원 초과 3억원 이하	120,000원 + 1억 5천만원 초과금액의 1,000분의 2
3억원 초과	420,000원 + 3억원 초과금액의 1,000분의 3.5

㉡ 1세대 1주택의 해당 여부를 판단할 때 「신탁법」에 따라 신탁된 주택은 위탁자의 주택 수에 가산한다.

㉢ 지방자치단체의 장이 조례로 정하는 바에 따라 가감한 세율을 적용한 세액이 위 ㉠의 특례세율을 적용한 세액보다 적은 경우에는 위 ㉠의 특례세율을 적용하지 아니한다.

㉣ 「지방세특례제한법」에도 불구하고 동일한 주택이 위 ㉠의 특례세율과 「지방세특례제한법」에 따른 재산세 경감 규정(자동이체 등 납부에 대한 세액공제는 제외)의 적용 대상이 되는 경우에는 중복하여 적용하지 아니하고 둘 중 경감 효과가 큰 것 하나만을 적용한다.

> ✔ 참고 **재산세 세율 특례대상 1세대 1주택의 범위**
>
> 1. '1세대 1주택'이란 과세기준일 현재 「주민등록법」 제7조에 따른 세대별 주민등록표에 함께 기재되어 있는 가족(동거인은 제외)으로 구성된 1세대가 국내에 다음의 주택이 아닌 주택을 1개만 소유하는 경우 그 주택을 말한다.

O X 확인 문제

과세표준이 1억 5천만원인 주택(별장 제외. 1세대 1주택에 해당되지 않음)에 적용되는 재산세 표준세율은 1천분의 1이다.

• 32회 수정　　　　(　)

정답 (×)

1천분의 1.5이다.

① 종업원에게 무상이나 저가로 제공하는 사용자 소유의 주택으로서 과세기준일 현재 다음 어느 하나에 해당하는 주택. 다만, 「지방세기본법 시행령」 제2조 제1항 각 호의 어느 하나에 해당하는 관계에 있는 사람에게 제공하는 주택은 제외한다.
　㉠ 시가표준액이 3억원 이하인 주택
　㉡ 면적이 「주택법」에 따른 국민주택규모 이하인 주택

② 「건축법 시행령」 별표 1 제2호 라목의 기숙사

③ 과세기준일 현재 사업자등록을 한 다음의 어느 하나에 해당하는 자가 건축하여 소유하는 미분양주택으로서 재산세 납세의무가 최초로 성립한 날부터 5년이 경과하지 않은 주택. 다만, ㉠의 자가 건축하여 소유하는 미분양 주택으로서 「주택법」 제54조에 따라 공급하지 않은 주택인 경우에는 자기 또는 임대계약 등 권원을 불문하고 다른 사람이 거주한 기간이 1년 이상인 주택은 제외한다.
　㉠ 「건축법」 제11조에 따른 허가를 받은 자
　㉡ 「주택법」 제15조에 따른 사업계획승인을 받은 자

④ 세대원이 「영유아보육법」 제13조에 따라 인가를 받고 「소득세법」 제168조 제5항에 따른 고유번호를 부여받은 이후 「영유아보육법」 제10조 제5호에 따른 가정어린이집으로 운영하는 주택(가정어린이집을 영유아보육법 제10조 제1호에 따른 국공립어린이집으로 전환하여 운영하는 주택을 포함)

⑤ 주택의 시공자(주택법 제33조 제2항에 따른 시공자 및 건축법 제2조 제16호에 따른 공사시공자)가 위 ③의 ㉠ 또는 ㉡의 자로부터 해당 주택의 공사대금으로 받은 같은 호에 해당하는 주택(과세기준일 현재 해당 주택을 공사대금으로 받은 날 이후 해당 주택의 재산세의 납세의무가 최초로 성립한 날부터 5년이 경과하지 않은 주택으로 한정). 다만, 위 ③의 ㉠의 자로부터 받은 주택으로서 「주택법」 제54조에 따라 공급하지 않은 주택인 경우에는 자기 또는 임대계약 등 권원을 불문하고 다른 사람이 거주한 기간이 1년 이상인 주택은 제외한다.

⑥ 「문화재보호법」 제2조 제3항에 따른 지정문화재 또는 같은 조 제4항에 따른 등록문화재에 해당하는 주택

⑦ 「노인복지법」 제32조 제1항 제3호에 따른 노인복지주택으로서 같은 법 제33조 제2항에 따라 설치한 사람이 소유한 해당 노인복지주택

⑧ 상속을 원인으로 취득한 주택(조합원입주권 또는 주택분양권을 상속받아 취득한 신축주택을 포함)으로서 과세기준일 현재 상속개시일부터 5년이 경과하지 않은 주택

⑨ 혼인 전부터 소유한 주택으로서 과세기준일 현재 혼인일로부터 5년이 경과하지 않은 주택. 다만, 혼인 전부터 각각 최대 1개의 주택만 소유한 경우로서 혼인 후 주택을 추가로 취득하지 않은 경우로 한정한다.

⑩ 세대원이 소유하고 있는 토지 위에 토지를 사용할 수 있는 정당한 권원이 없는 자가 「건축법」에 따로 허가·신고등(다른 법률에 따라 의제되는 경우를 포함)을 받지 않고 건축하여 사용(건축한 자와 다른 자가 사용하고 있는 경우를 포함) 중인 주택(부속토지만을 소유하고 있는 자로 한정)

2. 다음의 어느 하나에 해당하는 경우에는 해당 주택을 1세대 1주택으로 본다.
　① 과세기준일 현재 위 1.의 ⑥ 또는 ⑧에 해당하는 주택의 경우에는 다음의 구분에 따른다.
　　㉠ 해당 주택을 1개만 소유하고 있는 경우 : 해당 주택
　　㉡ 해당 주택을 2개 이상 소유하고 있는 경우 : 시가표준액이 가장 높은 주택. 다만, 시가표준액이 같은 경우에는 납세의무자가 선택하는 1개의 주택으로 한다.
　② 위 1.의 ⑨에 해당하는 주택을 소유하고 있는 경우 그 주택 중 시가표준액이 높은 주택. 다만, 시가표준액이 같은 경우에는 납세의무자가 선택하는 1개의 주택으로 한다.
3. 위 1.에도 불구하고 위 1. 및 2.를 적용할 때 배우자, 과세기준일 현재 미혼인 19세 미만의 자녀 또는 부모(주택의 소유자가 미혼이고 19세 미만인 경우로 한정)는 주택 소유자와 같은 세대별 주민등록표에 기재되어 있지 않더라도 1세대에 속한 것으로 보고, 다음의 어느 하나에 해당하는 경우에는 각각 별도의 세대로 본다.
　① 과세기준일 현재 65세 이상의 직계존속(배우자의 직계존속을 포함하며, 직계존속 중 어느 한 사람이 65세 미만인 경우를 포함)을 동거봉양하기 위하여 19세 이상의 직계비속 또는 혼인한 직계비속이 합가한 경우
　② 취학 또는 근무상의 형편 등으로 세대 전원이 90일 이상 출국하는 경우로서 「주민등록법」 제10조의3 제1항 본문에 따라 해당 세대가 출국 후에 속할 거주지를 다른 가족의 주소로 신고한 경우
4. 위 1. 및 2.를 적용할 때 주택의 공유지분이나 부속토지만을 소유한 경우에도 각각 1개의 주택으로 보아 주택 수를 산정한다. 다만, 1개의 주택을 같은 세대 내에서 공동소유하는 경우에는 1개의 주택으로 본다.
5. 위 4.에도 불구하고 상속이 개시된 재산으로서 상속등기가 이행되지 않은 공동소유 상속주택(상속개시일부터 5년이 경과한 상속주택으로 한정)의 경우 「민법」상 상속지분이 가장 높은 사람으로 하되, 상속지분이 가장 높은 사람이 두 명 이상이면 그중 나이가 많은 사람이 소유한 것으로 본다.

(6) 선박 및 항공기

① **선박**(지방세법 제111조 제1항 제4호)

　㉠ 고급선박 : 1천분의 50

　㉡ 그 밖의 선박 : 1천분의 3

② **항공기**(지방세법 제111조 제1항 제5호) : 1천분의 3

3. 중과세율(지방세법 제111조 제2항)

① **과세대상** : 「수도권정비계획법」 제6조에 따른 과밀억제권역(산업집적
활성화 및 공장설립에 관한 법률을 적용받는 산업단지 및 유치지역과 국토의
계획 및 이용에 관한 법률을 적용받는 공업지역은 제외)에서 행정안전부령
으로 정하는 공장 신설·증설에 해당하는 경우 그 건축물

② **적용세율** : 최초의 과세기준일부터 5년간 1천분의 2.5의 100분의 500
에 해당하는 세율(즉, 1천분의 12.5)로 한다.

4. 재산세 도시지역분

① 지방자치단체의 장은 「국토의 계획 및 이용에 관한 법률」에 따른 도시
지역 중 해당 지방의회의 의결을 거쳐 고시한 지역 안에 있는 토지, 건
축물 또는 주택에 대하여는 조례로 정하는 바에 따라 다음 ㉠에 따른
세액에 ㉡에 따른 세액을 합산하여 산출한 세액을 재산세액으로 부과
할 수 있다(지방세법 제112조 제1항).
㉠ 과세표준에 재산세 세율을 적용하여 산출한 세액
㉡ 과세표준에 1천분의 1.4를 적용하여 산출한 세액

> 재산세액 = 토지등의 과세표준 × 재산세율(또는 특례세율) + 토지등의 과
> 세표준 × 0.14%(1천분의 1.4)

② 지방자치단체의 장은 해당 연도분의 위 ①의 ㉡의 세율을 조례로 정하
는 바에 따라 1천분의 2.3을 초과하지 아니하는 범위에서 다르게 정할
수 있다(지방세법 제112조 제2항).

③ 위 ①에도 불구하고 재산세 도시지역분 적용대상 지역 안에 있는 토지
중 「국토의 계획 및 이용에 관한 법률」에 따라 지형도면이 고시된 공공
시설용지 또는 개발제한구역으로 지정된 토지 중 지상건축물, 골프장,
유원지, 그 밖의 이용시설이 없는 토지는 도시지역분 재산세 과세대상
에서 제외한다(지방세법 제112조 제3항).

추가 취득세에서 과밀억제권역
의 공장 신설·증설에 대해 중과되
는 공장의 범위와 재산세 중과세
율 적용대상 공장의 범위는 같다.

01 지방세법상 재산세의 과세표준과 세율에 관한 설명으로 옳은 것을 모두 고른 것은? (단, 법령에 따른 재산세의 경감은 고려하지 않음)

• 31회 수정

㉠ 지방자치단체의 장은 조례로 정하는 바에 따라 표준세율의 100분의 50의 범위에서 가감할 수 있으며, 가감한 세율은 해당 연도부터 3년 간 적용한다.
㉡ 법령이 정한 고급오락장용 토지의 표준세율은 1천분의 40이다.
㉢ 주택의 과세표준은 법령에 따른 시가표준액에 공정시장가액비율(시가표준액의 100분의 60)을 곱하여 산정한 가액으로 한다.

① ㉠
② ㉢
③ ㉠, ㉡
④ ㉡, ㉢
⑤ ㉠, ㉡, ㉢

해설 ㉠ 해당 연도에 한하여 적용한다.

정답 ④

02 지방세법상 재산세 표준세율이 초과누진세율로 되어 있는 재산세 과세대상을 모두 고른 것은?

• 30회

㉠ 별도합산과세대상 토지
㉡ 분리과세대상 토지
㉢ 광역시(군 지역은 제외) 지역에서 「국토의 계획 및 이용에 관한 법률」과 그 밖의 관계 법령에 따라 지정된 주거지역의 대통령령으로 정하는 공장용 건축물
㉣ 주택

① ㉠, ㉡
② ㉠, ㉢
③ ㉠, ㉣
④ ㉡, ㉢
⑤ ㉢, ㉣

해설 ㉠ 별도합산과세대상 토지 : 1천분의 2~1천분의 4(3단계 초과누진세율)
㉣ 주택 : 1천분의 1~1천분의 4(1세대 1주택으로 시가표준액 9억원 이하의 경우는 1천분의 0.5~1천분의 3.5)(4단계 초과누진세율)
㉡ 분리과세대상 토지 : 1천분의 0.7, 1천분의 2, 1천분의 40(비례세율)
㉢ 광역시(군지역은 제외) 지역에서 「국토의 계획 및 이용에 관한 법률」과 그 밖의 관계 법령에 따라 지정된 주거지역의 대통령령으로 정하는 공장용 건축물 : 1천분의 5(비례세율)

정답 ③

03 지방세법령상 재산세의 표준세율에 관한 설명으로 <u>틀린</u> 것은? (단, 지방세관계법령상 감면 및 특례는 고려하지 않음) • 34회

① 법령에서 정하는 고급선박 및 고급오락장용 건축물의 경우 고급선박의 표준세율이 고급오락장용 건축물의 표준세율보다 높다.

② 특별시 지역에서 「국토의 계획 및 이용에 관한 법률」과 그 밖의 관계 법령에 따라 지정된 주거지역 및 해당 지방자치단체의 조례로 정하는 지역의 대통령령으로 정하는 공장용 건축물의 표준세율은 과세표준의 1천분의 5이다.

③ 주택(법령으로 정하는 1세대 1주택 아님)의 경우 표준세율은 최저 1천분의 1에서 최고 1천분의 4까지 4단계 초과누진세율로 적용한다.

④ 항공기의 표준세율은 1천분의 3으로 법령에서 정하는 고급선박을 제외한 그 밖의 선박의 표준세율과 동일하다.

⑤ 지방자치단체의 장은 특별한 재정수요나 재해 등의 발생으로 재산세의 세율 조정이 불가피하다고 인정되는 경우 조례로 정하는 바에 따라 표준세율의 100분의 50의 범위에서 가감할 수 있다. 다만, 가감한 세율은 해당 연도를 포함하여 3년간 적용한다.

> **해설** ⑤ 지방자치단체의 장은 특별한 재정수요나 재해 등의 발생으로 재산세의 세율 조정이 불가피하다고 인정되는 경우 조례로 정하는 바에 따라 표준세율의 100분의 50의 범위에서 가감할 수 있다. 다만, 가감한 세율은 해당 연도에만 적용한다(지방세법 제111조).
> ① 고급선박 : 1천분의 50, 고급오락장용 건축물 : 1천분의 40
> ④ 항공기 및 선박(고급선박 제외) : 1천분의 3

정답 ⑤

1 국가등에 대한 비과세

1. 국가등이 소유한 재산

국가, 지방자치단체, 지방자치단체조합, 외국정부 및 주한국제기구의 소유에 속하는 재산에 대하여는 재산세를 부과하지 아니한다. 다만, 다음의 어느 하나에 해당하는 재산에 대하여는 재산세를 부과한다(지방세법 제109조 제1항).

> ① 대한민국 정부기관의 재산에 대하여 과세하는 외국정부의 재산
> ② 국가등과 연부로 매매계약을 체결하고 무상사용권을 받음에 따라 매수계약자에게 납세의무가 있는 재산

2. 국가등이 무상사용하는 재산 · 32회 · 33회

국가, 지방자치단체 또는 지방자치단체조합이 **1년 이상 공용 또는 공공용**으로 사용(1년 이상 사용할 것이 계약서 등에 의하여 입증되는 경우를 포함)하는 재산에 대하여는 재산세를 부과하지 아니한다. 다만, 다음의 어느 하나에 해당하는 경우에는 재산세를 부과한다(지방세법 제109조 제2항).

> ① 유료로 사용하는 경우
> ② 소유권의 유상이전을 약정한 경우로서 그 재산을 취득하기 전에 미리 사용하는 경우

2 용도구분에 의한 비과세 ·28회·30회

다음에 따른 재산(사치성 재산은 제외)에 대하여는 재산세를 부과하지 아니한다. 다만, 대통령령으로 정하는 수익사업에 사용하는 경우와 해당 재산이 유료로 사용되는 경우의 그 재산[다음 **(3)** 및 **(5)**의 재산은 제외] 및 해당 재산의 일부가 그 목적에 직접 사용되지 아니하는 경우의 그 일부 재산에 대하여는 재산세를 부과한다(지방세법 제109조 제3항).

(1) 대통령령으로 정하는 도로·하천·제방·구거·유지 및 묘지

> **✓참고** 비과세대상 도로 등(지방세법 시행령 제108조 제1항)
>
> 1. **도로** : 「도로법」에 따른 도로(같은 법 제2조 제2호에 따른 도로의 부속물 중 도로관리시설, 휴게시설, 주유소, 충전소, 교통·관광안내소 및 도로에 연접하여 설치한 연구시설은 제외)와 그 밖에 일반인의 자유로운 통행을 위하여 제공할 목적으로 개설한 사설 도로. 다만, 「건축법 시행령」 제80조의2에 따른 대지 안의 공지는 제외한다.
> 2. **하천** : 「하천법」에 따른 하천과 「소하천정비법」에 따른 소하천
> 3. **제방** : 「공간정보의 구축 및 관리 등에 관한 법률」에 따른 제방. 다만, 특정인이 전용하는 제방은 제외한다.
> 4. **구거(溝渠)** : 농업용 구거와 자연유수의 배수처리에 제공하는 구거
> 5. **유지(溜池)** : 농업용 및 발전용에 제공하는 댐·저수지·소류지와 자연적으로 형성된 호수·늪
> 6. **묘지** : 무덤과 이에 접속된 부속시설물의 부지로 사용되는 토지로서 지적공부상 지목이 묘지인 토지

(2) 「산림보호법」 제7조에 따른 산림보호구역, 그 밖에 공익상 재산세를 부과하지 아니할 타당한 이유가 있는 다음의 토지

① 「군사기지 및 군사시설 보호법」에 따른 군사기지 및 군사시설 보호구역 중 통제보호구역에 있는 토지. 다만, 전·답·과수원 및 대지는 제외한다.

② 「산림보호법」에 따라 지정된 산림보호구역 및 「산림자원의 조성 및 관리에 관한 법률」에 따라 지정된 채종림·시험림

③ 「자연공원법」에 따른 공원자연보존지구의 임야

④ 「백두대간 보호에 관한 법률」 제6조에 따라 지정된 백두대간보호지역의 임야

추가 「군사기지 및 군사시설 보호법」에 따른 군사기지 및 군사시설 보호구역 중 통제보호구역은 비과세, 제한보호구역은 분리과세한다.

추가 「자연공원법」에 따른 공원자연보존지구의 임야는 비과세, 공원자연환경지구의 임야는 분리과세한다.

(3) 임시로 사용하기 위하여 건축된 건축물로서 재산세 과세기준일 현재 1년 미만의 것

(4) 비상재해구조용, 무료도선용, 선교(船橋) 구성용 및 본선에 속하는 전마용(傳馬用) 등으로 사용하는 선박

추가 임시건축물 및 해당 연도 철거예정인 건축물이 사치성 재산인 경우에는 과세한다.

(5) 재산세를 부과하는 해당 연도에 철거하기로 계획이 확정되어 재산세 과세기준일 현재 행정관청으로부터 철거명령을 받았거나 철거보상계약이 체결된 건축물 또는 주택(건축법 제2조 제1항 제2호에 따른 건축물 부분으로 한정). 이 경우 건축물 또는 주택의 일부분을 철거하는 때에는 그 철거하는 부분으로 한정한다(단, 부속토지는 과세)(지방세법 시행령 제108조 제3항).

기출&예상 문제

01 지방세법상 재산세 비과세대상에 해당하는 것은? (단, 주어진 조건 외에는 고려하지 않음)

• 30회

① 지방자치단체가 1년 이상 공용으로 사용하는 재산으로서 유료로 사용하는 재산

② 「한국농어촌공사 및 농지관리기금법」에 따라 설립된 한국농어촌공사가 같은 법에 따라 농가에 공급하기 위하여 소유하는 농지

③ 「공간정보의 구축 및 관리 등에 관한 법률」에 따른 제방으로서 특정인이 전용하는 제방

④ 「군사기지 및 군사시설 보호법」에 따른 군사기지 및 군사시설 보호구역 중 통제보호구역에 있는 전·답

⑤ 「산림자원의 조성 및 관리에 관한 법률」에 따라 지정된 채종림·시험림

> **해설** ① 지방자치단체가 1년 이상 공용으로 사용하는 재산으로서 무료로 사용하는 재산은 비과세한다.
> ② 분리과세대상이다.
> ③ 「공간정보의 구축 및 관리 등에 관한 법률」에 따른 제방으로서 특정인이 전용하는 제방은 비과세되지 아니한다.
> ④ 「군사기지 및 군사시설 보호법」에 따른 군사기지 및 군사시설 보호구역 중 통제보호구역에 있는 전·답은 비과세되지 아니한다.
>
> **정답** ⑤

02 지방세법상 재산세의 비과세대상이 <u>아닌</u> 것은? (단, 아래의 답지항 별로 주어진 자료 외의 비과세요건은 충족된 것으로 가정함)

• 28회 수정

① 임시로 사용하기 위하여 건축된 건축물로서 재산세 과세기준일 현재 1년 미만의 것
② 재산세를 부과하는 해당 연도에 철거하기로 계획이 확정되어 재산세 과세기준일 현재 행정관청으로부터 철거명령을 받은 주택과 그 부속토지인 대지
③ 농업용 구거와 자연유수의 배수처리에 제공하는 구거
④ 「군사기지 및 군사시설 보호법」에 따른 군사기지 및 군사시설 보호구역 중 통제보호구역에 있는 토지(전·답·과수원 및 대지는 제외)
⑤ 「도로법」에 따른 도로와 그 밖에 일반인의 자유로운 통행을 위하여 제공할 목적으로 개설한 사설도로(건축법 시행령 제80조의2에 따른 대지 안의 공지는 제외)

해설 ② 재산세를 부과하는 해당 연도에 철거하기로 계획이 확정되어 재산세 과세기준일 현재 행정관청으로부터 철거명령을 받은 건축물 및 주택에 대해 비과세하나 부속토지에 대해서는 과세한다.

정답 ②

제6절 **납세절차**

• 24회 • 25회 • 26회 • 27회 • 29회 • 30회 • 31회 • 32회 • 33회 • 34회

1 과세기준일 및 납부기한

1. 과세기준일

재산세의 과세기준일은 매년 6월 1일로 한다(지방세법 제114조).

2. 납부기한 • 27회 • 30회 • 33회

(1) 정기분 재산세의 납기(지방세법 제115조 제1항)
① **토지** : 매년 9월 16일부터 9월 30일까지
② **건축물** : 매년 7월 16일부터 7월 31일까지

O X 확 인 문 제

건축물에 대한 재산세의 납기는 매년 9월 16일에서 9월 30일이다. • 30회 ( )

정답 (×)
매년 7월 16일부터 7월 31일까지이다.

③ **주택** : 해당 연도에 부과·징수할 세액의 2분의 1은 매년 7월 16일부터 7월 31일까지, 나머지 2분의 1은 9월 16일부터 9월 30일까지. 다만, 해당 연도에 부과할 세액이 20만원 이하인 경우에는 조례로 정하는 바에 따라 납기를 7월 16일부터 7월 31일까지로 하여 한꺼번에 부과·징수할 수 있다.

④ **선박** : 매년 7월 16일부터 7월 31일까지

⑤ **항공기** : 매년 7월 16일부터 7월 31일까지

(2) 수시부과

지방자치단체의 장은 과세대상 누락, 위법 또는 착오 등으로 인하여 이미 부과한 세액을 변경하거나 수시부과하여야 할 사유가 발생하면 수시로 부과·징수할 수 있다(지방세법 제115조 제2항).

2 납세지

재산세는 다음의 납세지를 관할하는 지방자치단체에서 부과한다(지방세법 제108조).

> ① **토지** : 토지의 소재지
> ② **건축물** : 건축물의 소재지
> ③ **주택** : 주택의 소재지
> ④ **선박** : 「선박법」에 따른 선적항의 소재지. 다만, 선적항이 없는 경우에는 정계장(定繫場) 소재지(정계장이 일정하지 아니한 경우에는 선박 소유자의 주소지)로 한다.
> ⑤ **항공기** : 「항공안전법」에 따른 등록원부에 기재된 정치장의 소재지(항공안전법에 따라 등록을 하지 아니한 경우에는 소유자의 주소지)

3 징수방법

1. 보통징수

① 재산세는 관할 지방자치단체의 장이 세액을 산정하여 보통징수의 방법으로 부과·징수한다(지방세법 제116조 제1항).

② 재산세를 징수하려면 토지, 건축물, 주택, 선박 및 항공기로 구분한 납세고지서에 과세표준과 세액을 적어 늦어도 납기개시 5일 전까지 발급하여야 한다(지방세법 제116조 제2항).

2. 병기세

소방분 지역자원시설세의 납기와 재산세의 납기가 같을 때에는 재산세의 납세고지서에 나란히 적어 고지할 수 있다(지방세법 시행령 제139조). 또한 재산세를 분할납부하는 경우에 한하여 소방분 지역자원시설세도 재산세 기준을 준용하여 분할납부할 수 있다.

3. 소액징수면제

고지서 1장당 재산세로 징수할 세액이 2천원 미만인 경우에는 해당 재산세를 징수하지 아니한다(지방세법 제119조).

4. 수탁자의 물적납세의무

신탁재산의 위탁자가 신탁재산의 재산세·가산금 또는 체납처분비(이하 '재산세등'이라 함)를 체납한 경우로서 그 위탁자의 다른 재산에 대하여 체납처분을 하여도 징수할 금액에 미치지 못할 때에는 해당 신탁재산의 수탁자는 그 신탁재산으로써 위탁자의 재산세등을 납부할 의무가 있다(지방세법 제119조의2 제1항).

5. 신고의무

(1) 소유자 신고의무

다음의 어느 하나에 해당하는 자는 과세기준일부터 15일 이내에 그 소재지를 관할하는 지방자치단체의 장에게 그 사실을 알 수 있는 증거자료를 갖추어 신고하여야 한다(지방세법 제120조 제1항).

① 재산의 소유권 변동 또는 과세대상 재산의 변동 사유가 발생하였으나 과세기준일까지 그 등기·등록이 되지 아니한 재산의 공부상 소유자

② 상속이 개시된 재산으로서 상속등기가 되지 아니한 경우에는 주된 상속자

추가 수탁자에게 연대납세의무가 있는 것은 아니므로 수탁자의 고유재산으로 위탁자의 재산세등을 납부해야 하는 것은 아니다.

③ 사실상 종중재산으로서 공부상에는 개인 명의로 등재되어 있는 재산의 공부상 소유자

④ 수탁자 명의로 등기·등록된 신탁재산의 수탁자

⑤ 1세대가 둘 이상의 주택을 소유하고 있음에도 불구하고 1세대 1주택에 대한 세율특례를 적용받으려는 경우에는 그 세대원

⑥ 공부상 등재현황과 사실상의 현황이 다르거나 사실상의 현황이 변경된 경우에는 해당 재산의 사실상 소유자

(2) 직권 등재

위 (1)에 따른 신고가 사실과 일치하지 아니하거나 신고가 없는 경우에는 지방자치단체의 장이 직권으로 조사하여 과세대장에 등재할 수 있다(지방세법 제120조 제3항).

6. 과세대장 등의 비치

① 지방자치단체는 재산세 과세대장을 비치하고 필요한 사항을 기재하여야 한다. 이 경우 해당 사항을 전산처리하는 경우에는 과세대장을 갖춘 것으로 본다(지방세법 제121조 제1항).

② 재산세 과세대장은 토지, 건축물, 주택, 선박 및 항공기 과세대장으로 구분하여 작성한다(지방세법 제121조 제2항).

4 세부담의 상한

해당 재산에 대한 재산세의 산출세액이 대통령령으로 정하는 방법에 따라 계산한 직전 연도의 해당 재산에 대한 재산세액 상당액의 100분의 150을 초과하는 경우에는 100분의 150에 해당하는 금액을 해당 연도에 징수할 세액으로 한다. 다만, 주택의 경우에는 적용하지 아니한다(지방세법 제122조).

5 분할납부

1. 분할납부 신청 기준

지방자치단체의 장은 **납기별로** 재산세의 납부세액이 **250만원을 초과**하는 경우에는 납부할 세액의 일부를 납부기한이 지난 날부터 **2개월 이내**에 분할납부하게 할 수 있다(지방세법 제118조).

2. 분할납부세액의 기준

분할납부세액은 다음의 기준에 따른다(지방세법 시행령 제116조 제1항).
① **납부할 세액이 500만원 이하인 경우** : 250만원을 초과하는 금액
② **납부할 세액이 500만원을 초과하는 경우** : 그 세액의 100분의 50 이하의 금액

3. 분할납부 신청기한

분할납부하려는 자는 재산세의 납부기한까지 행정안전부령으로 정하는 신청서를 시장·군수·구청장에게 제출하여야 한다(지방세법 시행령 제116조 제2항).

4. 분할납부 신청 시 과세관청의 처분

시장·군수·구청장은 분할납부 신청을 받았을 때에는 이미 고지한 납세고지서를 납부기한 내에 납부하여야 할 납세고지서와 분할납부기간 내에 납부하여야 할 납세고지서로 구분하여 수정 고지하여야 한다(지방세법 시행령 제116조 제3항).

6 물 납 •24회 •28회 •32회

1. 물납신청기준

지방자치단체의 장은 납기별로 재산세의 납부세액이 1천만원을 초과하는 경우에는 납세의무자의 신청을 받아 해당 지방자치단체의 관할구역에 있는 부동산에 대하여만 물납을 허가할 수 있다(지방세법 제117조).

2. 물납신청기한

재산세를 물납(物納)하려는 자는 행정안전부령으로 정하는 서류를 갖추어 그 납부기한 10일 전까지 납세지를 관할하는 시장·군수·구청장에게 신청하여야 한다(지방세법 시행령 제113조 제1항).

3. 물납의 허가

① 물납신청을 받은 시장·군수·구청장은 신청을 받은 날부터 5일 이내에 납세의무자에게 그 허가 여부를 서면으로 통지하여야 한다(지방세법 시행령 제113조 제2항).

② 물납허가를 받은 부동산을 행정안전부령으로 정하는 바에 따라 물납하였을 때에는 납부기한 내에 납부한 것으로 본다(지방세법 시행령 제113조 제3항).

4. 물납의 불허가

① 시장·군수·구청장은 물납신청을 받은 부동산이 관리·처분하기가 부적당하다고 인정되는 경우에는 허가하지 아니할 수 있다(지방세법 시행령 제114조 제1항).

② 시장·군수·구청장은 불허가 통지를 받은 납세의무자가 그 통지를 받은 날부터 10일 이내에 해당 시·군·구의 관할구역에 있는 부동산으로서 관리·처분이 가능한 다른 부동산으로 변경 신청하는 경우에는 변경하여 허가할 수 있다(지방세법 시행령 제114조 제2항).

③ 위 ②에 따라 허가한 부동산을 행정안전부령으로 정하는 바에 따라 물납하였을 때에는 납부기한 내에 납부한 것으로 본다(지방세법 시행령 제114조 제3항).

5. 물납허가 부동산의 평가

(1) 물납을 허가하는 부동산의 가액은 재산세 과세기준일 현재의 시가로 한다(지방세법 시행령 제115조 제1항).

(2) 시가는 다음의 어느 하나에서 정하는 가액에 따른다(지방세법 시행령 제115조 제2항).

① **토지 및 주택** : 시가표준액(부동산 가격공시에 관한 법률에 따라 공시된 가액)

② **건축물** : 시가표준액

③ 수용·공매가액 및 감정가액 등으로서 재산세의 과세기준일 전 6개월부터 과세기준일 현재까지의 기간 중에 확정된 가액으로서 다음의 어느 하나에 해당하는 것은 시가로 본다(지방세법 시행규칙 제60조).

ⓐ 해당 부동산에 대하여 수용 또는 공매사실이 있는 경우 : 그 보상가액 또는 공매가액

ⓑ 해당 부동산에 대하여 둘 이상의 감정평가법인등(감정평가 및 감정평가사에 관한 법률 제2조 제4호에 따른 감정평가법인등)이 평가한 감정가액이 있는 경우 : 그 감정가액의 평균액

ⓒ 국가, 지방자치단체 또는 지방자치단체조합으로부터의 취득 또는 판결문·법인장부 등에 따라 취득가격이 증명되는 취득으로서 그 사실상의 취득가격이 있는 경우 : 그 취득가격

④ 시가로 인정되는 가액이 둘 이상인 경우에는 재산세의 과세기준일부터 가장 가까운 날에 해당하는 가액에 의한다.

(3) 위 **(2)**를 적용할 때 「상속세 및 증여세법」에 따른 부동산의 평가방법이 따로 있어 국세청장이 고시한 가액이 증명되는 경우에는 그 고시가액을 시가로 본다.

기출&예상 문제

지방세법상 재산세의 물납에 관한 설명으로 틀린 것은?
• 28회

① 「지방세법」상 물납의 신청 및 허가 요건을 충족하고 재산세의 납부세액이 1천만원을 초과하는 경우 물납이 가능하다.

② 서울특별시 강남구와 경기도 성남시에 부동산을 소유하고 있는 자의 성남시 소재 부동산에 대하여 부과된 재산세의 물납은 성남시 내에 소재하는 부동산만 가능하다.

③ 물납허가를 받은 부동산을 행정안전부령으로 정하는 바에 따라 물납하였을 때에는 납부기한 내에 납부한 것으로 본다.

④ 물납하려는 자는 행정안전부령으로 정하는 서류를 갖추어 그 납부기한 10일 전까지 납세지를 관할하는 시장·군수·구청장에게 신청하여야 한다.

⑤ 물납신청 후 불허가 통지를 받은 경우에 해당 시·군·구의 다른 부동산으로의 변경신청은 허용되지 않으며 금전으로만 납부하여야 한다.

해설 ⑤ 시장·군수·구청장은 불허가 통지를 받은 납세의무자가 그 통지를 받은 날부터 10일 이내에 해당 시·군·구의 관할구역에 있는 부동산으로서 관리·처분이 가능한 다른 부동산으로 변경신청하는 경우에는 변경하여 허가할 수 있다.

정답 ⑤

7 부가세

납부하여야 할 재산세액(재산세 도시지역분은 제외)의 100분의 20을 지방교육세로 부과한다(지방세법 제151조 제1항 제6호).

기출&예상 문제

01 지방세법상 재산세의 부과·징수에 관한 설명으로 옳은 것은 모두 몇 개인가? (단, 비과세는 고려하지 않음) •31회

- 재산세의 과세기준일은 매년 6월 1일로 한다.
- 토지의 재산세 납기는 매년 7월 16일부터 7월 31일까지이다.
- 지방자치단체의 장은 재산세의 납부할 세액이 500만원 이하인 경우 250만원을 초과하는 금액은 납부기한이 지난 날부터 2개월 이내 분할납부하게 할 수 있다.
- 재산세는 관할 지방자치단체의 장이 세액을 산정하여 특별징수의 방법으로 부과·징수한다.

① 0개   ② 1개   ③ 2개
④ 3개   ⑤ 4개

해설 • 토지의 재산세 납기는 매년 9월 16일부터 9월 30일까지이다.
- 재산세는 관할 지방자치단체의 장이 세액을 산정하여 보통징수의 방법으로 부과·징수한다.

정답 ③

02 지방세법령상 재산세의 부과·징수에 관한 설명으로 틀린 것은? •34회

① 주택에 대한 재산세의 경우 해당 연도에 부과·징수할 세액의 2분의 1은 매년 7월 16일부터 7월 31일까지, 나머지 2분의 1은 9월 16일부터 9월 30일까지를 납기로 한다. 다만, 해당 연도에 부과할 세액이 20만원 이하인 경우에는 조례로 정하는 바에 따라 납기를 9월 16일부터 9월 30일까지로 하여 한꺼번에 부과·징수할 수 있다.
② 재산세는 관할 지방자치단체의 장이 세액을 산정하여 보통징수의 방법으로 부과·징수한다.
③ 재산세를 징수하려면 토지, 건축물, 주택, 선박 및 항공기로 구분한 납세고지서에 과세표준과 세액을 적어 늦어도 납기개시 5일 전까지 발급하여야 한다.
④ 재산세의 과세기준일은 매년 6월 1일로 한다.
⑤ 고지서 1장당 재산세로 징수할 세액이 2천원 미만인 경우에는 해당 재산세를 징수하지 아니한다.

해설 ① 주택에 대한 재산세의 경우 해당 연도에 부과·징수할 세액의 2분의 1은 매년 7월 16일부터 7월 31일까지, 나머지 2분의 1은 9월 16일부터 9월 30일까지를 납기로 한다. 다만, 해당 연도에 부과할 세액이 20만원 이하인 경우에는 조례로 정하는 바에 따라 납기를 7월 16일부터 7월 31일까지로 하여 한꺼번에 부과·징수할 수 있다(지방세법 제115조 제1항 제3호).

정답 ①

03 지방세법상 재산세에 관한 설명으로 <u>틀린</u> 것은? (단, 주어진 조건 외에는 고려하지 않음) • 32회 수정

① 토지에 대한 재산세의 과세표준은 시가표준액에 공정시장가액비율(100분의 70)을 곱하여 산정한 가액으로 한다.
② 지방자치단체가 1년 이상 공용으로 사용하는 재산으로서 유료로 사용하는 경우에는 재산세를 부과한다.
③ 재산세 물납신청을 받은 시장·군수·구청장이 물납을 허가하는 경우 물납을 허가하는 부동산의 가액은 물납허가일 현재의 시가로 한다.
④ 주택의 토지와 건물 소유자가 다를 경우 해당 주택에 대한 세율을 적용할 때 해당 주택의 토지와 건물의 가액을 합산한 과세표준에 주택의 세율을 적용한다.
⑤ 개인 소유 주택공시가격이 6억원인 주택에 대한 재산세의 산출세액이 직전연도의 해당 주택에 대한 재산세액 상당액의 100분의 110을 초과하는 경우에는 100분의 110에 해당하는 금액을 해당 연도에 징수할 세액으로 한다.

해설 ③ 재산세 물납신청을 받은 시장·군수·구청장이 물납을 허가하는 경우 물납을 허가하는 부동산의 가액은 과세기준일 현재의 시가로 한다.

정답 ③

⊘ **참고** 납부유예(지방세법 제118조의2)

1. 지방자치단체의 장은 다음의 요건을 모두 충족하는 납세의무자가 제111조의2에 따른 1세대 1주택의 재산세액(해당 재산세를 징수하기 위하여 함께 부과하는 지방세를 포함하며, 이하 '주택 재산세'라 함)의 납부유예를 그 납부기한 만료 3일 전까지 신청하는 경우 이를 허가할 수 있다. 이 경우 납부유예를 신청한 납세의무자는 그 유예할 주택 재산세에 상당하는 담보를 제공하여야 한다.
   ① 과세기준일 현재 제111조의2에 따른 1세대 1주택의 소유자일 것
   ② 과세기준일 현재 만 60세 이상이거나 해당 주택을 5년 이상 보유하고 있을 것

③ 다음의 어느 하나에 해당하는 소득 기준을 충족할 것
  ㉠ 직전 과세기간의 총급여액이 7천만원 이하일 것(직전 과세기간에 근로소득만 있거나 근로소득 및 종합소득과세표준에 합산되지 아니하는 종합소득이 있는 자로 한정)
  ㉡ 직전 과세기간의 종합소득과세표준에 합산되는 종합소득금액이 6천만원 이하일 것(직전 과세기간의 총급여액이 7천만원을 초과하지 아니하는 자로 한정)
④ 해당 연도의 납부유예 대상 주택에 대한 재산세의 납부세액이 100만원을 초과할 것
⑤ 지방세, 국세 체납이 없을 것

2. 지방자치단체의 장은 위 1.에 따른 신청을 받은 경우 납부기한 만료일까지 대통령령으로 정하는 바에 따라 납세의무자에게 납부유예 허가 여부를 통지하여야 한다.

3. 지방자치단체의 장은 위 1.에 따라 주택 재산세의 납부가 유예된 납세의무자가 다음의 어느 하나에 해당하는 경우에는 그 납부유예 허가를 취소하여야 한다.
  ① 해당 주택을 타인에게 양도하거나 증여하는 경우
  ② 사망하여 상속이 개시되는 경우
  ③ 위 1.의 ①의 요건을 충족하지 아니하게 된 경우
  ④ 담보의 변경 또는 그 밖에 담보 보전에 필요한 지방자치단체의 장의 명령에 따르지 아니한 경우
  ⑤ 「지방세징수법」 제22조 제1항 각 호의 어느 하나에 해당되어 그 납부유예와 관계되는 세액의 전액을 징수할 수 없다고 인정되는 경우
  ⑥ 납부유예된 세액을 납부하려는 경우

4. 지방자치단체의 장은 위 3.에 따라 주택 재산세의 납부유예 허가를 취소하는 경우 납세의무자(납세의무자가 사망한 경우에는 그 상속인 또는 상속재산관리인을 말함)에게 그 사실을 즉시 통지하여야 한다.

5. 지방자치단체의 장은 위 3.에 따라 주택 재산세의 납부유예 허가를 취소한 경우에는 대통령령으로 정하는 바에 따라 해당 납세의무자에게 납부를 유예받은 세액과 이자상당가산액을 징수하여야 한다. 다만, 상속인 또는 상속재산관리인은 상속으로 받은 재산의 한도에서 납부를 유예받은 세액과 이자상당가산액을 납부할 의무를 진다.

6. 지방자치단체의 장은 위 1.에 따라 납부유예를 허가한 날부터 5.에 따라 징수할 세액의 고지일까지의 기간 동안에는 「지방세기본법」 제55조에 따른 납부지연가산세를 부과하지 아니한다.

7. 위 1.부터 6.까지에서 규정한 사항 외에 납부유예에 필요한 절차 등에 관한 사항은 대통령령으로 정한다.

제7절 재산세 과세대상 토지의 분류

• 25회 • 29회 • 33회

1 의의 및 과세대상 토지의 구분

1. 의 의

토지에 대한 재산세 과세대상은 다음에 따라 종합합산과세대상, 별도합산 과세대상 및 분리과세대상으로 구분한다(지방세법 제106조 제1항). 이는 재산세 과세대상 토지의 효율적 이용 정도에 따라 세부담을 달리하고자 함에 그 의의가 있다.

■■ 개략적인 과세대상 구분

구 분	분리과세	별도합산과세	종합합산과세
농지, 목장용지, 임야	1천분의 0.7(0.07%)	–	–
공장용지 및 산업용 토지	1천분의 2(0.2%)	–	–
회원제 골프장 및 고급오락장용 토지	1천분의 40(4%)	–	–
일반 건축물의 부속토지 및 경제적 활용 토지	–	1천분의 2~ 1천분의 4 (0.2~0.4%)	–
분리, 별도합산 이외의 토지	–	–	1천분의 2~ 1천분의 5 (0.2~0.5%)

2. 과세대상 토지의 구분

(1) 분리과세대상 토지

과세기준일 현재 납세의무자가 소유하고 있는 토지 중 국가의 보호·지원 또는 중과가 필요한 토지로서 다음의 어느 하나에 해당하는 토지를 말한다 (지방세법 제106조 제1항 제3호).

① 공장용지·전·답·과수원 및 목장용지로서 대통령령으로 정하는 토지
② 산림의 보호육성을 위하여 필요한 임야 및 종중 소유 임야로서 대통령령으로 정하는 임야

③ 회원제 골프장용 토지와 고급오락장용 토지로서 대통령령으로 정하는 토지

④ 「산업집적활성화 및 공장설립에 관한 법률」에 따른 공장의 부속토지로서 개발제한구역의 지정이 있기 이전에 그 부지취득이 완료된 곳으로서 대통령령으로 정하는 토지

⑤ 국가 및 지방자치단체 지원을 위한 특정목적 사업용 토지로서 대통령령으로 정하는 토지

⑥ 에너지·자원의 공급 및 방송·통신·교통 등의 기반시설용 토지로서 대통령령으로 정하는 토지

⑦ 국토의 효율적 이용을 위한 개발사업용 토지로서 대통령령으로 정하는 토지

⑧ 그 밖에 지역경제의 발전, 공익성의 정도 등을 고려하여 분리과세하여야 할 타당한 이유가 있는 토지로서 대통령령으로 정하는 토지

(2) 별도합산과세대상 토지

과세기준일 현재 납세의무자가 소유하고 있는 토지 중 다음의 어느 하나에 해당하는 토지를 말한다(지방세법 제106조 제1항 제2호).

① 공장용 건축물의 부속토지 등 대통령령으로 정하는 건축물의 부속토지

② 차고용 토지, 보세창고용 토지, 시험·연구·검사용 토지, 물류단지시설용 토지 등 공지상태(空地狀態)나 해당 토지의 이용에 필요한 시설 등을 설치하여 업무 또는 경제활동에 활용되는 토지로서 대통령령으로 정하는 토지

③ 철거·멸실된 건축물 또는 주택의 부속토지로서 대통령령으로 정하는 부속토지

(3) 종합합산과세대상 토지

과세기준일 현재 납세의무자가 소유하고 있는 토지 중 별도합산과세대상 또는 분리과세대상이 되는 토지를 제외한 토지를 말한다(지방세법 제106조 제1항 제1호).

2 분리과세대상 토지

1. 농지(전, 답, 과수원)

1천분의 0.7의 세율을 적용하여 분리과세한다(지방세법 시행령 제102조 제 1항 제2호).

(1) 개인 소유의 농지

과세기준일 현재 실제 영농에 사용되고 있는 개인이 소유하는 농지로서 도시지역 밖에 소재하거나 특별시·광역시(군지역은 제외)·특별자치시·특별자치도 및 시지역(읍·면지역은 제외)의 도시지역의 농지는 개발제한구역과 녹지지역(국토의 계획 및 이용에 관한 법률 제6조 제1호에 따른 도시지역 중 같은 법 제36조 제1항 제1호 각 목의 구분에 따른 세부 용도지역이 지정되지 않은 지역을 포함)에 있는 농지로 한정한다.

> **◉ 참고 분리과세대상 제외 농지**
>
> 1. 도시지역 밖에 소재하고 있으나 실제 영농에 사용하지 않는 경우
> 2. 실제 영농에 사용하고 있으나 도시지역 내 주거지역·상업지역·공업지역에 소재하는 경우는 종합합산과세대상으로 분류된다.

(2) 법인 소유의 농지

법인 소유의 농지는 원칙적으로 종합합산과세대상으로 분류하지만 다음의 경우는 분리과세대상으로 분류한다.

① 「농지법」에 따른 농업법인이 소유하는 농지로서 과세기준일 현재 실제 영농에 사용되고 있는 농지. 다만, 특별시·광역시(군지역은 제외)·특별자치시·특별자치도 및 시지역(읍·면지역은 제외)의 도시지역의 농지는 개발제한구역과 녹지지역에 있는 것으로 한정한다.

② 「한국농어촌공사 및 농지관리기금법」에 따라 설립된 한국농어촌공사가 같은 법에 따라 농가에 공급하기 위하여 소유하는 농지

③ 관계 법령에 따른 사회복지사업자가 복지시설이 소비목적으로 사용할 수 있도록 하기 위하여 소유하는 농지. 다만, 1990년 5월 31일 이전부터 소유한 경우에 한정하여 분리과세하되, 1990년 6월 1일 이후에 해당 농지를 상속받아 소유하는 경우와 법인합병으로 인하여 취득하여 소유하는 경우를 포함한다.

④ 법인이 매립·간척으로 취득한 농지로서, 과세기준일 현재 실제 영농에 사용되고 있는 해당 법인 소유농지. 다만, 특별시·광역시(군지역은 제외)·특별자치시·특별자치도 및 시지역(읍·면지역은 제외)의 도시지역의 농지는 개발제한구역과 녹지지역에 있는 것으로 한정한다.

⑤ 종중(宗中)이 소유하는 농지. 다만, 1990년 5월 31일 이전부터 소유한 경우에 한정하여 분리과세하되, 1990년 6월 1일 이후에 해당 농지를 상속받아 소유하는 경우를 포함한다.

한눈에 보기 농지의 재산세 과세구분 요약

구 분	소재지		실제 영농 여부	과세 구분
개인 소유	도시지역 밖		O	분리과세
			X	종합과세
	도시지역 내	주거·상업·공업지역	무조건	종합과세
		녹지지역, 개발제한구역, 미지정지역	O	분리과세
			X	종합과세
법인 소유	일반적인 경우			종합과세
	① 농업법인이 실제 영농에 사용 ② 한국농어촌공사가 농가에 공급하기 위해 소유 ③ 종중소유 ④ 매립·간척 후 실제 영농에 사용 ⑤ 사회복지사업자가 소비목적으로 소유			분리과세

2. 목장용지 : 1천분의 0.7의 세율을 적용하여 분리과세

개인이나 법인이 축산용으로 사용하는 도시지역 안의 개발제한구역·녹지지역과 도시지역 밖의 목장용지로서 과세기준일이 속하는 해의 직전연도를 기준으로 다음 표에서 정하는 축산용 토지 및 건축물의 기준을 적용하여 계산한 토지면적의 범위에서 소유하는 토지는 분리과세한다(지방세법 시행령 제102조 제1항 제3호).

■■ 축산용 토지 및 건축물의 기준

구 분	사 업	가축 마릿수 (연중 최고 마릿수)	축사 및 부대시설		초지 또는 사료밭		비 고
			축사 (m²)	부대시설 (m²)	초지 (ha)	사료밭 (ha)	
① 한우 (육우)	사육 사업	1마리당	7.5	5	0.5	0.25	말·노새·당나귀 사육 포함
② 한우 (육우)	비육 사업	1마리당	7.5	5	0.2	0.1	–
③ 젖소	목장 사업	1마리당	11	7	0.5	0.25	–
④ 양	목장 사업	10마리당	8	3	0.5	0.25	–
⑤ 사슴	목장 사업	10마리당	66	16	0.5	0.25	–
⑥ 토끼	사육 사업	10마리당	33	7	0.2	0.1	친칠라 사육 포함
⑦ 돼지	양돈 사업	5마리당	50	13	–	–	개 사육 포함
⑧ 가금	양계 사업	100마리당	33	16	–	–	–
⑨ 밍크	사육 사업	5마리당	7	7	–	–	여우 사육 포함

한눈에 보기 **목장용지의 재산세 과세구분 요약**

구 분	소재지		기준면적	과세 구분
개인, 법인 구분 없음	도시지역 밖		기준면적 이내	분리과세
			기준면적 초과	종합합산과세
	도시지역 내	녹지지역, 개발제한구역	기준면적 이내	분리과세
			기준면적 초과	종합합산과세
		주거·상업· 공업지역	무조건	종합합산과세

➕ 단, 도시지역 내 녹지지역, 개발제한구역의 경우는 1989.12.31. 이전부터 소유 (1990.1.1. 이후에 상속 또는 법인의 합병으로 인하여 취득하는 경우 포함)한 것으로 한정한다.

3. 임야 : 1천분의 0.7의 세율을 적용하여 분리과세 ·29회

임야는 종합합산과세를 원칙으로 하지만 다음의 임야에 대해서는 분리과세를 적용한다(지방세법 시행령 제102조 제2항).

(1) 생산임야

① 「산림자원의 조성 및 관리에 관한 법률」에 따라 특수산림사업지구로 지정된 임야와 「산지관리법」에 따른 보전산지에 있는 임야로서 「산림자원의 조성 및 관리에 관한 법률」에 따른 산림경영계획의 인가를 받아 실행 중인 임야

② 다만, 도시지역의 임야는 제외하되, 도시지역으로 편입된 날부터 2년이 지나지 아니한 임야와 「국토의 계획 및 이용에 관한 법률 시행령」에 따른 보전녹지지역(국토의 계획 및 이용에 관한 법률에 따른 도시지역 중 같은 법에 따른 세부 용도지역이 지정되지 않은 지역을 포함)의 임야로서 「산림자원의 조성 및 관리에 관한 법률」에 따른 산림경영계획의 인가를 받아 실행 중인 임야를 포함한다.

(2) 「문화재보호법」에 따른 지정문화재 및 문화재 보호구역 안의 임야

(3) 「자연공원법」에 따라 지정된 공원자연환경지구의 임야

(4) 1990년 5월 31일 이전부터(1990년 6월 1일 이후에 해당 임야를 상속받아 소유하는 경우와 법인의 합병으로 인하여 취득하는 경우를 포함) 종중이 소유하고 있는 임야

(5) 1989년 12월 31일 이전부터 소유(1990년 1월 1일 이후에 해당 임야를 상속받아 소유하는 경우와 법인의 합병으로 인하여 취득하는 경우를 포함)하고 있는 다음 어느 하나에 해당하는 임야

① 「개발제한구역의 지정 및 관리에 관한 특별조치법」에 따른 개발제한구역의 임야

② 「군사기지 및 군사시설 보호법」에 따른 군사기지 및 군사시설 보호구역 중 제한보호구역의 임야 및 그 제한보호구역에서 해제된 날부터 2년이 지나지 아니한 임야

③ 「도로법」에 따라 지정된 접도구역의 임야

④ 「철도안전법」에 따른 철도보호지구의 임야

추가 준보전산지에 있는 임야로 「산림자원의 조성 및 관리에 관한 법률」에 따른 산림경영계획의 인가를 받아 실행 중인 임야는 별도합산과세대상이다.

O X 확 인 문 제

「자연공원법」에 따라 지정된 공원자연환경지구의 임야는 분리과세대상이다. ·29회 수정

( )

정답 (○)

⑤ 「도시공원 및 녹지 등에 관한 법률」에 따른 도시공원의 임야
⑥ 「국토의 계획 및 이용에 관한 법률」에 따른 도시자연공원구역의 임야
⑦ 「하천법」 제12조에 따라 홍수관리구역으로 고시된 지역의 임야

(6) 1990년 5월 31일 이전부터 소유(1990년 6월 1일 이후에 해당 임야를 상속받아 소유하는 경우와 법인의 합병으로 인하여 취득하는 경우를 포함)하고 있는 「수도법」에 따른 상수원보호구역의 임야

추가 공원자연보존지구의 임야는 재산세 비과세대상이다.

4. 공장용지 : 1천분의 2의 세율을 적용하여 분리과세

(1) 군·읍·면지역 및 도시지역의 산업단지, 공업지역 내 소재
공장용 건축물의 부속토지(건축 중인 경우를 포함하되, 과세기준일 현재 건축기간이 지났거나 정당한 사유 없이 6개월 이상 공사가 중단된 경우 제외)로서 행정안전부령으로 정하는 공장입지기준면적 범위의 토지는 분리과세한다(지방세법 시행령 제102조 제1항 제1호).

(2) 도시지역 내 상업지역, 주거지역 소재
공장용 건축물의 부속토지로서 행정안전부령으로 정하는 공장입지기준면적 범위의 토지는 일반건축물의 부속토지로 보아 별도합산과세한다.

(3) 다만, 「건축법」 등 관계 법령에 따라 허가 등을 받아야 하는 건축물로서 허가 등을 받지 않은 공장용 건축물이나 사용승인을 받아야 하는 건축물로서 사용승인(임시사용승인을 포함)을 받지 않고 사용 중인 공장용 건축물의 부속토지는 소재지와 관계없이 무조건 종합과세한다(지방세법 시행령 제102조 제1항 제1호 단서).

한눈에 보기 공장용지 재산세 과세구분 요약

소재지		기준면적	과세구분
군·읍·면지역		기준면적 이내	분리과세
		기준면적 초과	종합합산과세
도시지역 내	산업단지, 공업지역	기준면적 이내	분리과세
		기준면적 초과	종합합산과세
	상업지역, 주거지역	기준면적 이내	별도합산과세
		기준면적 초과	종합합산과세

5. 산업용 토지 : 1천분의 2의 세율을 적용하여 분리과세

(1) 국가 및 지방자치단체 지원을 위한 특정목적 사업용 토지로서 대통령령으로 정하는 토지(지방세법 시행령 제102조 제5항)

① 국가나 지방자치단체가 국방상의 목적 외에는 그 사용 및 처분 등을 제한하는 공장 구내의 토지

② 「국토의 계획 및 이용에 관한 법률」, 「도시개발법」, 「도시 및 주거환경정비법」, 「주택법」 등(개발사업 관계 법령)에 따른 개발사업의 시행자가 개발사업의 실시계획승인을 받은 토지로서 개발사업에 제공하는 토지 중 다음의 어느 하나에 해당하는 토지

    ⊙ 개발사업 관계 법령에 따라 국가나 지방자치단체에 무상귀속되는 공공시설용 토지

    ⓒ 개발사업의 시행자가 국가나 지방자치단체에 기부채납하기로 한 기반시설(국토의 계획 및 이용에 관한 법률 제2조 제6호의 기반시설)용 토지

③ 「방위사업법」 제53조에 따라 허가받은 군용화약류시험장용 토지(허가받은 용도 외의 다른 용도로 사용하는 부분은 제외)와 그 허가가 취소된 날부터 1년이 지나지 아니한 토지

④ 「한국농어촌공사 및 농지관리기금법」에 따라 설립된 한국농어촌공사가 「혁신도시 조성 및 발전에 관한 특별법」 제43조 제3항에 따라 국토교통부장관이 매입하게 함에 따라 타인에게 매각할 목적으로 일시적으로 취득하여 소유하는 같은 법 제2조 제6호에 따른 종전부동산

⑤ 「한국수자원공사법」에 따라 설립된 한국수자원공사가 「한국수자원공사법」 및 「댐건설·관리 및 주변지역지원 등에 관한 법률」에 따라 환경부장관이 수립하거나 승인한 실시계획에 따라 취득한 토지로서 「댐건설·관리 및 주변지역지원 등에 관한 법률」 제2조 제1호에 따른 특정용도 중 발전·수도·공업 및 농업 용수의 공급 또는 홍수조절용으로 직접 사용하고 있는 토지

(2) 에너지·자원의 공급 및 방송·통신·교통 등의 기반시설용 토지로서 대통령령으로 정하는 토지(지방세법 시행령 제102조 제6항)

① 과세기준일 현재 계속 염전으로 실제 사용하고 있거나 계속 염전으로 사용하다가 사용을 폐지한 토지. 다만, 염전 사용을 폐지한 후 다른 용도로 사용하는 토지는 제외한다.

② 「광업법」에 따라 광업권이 설정된 광구의 토지로서 산업통상자원부장관으로부터 채굴계획 인가를 받은 토지(채굴 외의 용도로 사용되는 부분이 있는 경우 그 부분은 제외)

③ 「방송법」에 따라 설립된 한국방송공사의 소유 토지로서 같은 법 제54조 제1항 제5호에 따른 업무에 사용되는 중계시설의 부속토지

④ 「여객자동차 운수사업법」 및 「물류시설의 개발 및 운영에 관한 법률」에 따라 면허 또는 인가를 받은 자가 계속하여 사용하는 여객자동차터미널 및 물류터미널용 토지

⑤ 「전기사업법」에 따른 전기사업자가 「전원개발촉진법」 제5조 제1항에 따른 전원개발사업 실시계획에 따라 취득한 토지 중 발전시설 또는 송전·변전시설에 직접 사용하고 있는 토지(전원개발촉진법 시행 전에 취득한 토지로서 담장·철조망 등으로 구획된 경계구역 안의 발전시설 또는 송전·변전시설에 직접 사용하고 있는 토지를 포함)

⑥ 「전기통신사업법」 제5조에 따른 기간통신사업자가 기간통신역무에 제공하는 전기통신설비(전기통신사업 회계정리 및 보고에 관한 규정 제8조에 따른 전기통신설비)를 설치·보전하기 위하여 직접 사용하는 토지(대통령령 제10492호 한국전기통신공사법 시행령 부칙 제5조에 따라 한국전기통신공사가 1983년 12월 31일 이전에 등기 또는 등록을 마친 것만 해당)

⑦ 「집단에너지사업법」에 따라 설립된 한국지역난방공사가 열생산설비에 직접 사용하고 있는 토지

⑧ 「집단에너지사업법」에 따른 사업자 중 한국지역난방공사를 제외한 사업자가 직접 사용하기 위하여 소유하고 있는 공급시설용 토지로서 2022년부터 2025년까지 재산세 납부의무가 성립하는 토지

⑨ 「한국가스공사법」에 따라 설립된 한국가스공사가 제조한 가스의 공급을 위한 공급설비에 직접 사용하고 있는 토지

⑩ 「한국석유공사법」에 따라 설립된 한국석유공사가 정부의 석유류비축계획에 따라 석유를 비축하기 위한 석유비축시설용 토지와 「석유 및 석유대체연료 사업법」 제17조에 따른 비축의무자의 석유비축시설용 토지, 「송유관 안전관리법」 제2조 제3호에 따른 송유관설치자의 석유저장 및 석유수송을 위한 송유설비에 직접 사용하고 있는 토지 및 「액화석유가스의 안전관리 및 사업법」 제20조에 따른 비축의무자의 액화석유가스 비축시설용 토지

⑪ 「한국철도공사법」에 따라 설립된 한국철도공사가 같은 법 제9조 제1항 제1호부터 제3호까지 및 제6호의 사업(같은 항 제6호의 경우에는 철도역사 개발사업만 해당)에 직접 사용하기 위하여 소유하는 철도용지

⑫ 「항만공사법」에 따라 설립된 항만공사가 소유하고 있는 항만시설(항만법 제2조 제5호에 따른 항만시설)용 토지 중 「항만공사법」 제8조 제1항에 따른 사업에 사용하거나 사용하기 위한 토지. 다만, 「항만법」 제2조 제5호 다목부터 마목까지의 규정에 따른 시설용 토지로서 제107조에 따른 수익사업에 사용되는 부분은 제외한다.

⑬ 「한국공항공사법」에 따른 한국공항공사가 소유하고 있는 「공항시설법 시행령」 제3조 제1호 및 제2호의 공항시설용 토지로서 같은 조 제1호 바목 중 공항 이용객을 위한 주차시설(유료주차장으로 한정)용 토지와 같은 조 제2호의 지원시설용 토지 중 수익사업에 사용되는 부분을 제외한 토지로서 2022년부터 2025년까지 재산세 납부의무가 성립하는 토지

(3) 국토의 효율적 이용을 위한 개발사업용 토지로서 대통령령으로 정하는 토지(지방세법 시행령 제102조 제7항)

① 「공유수면 관리 및 매립에 관한 법률」에 따라 매립하거나 간척한 토지로서 공사준공인가일(공사준공인가일 전에 사용승낙이나 허가를 받은 경우에는 사용승낙일 또는 허가일)부터 4년이 지나지 아니한 토지

② 「한국자산관리공사 설립 등에 관한 법률」에 따른 한국자산관리공사 또는 「농업협동조합의 구조개선에 관한 법률」 제29조에 따라 설립된 농업협동조합자산관리회사가 타인에게 매각할 목적으로 일시적으로 취득하여 소유하고 있는 토지

③ 「농어촌정비법」에 따른 농어촌정비사업 시행자가 같은 법에 따라 다른 사람에게 공급할 목적으로 소유하고 있는 토지

④ 「도시개발법」 제11조에 따른 도시개발사업의 시행자가 그 도시개발사업에 제공하는 토지(주택건설용 토지와 산업단지용 토지로 한정)와 종전의 「토지구획정리사업법」(법률 제6252호 토지구획정리사업법폐지법률에 의하여 폐지되기 전의 것)에 따른 토지구획정리사업의 시행자가 그 토지구획정리사업에 제공하는 토지(주택건설용 토지와 산업단지용 토지로 한정) 및 「경제자유구역의 지정 및 운영에 관한 특별법」 제8조의3에 따른 경제자유구역 또는 해당 단위개발사업지구에 대한 개발사업시행자가 그 경제자유구역개발사업에 제공하는 토지(주택건설용 토지와 산업단지용 토지로 한정). 다만, 다음의 기간 동안만 해당한다.

　㉠ 도시개발사업 실시계획을 고시한 날부터 「도시개발법」에 따른 도시개발사업으로 조성된 토지가 공급 완료(매수자의 취득일)되거나 같은 법 제51조에 따른 공사 완료 공고가 날 때까지

　㉡ 토지구획정리사업의 시행인가를 받은 날 또는 사업계획의 공고일(토지구획정리사업의 시행자가 국가인 경우로 한정)부터 종전의 「토지구획정리사업법」에 따른 토지구획정리사업으로 조성된 토지가 공급 완료(매수자의 취득일)되거나 같은 법 제61조에 따른 공사 완료 공고가 날 때까지

　㉢ 경제자유구역개발사업 실시계획 승인을 고시한 날부터 「경제자유구역의 지정 및 운영에 관한 특별법」에 따른 경제자유구역개발사업으로 조성된 토지가 공급 완료(매수자의 취득일)되거나 같은 법 제14조에 따른 준공검사를 받을 때까지

⑤ 「산업입지 및 개발에 관한 법률」 제16조에 따른 산업단지개발사업의 시행자가 같은 법에 따른 산업단지개발실시계획의 승인을 받아 산업단지조성공사에 제공하는 토지. 다만, 다음의 기간으로 한정한다.

  ㉠ **사업시행자가 직접 사용하거나 산업단지조성공사 준공인가 전에 분양·임대 계약이 체결된 경우** : 산업단지조성공사 착공일부터 다음의 날 중 빠른 날까지

    ⓐ 준공인가일

    ⓑ 토지 공급 완료일(매수자의 취득일, 임대차 개시일 또는 건축공사 착공일 등 해당 용지를 사실상 사용하는 날)

  ㉡ **산업단지조성공사 준공인가 후에도 분양·임대 계약이 체결되지 않은 경우** : 산업단지조성공사 착공일부터 다음의 날 중 빠른 날까지

    ⓐ 준공인가일 후 5년이 경과한 날

    ⓑ 토지 공급 완료일

⑥ 「산업집적활성화 및 공장설립에 관한 법률」 제45조의17에 따라 설립된 한국산업단지공단이 타인에게 공급할 목적으로 소유하고 있는 토지(임대한 토지를 포함)

⑦ 「주택법」에 따라 주택건설사업자 등록을 한 주택건설사업자(같은 법 제11조에 따른 주택조합 및 고용자인 사업주체와 「도시 및 주거환경정비법」 제24조부터 제28조까지 또는 「빈집 및 소규모주택 정비에 관한 특례법」 제17조부터 제19조까지의 규정에 따른 사업시행자를 포함)가 주택을 건설하기 위하여 같은 법에 따른 사업계획의 승인을 받은 토지로서 주택건설사업에 제공되고 있는 토지(주택법 제2조 제11호에 따른 지역주택조합·직장주택조합이 조합원이 납부한 금전으로 매수하여 소유하고 있는 신탁법에 따른 신탁재산의 경우에는 사업계획의 승인을 받기 전의 토지를 포함)

⑧ 「중소기업진흥에 관한 법률」에 따라 설립된 중소벤처기업진흥공단이 같은 법에 따라 중소기업자에게 분양하거나 임대할 목적으로 소유하고 있는 토지

⑨ 「지방공기업법」 제49조에 따라 설립된 지방공사가 같은 법 제2조 제1항 제7호 및 제8호에 따른 사업용 토지로서 타인에게 주택이나 토지를 분양하거나 임대할 목적으로 소유하고 있는 토지(임대한 토지를 포함)

⑩ **「한국수자원공사법」에 따라 설립된 한국수자원공사가 소유하고 있는 토지 중 다음의 어느 하나에 해당하는 토지(임대한 토지는 제외)**

  ㉠ 「한국수자원공사법」 제9조 제1항 제5호에 따른 개발 토지 중 타인에게 공급할 목적으로 소유하고 있는 토지

  ㉡ 「친수구역 활용에 관한 특별법」 제2조 제2호에 따른 친수구역 내의 토지로서 친수구역조성사업 실시계획에 따라 주택건설에 제공되는 토지 또는 친수구역조성사업 실시계획에 따라 공업지역(국토의 계획 및 이용에 관한 법률 제36조 제1항 제1호 다목의 공업지역)으로 결정된 토지

⑪ 「한국토지주택공사법」에 따라 설립된 한국토지주택공사가 같은 법에 따라 타인에게 토지나 주택을 분양하거나 임대할 목적으로 소유하고 있는 토지(임대한 토지를 포함) 및 「자산유동화에 관한 법률」에 따라 설립된 유동화전문회사가 한국토지주택공사가 소유하던 토지를 자산유동화 목적으로 소유하고 있는 토지

⑫ 「한국토지주택공사법」에 따라 설립된 한국토지주택공사가 소유하고 있는 비축용 토지 중 다음의 어느 하나에 해당하는 토지

  ㉠ 「공공토지의 비축에 관한 법률」 제14조 및 제15조에 따라 공공개발용으로 비축하는 토지

  ㉡ 「한국토지주택공사법」 제12조 제4항에 따라 국토교통부장관이 우선 매입하게 함에 따라 매입한 토지(자산유동화에 관한 법률 제3조에 따른 유동화전문회사등에 양도한 후 재매입한 비축용 토지를 포함)

  ㉢ 「혁신도시 조성 및 발전에 관한 특별법」 제43조 제3항에 따라 국토교통부장관이 매입하게 함에 따라 매입한 같은 법 제2조 제6호에 따른 종전부동산

  ㉣ 「부동산 거래신고 등에 관한 법률」 제15조 및 제16조에 따라 매수한 토지

  ㉤ 「공익사업을 위한 토지 등의 취득 및 보상에 관한 법률」 제4조에 따른 공익사업을 위하여 취득하였으나 해당 공익사업의 변경 또는 폐지로 인하여 비축용으로 전환된 토지

  ㉥ 비축용 토지로 매입한 후 공익사업에 편입된 토지 및 해당 공익사업의 변경 또는 폐지로 인하여 비축용으로 다시 전환된 토지

  ㉦ 국가·지방자치단체 또는 「지방자치분권 및 지역균형발전에 관한 특별법」 제2조 제10호에 따른 공공기관으로부터 매입한 토지

  ㉧ 2005년 8월 31일 정부가 발표한 부동산제도 개혁방안 중 토지시장 안정정책을 수행하기 위하여 매입한 비축용 토지

  ㉨ 1997년 12월 31일 이전에 매입한 토지

(4) 그 밖에 지역경제의 발전, 공익성의 정도 등을 고려하여 분리과세하여야 할 타당한 이유가 있는 토지로서 대통령령으로 정하는 토지(지방세법 시행령 제102조 제8항)

① 비영리사업자가 소유하고 있는 토지로서 교육사업에 직접 사용하고 있는 토지. 다만, 수익사업에 사용하는 토지는 제외한다.

② 「농업협동조합법」에 따라 설립된 조합, 농협경제지주회사 및 그 자회사, 「수산업협동조합법」에 따라 설립된 조합, 「산림조합법」에 따라 설립된 조합 및 「엽연초생산협동조합법」에 따라 설립된 조합(조합의 경우 해당 조합의 중앙회를 포함)이 과세기준일 현재 구판사업에 직접 사용하는 토지와 「농수산물 유통 및 가격안정에 관한 법률」 제70조에 따른 유통자회사

에 농수산물 유통시설로 사용하게 하는 토지 및 「한국농수산식품유통공
사법」에 따라 설립된 한국농수산식품유통공사가 농수산물 유통시설로 직
접 사용하는 토지. 다만, 「유통산업발전법」 제2조 제3호에 따른 대규모점
포(농수산물 유통 및 가격안정에 관한 법률 제2조 제12호에 따른 농수산
물종합유통센터 중 대규모점포의 요건을 충족하는 것을 포함)로 사용하
는 토지는 제외한다.

③ 「부동산투자회사법」 제49조의3 제1항에 따른 공모부동산투자회사(같은
법 시행령 제12조의3 제27호, 제29호 또는 제30호에 해당하는 자가 발
행주식 총수의 100분의 100을 소유하고 있는 같은 법 제2조 제1호에 따
른 부동산투자회사를 포함)가 목적사업에 사용하기 위하여 소유하고 있
는 토지

④ 「산업입지 및 개발에 관한 법률」에 따라 지정된 산업단지와 「산업집적활
성화 및 공장설립에 관한 법률」에 따른 유치지역 및 「산업기술단지 지원
에 관한 특례법」에 따라 조성된 산업기술단지에서 다음의 어느 하나에 해
당하는 용도에 직접 사용되고 있는 토지

ㄱ 「산업입지 및 개발에 관한 법률」 제2조에 따른 지식산업·문화산업·
정보통신산업·자원비축시설용 토지 및 이와 직접 관련된 교육·연
구·정보처리·유통시설용 토지

ㄴ 「산업집적활성화 및 공장설립에 관한 법률 시행령」 제6조 제5항에 따
른 폐기물 수집운반·처리 및 원료재생업, 폐수처리업, 창고업, 화물터
미널이나 그 밖의 물류시설을 설치·운영하는 사업, 운송업(여객운송
업은 제외), 산업용 기계장비임대업, 전기업, 농공단지에 입주하는 지
역특화산업용 토지, 「도시가스사업법」 제2조 제5호에 따른 가스공급
시설용 토지 및 「집단에너지사업법」 제2조 제6호에 따른 집단에너지
공급시설용 토지

ㄷ 「산업기술단지 지원에 관한 특례법」에 따른 연구개발시설 및 시험생
산시설용 토지

ㄹ 「산업집적활성화 및 공장설립에 관한 법률」 제30조 제2항에 따른 관리
기관이 산업단지의 관리, 입주기업체 지원 및 근로자의 후생복지를 위
하여 설치하는 건축물의 부속토지(수익사업에 사용되는 부분은 제외)

⑤ 「산업집적활성화 및 공장설립에 관한 법률」 제28조의2에 따라 지식산업
센터의 설립승인을 받은 자의 토지로서 다음의 어느 하나에 해당하는 토
지. 다만, 지식산업센터의 설립승인을 받은 후 최초로 재산세 납세의무가
성립한 날부터 5년 이내로 한정하고, 증축의 경우에는 증축에 상당하는
토지 부분으로 한정한다.

ㄱ 같은 법 제28조의5 제1항 제1호 및 제2호에 따른 시설용(이하 '지식
산업센터 입주시설용')으로 직접 사용하거나 분양 또는 임대하기 위
해 지식산업센터를 신축 또는 증축 중인 토지

Ⓛ 지식산업센터를 신축하거나 증축한 토지로서 지식산업센터 입주시설
　　　용으로 직접 사용(재산세 과세기준일 현재 60일 이상 휴업 중인 경우
　　　는 제외)하거나 분양 또는 임대할 목적으로 소유하고 있는 토지(임대
　　　한 토지를 포함)

⑥ 「산업집적활성화 및 공장설립에 관한 법률」 제28조의4에 따라 지식산업
　센터를 신축하거나 증축하여 설립한 자로부터 최초로 해당 지식산업센터
　를 분양받은 입주자(중소기업기본법 제2조에 따른 중소기업을 영위하는
　자로 한정)로서 같은 법 제28조의5 제1항 제1호 및 제2호에 규정된 사업
　에 직접 사용(재산세 과세기준일 현재 60일 이상 휴업 중인 경우와 타인
　에게 임대한 부분은 제외)하는 토지(지식산업센터를 분양받은 후 최초로
　재산세 납세의무가 성립한 날부터 5년 이내로 한정)

⑦ 「연구개발특구의 육성에 관한 특별법」 제34조에 따른 특구관리계획에 따
　라 원형지로 지정된 토지

⑧ 「인천국제공항공사법」에 따라 설립된 인천국제공항공사가 소유하고 있는
　공항시설(공항시설법 제2조 제7호에 따른 공항시설)용 토지 중 「인천국제
　공항공사법」 제10조 제1항의 사업에 사용하거나 사용하기 위한 토지. 다
　만, 다음의 어느 하나에 해당하는 토지는 제외한다.

　　Ⓖ 「공항시설법」 제4조에 따른 기본계획에 포함된 지역 중 국제업무지역,
　　　공항신도시, 유수지(수익사업에 사용되는 부분으로 한정), 물류단지(수
　　　익사업에 사용되는 부분으로 한정) 및 유보지[같은 법 시행령 제5조
　　　제1항 제3호 및 제4호에 따른 진입표면, 내부진입표면, 전이(轉移)표
　　　면 또는 내부전이표면에 해당하지 않는 토지로 한정]

　　Ⓛ 「공항시설법 시행령」 제3조 제2호에 따른 지원시설용 토지(수익사업
　　　에 사용되는 부분으로 한정)

⑨ 「자본시장과 금융투자업에 관한 법률」 제229조 제2호에 따른 부동산집합
　투자기구[집합투자재산의 100분의 80을 초과하여 같은 호에서 정한 부
　동산에 투자하는 같은 법 제9조 제19항 제2호에 따른 일반 사모집합투자
　기구(투자자가 부동산투자회사법 시행령 제12조의3 제27호, 제29호 또는
　제30호에 해당하는 자로만 이루어진 사모집합투자기구로 한정)를 포함]
　또는 종전의 「간접투자자산 운용업법」에 따라 설정·설립된 부동산간접투
　자기구가 목적사업에 사용하기 위하여 소유하고 있는 토지 중 「지방세법」
　제106조 제1항 제2호에 해당하는 토지

⑩ 「전시산업발전법 시행령」 제3조 제1호 및 제2호에 따른 토지

⑪ 「전통사찰의 보존 및 지원에 관한 법률」 제2조 제3호에 따른 전통사찰보
　존지 및 「향교재산법」 제2조에 따른 향교재산 중 토지. 다만, 수익사업에
　사용되는 부분은 제외한다.

6. 골프장용 토지 및 고급오락장용 토지 : 1천분의 40의 세율을 적용하여 분리과세

회원제 골프장용 토지로서 「체육시설의 설치·이용에 관한 법률」에 따라 구분등록의 대상이 되는 토지 및 사치성 재산에 해당하는 고급오락장용 건축물의 부속토지를 말한다(지방세법 제106조 제1항 제3호 다목).

> **참고** 분리과세 특례
>
> 공장용지, 전, 답, 과수원, 목장용지, 임야에 대해 분리과세 규정을 적용할 때 다음의 시기까지 계속하여 분리과세대상 토지로 한다(지방세법 시행령 제102조 제10항).
> 1. 「공익사업을 위한 토지 등의 취득 및 보상에 관한 법률」 제4조에 따른 공익사업의 구역에 있는 토지로서 같은 법에 따라 사업시행자에게 협의 또는 수용에 의하여 매각이 예정된 토지 중 「택지개발촉진법」 등 관계 법률에 따라 「국토의 계획 및 이용에 관한 법률」에 따른 도시·군관리계획 결정이 의제되어 용도지역이 변경되거나 개발제한구역에서 해제된 경우 : 그 토지가 매각되기 전(공익사업을 위한 토지 등의 취득 및 보상에 관한 법률 제40조 제2항에 따라 보상금을 공탁한 경우에는 공탁금 수령일 전)까지
> 2. 위 1.에 따라 매각이 예정되었던 토지 중 「공공주택 특별법」 제6조의2에 따라 특별관리지역으로 변경된 경우 : 그 토지가 특별관리지역에서 해제되기 전까지

3 별도합산과세대상 토지

1. 건축물의 부속토지

(1) 공장용 건축물의 부속토지(지방세법 시행령 제101조 제1항 제1호)

도시지역의 주거지역이나 상업지역에 소재하는 공장용 건축물의 부속토지로서 기준면적 이내의 토지

정리 기준면적 = 건축물 바닥면적 × 용도지역별 적용배율

(2) 일반 건축물의 부속토지(지방세법 시행령 제101조 제1항 제2호)

건축물의 바닥면적(건축물 외의 시설의 경우에는 그 수평투영면적)에 용도지역별 적용배율을 곱하여 산정한 면적 범위의 토지

> **참고** 용도지역별 적용배율(지방세법 시행령 제101조 제2항)

용도지역별		적용배율
도시지역	① 전용주거지역	5배
	② 준주거지역·상업지역	3배
	③ 일반주거지역·공업지역	4배
	④ 녹지지역	7배
	⑤ 미계획지역	4배
도시지역 외의 용도지역		7배

(3) 기 타

① 공장용 건축물과 주거용 건축물을 제외한 건축물의 시가표준액이 해당 부속토지의 시가표준액의 100분의 2에 미달하는 건축물의 부속토지 중 그 건축물의 바닥면적까지는 별도합산과세대상이다(바닥면적을 초과하는 부분은 종합합산과세대상).

② 과세기준일 현재 건축물 또는 주택이 사실상 철거·멸실된 날(사실상 철거·멸실된 날을 알 수 없는 경우에는 공부상 철거·멸실된 날)부터 6개월이 지나지 아니한 건축물 또는 주택의 부속토지는 별도합산과세대상이다(6개월 경과 시 종합합산과세대상)(지방세법 시행령 제103조의2).

③ 「건축법」 등 관계 법령에 따라 허가 등을 받아야 할 건축물로서 허가 등을 받지 아니한 건축물 또는 사용승인을 받아야 할 건축물로서 사용승인(임시사용승인을 포함)을 받지 아니하고 사용 중인 건축물의 부속토지는 종합합산과세대상이다(지방세법 시행령 제101조 제1항).

부속토지가 별도합산과세대상인 건축물의 범위

1. 건축허가를 받았으나 「건축법」 제18조에 따라 착공이 제한된 건축물
2. 「건축법」에 따른 건축허가를 받거나 건축신고를 한 건축물로서 같은 법에 따른 공사계획을 신고하고 공사에 착수한 건축물[개발사업 관계 법령에 따른 개발사업의 시행자가 소유하고 있는 토지로서 같은 법령에 따른 개발사업 실시계획의 승인을 받아 그 개발사업에 제공하는 토지(지방세법 제106 조 제1항 제3호에 따른 분리과세대상이 되는 토지는 제외)로서 건축물의 부속토지로 사용하기 위하여 토지조성공사에 착수하여 준공검사 또는 사용허가를 받기 전까지의 토지에 건축이 예정된 건축물(관계 행정기관이 허가 등으로 그 건축물의 용도 및 바닥면적을 확인한 건축물)을 포함]. 다만, 과세기준일 현재 정당한 사유 없이 6개월 이상 공사가 중단된 경우는 제외한다.
3. 가스배관시설 등 행정안전부령으로 정하는 지상정착물

한눈에 보기 **별도합산과세대상 건축물의 부속토지**

1. 일반 건축물의 부속토지로 기준면적 이내
2. 공장용 건축물의 부속토지로 주거·상업지역 내 기준면적 이내
3. 토지시가표준액 대비 건축물의 시가표준액이 100분의 2에 미달 시 바닥면적 부분
4. 철거 후 6개월 이내
➕ 무허가 또는 기준면적 초과 ⇨ 종합합산과세대상

2. 기타 별도합산과세대상 토지

차고용 토지, 보세창고용 토지, 시험·연구·검사용 토지, 물류단지시설용 토지 등 공지상태(空地狀態)나 해당 토지의 이용에 필요한 시설 등을 설치하여 업무 또는 경제활동에 활용되는 토지로서 다음의 토지는 별도합산과세대상이다(지방세법 제106조 제1항 제2호 나목).

① 「여객자동차 운수사업법」 또는 「화물자동차 운수사업법」에 따라 여객자동차운송사업 또는 화물자동차 운송사업의 면허·등록 또는 자동차대여사업의 등록을 받은 자가 그 면허·등록조건에 따라 사용하는 차고용 토지로서 자동차운송 또는 대여사업의 최저보유차고면적기준의 1.5배에 해당하는 면적 이내의 토지
② 「건설기계관리법」에 따라 건설기계사업의 등록을 한 자가 그 등록조건에 따라 사용하는 건설기계대여업, 건설기계정비업, 건설기계매매업 또는 건설기계폐기업의 등록기준에 맞는 주기장 또는 옥외작업장용 토지로서 그 시설의 최저면적기준의 1.5배에 해당하는 면적 이내의 토지

③「도로교통법」에 따라 등록된 자동차운전학원의 자동차운전학원용 토지로서 같은 법에서 정하는 시설을 갖춘 구역 안의 토지

④「항만법」에 따라 해양수산부장관 또는 시·도지사가 지정하거나 고시한 야적장 및 컨테이너 장치장용 토지와 「관세법」에 따라 세관장의 특허를 받는 특허보세구역 중 보세창고용 토지로서 해당 사업연도 및 직전 2개 사업연도 중 물품 등의 보관·관리에 사용된 최대면적의 1.2배 이내의 토지

⑤「자동차관리법」에 따라 자동차관리사업의 등록을 한 자가 그 시설기준에 따라 사용하는 자동차관리사업용 토지(자동차정비사업장용, 자동차해체 재활용사업장용, 자동차매매사업장용 또는 자동차경매장용 토지만 해당)로서 그 시설의 최저면적기준의 1.5배에 해당하는 면적 이내의 토지

⑥「한국교통안전공단법」에 따른 한국교통안전공단이 같은 법 제6조 제6호에 따른 자동차의 성능 및 안전도에 관한 시험·연구의 용도로 사용하는 토지 및 「자동차관리법」제44조에 따라 자동차검사대행자로 지정된 자, 같은 법 제44조의2에 따라 자동차 종합검사대행자로 지정된 자, 같은 법 제45조에 따라 지정정비사업자로 지정된 자 및 제45조의2에 따라 종합검사 지정정비사업자로 지정된 자, 「건설기계관리법」제14조에 따라 건설기계 검사대행 업무의 지정을 받은 자 및 「대기환경보전법」제64조에 따라 운행차 배출가스 정밀검사 업무의 지정을 받은 자가 자동차 또는 건설기계 검사용 및 운행차 배출가스 정밀검사용으로 사용하는 토지

⑦「물류시설의 개발 및 운영에 관한 법률」제22조에 따른 물류단지 안의 토지로서 같은 법 제2조 제7호 각 목의 어느 하나에 해당하는 물류단지시설용 토지 및 「유통산업발전법」제2조 제16호에 따른 공동집배송센터로서 행정안전부장관이 산업통상자원부장관과 협의하여 정하는 토지

⑧특별시·광역시(군지역은 제외)·특별자치시·특별자치도 및 시지역(읍·면지역은 제외)에 위치한 「산업집적활성화 및 공장설립에 관한 법률」의 적용을 받는 레미콘 제조업용 토지(산업입지 및 개발에 관한 법률에 따라 지정된 산업단지 및 국토의 계획 및 이용에 관한 법률에 따라 지정된 공업지역에 있는 토지는 제외)로서 제102조 제1항 제1호에 따른 공장입지 기준면적 이내의 토지

⑨경기 및 스포츠업을 경영하기 위하여 「부가가치세법」제8조에 따라 사업자등록을 한 자의 사업에 이용되고 있는 「체육시설의 설치·이용에 관한 법률 시행령」제2조에 따른 체육시설용 토지(골프장의 경우에는 체육시설의 설치·이용에 관한 법률 제10조의2 제2항에 따른 대중형 골프장용 토지로 한정)로서 사실상 운동시설에 이용되고 있는 토지(골프장의 경우에는 체육시설의 설치·이용에 관한 법률 제10조의2 제2항에 따른 대중형 골프장용 토지로 한정)

⑩「관광진흥법」에 따른 관광사업자가 「박물관 및 미술관 진흥법」에 따른 시설기준을 갖추어 설치한 박물관·미술관·동물원·식물원의 야외전시장용 토지

⑪ 「주차장법 시행령」 제6조에 따른 부설주차장 설치기준면적 이내의 토지(지방세법 제106조 제1항 제3호 다목에 따른 토지 안의 부설주차장은 제외). 다만, 「관광진흥법 시행령」 제2조 제1항 제3호 가목·나목에 따른 전문휴양업·종합휴양업 및 같은 항 제5호에 따른 유원시설업에 해당하는 시설의 부설주차장으로서 「도시교통정비 촉진법」 제15조 및 제17조에 따른 교통영향평가서의 심의 결과에 따라 설치된 주차장의 경우에는 해당 검토 결과에 규정된 범위 이내의 주차장용 토지를 말한다.

⑫ 「장사 등에 관한 법률」 제14조 제3항에 따른 설치·관리허가를 받은 법인 묘지용 토지로서 지적공부상 지목이 묘지인 토지

⑬ 다음에 규정된 임야
  ㉠ 「체육시설의 설치·이용에 관한 법률 시행령」 제12조에 따른 스키장 및 골프장용 토지 중 원형이 보전되는 임야
  ㉡ 「관광진흥법」 제2조 제7호에 따른 관광단지 안의 토지와 「관광진흥법 시행령」 제2조 제1항 제3호 가목·나목 및 같은 항 제5호에 따른 전문휴양업·종합휴양업 및 유원시설업용 토지 중 「환경영향평가법」 제22조 및 제27조에 따른 환경영향평가의 협의 결과에 따라 원형이 보전되는 임야
  ㉢ 「산지관리법」 제4조 제1항 제2호에 따른 준보전산지에 있는 토지 중 「산림자원의 조성 및 관리에 관한 법률」 제13조에 따른 산림경영계획의 인가를 받아 실행 중인 임야. 다만, 도시지역의 임야는 제외한다.

⑭ 「종자산업법」 제37조 제1항에 따라 종자업 등록을 한 종자업자가 소유하는 농지로서 종자연구 및 생산에 직접 이용되고 있는 시험·연구·실습지 또는 종자생산용 토지

⑮ 「양식산업발전법」에 따라 면허·허가를 받은 자 또는 「수산종자산업육성법」에 따라 수산종자생산업의 허가를 받은 자가 소유하는 토지로서 양식어업 또는 수산종자생산업에 직접 이용되고 있는 토지

⑯ 「도로교통법」에 따라 견인된 차를 보관하는 토지로서 같은 법에서 정하는 시설을 갖춘 토지

⑰ 「폐기물관리법」 제25조 제3항에 따라 폐기물 최종처리업 또는 폐기물 종합처리업의 허가를 받은 자가 소유하는 토지 중 폐기물 매립용에 직접 사용되고 있는 토지

4 종합합산과세대상 토지

과세기준일 현재 납세의무자가 소유하고 있는 토지 중 별도합산과세대상 또는 분리과세대상이 되는 토지를 제외한 토지를 말한다(지방세법 제106조 제1항 제1호).

추가 종합합산과세대상 토지
나대지, 무허가건축물의 부속토지, 기준면적 초과분 등

01 지방세법상 토지에 대한 재산세를 부과함에 있어서 과세대상의 구분(종합합산과세대상, 별도합산과세대상, 분리과세대상)이 같은 것으로만 묶인 것은?

· 25회 수정

⊙ 1990년 5월 31일 이전부터 종중이 소유하고 있는 임야
ⓒ 「체육시설의 설치·이용에 관한 법률 시행령」에 따른 골프장용 토지 중 원형이 보전되는 임야
ⓒ 과세기준일 현재 계속 염전으로 실제 사용하고 있는 토지
② 「도로교통법」에 따라 등록된 자동차운전학원의 자동차운전학원용 토지로서 같은 법에서 정하는 시설을 갖춘 구역 안의 토지

① ⊙, ⓒ
② ⓒ, ⓒ
③ ⓒ, ②
④ ⊙, ⓒ, ⓒ
⑤ ⊙, ⓒ, ②

해설 ⓒ 별도합산과세대상
② 별도합산과세대상
⊙ 분리과세대상
ⓒ 분리과세대상

정답 ③

02 지방세법상 재산세 종합합산과세대상 토지는?

· 29회 수정

① 「문화재보호법」 제2조 제2항에 따른 지정문화재 안의 임야
② 국가가 국방상의 목적 외에는 그 사용 및 처분 등을 제한하는 공장 구내의 토지
③ 「건축법」 등 관계 법령에 따라 허가 등을 받아야 할 건축물로서 허가 등을 받지 아니한 공장용 건축물의 부속토지
④ 「자연공원법」에 따라 지정된 공원자연환경지구의 임야
⑤ 1989년 12월 31일 이전부터 소유한 「개발제한구역의 지정 및 관리에 관한 특별조치법」에 따른 개발제한구역의 임야

해설 ①②④⑤ 분리과세대상이다.

정답 ③

03 **지방세법상 재산세에 관한 설명으로 틀린 것은?** (단, 주어진 조건 외에는 고려하지 않음)

• 33회

① 재산세 과세기준일 현재 공부상에 개인 등의 명의로 등재되어 있는 사실상의 종중재산으로서 종중소유임을 신고하지 아니하였을 때에는 공부상 소유자는 재산세를 납부할 의무가 있다.

② 지방자치단체가 1년 이상 공용으로 사용하는 재산에 대하여는 소유권의 유상이전을 약정한 경우로서 그 재산을 취득하기 전에 미리 사용하는 경우 재산세를 부과하지 아니한다.

③ 재산세 과세기준일 현재 소유권의 귀속이 분명하지 아니하여 사실상의 소유자를 확인할 수 없는 경우에는 그 사용자가 재산세를 납부할 의무가 있다.

④ 재산세의 납기는 토지의 경우 매년 9월 16일부터 9월 30일까지이며, 건축물의 경우 매년 7월 16일부터 7월 31일까지이다.

⑤ 재산세의 납기에도 불구하고 지방자치단체의 장은 과세대상 누락, 위법 또는 착오 등으로 인하여 이미 부과한 세액을 변경하거나 수시부과하여야 할 사유가 발생하면 수시로 부과·징수할 수 있다.

해설 ② 국가, 지방자치단체 또는 지방자치단체조합이 1년 이상 공용 또는 공공용으로 사용(1년 이상 사용할 것이 계약서 등에 의하여 입증되는 경우를 포함)하는 재산에 대하여는 재산세를 부과하지 아니한다. 다만, 다음의 어느 하나에 해당하는 경우에는 재산세를 부과한다(지방세법 제109조 제2항).

> 1. 유료로 사용하는 경우
> 2. 소유권의 유상이전을 약정한 경우로서 그 재산을 취득하기 전에 미리 사용하는 경우

① 「지방세법」 제107조 제2항 제3호
③ 「지방세법」 제107조 제3항
④ 「지방세법」 제115조 제1항
⑤ 「지방세법」 제115조 제2항

정답 ②

❶ 재산세는 시·군·구·특별자치시·특별자치도가 부과·징수하는 조세이다. 다만, (   )의 경우에는 구와 (   )가 공동 과세한다.

❷ 공부상 등재현황과 달리 이용함으로써 재산세 부담이 낮아지는 경우 등 대통령령으로 정하는 경우는 (   ) 등재현황에 따라 부과한다.

❸ 재산세 과세기준일은 (   )이다.

❹ 1구의 건물이 주거와 주거 외의 용도로 사용되고 있는 경우에는 주거용으로 사용되는 면적이 전체의 50% (   )일 때에는 주택으로 본다.

❺ 관계 법령에 따라 허가를 받아야 할 건축물로서 허가를 받지 않고 주거용으로 사용 중인 건축물의 면적이 전체 건축물 면적의 100분의 (   ) 이상인 경우에는 그 건축물을 주택으로 보지 아니하고 그 부속토지는 (   )과세대상 토지로 본다.

❻ 주택에 대한 과세표준은 주택별로 주택의 시가표준액에 (   )%를 곱하여 산정한 가액으로 한다.

❼ 지방자치단체의 장은 재산세 세율조정이 불가피하다고 인정되는 경우 (   )에 한하여 표준세율의 100분의 50의 범위에서 가감할 수 있다.

정답　**1** 특별시, 특별시　**2** 공부상　**3** 6월 1일　**4** 이상　**5** 50, 종합합산　**6** 60　**7** 해당 연도

8 시지역의 주거지역에 소재하는 공장용 건축물의 재산세 표준세율은 1천분의 (   )이다.

9 1주택을 2명 이상이 공동소유하거나 토지와 건물의 소유자가 다를 경우 해당 주택의 세율을 적용할 때 해당 주택의 토지와 건물의 가액을 (   ) 과세표준에 세율을 적용한다.

10 법령으로 정하는 1세대 1주택으로 시가표준액 (   )억원 이하인 주택에 한하여 1천분의 0.5~1천분의 3.5의 초과누진세율을 적용한다.

11 1세대 1주택 여부 판단 시 신탁된 주택은 (   )의 주택 수에 가산한다.

12 공유재산의 경우 지분권자를 납세의무자로 하고 지분의 표시가 없는 경우에는 지분이 (   )한 것으로 본다.

13 상속이 개시된 재산으로서 상속등기가 이행되지 아니하고 사실상의 소유자를 신고하지 아니한 때에는 (   )가 납세의무를 진다.

14 「신탁법」에 따른 수탁자의 명의로 등기 또는 등록된 신탁재산의 경우에는 (   )가 신탁재산을 소유한 것으로 본다.

15 신탁재산의 위탁자가 재산세 등을 체납하고 위탁자의 다른 재산으로 체납처분을 하여도 징수할 금액에 미치지 못할 때는 수탁자는 그 (   )으로써 위탁자의 재산세 등을 납부할 의무가 있다.

정답   **8** 5   **9** 합산한   **10** 9   **11** 위탁자   **12** 균등   **13** 주된 상속자   **14** 위탁자   **15** 신탁재산

⑯ 국가등이 개인 또는 법인의 재산을 1년 이상 (   )로 이용하는 경우 재산세를 부과하지 아니한다.

⑰ 「군사기지 및 군사시설 보호법」에 따른 군사기지 및 군사시설 보호구역 중 (   )보호구역에 있는 토지는 재산세를 과세하지 아니한다. 다만, 전·답·과수원 및 대지는 제외한다.

⑱ 해당 연도에 철거하기로 계획이 확정되어 철거명령을 받은 건축물 및 주택에 대해서는 재산세를 비과세한다. 단, (   ) 및 사치성 재산의 경우는 재산세를 부과한다.

⑲ 토지에 대한 재산세는 (   )의 납부고지서로 발급하여야 한다.

⑳ 해당 연도 부과할 주택의 세액이 (   )만원 이하인 경우에는 조례로 정하는 바에 따라 납기를 7월 16일~7월 31일로 하여 한꺼번에 부과·징수할 수 있다.

㉑ 해당 재산에 대한 재산세의 산출세액이 대통령령으로 정하는 방법에 따라 계산한 직전 연도의 해당 재산에 대한 재산세액 상당액의 100분의 150을 초과하는 경우에는 100분의 150에 해당하는 금액을 해당 연도에 징수할 세액으로 한다. 다만, (   )의 경우에는 적용하지 아니한다.

㉒ 고지서 1장당 재산세로 징수할 세액이 (   )천원 미만인 경우에는 해당 재산세를 징수하지 아니한다.

정답   **16** 무료   **17** 통제   **18** 부속토지   **19** 1장   **20** 20   **21** 주택   **22** 2

㉓ 납기별로 재산세 납부세액이 (　　　)만원을 초과하는 경우에는 납부할 세액의 일부를 납부기한이 경과한 날부터 (　　　)개월 이내에 분할납부하게 할 수 있다.

㉔ 납기별로 관할구역 내 재산세 납부세액이 (　　　)만원을 초과하는 경우에는 납세의무자의 신청을 받아 해당 지방자치단체의 (　　　) 안에 소재하는 부동산으로 물납을 허가할 수 있다.

㉕ 재산세를 물납하려는 자는 그 납부기한 (　　　)일 전까지 신청하여야 한다.

㉖ 1990년 5월 31일 이전에 종중이 소유하는 농지는 재산세 (　　　)과세 대상이다.

㉗ 문화재보호구역 안의 임야는 재산세 (　　　)과세 대상이다.

㉘ 시지역의 주거지역에 소재하는 법정기준면적 이내의 공장용 건축물의 부속토지는 재산세 (　　　)과세대상이다.

㉙ 과세기준일 현재 계속 염전으로 사용하고 있는 토지의 재산세 표준세율은 1천분의 (　　　)이다.

㉚ 건축물의 시가표준액이 해당 부속토지의 시가표준액의 100분의 2에 미달하는 건축물의 부속토지 중 그 건축물의 (　　　)면적에 해당하는 토지는 재산세 별도합산과세대상이다.

| 정답 | 23 250, 2　24 1천, 관할구역　25 10　26 분리　27 분리　28 별도합산　29 2　30 바닥 |

기회는 노크하지 않는다.
그것은 당신이 문을 밀어
넘어뜨릴 때 모습을 드러낸다.

– 카일 챈들러

최근 10개년 출제비중

46.3%

제34회 출제비중

50%

CHAPTER별 10개년 출제비중 & 출제키워드

CHAPTER	10개년 출제비중	BEST 출제키워드
01 종합부동산세	17.6%	과세대상, 납세의무자, 과세표준, 납세절차
02 종합소득세	8.1%	부동산임대소득
03 양도소득세	74.3%	과세대상, 양도의 개념, 비과세, 납세절차, 국외자산에 대한 양도소득세

* 여러 CHAPTER의 개념을 묻는 복합문제이거나, 법률이 개정 및 제정된 경우 분류 기준에 따라 수치가 달라질 수 있습니다.

제35회 시험 학습전략

제34회와 마찬가지로 계산문제가 2문제 출제되었습니다. 양도소득세는 학습 시 난도에 비해서는 평이한 문제가 주로 출제되었습니다. 종합부동산세는 주택 부분 위주로, 양도소득세는 계산구조를 중심으로 전체적인 흐름에 중점을 두어 학습하시기 바랍니다.

01 종합부동산세

10개년 출제문항 수

25회	26회	27회	28회	29회
	1	1	1	1.5

30회	31회	32회	33회	34회
1	1	2.5	2	2

↳ 총 16문제 中 평균 약 1.3문제 출제

학습전략

- 종합부동산세는 고액의 부동산 보유자에게 부동산 보유세를 과세하는 조세입니다. 이 챕터에서는 종합부동산세의 개념과 대상, 납세흐름에 대해 학습합니다.

- 과세대상, 납세의무자, 납세절차에 대한 문제가 주로 출제되므로 관련 이론을 정리해 두는 것이 좋습니다.

제1절 종합부동산세의 의의 및 용어의 정의

1 의 의

고액의 부동산 보유자에 대하여 종합부동산세를 부과하여 부동산 보유에 대한 조세부담의 형평성을 제고하고, 부동산의 가격안정을 도모함으로써 지방재정의 균형발전과 국민경제의 건전한 발전에 이바지함을 목적으로(종합부동산세법 제1조) 2005년부터 재산세와는 별도로 기준금액 초과분에 대해 종합부동산세를 부과하고 있다. 한편, 종합부동산세는 국세이지만 재정이 어려운 지방자치단체에 전액 교부하도록 하여 지방재정의 균형발전을 도모하고 있다.

2 용어의 정의

「종합부동산세법」에서 사용하는 용어의 정의는 다음과 같다(종합부동산세법 제2조).

(1) 시·군·구

'시·군·구'라 함은 「지방자치법」 제2조에 따른 지방자치단체인 시·군 및 자치구를 말한다.

(2) 시장·군수·구청장

'시장·군수·구청장'이라 함은 지방자치단체의 장인 시장·군수 및 자치구의 구청장을 말한다.

(3) 주 택

'주택'이라 함은 세대의 구성원이 장기간 독립된 주거생활을 할 수 있는 구조로 된 건축물의 전부 또는 일부 및 그 부속토지를 말하며, 이는 단독주택과 공동주택으로 구분한다.

(4) 토 지

'토지'라 함은 「공간정보의 구축 및 관리 등에 관한 법률」에 따라 지적공부의 등록대상이 되는 토지와 그 밖에 사용되고 있는 사실상의 토지를 말한다.

(5) 주택분 재산세

'주택분 재산세'라 함은 「지방세법」 제105조 및 제107조에 따라 주택에 대하여 부과하는 재산세를 말한다.

(6) 토지분 재산세

'토지분 재산세'라 함은 「지방세법」 제105조 및 제107조에 따라 토지에 대하여 부과하는 재산세를 말한다.

(7) 세 대

'세대'라 함은 주택 또는 토지의 소유자 및 그 배우자와 그들과 생계를 같이하는 가족으로서 대통령령으로 정하는 것을 말한다.

> ✔ 참고 **대통령령으로 정하는 세대의 범위(종합부동산세법 시행령 제1조의2)**
>
> 1. '세대'라 함은 주택 또는 토지의 소유자 및 그 배우자가 그들과 동일한 주소 또는 거소에서 생계를 같이하는 가족과 함께 구성하는 1세대를 말한다.
> 2. '가족'이라 함은 주택 또는 토지의 소유자와 그 배우자의 직계존비속(그 배우자를 포함) 및 형제자매를 말하며, 취학, 질병의 요양, 근무상 또는 사업상의 형편으로 본래의 주소 또는 거소를 일시퇴거한 자를 포함한다.
> 3. 다음의 어느 하나에 해당하는 경우에는 배우자가 없는 때에도 이를 1세대로 본다.
>   ① 30세 이상인 경우
>   ② 배우자가 사망하거나 이혼한 경우

③ 「소득세법」 제4조에 따른 소득이 「국민기초생활 보장법」에 따른 기준 중위소득의 100분의 40 이상으로서 소유하고 있는 주택 또는 토지를 관리·유지하면서 독립된 생계를 유지할 수 있는 경우. 다만, 미성년자의 경우를 제외하되, 미성년자의 결혼, 가족의 사망 그 밖에 기획재정부령이 정하는 사유로 1세대의 구성이 불가피한 경우에는 그러하지 아니하다.

4. 혼인함으로써 1세대를 구성하는 경우에는 혼인한 날부터 5년 동안은 주택 또는 토지를 소유하는 자와 그 혼인한 자별로 각각 1세대로 본다.

5. 동거봉양(同居奉養)하기 위하여 합가(合家)함으로써 과세기준일 현재 60세 이상의 직계존속(직계존속 중 어느 한 사람이 60세 미만인 경우를 포함)과 1세대를 구성하는 경우에는 합가한 날부터 10년 동안(합가한 날 당시는 60세 미만이었으나, 합가한 후 과세기준일 현재 60세에 도달하는 경우는 합가한 날부터 10년의 기간 중에서 60세 이상인 기간 동안) 주택 또는 토지를 소유하는 자와 그 합가한 자별로 각각 1세대로 본다.

추가 공시가격
1. 토지 : 개별공시지가
2. 주택 : 개별주택가격, 공동주택가격

(8) 공시가격

'공시가격'이라 함은 「부동산 가격공시에 관한 법률」에 따라 가격이 공시되는 주택 및 토지에 대하여 같은 법에 따라 공시된 가액을 말한다. 다만, 개별공시지가 또는 개별주택가격이 공시되지 아니한 경우에는 특별자치시장·특별자치도지사·시장·군수 또는 구청장이 국토교통부장관이 제공한 토지가격비준표 또는 주택가격비준표를 사용하여 산정한 가액으로 하고, 공동주택가격이 공시되지 아니한 경우에는 특별자치시장·특별자치도지사·시장·군수 또는 구청장이 산정한 가액으로 한다.

제2절 　과세대상

• 26회 • 32회

종합부동산세는 「지방세법」상 재산세 과세대상인 주택과 토지(분리과세대상 토지는 제외)를 과세대상으로 한다. 따라서 재산세 과세대상인 건축물과 선박, 항공기는 종합부동산세 과세대상이 아니다.

구 분		재산세	종합부동산세
토 지	종합합산과세대상	0.2~0.5% 초과누진세율	과세대상
	별도합산과세대상	0.2~0.4% 초과누진세율	과세대상
	분리과세대상	0.07%, 0.2%, 4%	과세대상 제외
건축물		0.25%, 0.5%, 4%	과세대상 제외
주 택		0.1~0.4% 등 초과누진세율	과세대상

추가 재산세가 초과누진세율로 과세되는 물건에 대해서만 종합부동산세가 과세된다.

O X 확 인 문 제

상가건물에 대해서는 종합부동산세를 과세하지 아니한다.
• 32회 ( )

정답 (○)

O X 확 인 문 제

과세기준일 현재 토지분 재산세의 납세의무자로서 「자연공원법」에 따라 지정된 공원자연환경지구의 임야를 소유하는 자는 토지에 대한 종합부동산세를 납부할 의무가 있다. • 30회 ( )

정답 (×)

재산세 분리과세대상은 종합부동산세가 과세되지 아니한다.

추가 신탁주택 관련 수탁자의 물적납세의무(종합부동산세법 제7조의2)

신탁주택의 위탁자가 다음 어느 하나에 해당하는 종합부동산세 또는 강제징수비를 체납한 경우로서 그 위탁자의 다른 재산에 대하여 강제징수를 하여도 징수할 금액에 미치지 못할 때에는 해당 신탁주택의 수탁자는 그 신탁주택으로써 위탁자의 종합부동산세등을 납부할 의무가 있다.
1. 신탁 설정일 이후에 「국세기본법」에 따른 법정기일이 도래하는 종합부동산세로서 해당 신탁주택과 관련하여 발생한 것
2. 위 1.의 금액에 대한 강제징수 과정에서 발생한 강제징수비

제3절 납세의무자

1 주택에 대한 납세의무자 • 26회 • 28회 • 30회 • 33회

1. 일반적인 납세의무자

과세기준일(매년 6월 1일) 현재 주택분 재산세의 납세의무자는 종합부동산세를 납부할 의무가 있다(종합부동산세법 제7조 제1항).

2. 신탁주택의 납세의무자

「신탁법」에 따른 수탁자의 명의로 등기 또는 등록된 신탁재산으로서 주택의 경우에는 위탁자(주택법에 따른 지역주택조합 및 직장주택조합이 조합원이 납부한 금전으로 매수하여 소유하고 있는 신탁주택의 경우에는 해당 지역주택조합 및 직장주택조합)가 종합부동산세를 납부할 의무가 있다. 이 경우 위탁자가 신탁주택을 소유한 것으로 본다(종합부동산세법 제7조 제2항).

2 토지에 대한 납세의무자

1. 일반적인 납세의무자

과세기준일 현재 토지분 재산세의 납세의무자로서 다음의 어느 하나에 해당하는 자는 해당 토지에 대한 종합부동산세를 납부할 의무가 있다(종합부동산세법 제12조).

① 종합합산과세대상인 경우에는 국내에 소재하는 해당 과세대상 토지의 공시가격을 합한 금액이 5억원을 초과하는 자
② 별도합산과세대상인 경우에는 국내에 소재하는 해당 과세대상 토지의 공시가격을 합한 금액이 80억원을 초과하는 자

2. 신탁토지의 납세의무자

수탁자의 명의로 등기 또는 등록된 신탁재산으로서 토지의 경우에는 **위탁자**가 종합부동산세를 납부할 의무가 있다. 이 경우 위탁자가 신탁토지를 소유한 것으로 본다.

제4절 **주택에 대한 종합부동산세**

■■ 주택분 종합부동산세 계산구조

계산식	비 고
주택의 공시가격 합계	
− 9억원	1세대 1주택자는 12억원, 법인은 공제 없음
= 과세기준초과금액	
× 공정시장가액비율	2024년 60%
= 과세표준	
× 세율	초과누진세율 또는 비례세율
= 산출세액	
− 세액공제	1세대 1주택자 연령별 세액공제 및 보유기간별 세액공제
− 세부담상한초과세액	직전연도 총세액상당액(재산세+종합부동산세) 대비 150%(법인은 상한선 없음)
= 납부세액	

추가 **신탁토지 관련 수탁자의 물적납세의무**(종합부동산세법 제12조의2)

신탁토지의 위탁자가 다음 어느 하나에 해당하는 종합부동산세등을 체납한 경우로서 그 위탁자의 다른 재산에 대하여 강제징수를 하여도 징수할 금액에 미치지 못할 때에는 해당 신탁토지의 수탁자는 그 신탁토지로써 위탁자의 종합부동산세등을 납부할 의무가 있다.

1. 신탁 설정일 이후에 「국세기본법」 제35조 제2항에 따른 법정기일이 도래하는 종합부동산세로서 해당 신탁토지와 관련하여 발생한 것
2. 위 1.의 금액에 대한 강제징수 과정에서 발생한 강제징수비

O X 확 인 문 제

과세기준일 현재 공시가격 100억원인 회원제 골프장용 토지를 소유하고 있는 자는 종합부동산세 납세의무를 진다. ( )

정답 (×)

회원제 골프장용 토지는 재산세 분리 과세대상이므로 과세대상이 아니다.

1. 과세표준 ·26회 ·32회 ·33회 ·34회

(1) 개인 소유 주택의 과세표준

주택에 대한 종합부동산세의 과세표준은 납세의무자별로 주택의 공시가격을 합산한 금액에서 9억원을 공제(납세의무자가 법인 또는 법인으로 보는 단체는 제외)한 금액에 부동산 시장의 동향과 재정 여건 등을 고려하여 100분의 60부터 100분의 100까지의 범위에서 대통령령으로 정하는 공정시장가액비율을 곱한 금액으로 한다. 다만, 그 금액이 영(0)보다 작은 경우에는 영(0)으로 본다(종합부동산세법 제8조 제1항).

> 과세표준 = (주택의 공시가격 합계액 − 9억원) × 공정시장가액비율(2024년 60%)

(2) 1세대 1주택의 경우(단독소유)

① 과세기준일 현재 세대원 중 1인이 해당 주택을 단독으로 소유한 경우로서 대통령령으로 정하는 1세대 1주택자의 경우에는 주택의 공시가격을 합산한 금액에서 12억원을 공제(납세의무자가 법인 또는 법인으로 보는 단체는 제외)한 금액에 부동산 시장의 동향과 재정 여건 등을 고려하여 100분의 60부터 100분의 100까지의 범위에서 대통령령으로 정하는 공정시장가액비율을 곱한 금액으로 한다. 다만, 그 금액이 영보다 작은 경우에는 영으로 본다(종합부동산세법 제8조 제1항).

> 과세표준 = (주택의 공시가격 합계액 − 12억원) × 공정시장가액비율(2024년 60%)

② **1세대 1주택의 범위**

㉠ 1세대 1주택자란 세대원 중 1명만이 주택분 재산세 과세대상인 1주택만을 소유한 경우로서 그 주택을 소유한 「소득세법」에 따른 거주자를 말한다. 이 경우 「건축법 시행령」에 따른 다가구주택은 1주택으로 보되, 합산배제 임대주택으로 신고한 경우에는 1세대가 독립하여 구분 사용할 수 있도록 구획된 부분을 각각 1주택으로 본다(종합부동산세법 시행령 제2조의3 제1항).

ⓛ 위 ㉠에 따른 1세대 1주택자 여부를 판단할 때 다음의 주택은 1세대가 소유한 주택 수에서 제외한다. 다만, ⓐ는 다음 ⓐ, ⓑ 외의 주택을 소유하는 자가 과세기준일 현재 그 주택에 주민등록이 되어 있고 실제로 거주하고 있는 경우에 한정하여 적용한다(종합부동산세법 시행령 제2조의2 제2항).

> ⓐ 합산배제 신고한 법정 합산배제 임대주택(종합부동산세법 시행령 제3조)
> ⓑ 합산배제 신고한 합산배제 사원용 주택등(종합부동산세법 시행령 제4조)

③ 다음 어느 하나에 해당하는 경우에는 1세대 1주택자로 본다(종합부동산세법 제8조 제4항).

㉠ 1주택(주택의 부속토지만을 소유한 경우는 제외)과 다른 주택의 부속토지(주택의 건물과 부속토지의 소유자가 다른 경우의 그 부속토지를 말함)를 함께 소유하고 있는 경우

㉡ 1세대 1주택자가 보유하고 있는 주택을 양도하기 전에 다른 1주택(신규주택)을 취득(자기가 건설하여 취득하는 경우를 포함)하여 2주택이 된 경우로서 과세기준일 현재 신규주택을 취득한 날부터 3년이 경과하지 않은 경우

㉢ 1주택과 다음 어느 하나에 해당하는 상속받은 주택을 함께 소유하고 있는 경우

> ⓐ 과세기준일 현재 상속개시일부터 5년이 경과하지 않은 주택
> ⓑ 지분율이 100분의 40 이하인 주택
> ⓒ 지분율에 상당하는 공시가격이 6억원(수도권 밖의 지역에 소재하는 주택의 경우에는 3억원) 이하인 주택

㉣ 1주택과 다음의 요건을 모두 충족한 지방 저가주택을 함께 소유하고 있는 경우

> ⓐ 공시가격이 3억원 이하일 것
> ⓑ 다음의 어느 하나에 해당하는 지역에 소재하는 주택일 것
> • 수도권 밖의 지역 중 광역시 및 특별자치시가 아닌 지역
> • 수도권 밖의 지역 중 광역시에 소속된 군
> • 「세종특별자치시 설치 등에 관한 특별법」 제6조 제3항에 따른 읍·면

- 서울특별시를 제외한 수도권 중 「지방자치분권 및 지역균형발전에 관한 특별법」 제2조 제12호에 따른 인구감소지역이면서 「접경지역 지원 특별법」 제2조 제1호에 따른 접경지역에 해당하는 지역으로서 부동산 가격의 동향 등을 고려하여 기획재정부령으로 정하는 지역

④ 위 ③의 ㉡부터 ㉣의 규정을 적용받으려는 납세의무자는 해당 연도 9월 16일부터 9월 30일까지 관할 세무서장에게 신청하여야 한다.

(3) 과세표준 계산 시 합산배제 주택

다음 ①, ②에 해당하는 주택은 과세표준 합산의 대상이 되는 주택의 범위에 포함되지 아니하는 것으로 본다(종합부동산세법 제8조 제2항).

① 「민간임대주택에 관한 특별법」에 따른 민간임대주택, 「공공주택 특별법」에 따른 공공임대주택 또는 대통령령으로 정하는 다가구 임대주택으로서 임대기간, 주택의 수, 가격, 규모 등을 고려하여 대통령령으로 정하는 주택(종합부동산세법 시행령 제3조 합산배제 임대주택)

② 위 ①의 주택 외에 종업원의 주거에 제공하기 위한 기숙사 및 사원용 주택, 주택건설사업자가 건축하여 소유하고 있는 미분양주택, 가정어린이집용 주택, 「수도권정비계획법」에 따른 수도권 외 지역에 소재하는 1주택 등 종합부동산세를 부과하는 목적에 적합하지 아니한 것으로서 대통령령으로 정하는 주택(종합부동산세법 시행령 제4조 합산배제 사원용 주택등). 이 경우 수도권 외 지역에 소재하는 1주택의 경우에는 2009년 1월 1일부터 2011년 12월 31일까지의 기간 중 납세의무가 성립하는 분에 한정한다.

③ 합산배제 주택을 보유한 납세의무자는 해당 연도 9월 16일부터 9월 30일까지 대통령령으로 정하는 바에 따라 납세지 관할 세무서장에게 해당 주택의 보유현황을 신고하여야 한다(종합부동산세법 제8조 제3항).

(4) 법인 소유 주택의 과세표준

주택의 공시가격을 합산한 금액에 부동산 시장의 동향과 재정 여건 등을 고려하여 100분의 60부터 100분의 100까지의 범위에서 대통령령으로 정하는 공정시장가액비율을 곱한 금액으로 한다. 다만, 그 금액이 영(0)보다 작은 경우에는 영(0)으로 본다.

과세표준 = (주택의 공시가격 합계액) × 공정시장가액비율(2024년 60%)

01 종합부동산세법령상 주택의 과세표준 계산과 관련한 내용으로 <u>틀린</u> 것은? (단, 2024년 납세의무 성립분임) • 34회 수정

① 대통령령으로 정하는 1세대 1주택자(공동명의 1주택자 제외)의 경우 주택에 대한 종합부동산세의 과세표준은 납세의무자별로 주택의 공시가격을 합산한 금액에서 12억원을 공제한 금액에 100분의 60을 곱한 금액으로 한다. 다만, 그 금액이 영보다 작은 경우에는 영으로 본다.
② 대통령령으로 정하는 다가구 임대주택으로서 임대기간, 주택의 수, 가격, 규모 등을 고려하여 대통령령으로 정하는 주택은 과세표준 합산의 대상이 되는 주택의 범위에 포함되지 아니하는 것으로 본다.
③ 1주택(주택의 부속토지만을 소유한 경우는 제외)과 다른 주택의 부속토지(주택의 건물과 부속토지의 소유자가 다른 경우의 그 부속토지)를 함께 소유하고 있는 경우는 1세대 1주택자로 본다.
④ 혼인으로 인한 1세대 2주택의 경우 납세의무자가 해당 연도 9월 16일부터 9월 30일까지 관할 세무서장에게 합산배제를 신청하면 1세대 1주택자로 본다.
⑤ 2주택을 소유하여 1천분의 27의 세율이 적용되는 법인의 경우 주택에 대한 종합부동산세의 과세표준은 납세의무자별로 주택의 공시가격을 합산한 금액에서 0원을 공제한 금액에 100분의 60을 곱한 금액으로 한다. 다만, 그 금액이 영보다 작은 경우에는 영으로 본다.

해설 ④ 혼인으로 인한 1세대 2주택의 경우 신청 시 1세대 1주택자로 보는 규정은 없다.

정답 ④

02 종합부동산세의 과세기준일 현재 종합부동산세가 과세되지 <u>아니한</u> 것을 모두 고른 것은? (단, 주어진 조건 외에는 고려하지 않음) • 26회 수정

㉠ 여객자동차운송사업 면허를 받은 자가 그 면허에 따라 사용하는 차고용 토지(자동차운송사업의 최저보유차고면적기준의 1.5배에 해당하는 면적 이내의 토지)의 공시가격이 100억원인 경우
㉡ 국내에 있는 부부공동명의(지분비율이 동일함)로 된 1세대 1주택의 공시가격이 16억원인 경우
㉢ 공장용 건축물
㉣ 회원제 골프장용 토지(회원제 골프장업의 등록 시 구분등록의 대상이 되는 토지)의 공시가격이 100억원인 경우

① ㉠, ㉡   ② ㉢, ㉣   ③ ㉠, ㉡, ㉢

④ ㉠, ㉢, ㉣   ⑤ ㉡, ㉢, ㉣

> **해설** ㉡ 종합부동산세는 인별 과세로 각각 소유하고 있는 주택의 공시가격이 9억원
> 을 넘지 않으므로 과세대상에 해당하지 않는다.
> ㉢ 건축물은 과세대상에 해당하지 않는다.
> ㉣ 분리과세대상 토지는 과세대상에 해당하지 않는다.
> ㉠ 별도합산과세대상 토지로 공시가격의 합계가 80억원을 초과하는 경우 납세
> 의무가 있다.
>
> 정답 ⑤

2. 세율 및 세액 ·30회 ·33회

(1) 세 율

① **납세의무자가 2주택 이하를 소유한 경우**(종합부동산세법 제9조 제1항 제1호)

과세표준	세 율
3억원 이하	1천분의 5
3억원 초과 6억원 이하	150만원 + (3억원을 초과하는 금액의 1천분의 7)
6억원 초과 12억원 이하	360만원 + (6억원을 초과하는 금액의 1천분의 10)
12억원 초과 25억원 이하	960만원 + (12억원을 초과하는 금액의 1천분의 13)
25억원 초과 50억원 이하	2천650만원 + (25억원을 초과하는 금액의 1천분의 15)
50억원 초과 94억원 이하	6천400만원 + (50억원을 초과하는 금액의 1천분의 20)
94억원 초과	1억 5천200만원 + (94억원을 초과하는 금액의 1천분의 27)

② **납세의무자가 3주택 이상을 소유한 경우**(종합부동산세법 제9조 제1항 제2호)

과세표준	세 율
3억원 이하	1천분의 5
3억원 초과 6억원 이하	150만원 + (3억원을 초과하는 금액의 1천분의 7)
6억원 초과 12억원 이하	360만원 + (6억원을 초과하는 금액의 1천분의 10)
12억원 초과 25억원 이하	960만원 + (12억원을 초과하는 금액의 1천분의 20)
25억원 초과 50억원 이하	3천560만원 + (25억원을 초과하는 금액의 1천분의 30)
50억원 초과 94억원 이하	1억 1천60만원 + (50억원을 초과하는 금액의 1천분의 40)
94억원 초과	2억 8천660만원 + (94억원을 초과하는 금액의 1천분의 50)

③ 납세의무자가 법인 또는 법인으로 보는 단체인 경우 과세표준에 다음의 세율을 적용하여 계산한 금액을 주택분 종합부동산세액으로 한다 (종합부동산세법 제9조 제2항).

㉠ 「상속세 및 증여세법」 제16조에 따른 공익법인등이 직접 공익목적사업에 사용하는 주택만을 보유한 경우와 「공공주택 특별법」 제4조에 따른 공공주택사업자 등 사업의 특성을 고려하여 대통령령으로 정하는 경우 : 위 ①에 따른 세율

㉡ 공익법인등으로서 ㉠에 해당하지 아니하는 경우 : 주택 수에 따라 위 ① 또는 ②에 따른 세율

㉢ 이 외의 경우
  ⓐ 2주택 이하를 소유한 경우 : 1천분의 27
  ⓑ 3주택 이상을 소유한 경우 : 1천분의 50

(2) 주택 수의 계산

주택분 종합부동산세액을 계산할 때 적용해야 하는 주택 수는 다음에 따라 계산한다(종합부동산세법 시행령 제4조의3 제3항).

① 1주택을 여러 사람이 공동으로 소유한 경우 공동 소유자 각자가 그 주택을 소유한 것으로 본다.

② 「건축법 시행령」에 따른 다가구주택은 1주택으로 본다.

③ **주택 수에 포함하지 않는 주택**

㉠ 과세표준 계산 시 합산배제 주택

㉡ 상속을 원인으로 취득한 주택(소득세법에 따른 조합원입주권 또는 분양권을 상속받아 사업시행 완료 후 취득한 신축주택을 포함)으로서 다음의 어느 하나에 해당하는 주택

  ⓐ 과세기준일 현재 상속개시일부터 5년이 경과하지 않은 주택
  ⓑ 지분율이 100분의 40 이하인 주택
  ⓒ 지분율에 상당하는 공시가격이 6억원(수도권 밖의 지역에 소재한 주택의 경우에는 3억원) 이하인 주택

㉢ 토지의 소유권 또는 지상권 등 토지를 사용할 수 있는 권원이 없는 자가 「건축법」 등 관계 법령에 따른 허가 등을 받지 않거나 신고를 하지 않고 건축하여 사용 중인 주택(주택을 건축한 자와 사용 중인 자가 다른 주택을 포함)의 부속토지

　㉣ 1세대 1주택자가 보유하고 있는 주택을 양도하기 전에 다른 1주택(신규주택)을 취득(자기가 건설하여 취득하는 경우를 포함)하여 2주택이 된 경우로서 과세기준일 현재 신규주택을 취득한 날부터 3년이 경과하지 않은 경우의 신규주택

　㉤ 1세대 1주택자로 보는 자가 소유한 다음의 요건을 모두 충족한 지방 저가주택

> ⓐ 공시가격이 3억원 이하일 것
> ⓑ 다음의 어느 하나에 해당하는 지역에 소재하는 주택일 것
> 　• 수도권 밖의 지역 중 광역시 및 특별자치시가 아닌 지역
> 　• 수도권 밖의 지역 중 광역시에 소속된 군
> 　• 「세종특별자치시 설치 등에 관한 특별법」 제6조 제3항에 따른 읍·면
> 　• 서울특별시를 제외한 수도권 중 「지방자치분권 및 지역균형발전에 관한 특별법」 제2조 제12호에 따른 인구감소지역이면서 「접경지역 지원 특별법」 제2조 제1호에 따른 접경지역에 해당하는 지역으로서 부동산 가격의 동향 등을 고려하여 기획재정부령으로 정하는 지역

(3) 이중과세 조정 ·28회

주택분 과세표준 금액에 대하여 해당 과세대상 주택의 주택분 재산세로 부과된 세액(지방세법에 따라 가감조정된 세율이 적용된 경우에는 그 세율이 적용된 세액, 세부담 상한을 적용받은 경우에는 그 상한을 적용받은 세액)은 주택분 종합부동산세액에서 이를 공제한다(종합부동산세법 제9조 제3항).

(4) 세액공제 ·29회 ·30회 ·32회

주택분 종합부동산세 납세의무자가 1세대 1주택자에 해당하는 경우의 주택분 종합부동산세액은 산출된 세액에서 다음 ①, ②에 따른 1세대 1주택자에 대한 공제액을 공제한 금액으로 한다. 이 경우 ①, ② 세액공제는 공제율 합계 100분의 80의 범위에서 중복하여 적용할 수 있다(종합부동산세법 제9조 제4항).

① **연령별 세액공제** : 과세기준일 현재 만 60세 이상인 1세대 1주택자의 공제액은 산출된 세액에 다음 연령별 공제율을 곱한 금액으로 한다(종합부동산세법 제9조 제6항).

연령	공제율
만 60세 이상 만 65세 미만	100분의 20
만 65세 이상 만 70세 미만	100분의 30
만 70세 이상	100분의 40

② **보유기간별 공제** : 1세대 1주택자로서 해당 주택을 과세기준일 현재 5년 이상 보유한 자의 공제액은 산출된 세액에 다음에 따른 보유기간별 공제율을 곱한 금액으로 한다(종합부동산세법 제9조 제8항).

보유기간	공제율
5년 이상 10년 미만	100분의 20
10년 이상 15년 미만	100분의 40
15년 이상	100분의 50

3. 세부담의 상한

종합부동산세의 납세의무자가 해당 연도에 납부하여야 할 주택분 재산세액상당액(신탁주택의 경우 재산세의 납세의무자가 납부하여야 할 주택분 재산세액상당액)과 주택분 종합부동산세액상당액의 합계액(주택에 대한 총세액상당액)으로서 대통령령으로 정하는 바에 따라 계산한 세액이 해당 납세의무자에게 직전연도에 해당 주택에 부과된 주택에 대한 총세액상당액으로서 대통령령으로 정하는 바에 따라 계산한 세액의 100분의 150을 초과하는 경우에는 그 초과하는 세액에 대해서는 이를 없는 것으로 본다. 다만, 납세의무자가 법인 또는 법인으로 보는 단체(공익법인 등 제외)의 경우는 그러하지 아니하다(즉, 상한선 없음).

기출&예상 문제

종합부동산세법상 1세대 1주택자에 관한 설명으로 옳은 것은? • 32회 수정

① 과세기준일 현재 세대원 중 1인과 그 배우자만이 공동으로 1주택을 소유하고 해당 세대원 및 다른 세대원이 다른 주택을 소유하지 아니한 경우 신청하지 않더라도 공동명의 1주택자를 해당 1주택에 대한 납세의무자로 한다.

② 합산배제 신고한 「문화재보호법」에 따른 국가등록문화재에 해당하는 주택은 1세대가 소유한 주택 수에서 제외한다.

③ 1세대가 일반주택과 합산배제 신고한 임대주택을 각각 1채씩 소유한 경우 해당 일반주택에 그 주택소유자가 실제 거주하지 않더라도 1세대 1주택자에 해당한다.

④ 1세대 1주택자는 주택의 공시가격을 합산한 금액에서 9억원을 공제한 금액에서 다시 3억원을 공제한 금액에 공정시장가액비율을 곱한 금액을 과세표준으로 한다.

⑤ 1세대 1주택자에 대하여는 주택분 종합부동산세 산출세액에서 소유자의 연령과 주택 보유기간에 따른 공제액을 공제율 합계 100분의 70의 범위에서 중복하여 공제한다.

> **해설** ① 9월 16일부터 9월 30일까지 납세지 관할 세무서장에게 신청하여야 한다.
> ③ 1세대가 일반주택과 합산배제 신고한 임대주택을 각각 1채씩 소유한 경우 해당 일반주택에 그 주택소유자가 실제 거주하여야 1세대 1주택자에 해당한다.
> ④ 1세대 1주택자는 주택의 공시가격을 합산한 금액에서 12억원을 공제한 금액에 공정시장가액비율을 곱한 금액을 과세표준으로 한다.
> ⑤ 1세대 1주택자에 대하여는 주택분 종합부동산세 산출세액에서 소유자의 연령과 주택 보유기간에 따른 공제액을 공제율 합계 100분의 80의 범위에서 중복하여 공제한다.

정답 ②

제5절 토지에 대한 종합부동산세

토지에 대한 종합부동산세는 국내에 소재하는 토지에 대하여 「지방세법」에 따른 종합합산과세대상과 별도합산과세대상으로 구분하여 과세한다(종합부동산세법 제11조).

■■ 토지분 종합부동산세 계산구조

계산식	비 고
토지의 공시가격 합계	
− 5억원 또는 80억원	종합합산과세대상 5억원, 별도합산과세대상 80억원
= 과세기준초과금액	
× 공정시장가액비율	2024년 100%
= 과세표준	
× 세율	초과누진세율
= 산출세액	
− 세부담상한초과세액	직전연도 총세액상당액(재산세 + 종합부동산세) 대비 150%
= 납부세액	

O X 확인문제

별도합산과세대상인 경우에는 국내에 소재하는 해당 과세대상 토지의 공시가격을 합한 금액이 8억원을 초과하는 자가 납세의무를 진다. • 18회 수정   ( )

정답 (×)
80억원을 초과하는 자가 납세의무를 진다.

1 종합합산과세대상 토지분 종합부동산세

1. 과세표준

종합합산과세대상인 토지에 대한 종합부동산세의 과세표준은 납세의무자별로 해당 과세대상 토지의 공시가격을 합산한 금액에서 5억원을 공제한 금액에 부동산 시장의 동향과 재정 여건 등을 고려하여 100분의 60부터 100분의 100까지의 범위에서 대통령령으로 정하는 공정시장가액비율(2024년 100%)을 곱한 금액으로 한다(종합부동산세법 제13조 제1항). 다만, 그 금액이 영(0)보다 작은 경우에는 영(0)으로 본다(종합부동산세법 제13조 제3항).

O X 확인문제

해당 연도에 종합합산과세대상 토지에 적용할 공정시장가액비율은 100분의 100이다.
• 18회 수정   ( )

정답 (○)

2. 세율 및 세액 · 31회 · 33회

(1) 세 율

종합합산과세대상인 토지에 대한 종합부동산세의 세액은 과세표준에 다음의 세율을 적용하여 계산한 금액으로 한다(종합부동산세법 제14조 제1항).

과세표준	세 율
15억원 이하	1천분의 10
15억원 초과 45억원 이하	1천500만원 + (15억원을 초과하는 금액의 1천분의 20)
45억원 초과	7천500만원 + (45억원을 초과하는 금액의 1천분의 30)

(2) 이중과세조정

종합합산과세대상인 토지의 과세표준 금액에 대하여 해당 과세대상 토지의 토지분 재산세로 부과된 세액(지방세법에 따라 가감조정된 세율이 적용된 경우에는 그 세율이 적용된 세액, 세부담 상한을 적용받은 경우에는 그 상한을 적용받은 세액)은 토지분 종합합산세액에서 이를 공제한다(종합부동산세법 제14조 제3항).

3. 세부담의 상한

종합부동산세의 납세의무자가 종합합산과세대상인 토지에 대하여 해당 연도에 납부하여야 할 재산세액상당액(신탁토지의 경우 재산세의 납세의무자가 종합합산과세대상인 해당 토지에 대하여 납부하여야 할 재산세액상당액)과 토지분 종합합산세액상당액의 합계(종합합산과세대상인 토지에 대한 총세액상당액)으로서 대통령령으로 정하는 바에 따라 계산한 세액이 해당 납세의무자에게 직전연도에 해당 토지에 부과된 종합합산과세대상인 토지에 대한 총세액상당액으로서 대통령령으로 정하는 바에 따라 계산한 세액의 100분의 150을 초과하는 경우에는 그 초과하는 세액에 대해서는 이를 없는 것으로 본다(종합부동산세법 제15조 제1항).

2 별도합산과세대상 토지분 종합부동산세

1. 과세표준

별도합산과세대상인 토지에 대한 종합부동산세의 과세표준은 납세의무자별로 해당 과세대상 토지의 공시가격을 합산한 금액에서 80억원을 공제한 금액에 부동산 시장의 동향과 재정 여건 등을 고려하여 100분의 60부터 100분의 100까지의 범위에서 대통령령으로 정하는 공정시장가액비율(2024년 100%)을 곱한 금액으로 한다(종합부동산세법 제13조 제2항). 단, 그 금액이 영(0)보다 작은 경우에는 영(0)으로 본다(종합부동산세법 제13조 제3항).

2. 세율 및 세액 ·32회 ·33회

(1) 세 율

별도합산과세대상인 토지에 대한 종합부동산세의 세액은 과세표준에 다음의 세율을 적용하여 계산한 금액으로 한다(종합부동산세법 제14조 제4항).

과세표준	세 율
200억원 이하	1천분의 5
200억원 초과 400억원 이하	1억원 + (200억원을 초과하는 금액의 1천분의 6)
400억원 초과	2억 2천만원 + (400억원을 초과하는 금액의 1천분의 7)

(2) 이중과세 조정

별도합산과세대상인 토지의 과세표준 금액에 대하여 해당 과세대상 토지의 토지분 재산세로 부과된 세액(지방세법에 따라 가감조정된 세율이 적용된 경우에는 그 세율이 적용된 세액, 세부담 상한을 적용받은 경우에는 그 상한을 적용받은 세액)은 토지분 별도합산세액에서 이를 공제한다(종합부동산세법 제14조 제6항).

3. 세부담의 상한

종합부동산세의 납세의무자가 별도합산과세대상인 토지에 대하여 해당 연도에 납부하여야 할 재산세액상당액(신탁토지의 경우 재산세의 납세의무자가 별도합산과세대상인 해당 토지에 대하여 납부하여야 할 재산세액상당액)과 토지분 별도합산세액상당액의 합계액(별도합산과세대상인 토지에 대한 총세액상당액)으로서 대통령령으로 정하는 바에 따라 계산한 세액이 해당 납세의무자에게 직전연도에 해당 토지에 부과된 별도합산과세대상인 토지에 대한 총세액상당액으로서 대통령령으로 정하는 바에 따라 계산한 세액의 100분의 150을 초과하는 경우에는 그 초과하는 세액에 대해서는 이를 없는 것으로 본다(종합부동산세법 제15조 제2항).

제6절 | 비과세

1 재산세 비과세 등을 준용

1. 법률에 의한 비과세 준용

「지방세특례제한법」 또는 「조세특례제한법」에 의한 재산세의 비과세·과세면제 또는 경감에 관한 규정은 종합부동산세를 부과하는 경우에 준용한다(종합부동산세법 제6조 제1항).

2. 조례에 의한 비과세 준용

「지방세특례제한법」 제4조에 따른 시·군의 감면조례에 의한 재산세의 감면규정은 종합부동산세를 부과하는 경우에 준용한다(종합부동산세법 제6조 제2항).

3. 감면규정 적용 시 주택 및 토지의 공시가격 특례

재산세의 감면규정을 준용하는 경우 그 감면대상인 주택 또는 토지의 공시가격에서 그 공시가격에 재산세 감면비율(비과세 또는 과세면제의 경우에는 이를 100분의 100으로 본다)을 곱한 금액을 공제한 금액을 공시가격으로 본다(종합부동산세법 제6조 제3항).

2 준용의 제한

재산세의 감면규정 또는 분리과세규정에 따라 종합부동산세를 경감하는 것이 종합부동산세를 부과하는 취지에 비추어 적합하지 않은 것으로 인정되는 경우 등 대통령령으로 정하는 경우에는 종합부동산세를 부과할 때 재산세 감면규정 또는 그 분리과세규정을 적용하지 아니한다(종합부동산세법 제6조 제4항).

1 과세기준일 및 납세지

1. 과세기준일

종합부동산세의 과세기준일은 「지방세법」에 따른 재산세의 과세기준일 (매년 6월 1일)로 한다(종합부동산세법 제3조).

2. 납세지

(1) 종합부동산세의 납세의무자가 개인 또는 법인으로 보지 아니하는 단체인 경우에는 「소득세법」 규정을 준용하여 납세지를 정한다.

① 거주자의 소득세 납세지는 그 주소지로 한다. 다만, 주소지가 없는 경우에는 그 거소지로 한다.

② 비거주자의 소득세 납세지는 국내사업장의 소재지로 한다. 다만, 국내사업장이 둘 이상 있는 경우에는 주된 국내사업장의 소재지로 하고, 국내사업장이 없는 경우에는 국내원천소득이 발생하는 장소로 한다.

(2) 종합부동산세의 납세의무자가 법인 또는 법인으로 보는 단체인 경우에는 「법인세법」 규정을 준용하여 납세지를 정한다(종합부동산세법 제4조 제2항).

① 내국법인의 법인세 납세지는 그 법인의 등기부에 따른 본점이나 주사무소의 소재지(국내에 본점 또는 주사무소가 있지 아니하는 경우에는 사업을 실질적으로 관리하는 장소의 소재지)로 한다. 다만, 법인으로 보는 단체의 경우에는 대통령령으로 정하는 장소로 한다.

② 외국법인의 법인세 납세지는 국내사업장의 소재지로 한다. 다만, 국내사업장이 없는 외국법인으로서 「법인세법」에 따른 소득이 있는 외국법인의 경우에는 각각 그 자산의 소재지로 한다.

③ 위 ②의 경우 둘 이상의 국내사업장이 있는 외국법인에 대하여는 대통령령으로 정하는 주된 사업장의 소재지를 납세지로 하고, 둘 이상의 자산이 있는 법인에 대하여는 대통령령으로 정하는 장소를 납세지로 한다.

(3) 종합부동산세의 납세의무자가 비거주자인 개인 또는 외국법인으로서 국내 사업장이 없고 국내원천소득이 발생하지 아니하는 주택 및 토지를 소유한 경우에는 그 주택 또는 토지의 소재지(주택 또는 토지가 둘 이상인 경우에는 공시가격이 가장 높은 주택 또는 토지의 소재지)를 납세지로 정한다(종합부동산 세법 제4조 제3항).

2 납세절차

1. 부과징수

(1) 원칙 : 정부부과
① 관할 세무서장은 납부하여야 할 종합부동산세의 세액을 결정하여 **해당 연도 12월 1일부터 12월 15일까지** 부과·징수한다(종합부동산세법 제16조 제1항).
② 관할 세무서장은 종합부동산세를 징수하려면 납부고지서에 주택 및 토지로 구분한 과세표준과 세액을 기재하여 납부기간 개시 **5일 전까지** 발급하여야 한다(종합부동산세법 제16조 제2항).

(2) 예외 : 신고납부 선택
① 종합부동산세를 신고납부방식으로 납부하고자 하는 납세의무자는 종합부동산세의 과세표준과 세액을 해당 연도 12월 1일부터 12월 15일까지 관할 세무서장에게 신고하여야 한다. 이 경우 세무서장의 결정은 없었던 것으로 본다(종합부동산세법 제16조 제3항).
② 위 ①에 따라 신고한 납세의무자는 신고기한까지 관할 세무서장·한국은행 또는 체신관서에 종합부동산세를 납부하여야 한다(종합부동산세법 제16조 제4항).

(3) 가산세
① **무신고가산세** : 종합부동산세는 원칙적으로 정부부과방식의 세목이므로 종합부동산세의 과세표준과 세액을 신고하지 아니하더라도 「국세기본법」에 의한 무신고가산세는 부과하지 아니한다. 다만, 과소신고가산세 및 납부지연가산세는 부과될 수 있다.

O X 확 인 문 제

납세의무자는 선택에 따라 신
고·납부할 수 있으나, 신고를 함
에 있어 납부세액을 과소하게 신
고한 경우라도 과소신고가산세
가 적용되지 않는다. • 29회

( )

정답 (×)

무신고가산세는 부과되지 않으
나 과소신고가산세는 부과된다.

② **과소신고가산세**

　㉠ **일반과소신고가산세** : 과소신고납부세액의 100분의 10으로 한다.

　㉡ **부정과소신고가산세** : 과소신고납부세액의 100분의 40으로 한다.

③ **납부지연가산세** : 미달납부세액 × 법정신고기한의 다음 날부터 고지일
까지의 기간 × 금융기관이 연체대출금에 대하여 적용하는 이자율(1일
10만분의 22)

2. 결정과 경정

① 관할 세무서장 또는 납세지 관할 지방국세청장은 과세대상 누락, 위법
또는 착오 등으로 인하여 종합부동산세를 새로 부과할 필요가 있거나
이미 부과한 세액을 경정할 경우에는 다시 부과·징수할 수 있다(종합부
동산세법 제17조 제1항).

② 관할 세무서장 또는 관할 지방국세청장은 신고를 한 자의 신고내용에
탈루 또는 오류가 있는 때에는 해당 연도의 과세표준과 세액을 경정한
다(종합부동산세법 제17조 제2항).

③ 관할 세무서장 또는 관할 지방국세청장은 과세표준과 세액을 결정 또는
경정한 후 그 결정 또는 경정에 탈루 또는 오류가 있는 것이 발견된 때에
는 이를 경정 또는 재경정하여야 한다(종합부동산세법 제17조 제3항).

④ 관할 세무서장 또는 관할 지방국세청장은 경정 및 재경정 사유가 「지방
세법」에 따른 재산세의 세액변경 또는 수시부과사유에 해당되는 때에
는 대통령령으로 정하는 바에 따라 종합부동산세의 과세표준과 세액을
경정 또는 재경정하여야 한다(종합부동산세법 제17조 제4항).

⑤ 관할 세무서장 또는 관할 지방국세청장은 다음의 어느 하나에 해당하
는 경우에는 대통령령으로 정하는 바에 따라 경감받은 세액과 이자상
당가산액을 추징하여야 한다(종합부동산세법 제17조 제5항).

　㉠ 「종합부동산세법」 제8조 제2항에 따라 과세표준 합산의 대상이 되
는 주택에서 제외된 주택 중 같은 항 제1호의 임대주택 또는 같은
항 제2호의 가정어린이집용 주택이 추후 그 요건을 충족하지 아니
하게 된 경우

　㉡ 「종합부동산세법」 제8조 제4항 제2호에 따라 1세대 1주택자로 본
납세의무자가 추후 그 요건을 충족하지 아니하게 된 경우

3. 분할납부

관할 세무서장은 종합부동산세로 납부하여야 할 세액이 250만원을 초과하는 경우에는 그 세액의 일부를 납부기한이 지난 날부터 6개월 이내에 분납하게 할 수 있다(종합부동산세법 제20조).

(1) 분할납부할 수 있는 세액

분납할 수 있는 세액은 다음의 금액을 말한다(종합부동산세법 시행령 제16조 제1항).

① 납부하여야 할 세액이 250만원 초과 5백만원 이하인 때에는 해당 세액에서 250만원을 차감한 금액

② 납부하여야 할 세액이 5백만원을 초과하는 때에는 해당 세액의 100분의 50 이하의 금액

(2) 신청기한

납부고지서를 받은 자가 분납하려는 때에는 종합부동산세의 납부기한까지 기획재정부령으로 정하는 신청서를 관할 세무서장에게 제출해야 한다(종합부동산세법 시행령 제16조 제2항).

(3) 수정고지

관할 세무서장은 위 **(2)**에 따라 분납신청을 받은 때에는 이미 고지한 납부고지서를 납부기한까지 납부해야 할 세액에 대한 납부고지서와 분납기간 내에 납부해야 할 세액에 대한 납부고지서로 구분하여 수정고지해야 한다(종합부동산세법 시행령 제16조 제3항).

4. 공동명의 1주택자의 납세의무 등에 관한 특례

(1) 요 건

과세기준일 현재 세대원 중 1인이 그 배우자와 공동으로 1주택을 소유하고 해당 세대원 및 다른 세대원이 다른 주택을 소유하지 아니한 경우로서 대통령령으로 정하는 경우에는 배우자와 공동으로 1주택을 소유한 자 또는 그 배우자 중 주택에 대한 지분율이 높은 사람(지분율이 같은 경우에는 공동소유자 간 합의에 따른 사람)을 해당 1주택에 대한 납세의무자로 할 수 있다. 다만, 공동명의 1주택자의 배우자가 다른 주택의 부속토지(주택의 건물과 부속토지의 소유자가 다른 경우의 그 부속토지)를 소유하고 있는 경우는 제외한다(종합부동산세법 제10조의2 제1항, 시행령 제5조의2 제2항·제3항).

O X 확 인 문 제

관할 세무서장은 종합부동산세로 납부하여야 할 세액이 400만원인 경우 최대 150만원의 세액을 납부기한이 지난 날부터 6개월 이내에 분납하게 할 수 있다. • 30회 ( )

정답 (○)

O X 확 인 문 제

종합부동산세는 물납이 허용되지 않는다. • 29회 ( )

정답 (○)

추가 종합부동산세를 분할납부하고자 하는 자는 이에 따른 농어촌특별세도 분할납부할 수 있다.

(2) 신청기한

1세대 1주택자로 적용받으려는 납세의무자는 당해 연도 9월 16일부터 9월 30일까지 대통령령으로 정하는 바에 따라 관할 세무서장에게 신청하여야 한다(종합부동산세법 제10조의2 제2항).

(3) 공동명의 1주택자에 대한 세법적용

① 과세표준 및 세액을 산정하는 경우에는 그 배우자 소유의 주택지분을 합산하여 계산한다(종합부동산세법 시행령 제5조의2 제6항).

② 공동명의 1주택자에 대하여 주택분 종합부동산세액에서 주택분 재산세로 부과된 세액을 공제하거나 세부담의 상한을 적용할 경우 적용되는 재산세 부과액 및 재산세상당액은 해당 과세대상 1주택 지분 전체에 대하여 계산한 금액으로 한다(종합부동산세법 시행령 제5조의2 제7항).

③ 공동명의 1주택자에 대하여 1세대 1주택자에 대한 공제액을 정할 때 공동명의 1주택자의 연령 및 보유기간을 기준으로 한다(종합부동산세법 시행령 제5조의2 제8항).

5. 부가세

종합부동산세 납세의무가 있는 경우에는 해당 세액에 대하여 100분의 20의 농어촌특별세가 부가된다(농어촌특별세법 제5조 제1항).

> ✔ 참고 **납부유예(종합부동산세법 제20조의2)**
>
> 1. 관할 세무서장은 다음의 요건을 모두 충족하는 납세의무자가 주택분 종합부동산세액의 납부유예를 그 납부기한 만료 3일 전까지 신청하는 경우 이를 허가할 수 있다. 이 경우 납부유예를 신청한 납세의무자는 그 유예할 주택분 종합부동산세액에 상당하는 담보를 제공하여야 한다.
>   ① 과세기준일 현재 1세대 1주택자일 것
>   ② 과세기준일 현재 만 60세 이상이거나 해당 주택을 5년 이상 보유하고 있을 것
>   ③ 다음의 어느 하나에 해당하는 소득 기준을 충족할 것
>   ㉠ 직전 과세기간의 총급여액이 7천만원 이하일 것(직전 과세기간에 근로소득만 있거나 근로소득 및 종합소득과세표준에 합산되지 아니하는 종합소득이 있는 자로 한정)
>   ㉡ 직전 과세기간의 종합소득과세표준에 합산되는 종합소득금액이 6천만원 이하일 것(직전 과세기간의 총급여액이 7천만원을 초과하지 아니하는 자로 한정)
>   ④ 해당 연도의 주택분 종합부동산세액이 100만원을 초과할 것

2. 관할 세무서장은 위 1.에 따른 신청을 받은 경우 납부기한 만료일까지 대통령령으로 정하는 바에 따라 납세의무자에게 납부유예 허가 여부를 통지하여야 한다.

3. 관할 세무서장은 위 1.에 따라 주택분 종합부동산세액의 납부가 유예된 납세의무자가 다음의 어느 하나에 해당하는 경우에는 그 납부유예 허가를 취소하여야 한다.
   ① 해당 주택을 타인에게 양도하거나 증여하는 경우
   ② 사망하여 상속이 개시되는 경우
   ③ 위 1.의 ①의 요건을 충족하지 아니하게 된 경우
   ④ 담보의 변경 또는 그 밖에 담보 보전에 필요한 관할 세무서장의 명령에 따르지 아니한 경우
   ⑤ 「국세징수법」 제9조 제1항 각 호의 어느 하나에 해당되어 그 납부유예와 관계되는 세액의 전액을 징수할 수 없다고 인정되는 경우
   ⑥ 납부유예된 세액을 납부하려는 경우

4. 관할 세무서장은 위 3.에 따라 납부유예의 허가를 취소하는 경우 납세의무자(납세의무자가 사망한 경우에는 그 상속인 또는 상속재산관리인)에게 그 사실을 즉시 통지하여야 한다.

5. 관할 세무서장은 위 3.에 따라 주택분 종합부동산세액의 납부유예 허가를 취소한 경우에는 대통령령으로 정하는 바에 따라 해당 납세의무자에게 납부를 유예받은 세액과 이자상당가산액을 징수하여야 한다. 다만, 상속인 또는 상속재산관리인은 상속으로 받은 재산의 한도에서 납부를 유예받은 세액과 이자상당가산액을 납부할 의무를 진다.

6. 관할 세무서장은 위 1.에 따라 납부유예를 허가한 연도의 납부기한이 지난 날부터 5.에 따라 징수할 세액의 고지일까지의 기간 동안에는 「국세기본법」 제47조의4에 따른 납부지연가산세를 부과하지 아니한다.

7. 위 1.부터 6.까지에서 규정한 사항 외에 납부유예에 필요한 절차 등에 관한 사항은 대통령령으로 정한다.

01 2024년 귀속 토지분 종합부동산세에 관한 설명으로 옳은 것은?
(단, 감면과 비과세와 지방세특례제한법 또는 조세특례제한법은 고려하지 않음)

• 32회

① 재산세 과세대상 중 분리과세대상 토지는 종합부동산세 과세대상이다.

② 종합부동산세의 분납은 허용되지 않는다.

③ 종합부동산세의 물납은 허용되지 않는다.

④ 납세자에게 부정행위가 없으며 특례제척기간에 해당하지 않는 경우 원칙적으로 납세의무 성립일부터 3년이 지나면 종합부동산세를 부과할 수 없다.

⑤ 별도합산과세대상인 토지의 재산세로 부과된 세액이 세부담 상한을 적용받는 경우 그 상한을 적용받기 전의 세액을 별도합산과세대상 토지분 종합부동산세액에서 공제한다.

해설 ① 재산세 과세대상 토지 중 종합합산과세대상, 별도합산과세대상 토지만 종합부동산세 과세대상 토지이다.

② 납부할 세액이 250만원 초과 시 분할납부를 신청할 수 있다.

④ 납세자에게 부정행위가 없으며 특례제척기간에 해당하지 않는 경우 원칙적으로 납세의무 성립일부터 5년이 지나면 종합부동산세를 부과할 수 없다.

⑤ 별도합산과세대상인 토지의 재산세로 부과된 세액이 세부담 상한을 적용받는 경우 그 상한을 적용받은 세액을 별도합산과세대상 토지분 종합부동산세액에서 공제한다.

정답 ③

02 종합부동산세법상 종합부동산세에 관한 설명으로 **틀린** 것은? (단, 감면 및 비과세와 지방세특례제한법 또는 조세특례제한법은 고려하지 않음)   • 31회

① 종합부동산세의 과세기준일은 매년 6월 1일로 한다.

② 종합부동산세의 납세의무자가 비거주자인 개인으로서 국내사업장이 없고 국내원천소득이 발생하지 아니하는 1주택을 소유한 경우 그 주택 소재지를 납세지로 정한다.

③ 과세기준일 현재 토지분 재산세의 납세의무자로서 국내에 소재하는 종합합산과세대상 토지의 공시가격을 합한 금액이 5억원을 초과하는 자는 해당 토지에 대한 종합부동산세를 납부할 의무가 있다.

④ 종합합산과세대상 토지의 재산세로 부과된 세액이 세부담 상한을 적용받는 경우 그 상한을 적용받기 전의 세액을 종합합산과세대상 토지분 종합부동산세액에서 공제한다.

⑤ 관할 세무서장은 종합부동산세를 징수하고자 하는 때에는 납세고지서에 주택 및 토지로 구분한 과세표준과 세액을 기재하여 납부기간 개시 5일 전까지 발부하여야 한다.

> **해설** ④ 종합합산과세대상 토지의 재산세로 부과된 세액이 세부담 상한을 적용받는 경우 그 상한을 적용받은 세액을 종합합산과세대상 토지분 종합부동산세액에서 공제한다.
>
> 정답 ④

03 종합부동산세법상 주택에 대한 과세 및 납세지에 관한 설명으로 옳은 것은?   • 33회

① 납세의무자가 법인이며 3주택 이상을 소유한 경우 소유한 주택 수에 따라 과세표준에 1.2%~6%의 세율을 적용하여 계산한 금액을 주택분 종합부동산세액으로 한다.

② 납세의무자가 법인으로 보지 않는 단체(공익법인등 제외)인 경우 주택에 대한 종합부동산세 납세지는 해당 주택의 소재지로 한다.

③ 과세표준 합산의 대상에 포함되지 않는 주택을 보유한 납세의무자는 해당 연도 10월 16일부터 10월 31일까지 관할 세무서장에게 해당 주택의 보유현황을 신고하여야 한다.

④ 종합부동산세 과세대상 1세대 1주택자로서 과세기준일 현재 해당 주택을 12년 보유한 자의 보유기간별 세액공제에 적용되는 공제율은 100분의 50이다.

⑤ 과세기준일 현재 주택분 재산세의 납세의무자는 종합부동산세를 납부할 의무가 있다.

해설 ⑤ 「종합부동산세법」 제7조 제1항

① 납세의무자가 법인 또는 법인으로 보는 단체(공익법인등 제외)인 경우 과세표준에 다음에 따른 세율을 적용하여 계산한 금액을 주택분 종합부동산세액으로 한다(종합부동산세법 제9조 제2항).

> 1. 2주택 이하를 소유한 경우 : 1천분의 27
> 2. 3주택 이상을 소유한 경우 : 1천분의 50

② 종합부동산세의 납세의무자가 개인 또는 법인으로 보지 아니하는 단체인 경우에는 「소득세법」 제6조의 규정을 준용하여 납세지를 정한다(종합부동산세법 제4조 제1항).

> 「소득세법」 제6조 【납세지】 ① 거주자의 소득세 납세지는 그 주소지로 한다. 다만, 주소지가 없는 경우에는 그 거소지로 한다.
> ② 비거주자의 소득세 납세지는 「소득세법」 제120조에 따른 국내사업장의 소재지로 한다. 다만, 국내사업장이 둘 이상 있는 경우에는 주된 국내사업장의 소재지로 하고, 국내사업장이 없는 경우에는 국내원천소득이 발생하는 장소로 한다.
> ③ 납세지가 불분명한 경우에는 대통령령으로 정하는 바에 따라 납세지를 결정한다.

③ 과세표준 합산의 대상에 포함되지 않는 주택을 보유한 납세의무자는 해당 연도 9월 16일부터 9월 30일까지 관할 세무서장에게 해당 주택의 보유현황을 신고하여야 한다(종합부동산세법 제8조 제5항).

④ 종합부동산세 과세대상 1세대 1주택자로서 과세기준일 현재 해당 주택을 12년 보유한 자의 보유기간별 세액공제에 적용되는 공제율은 100분의 40이다(종합부동산세법 제9조 제8항).

정답 ⑤

04 종합부동산세법상 토지 및 주택에 대한 과세와 부과·징수에 관한 설명으로 옳은 것은?
· 33회

① 종합합산과세대상인 토지에 대한 종합부동산세의 세액은 과세표준에 1%~5%의 세율을 적용하여 계산한 금액으로 한다.

② 종합부동산세로 납부해야 할 세액이 200만원인 경우 관할 세무서장은 그 세액의 일부를 납부기한이 지난 날부터 6개월 이내에 분납하게 할 수 있다.

③ 관할 세무서장이 종합부동산세를 징수하려면 납부기간 개시 5일 전까지 주택분과 토지분을 합산한 과세표준과 세액을 납부고지서에 기재하여 발급하여야 한다.

④ 종합부동산세를 신고납부방식으로 납부하고자 하는 납세의무자는 종합부동산세의 과세표준과 세액을 해당 연도 12월 1일부터 12월 15일까지 관할 세무서장에게 신고하여야 한다.

⑤ 별도합산과세대상인 토지에 대한 종합부동산세의 세액은 과세표준에 0.5%~0.8%의 세율을 적용하여 계산한 금액으로 한다.

해설 ④ 「종합부동산세법」 제16조 제3항

① 종합합산과세대상인 토지에 대한 종합부동산세의 세액은 과세표준에 1%~3%의 세율을 적용하여 계산한 금액으로 한다(종합부동산세법 제14조 제1항).

② 관할 세무서장은 종합부동산세로 납부하여야 할 세액이 250만원을 초과하는 경우에는 대통령령으로 정하는 바에 따라 그 세액의 일부를 납부기한이 지난 날부터 6개월 이내에 분납하게 할 수 있다(종합부동산세법 제20조).

③ 관할 세무서장은 종합부동산세를 징수하려면 납부고지서에 주택 및 토지로 구분한 과세표준과 세액을 기재하여 납부기간 개시 5일 전까지 발급하여야 한다(종합부동산세법 제16조 제2항).

⑤ 별도합산과세대상인 토지에 대한 종합부동산세의 세액은 과세표준에 0.5%~0.7%의 세율을 적용하여 계산한 금액으로 한다(종합부동산세법 제14조 제4항).

정답 ④

05 종합부동산세법령상 종합부동산세의 부과·징수에 관한 내용으로 틀린 것은?

• 34회

① 관할 세무서장은 납부하여야 할 종합부동산세의 세액을 결정하여 해당 연도 12월 1일부터 12월 15일까지 부과·징수한다.

② 종합부동산세를 신고납부방식으로 납부하고자 하는 납세의무자는 종합부동산세의 과세표준과 세액을 관할 세무서장이 결정하기 전인 해당 연도 11월 16일부터 11월 30일까지 관할 세무서장에게 신고하여야 한다.

③ 관할 세무서장은 종합부동산세로 납부하여야 할 세액이 250만원을 초과하는 경우에는 대통령령으로 정하는 바에 따라 그 세액의 일부를 납부기한이 지난 날부터 6개월 이내에 분납하게 할 수 있다.

④ 관할 세무서장은 납세의무자가 과세기준일 현재 1세대 1주택자가 아닌 경우 주택분 종합부동산세액의 납부유예를 허가할 수 없다.

⑤ 관할 세무서장은 주택분 종합부동산세액의 납부가 유예된 납세의무자가 해당 주택을 타인에게 양도하거나 증여하는 경우에는 그 납부유예 허가를 취소하여야 한다.

해설 ② 종합부동산세를 신고납부방식으로 납부하고자 하는 납세의무자는 종합부동산세의 과세표준과 세액을 해당 연도 12월 1일부터 12월 15일까지 대통령령으로 정하는 바에 따라 관할 세무서장에게 신고하여야 한다. 이 경우 관할 세무서장의 결정은 없었던 것으로 본다(종합부동산세법 제16조 제3항).

정답 ②

❶ 종합부동산세의 과세기준일은 매년 (　　　)월 (　　　)일로 한다.

❷ 종합부동산세의 납세의무자가 거주자인 경우 납세지는 (　　　)이다.

❸ 과세기준일 현재 세대원 중 1인이 해당 주택을 단독으로 소유한 경우로서 대통령령으로 정하는 1세대 1주택자의 경우 주택에 대한 종합부동산세의 과세표준은 주택의 공시가격을 합산한 금액에서 (　　　)억원을 공제한 금액에 공정시장가액비율을 곱한 금액으로 한다. 다만, 그 금액이 영보다 작은 경우에는 영으로 본다.

❹ 개인이 2주택을 소유한 경우 (　　　)~(　　　)의 초과누진세율을 적용한다.

❺ 법인(공익법인등 제외)이 2주택을 소유한 경우 (　　　)의 세율을 적용한다.

❻ 주택분 과세표준 금액에 대하여 해당 과세대상 주택의 주택분 재산세로 부과된 세액을 공제할 때 「지방세법」에 따라 가감조정된 세율이 적용된 경우에는 그 세율이 (　　　) 세액, 세부담 상한을 적용받은 경우에는 그 상한을 (　　　) 세액을 주택분 종합부동산세액에서 이를 공제한다.

❼ 주택분 종합부동산세 납세의무자가 1세대 1주택자에 해당하는 경우는 주택분 종합부동산세액에서 소유자의 연령과 주택 보유기간에 따른 공제액을 공제율 합계 100분의 (　　　)의 범위에서 중복하여 적용할 수 있다.

정답　**1** 6, 1　**2** 주소지　**3** 12　**4** 1천분의 5, 1천분의 27　**5** 1천분의 27　**6** 적용된, 적용받은　**7** 80

⑧ 과세기준일 현재 세대원 중 1인이 그 (   )와 공동으로 1주택을 소유하고 해당 세대원 및 다른 세대원이 다른 주택을 소유하지 아니한 경우로서 대통령령으로 정하는 경우에는 (   )와 공동으로 1주택을 소유한 자 또는 그 (   ) 중 1인을 해당 1주택에 대한 납세의무자로 할 수 있다.

⑨ 주택분 종합부동산세의 납세의무자가 (   )인 경우 세부담의 상한규정을 적용하지 아니한다.

⑩ 별도합산과세대상인 경우 국내에 소재하는 해당 과세대상 토지의 공시가격을 합한 금액이 (   )억원을 초과하는 자는 종합부동산세 납세의무를 진다.

⑪ 수탁자의 명의로 등기 또는 등록된 신탁재산으로서 토지의 경우에는 (   )가 종합부동산세를 납부할 의무가 있다.

⑫ 관할 세무서장은 납부하여야 할 종합부동산세의 세액을 결정하여 해당 연도 12월 (   )일부터 12월 (   )일까지 부과·징수한다.

⑬ 관할 세무서장은 종합부동산세를 징수하려면 납부고지서에 주택 및 토지로 구분한 과세표준과 세액을 기재하여 납부기간 개시 (   )일 전까지 발급하여야 한다.

⑭ 관할 세무서장은 종합부동산세로 납부하여야 할 세액이 (   )만원을 초과하는 경우에는 그 세액의 일부를 납부기한이 지난 날부터 (   )개월 이내에 분납하게 할 수 있다.

⑮ 종합부동산세를 신고납부방식으로 선택하여 과소신고한 경우 (   )신고가산세가 부과된다.

| 정답 | 8 배우자, 배우자, 배우자 9 법인(공익법인등 제외) 10 80 11 위탁자 12 1, 15 13 5 |
| | 14 250, 6 15 과소 |

02 | 종합소득세

10개년 출제문항 수				
25회	26회	27회	28회	29회
1			1	
30회	31회	32회	33회	34회
	1		2	1

↳ 총 16문제 中 평균 약 0.6문제 출제

┃ 학습전략

• 소득세는 개인이 얻은 소득에 대하여 그 개인에게 부과되는 조세입니다. 이 챕터에서는 부동산업과 관련된 종합소득세에 대해 학습합니다.

• 부동산임대소득에 대한 문제가 주로 출제되므로 관련 이론을 정리해 두는 것이 좋습니다.

제1절　소득세의 개요

소득세는 개인이 얻은 소득에 대하여 그 개인에게 부과되는 조세이다. 소득세는 법인소득세와 개인소득세로 나누어지는데 법인소득세를 단순하게 '법인세'라고 부르며 개인소득세를 '소득세'라고 부르고 있다. 우리나라 현행 「소득세법」의 특징은 다음과 같다.

1 소득세의 특징

1. 개인별 과세

우리나라 「소득세법」은 개인별 과세를 원칙으로 하고 있다. 따라서 개인을 단위로 소득세를 과세하며, 부부 또는 가족의 소득을 합산하여 과세하지 않는다는 것이다. 다만, 가족구성원이 공동사업자에 포함되어 있는 경우로서 손익분배비율을 거짓으로 정하는 사유가 있으면 합산하여 과세하고 있다.

2. 열거주의

현행 「소득세법」은 과세소득을 이자소득, 배당소득, 사업소득, 근로소득, 연금소득, 기타소득, 퇴직소득, 양도소득의 8가지로 구분하여 제한적으로 열거하고 있다. 따라서 법령에서 구체적으로 열거되지 않은 것은 과세하지 않는다. 다만, 예외적으로 이자소득과 배당소득은 법령에 열거되어 있지 않는 경우라도 유사한 소득에 대해 과세대상으로 정하고 있다(유형별 포괄주의).

3. 신고납세주의

소득세는 신고납세제도를 취하고 있다. 따라서 납세의무자가 해당 과세기간의 다음 연도 5월 1일부터 5월 31일까지 과세표준확정신고를 함으로써 (또는 양도일이 속하는 달 또는 반기의 말일부터 2개월 이내에 양도소득세 예정신고를 함으로써) 소득세의 납세의무가 확정되며 정부의 결정은 원칙적으로 필요하지 않다.

2 과세방식

1. 원칙 : 종합과세

종합과세란 소득의 종류에 관계없이 일정한 기간(통상 1월 1일부터 12월 31일까지)을 단위로 합산하여 과세하는 방식을 말한다. 현행 「소득세법」은 이자소득, 배당소득, 사업소득, 근로소득, 연금소득, 기타소득은 합산하여 과세하는 종합과세방식을 택하고 있다.

2. 예외 : 분류과세와 분리과세

(1) 분류과세

퇴직소득, 양도소득은 다른 소득과 합산하지 않고 별도로 분류과세한다. 퇴직소득과 양도소득은 장기간에 걸쳐 발생한 소득이 일시에 실현되는 특징을 가지고 있다. 따라서 이들을 종합과세하여 누진세율을 적용한다면 부당하게 높은 세율을 적용받게 된다. 이러한 점을 고려하여 현행 「소득세법」은 이들 소득을 분류과세하도록 하고 있다.

(2) 분리과세

이자소득, 배당소득, 근로소득, 연금소득, 기타소득 중 일부에 대해서는 종합과세하지 않고 원천징수로 납세의무를 종결하거나 주택임대소득 중 법정요건을 충족한 경우에는 다른 종합과세대상소득과 합산하지 않고 별도로 신고납부하는 분리과세방식을 택하고 있다.

3 납세의무자

1. 거주자와 비거주자

소득세의 납세의무자는 과세소득을 얻은 개인인데 이는 다음과 같이 거주자와 비거주자로 구분된다.

구 분	개 념	납세의무의 범위
거주자	국내에 주소를 두거나 183일 이상 거소를 둔 개인	국내원천소득과 국외원천소득 모두에 대해서 납세의무를 진다(무제한납세의무).
비거주자	거주자가 아닌 개인	국내원천소득에 대해서만 납세의무를 진다(제한납세의무).

2. 법인이 아닌 단체

법인이 아닌 단체도 「소득세법」에 따라 소득세를 납부할 의무를 진다. 이러한 법인이 아닌 단체에 대한 소득세 과세방법은 다음과 같다.

(1) 구성원 간 이익의 분배비율이 정해져 있고 해당 구성원별로 이익분배비율이 확인되는 경우

해당 단체의 각 구성원별로 「소득세법」 또는 「법인세법」에 따라 소득세 또는 법인세(구성원이 법인인 경우 등)를 납부할 의무를 진다.

(2) 위 (1) 이외의 경우

해당 단체를 1거주자(또는 1비거주자)로 보아 「소득세법」을 적용한다.

4 과세기간과 납세지

1. 과세기간

소득세의 과세기간은 사업의 개시와 폐업에 영향을 받지 않는다(소득세법 제5조).

구 분	과세기간
일반적인 경우	1월 1일~12월 31일
거주자가 사망한 경우	1월 1일~사망일
거주자가 출국하여 비거주자가 되는 경우	1월 1일~출국한 날

2. 납세지

(1) 일반적인 경우(소득세법 제6조 제1항·제2항)

① **거주자** : 주소지(주소지가 없는 경우 거소지)

② **비거주자** : 국내사업장의 소재지. 다만, 국내사업장이 둘 이상 있는 경우에는 주된 국내사업장의 소재지로 하고, 국내사업장이 없는 경우에는 국내원천소득이 발생하는 장소

(2) 납세지의 지정(소득세법 제9조)

① 국세청장 또는 관할 지방국세청장은 다음의 어느 하나에 해당하는 경우에는 납세지를 따로 지정할 수 있다.

　㉠ 사업소득이 있는 거주자가 사업장 소재지를 납세지로 신청한 경우

　㉡ 위 ㉠ 외의 거주자 또는 비거주자로서 납세지가 납세의무자의 소득 상황으로 보아 부적당하거나 납세의무를 이행하기에 불편하다고 인정되는 경우

② 위 ①에 따라 납세지를 지정하거나 납세지의 신청이 있는 경우로서 사업장 소재지를 납세지로 지정하는 것이 세무관리상 부적절하다고 인정되어 그 신청대로 납세지 지정을 하지 아니한 경우에는 국세청장 또는 관할 지방국세청장은 그 뜻을 납세의무자 또는 그 상속인, 납세관리인이나 납세조합에 서면으로 각각 통지하여야 한다.

③ 위 ①에서 규정한 납세지의 지정 사유가 소멸한 경우 국세청장 또는 관할 지방국세청장은 납세지의 지정을 취소하여야 한다.

④ 위 ①에 따른 납세지의 지정이 취소된 경우에도 그 취소 전에 한 소득세에 관한 신고, 신청, 청구, 납부, 그 밖의 행위의 효력에는 영향을 미치지 아니한다.

(3) 납세지 변경신고

① 거주자나 비거주자는 납세지가 변경된 경우 변경된 날부터 15일 이내에 그 변경 후의 납세지 관할 세무서장에게 신고하여야 한다(소득세법 제10조).

② 이 경우 납세자의 주소지가 변경됨에 따라 「부가가치세법 시행령」 제14조에 따른 사업자등록 정정을 한 경우에는 납세지의 변경신고를 한 것으로 본다(소득세법 시행령 제7조 제2항).

제2절 부동산임대소득

• 24회 • 28회 • 31회 • 33회 • 34회

1 정 의

부동산임대업에서 발생하는 소득은 해당 과세기간에 부동산을 대여함으로써 발생한 다음의 소득을 말한다(소득세법 제19조 제1항 제12호).

1. 부동산(미등기 포함) 또는 부동산상의 권리를 대여하는 사업

① 토지나 건물 등의 부동산을 대여하고 얻은 소득과 전세권 등이 부동산상의 권리의 대여로 인하여 발생하는 소득을 말한다.

② 다만, 「공익사업을 위한 토지 등의 취득 및 보상에 관한 법률」에 따른 공익사업과 관련하여 지역권·지상권(지하 또는 공중에 설정된 권리를 포함)을 설정하거나 대여함으로써 발생하는 소득은 기타소득으로 과세한다.

2. 공장재단 또는 광업재단을 대여하는 사업

「공장 및 광업재단 저당법」에 의하여 공장재단* 또는 광업재단*의 설립등기를 한 재산을 대여함으로써 발생하는 소득을 말한다.

3. 채굴에 관한 권리를 대여하는 사업

광업권자, 조광권*자 또는 덕대* 등이 채굴을 할 수 있는 시설과 함께 광산을 대여함으로써 발생하는 소득을 말한다.

OX 확인문제

공익사업과 관련하여 지역권·지상권을 설정하거나 대여함으로써 발생하는 소득은 부동산임대소득으로 과세한다. (　　)

정답 (×)

기타소득으로 과세한다.

* 공장재단

공장에 속하는 일정한 기업용 재산으로 구성되는 일단의 기업재산으로서 소유권과 저당권의 목적이 되는 것을 말한다.

* 광업재단

광업권과 광업권에 기하여 광물을 채굴, 취득하기 위한 각종 설비 및 이에 부속하는 사업의 설비로 구성되는 일단의 기업재산으로서 소유권과 저당권의 목적이 되는 것을 말한다.

* 조광권

타인 소유의 토지에서 광물을 탐사, 채취, 취득하는 권리

* 덕대

다른 이의 광산에서 광산주와 계약을 맺고 채굴권을 얻어 광물을 채굴하는 자

2 부동산임대업의 소득금액 계산

> 부동산임대업의 소득금액 = 총수입금액(임대료, 관리비, 간주임대료, 보험차익)
> − 필요경비

1. 총수입금액

(1) 임대료

① 해당 과세기간에 수입하였거나 수입할 금액의 합계액으로 한다.

② 부동산을 임대하거나 지역권을 설정 또는 대여하고 미리 받은 임대료(선세금)에 대한 수입금액은 다음과 같이 계산한다(소득세법 시행령 제51조 제3항).

> 선세금의 총수입금액 = 선세금 × 각 과세기간의 해당 월수/계약기간의 월수

(2) 관리비

① 임차인으로부터 임대료 이외의 유지비나 관리비 명목으로 징수한 금액은 총수입금액에 포함한다.

② 단, 관리비 중 전기료, 수도료 등의 공공요금의 명목으로 징수한 금액이 포함되어 있는 경우에는 공공요금 납입액을 초과하는 금액만 총수입금액에 포함한다.

(3) 간주임대료

① 거주자가 부동산 또는 그 부동산상의 권리 등을 대여하고 보증금·전세금 또는 이와 유사한 성질의 금액을 받은 경우에는 다음 [참고]에서 정하는 바에 따라 계산한 금액을 사업소득금액을 계산할 때에 총수입금액에 산입(算入)한다(소득세법 제25조 제1항).

② **주택임대소득의 총수입금액 계산 시 간주임대료 특례** : 주택을 대여하
고 보증금등을 받은 경우에는 **3주택**[주거의 용도로만 쓰이는 면적이 1호
(戶) 또는 1세대당 40m² 이하인 주택으로서 해당 과세기간의 기준시가가 2억
원 이하인 주택은 2026년 12월 31일까지는 주택 수에 포함하지 아니한다]
이상을 소유하고 해당 주택의 보증금등의 합계액이 **3억원을 초과하는
경우**를 말하며, 주택 수의 계산 그밖에 필요한 사항은 대통령령으로 정
한다(소득세법 제25조 제1항 단서).

> ✔ 참고 **간주임대료의 계산(소득세법 시행령 제53조)**
>
> 1. 총수입금액에 산입할 금액은 다음의 구분에 따라 계산한다. 이 경우 총수입
>   금액에 산입할 금액이 영보다 적은 때에는 없는 것으로 보며, 적수의 계산은
>   매월 말 현재의 「소득세법」 제25조 제1항 본문에 따른 보증금등의 잔액에
>   경과일수를 곱하여 계산할 수 있다.
>   ① **주택과 주택부수토지를 임대하는 경우(주택부수토지만 임대하는 경우는
>   제외)** : 총수입금액에 산입할 금액 = {해당 과세기간의 보증금등 − 3억
>   원(보증금등을 받은 주택이 2주택 이상인 경우에는 보증금등의 적수가
>   가장 큰 주택의 보증금등부터 순서대로 뺀다)}의 적수 × 60/100 ×
>   1/365(윤년의 경우에는 366) × 금융회사 등의 정기예금이자율을 고려
>   하여 기획재정부령으로 정하는 이자율 − 해당 과세기간의 해당 임대사
>   업부분에서 발생한 수입이자와 할인료 및 배당금의 합계액
>   ② **위 ① 외의 경우** : 총수입금액에 산입할 금액 = (해당 과세기간의 보증
>   금등의 적수 − 임대용 부동산의 건설비 상당액의 적수) × 1/365(윤년
>   의 경우에는 366) × 정기예금이자율 − 해당 과세기간의 해당 임대사업
>   부분에서 발생한 수입이자와 할인료 및 배당금의 합계액
> 2. 소득금액을 추계신고하거나 「소득세법」 제80조 제3항 단서에 따라 소득금
>   액을 추계조사결정하는 경우에는 위 1.에도 불구하고 다음의 구분에 따라
>   계산한 금액을 총수입금액에 산입한다.
>   ① **주택과 주택부수토지를 임대하는 경우(주택부수토지만 임대하는 경우는
>   제외)** : 총수입금액에 산입할 금액 = {해당 과세기간의 보증금등 − 3억
>   원(보증금등을 받은 주택이 2주택 이상인 경우에는 보증금등의 적수가
>   가장 큰 주택의 보증금등부터 순서대로 뺀다)}의 적수 × 60/100 ×
>   1/365(윤년의 경우에는 366) × 정기예금이자율
>   ② **위 ① 외의 경우** : 총수입금액에 산입할 금액 = 해당 과세기간의 보증금
>   등의 적수 × 1/365(윤년의 경우에는 366) × 정기예금이자율

(4) 보험차익

사업과 관련하여 해당 사업용 자산의 손실로 취득하는 보험차익은 총수입
금액에 포함한다(소득세법 시행령 제51조 제3항 제4의2호 라목).

2. 필요경비

① 사업소득금액을 계산할 때 필요경비에 산입할 금액은 해당 과세기간의 총수입금액에 대응하는 비용으로서 일반적으로 용인되는 통상적인 것의 합계액으로 한다(소득세법 제27조 제1항).

② 해당 과세기간 전의 총수입금액에 대응하는 비용으로서 그 과세기간에 확정된 것에 대해서는 그 과세기간 전에 필요경비로 계상하지 아니한 것만 그 과세기간의 필요경비로 본다(소득세법 제27조 제2항).

기출&예상 문제

다음은 거주자 甲이 소유하고 있는 상가건물 임대에 관한 자료이다. 부동산임대업의 사업소득을 장부에 기장하여 신고하는 경우 2024년도 부동산임대업의 총수입금액은? (단, 법령에 따른 적격증명서류를 수취·보관하고 있으며, 주어진 조건 이외에는 고려하지 않음) •33회 수정

- 임대기간 : 2023.1.1.~2024.12.31.
- 임대계약 내용 : 월임대료 1,000,000원
  임대보증금 500,000,000원
- 임대부동산(취득일자 : 2022.1.23.)
  −건물 취득가액 : 200,000,000원
  −토지 취득가액 : 300,000,000원
- 기획재정부령으로 정하는 이자율 : 연 6%
- 임대보증금 운용수익 : 수입이자 1,000,000원
  유가증권처분이익 : 2,000,000원

① 18,000,000원   ② 29,000,000원
③ 30,000,000원   ④ 39,000,000원
⑤ 40,000,000원

해설 1. 임대료수입 : 1,000,000원 × 12개월(2024.1.1.~12.31.) = 12,000,000원
　　　2. 간주임대료수입 : [(5억원 × 365) − (2억원 × 365)] × 1/365 × 6% − 수입이자 1,000,000원 = 17,000,000원
　　　3. 임대료수입 + 간주임대료수입 합계 : 29,000,000원

➕ • 간주임대료 계산 시 임대용 부동산의 건설비상당액의 적수를 차감하는데 이는 임대용 부동산의 매입, 건설비(토지가액은 제외)를 말한다(소득세법 시행령 제53조 제5항 제2호).
　• 유가증권처분이익은 해당 임대사업부분에서 발생한 수입이자와 할인료 및 배당금에 해당하지 아니하므로 보증금등에 세율을 곱한 금액에서 차감하지 아니한다.

정답 ②

3 부동산임대업에 대한 소득의 수입시기

(1) 계약 또는 관습에 따라 지급일이 정해진 것 : 그 정해진 날

(2) 계약 또는 관습에 따라 지급일이 정해지지 않은 것 : 그 지급을 받은 날

4 비과세 부동산임대소득

(1) 논·밭의 임대소득(소득세법 제12조 제2호)

논·밭을 작물 생산에 이용하게 함으로써 발생하는 소득

(2) 주택임대소득에 대한 비과세

1개의 주택을 소유하는 자의 주택임대소득은 비과세한다. 다만, 기준시가 12억원 초과하는 주택 및 국외에 소재하는 주택의 임대소득은 주택 수에 관계없이 과세한다(소득세법 제12조 제2호 나목).

5 주택의 범위

1. 주택 및 부수토지

'주택'이란 상시 주거용(사업을 위한 주거용의 경우는 제외)으로 사용하는 건물을 말하고, '주택부수토지'란 주택에 딸린 토지로서 다음의 어느 하나에 해당하는 면적 중 넓은 면적 이내의 토지를 말한다(소득세법 시행령 제8조의2 제2항).

① 건물의 연면적(지하층의 면적, 지상층의 주차용으로 사용되는 면적, 건축법 시행령 제34조 제3항에 따른 피난안전구역의 면적 및 주택건설기준 등에 관한 규정 제2조 제3호에 따른 주민공동시설의 면적은 제외)

② 건물이 정착된 면적에 5배(국토의 계획 및 이용에 관한 법률 제6조 제1호에 따른 도시지역 밖의 토지의 경우에는 10배)를 곱하여 산정한 면적

2. 겸용주택

주택과 부가가치세가 과세되는 사업용 건물이 함께 설치되어 있는 경우 그 주택과 주택부수토지의 범위는 다음의 구분에 따른다. 이 경우 주택과 주택부수토지를 2인 이상의 임차인에게 임대한 경우에는 각 임차인의 주택 부분의 면적(사업을 위한 거주용은 제외)과 사업용 건물 부분의 면적을 계산하여 각각 적용한다(소득세법 시행령 제8조의2 제4항).

① 주택 부분의 면적이 사업용 건물 부분의 면적보다 클 때에는 그 전부를 주택으로 본다. 이 경우 해당 주택의 주택부수토지의 범위는 위 **1.**과 같다.

② 주택 부분의 면적이 사업용 건물 부분의 면적과 같거나 그보다 작은 때에는 주택 부분 외의 사업용 건물 부분은 주택으로 보지 아니한다. 이 경우 해당 주택의 주택부수토지의 면적은 총토지면적에 주택 부분의 면적이 총건물면적에서 차지하는 비율을 곱하여 계산하며, 그 범위는 위 **1.**과 같다.

3. 주택 수의 계산 · 25회

주택 수는 다음에 따라 계산한다(소득세법 시행령 제8조의2 제3항).

(1) 다가구주택은 1개의 주택으로 보되, 구분등기된 경우에는 각각을 1개의 주택으로 계산한다.

(2) 공동소유하는 주택은 지분이 가장 큰 사람의 소유로 계산한다(지분이 가장 큰 사람이 2명 이상인 경우로서 그들이 합의하여 그들 중 1명을 해당 주택 임대수입의 귀속자로 정한 경우에는 그의 소유로 계산). 다만, 다음의 어느 하나에 해당하는 사람은 본문에 따라 공동소유의 주택을 소유하는 것으로 계산되지 않는 경우라도 그의 소유로 계산한다.

① **해당 공동소유하는 주택을 임대해 얻은 수입금액을 다음에 따라 계산한 금액이 연간 6백만원 이상인 사람**

> 해당 공동소유하는 주택의 임대업에서 발생한 총수입금액(해당 공동소유자가 지분을 보유한 기간에 발생한 것에 한정) × 해당 공동소유자가 보유한 해당 주택의 지분율

O X 확 인 문 제

거주자의 보유주택 수를 계산함에 있어서 다가구주택은 1개의 주택으로 보되, 구분등기된 경우에는 각각을 1개의 주택으로 계산한다. · 25회 ( )

정답 (○)

② 해당 공동소유하는 주택의 기준시가가 12억원을 초과하는 경우로서 그 주택의 지분을 100분의 30 초과 보유하는 사람

(3) 임차 또는 전세받은 주택을 전대하거나 전전세하는 경우에는 당해 임차 또는 전세받은 주택을 임차인 또는 전세받은 자의 주택으로 계산한다.

(4) 본인과 배우자가 각각 주택을 소유하는 경우에는 이를 합산한다. 다만, 위 **(2)**에 따라 공동소유의 주택 하나에 대해 본인과 배우자가 각각 소유하는 주택으로 계산되는 경우에는 다음에 따라 본인과 배우자 중 1명이 소유하는 주택으로 보아 합산한다.

① 본인과 배우자 중 지분이 더 큰 사람의 소유로 계산한다.

② 본인과 배우자의 지분이 같은 경우로서 그들 중 1명을 해당 주택 임대 수입의 귀속자로 합의해 정하는 경우에는 그의 소유로 계산한다.

4. 고가주택의 범위

1채만 소유한 경우에도 임대소득에 대한 소득세가 과세되는 '고가주택'이란 과세기간 종료일 또는 해당 주택의 양도일 현재 「소득세법」에 따른 기준시가가 12억원을 초과하는 주택을 말한다(소득세법 시행령 제8조의2 제5항).

> 한눈에 보기   **주택임대소득에 대한 소득세 과세체계**

소유 주택 수 (부부합산)	임대료	간주임대료
1주택	비과세(고가주택 또는 국외 주택은 과세)	과세 제외
2주택	과세	과세 제외
3주택 이상	과세	보증금등의 합계액이 3억원 초과 시 3억원 초과분 과세

➕ 간주임대료 계산에 있어 소형주택(전용면적 $40m^2$ 이하 + 기준시가 2억원 이하)은 2026.12.31.까지 3주택 이상 요건 판단 시 주택 수에 포함하지 아니한다.

주택임대사업자인 거주자 甲의 국내주택 임대현황(A, B, C 각 주택의 임대기간 : 2024.1.1.~2024.12.31.)을 **참고하여 계산한 주택임대에 따른 2024년 귀속 사업소득의 총수입금액은?** (단, 법령에 따른 적격증명서류를 수취·보관하고 있고, 기획재정부령으로 정하는 이자율은 연 4%로 가정하며 주어진 조건 이외에는 고려하지 않음) • 34회 수정

구분(주거전용면적)	보증금	월세*	기준시가
A주택(85m²)	3억원	5십만원	5억원
B주택(40m²)	1억원	–	2억원
C주택(109m²)	5억원	1백만원	7억원

* 월세는 매월 수령하기로 약정한 금액임

① 0원

② 16,800,000원

③ 18,000,000원

④ 32,400,000원

⑤ 54,000,000원

해설 ③ 소형주택은 주택수에서 제외하므로 2주택자이다. 따라서 임대료부분에 대해서만 총수입금액에 산입한다.

총수입금액 : 150만원 × 12개월 = 18,000,000원

「소득세법」제24조【총수입금액의 계산】① 거주자의 각 소득에 대한 총수입금액(총급여액과 총연금액을 포함)은 해당 과세기간에 수입하였거나 수입할 금액의 합계액으로 한다.

「소득세법」제25조【총수입금액 계산의 특례】① 거주자가 부동산 또는 그 부동산상의 권리 등을 대여하고 보증금·전세금 또는 이와 유사한 성질의 금액(이하 '보증금등'이라 한다)을 받은 경우에는 대통령령으로 정하는 바에 따라 계산한 금액을 사업소득금액을 계산할 때에 총수입금액에 산입(算入)한다. 다만, 주택을 대여하고 보증금등을 받은 경우에는 3주택[주거의 용도로만 쓰이는 면적이 1호(戶) 또는 1세대당 40제곱미터 이하인 주택으로서 해당 과세기간의 기준시가가 2억원 이하인 주택은 2026년 12월 31일까지는 주택 수에 포함하지 아니한다] 이상을 소유하고 해당 주택의 보증금등의 합계액이 3억원을 초과하는 경우를 말하며, 주택 수의 계산 그 밖에 필요한 사항은 대통령령으로 정한다.

정답 ③

6 주택임대소득에 대한 분리과세

1. 분리과세 주택임대소득

해당 과세기간에 주거용 건물 임대업에서 발생한 총수입금액의 합계액이 2천만원 이하인 자의 주택임대소득은 분리과세할 수 있다(소득세법 제14조 제3항 제7호).

2. 주택임대소득에 대한 세액계산의 특례

분리과세 주택임대소득이 있는 거주자의 종합소득 결정세액은 다음의 세액 중 하나를 선택하여 적용한다(소득세법 제64조의2 제1항).

① 분리과세를 적용하기 전의 종합소득 결정세액

② **다음의 세액을 더한 금액**

    ㉠ 분리과세 주택임대소득에 대한 사업소득금액에 100분의 14를 곱하여 산출한 금액. 다만, 「조세특례제한법」 제96조 제1항에 해당하는 거주자가 같은 항에 따른 임대주택을 임대하는 경우에는 해당 임대사업에서 발생한 분리과세 주택임대소득에 대한 사업소득금액에 100분의 14를 곱하여 산출한 금액에서 같은 항에 따라 감면받는 세액을 차감한 금액으로 한다.

    ㉡ 위 ㉠ 외의 종합소득 결정세액

3. 분리과세 주택임대소득에 대한 사업소득금액의 계산

(1) 등록임대주택이 아닌 경우

분리과세 주택임대소득에 대한 사업소득금액은 총수입금액에서 필요경비(총수입금액의 100분의 50으로 한다)를 차감한 금액으로 하되, 분리과세 주택임대소득을 제외한 해당 과세기간의 종합소득금액이 2천만원 이하인 경우에는 추가로 200만원을 차감한 금액으로 한다(소득세법 제64조의2 제2항).

🔍 **사 례**

1. 분리과세 주택임대소득을 제외한 해당 과세기간의 종합소득금액이 2천만원 초과인 경우
   - 주택임대사업소득금액
     = 주택임대총수입금액 − (주택임대총수입금액 × 50%)
   - 분리과세산출세액 = 주택임대사업소득금액 × 14%
2. 분리과세 주택임대소득을 제외한 해당 과세기간의 종합소득금액이 2천만원 이하인 경우
   - 주택임대사업소득금액
     = 주택임대총수입금액 − (주택임대총수입금액 × 50%) − 200만원
   - 분리과세산출세액 = 주택임대사업소득금액 × 14%

(2) 등록임대주택인 경우

등록임대주택을 임대하는 경우 해당 임대사업에서 발생한 사업소득금액은 총수입금액에서 필요경비(총수입금액의 100분의 60으로 한다)를 차감한 금액으로 하되, 분리과세 주택임대소득을 제외한 해당 과세기간의 종합소득금액이 2천만원 이하인 경우에는 추가로 400만원을 차감한 금액으로 한다.

🔍 **사 례**

1. 분리과세 주택임대소득을 제외한 해당 과세기간의 종합소득금액이 2천만원 초과인 경우
   - 주택임대사업소득금액
     = 주택임대총수입금액 − (주택임대총수입금액 × 60%)
   - 분리과세산출세액 = 주택임대사업소득금액 × 14%
2. 분리과세 주택임대소득을 제외한 해당 과세기간의 종합소득금액이 2천만원 이하인 경우
   - 주택임대사업소득금액
     = 주택임대총수입금액 − (주택임대총수입금액 × 60%) − 400만원
   - 분리과세산출세액 = 주택임대사업소득금액 × 14%

✔ **참고** **등록임대주택의 범위(소득세법 시행령 제122조의2)**

1. 다음의 요건을 모두 충족하는 임대주택을 말한다.
   ① 다음의 어느 하나에 해당하는 주택일 것
      ㉠ 「민간임대주택에 관한 특별법」 제5조에 따른 임대사업자등록을 한 자가 임대 중인 같은 법 제2조 제4호에 따른 공공지원민간임대주택

ⓛ 「민간임대주택에 관한 특별법」 제5조에 따른 임대사업자등록을 한 자가 임대 중인 같은 법 제2조 제5호에 따른 장기일반민간임대주택 [아파트를 임대하는 민간매입임대주택의 경우에는 2020년 7월 10일 이전에 종전의 민간임대주택에 관한 특별법(법률 제17482호 민간임대주택에 관한 특별법 일부개정법률에 따라 개정되기 전의 것) 제5조에 따라 등록을 신청(임대할 주택을 추가하기 위해 등록사항의 변경신고를 한 경우를 포함)한 것에 한정]

ⓒ 종전의 「민간임대주택에 관한 특별법」 제5조에 따른 임대사업자등록을 한 자가 임대 중인 같은 법 제2조 제6호에 따른 단기민간임대주택(2020년 7월 10일 이전에 등록을 신청한 것으로 한정)

② 관할 세무서에 사업자등록을 한 사업자의 임대주택일 것

③ 임대보증금 또는 임대료(임대료등)의 증가율이 100분의 5를 초과하지 않을 것. 이 경우 임대료등의 증액 청구는 임대차계약의 체결 또는 약정한 임대료등의 증액이 있은 후 1년 이내에는 하지 못하고, 임대사업자가 임대료등의 증액을 청구하면서 임대보증금과 월임대료를 상호간에 전환하는 경우에는 「민간임대주택에 관한 특별법」 제44조 제4항의 전환규정을 준용한다.

2. 위 1.을 적용할 때 종전의 「민간임대주택에 관한 특별법」 제5조에 따라 등록한 같은 법 제2조 제6호에 따른 단기민간임대주택을 같은 법 제5조 제3항에 따라 2020년 7월 11일 이후 「민간임대주택에 관한 특별법」 제2조 제4호 또는 제5호에 따른 공공지원민간임대주택 또는 장기일반민간임대주택으로 변경 신고한 주택은 등록임대주택에서 제외한다.

7 결손금 및 이월결손금 ·28회 ·33회

(1) 사업자가 비치·기록한 장부에 의하여 해당 과세기간의 사업소득금액을 계산할 때 발생한 결손금은 그 과세기간의 종합소득과세표준을 계산할 때 근로소득금액·연금소득금액·기타소득금액·이자소득금액·배당소득금액에서 순서대로 공제한다(소득세법 제45조 제1항).

(2) 위 **(1)**에도 불구하고 다음의 어느 하나에 해당하는 사업(부동산임대업)에서 발생한 결손금은 종합소득과세표준을 계산할 때 공제하지 아니한다. 다만, 주거용 건물 임대업의 경우에는 그러하지 아니하다(소득세법 제45조 제2항).

① 부동산 또는 부동산상의 권리를 대여하는 사업

② 공장재단 또는 광업재단을 대여하는 사업

③ 채굴에 관한 권리를 대여하는 사업으로서 대통령령으로 정하는 사업

01 소득세법상 거주자의 부동산과 관련된 사업소득에 관한 설명으로 옳은 것은?
• 31회

① 국외에 소재하는 주택의 임대소득은 주택 수에 관계없이 과세하지 아니한다.

② 「공익사업을 위한 토지 등의 취득 및 보상에 관한 법률」에 따른 공익사업과 관련하여 지역권을 대여함으로써 발생하는 소득은 부동산업에서 발생하는 소득으로 한다.

③ 부동산임대업에서 발생하는 사업소득의 납세지는 부동산 소재지로 한다.

④ 국내에 소재하는 논·밭을 작물 생산에 이용하게 함으로써 발생하는 사업소득은 소득세를 과세하지 아니한다.

⑤ 주거용 건물 임대업에서 발생한 결손금은 종합소득과세표준을 계산할 때 공제하지 아니한다.

> **해설** ① 국외소재하는 주택의 임대소득은 주택 수와 관계없이 과세한다.
> ② 공익사업과 관련하여 지역권을 대여함으로써 발생하는 소득은 기타소득이다.
> ③ 거주자의 부동산임대업에서 발생하는 사업소득의 납세지는 주소지이다.
> ⑤ 주거용 건물 임대업에서 발생한 결손금은 종합소득과세표준을 계산할 때 공제한다.
>
> **정답** ④

02 소득세법상 거주자가 국내 소재 부동산등을 임대하여 발생하는 소득에 관한 설명으로 틀린 것은?
• 28회 수정

① 지상권의 대여로 인한 소득은 부동산임대업에서 발생한 소득에 포함된다.

② 부동산임대업에서 발생한 소득은 사업소득에 해당한다.

③ 주거용 건물 임대업에서 발생한 결손금은 종합소득과세표준을 계산할 때 공제한다.

④ 부부가 각각 주택을 1채씩 보유한 상태에서 그중 1주택을 임대하고 연간 1,800만원의 임대료를 받았을 경우 주택임대에 따른 소득세가 분리과세될 수 있다.

⑤ 임대보증금의 간주임대료를 계산하는 과정에서 금융수익을 차감할 때 그 금융수익은 수입이자와 할인료, 수입배당금, 유가증권처분이익으로 한다.

> **해설** ⑤ 임대보증금의 간주임대료를 계산하는 과정에서 금융수익을 차감할 때 그 금융수익은 수입이자와 할인료, 수입배당금으로 한다.
>
> **정답** ⑤

03 소득세법상 부동산임대업에서 발생한 소득에 관한 설명으로 <u>틀린</u> 것은?

• 33회

① 해당 과세기간의 주거용 건물 임대업을 제외한 부동산임대업에서 발생한 결손금은 그 과세기간의 종합소득과세표준을 계산할 때 공제하지 않는다.

② 사업소득에 부동산임대업에서 발생한 소득이 포함되어 있는 사업자는 그 소득별로 구분하여 회계처리하여야 한다.

③ 3주택(주택 수에 포함되지 않는 주택 제외) 이상을 소유한 거주자가 주택과 주택부수토지를 임대(주택부수토지만 임대하는 경우 제외)한 경우에는 법령으로 정하는 바에 따라 계산한 금액(간주임대료)을 총수입금액에 산입한다.

④ 간주임대료 계산 시 3주택 이상 여부 판정에 있어 주택 수에 포함되지 않는 주택이란 주거의 용도로만 쓰이는 면적이 1호 또는 1세대당 $40m^2$ 이하인 주택으로서 해당 과세기간의 기준시가가 2억원 이하인 주택을 말한다.

⑤ 해당 과세기간에 분리과세 주택임대소득이 있는 거주자(종합소득과세표준이 없거나 결손금이 있는 거주자 포함)는 그 종합소득과세표준을 그 과세기간의 다음 연도 5월 1일부터 5월 31일까지 신고하여야 한다.

해설 ③④ 거주자가 부동산 또는 그 부동산상의 권리 등을 대여하고 보증금·전세금 또는 이와 유사한 성질의 금액(보증금등)을 받은 경우에는 대통령령으로 정하는 바에 따라 계산한 금액을 사업소득금액을 계산할 때에 총수입금액에 산입(算入)한다. 다만, 주택을 대여하고 보증금등을 받은 경우에는 3주택[주거의 용도로만 쓰이는 면적이 1호(戶) 또는 1세대당 $40m^2$ 이하인 주택으로서 해당 과세기간의 기준시가가 2억원 이하인 주택은 2026년 12월 31일까지는 주택 수에 포함하지 아니한다] 이상을 소유하고 해당 주택의 보증금등의 합계액이 3억원을 초과하는 경우를 말한다(소득세법 제25조 제1항).

① 부동산임대업에서 발생한 결손금은 종합소득과세표준을 계산할 때 공제하지 아니한다. 다만, 주거용 건물 임대업의 경우에는 그러하지 아니하다(소득세법 제45조 제2항).

② 부동산임대업(주거용 건물 임대업 제외)에서 발생한 결손금은 종합소득과세표준을 계산할 때 공제할 수 없으며 다음 과세기간으로 이월한다. 그러므로 사업소득에 부동산임대업에서 발생한 소득이 포함되어 있는 사업자는 그 소득별로 구분하여 회계처리하여야 하며 부동산임대업에서 발생한 이월결손금은 부동산임대업의 소득금액에서 공제한다(소득세법 제45조 제2항·제3항).

⑤ 「소득세법」 제70조 제2항

정답 ③

1 부동산 매매업

부동산 매매업이란 비주거용 건물건설업(건물을 자영건설하여 판매하는 경우만 해당)과 부동산 개발 및 공급업을 말한다. 다만, 주거용 건물 개발 및 공급업은 제외한다(소득세법 시행령 제122조 제1항).

■ 개인의 부동산 매매, 양도 시 과세구분

구 분	과세구분
일시적, 우발적	양도소득세
계속적, 반복적	종합소득세(부동산 매매업)

추가 주거용 건물을 매입하여 판매하는 경우에는 부동산 매매업에 해당한다.

2 주거용 건물 개발 및 공급업(건설업)

주택을 건설하여 판매하는 사업 또는 건설임대주택을 분양하는 사업과 그 주택에 딸린 토지로서 건물 정착면적에 5배(도시지역 밖은 10배)를 곱하여 산정한 면적과 건물의 연면적 중 넓은 면적 이내의 토지를 포함하는 것으로 한다 (소득세법 시행령 제122조 제1항 단서, 제3항).

> ◎ 참고 **주거용 건물 개발 및 공급업에 해당되는 경우**
>
> 1. 1동의 주택을 신축하여 판매한 경우
> 2. 건설업자에게 도급을 주어 주택을 신축 판매한 경우
> 3. 종전부터 소유하던 자기의 토지 위에 주택을 신축하여 주택과 토지를 함께 판매하는 경우 그 토지의 양도로 인한 소득
> 4. 시공 중인 주택을 양도하는 경우에는 그 주택의 시공 정도가 「건축법」에 의한 건축물에 해당되는 경우
> 5. 신축한 주택이 판매되지 아니하여 판매될 때까지 일시적으로 일부 또는 전부를 임대한 후 판매하는 경우

정리 기타 부동산업의 분류

구 분		분 류
매입하여 판매 (상가, 주택 불문)		부동산매매업
신축 하여 판매	상 가	부동산매매업
	주 택	주거용 건물 개발 및 공급업 (건설업)

PART 3

02 종합소득세

❶ 장소를 일시적으로 대여하고 받은 대가는 (   )소득으로 과세한다.

❷ 공익사업과 관련하여 지역권·지상권을 설정하거나 대여함으로써 발생하는 소득은 (   )소득으로 과세한다.

❸ 주택을 대여하고 보증금등을 받은 경우에는 (   )주택(소형주택 제외) 이상을 소유하고 해당 주택의 보증금등의 합계액이 (   )억원을 초과하는 경우에 법정계산한 간주임대료를 수입금액에 포함한다.

❹ (   )을 작물 생산에 이용하게 함으로써 발생하는 소득은 비과세한다.

❺ 1채만 소유한 경우에도 임대소득에 대한 소득세가 과세되는 '고가주택'이란 과세기간 종료일 또는 해당 주택의 양도일 현재 「소득세법」에 따른 기준시가가 (   )억원을 초과하는 주택을 말한다.

❻ 해당 과세기간에 주거용 건물 임대업에서 발생한 수입금액의 합계액이 (   )천만원 이하인 자의 주택임대소득은 분리과세할 수 있다.

정답   **1** 기타   **2** 기타   **3** 3, 3   **4** 논·밭   **5** 12   **6** 2

❼ 등록임대주택을 임대하는 경우에는 해당 임대사업에서 발생한 사업소득금액은 총수입금액에서 총수입금액의 100분의 (　　　)의 필요경비를 차감한 금액으로 하되, 분리과세 주택임대소득을 제외한 해당 과세기간의 종합소득금액이 (　　　)천만원 이하인 경우에는 추가로 (　　　)만원을 차감한 금액으로 한다.

❽ 부동산임대업에서 발생한 결손금은 종합소득과세표준을 계산할 때 공제하지 아니한다. 다만, (　　　)의 경우에는 그러하지 아니하다.

❾ 건설업자에게 도급을 주어 주택을 신축 판매한 경우에도 (　　　)에 해당한다.

정답　**7** 60, 2, 400　**8** 주거용 건물 임대업　**9** 주거용 건물 개발 및 공급업

CHAPTER

03 | 양도소득세

10개년 출제문항 수

25회	26회	27회	28회	29회
6	6	6	5	5

30회	31회	32회	33회	34회
5	5	7	5	5

└→ 총 16문제 中 평균 약 5.5문제 출제

학습전략

- 양도소득세는 개인이 해당 과세기간에 일정한 자산의 양도로 소득이 발생하였을 경우, 이에 대하여 부과하는 조세입니다. 이 챕터에서는 양도소득세의 개념과 납세흐름에 대해 학습합니다.

- 과세대상, 양도의 개념, 비과세, 납세절차, 국외자산에 대한 양도소득세에 대한 문제가 주로 출제되므로 관련 이론을 정리해 두는 것이 좋습니다.

제1절 양도소득세의 의의 및 과세대상

1 의 의

양도소득이란 개인이 해당 과세기간에 일정한 자산의 양도로 발생하는 소득을 말한다. 즉, 양도소득세는 개인이 사업성 없이 토지, 건물 등의 소유권을 유상으로 이전함에 따라 발생하는 소득을 주소지 관할 세무서에 신고·납부하는 국세이다. 다만, 사업성이 있는 경우에는 사업소득에 해당되어 종합소득세로 과세된다.

2 과세대상 ·24회 ·25회 ·26회 ·28회 ·34회

구 분	과세대상 자산
부동산 및 이에 준하는 자산	① 토지와 건물 ② 부동산에 관한 권리 　㉠ 지상권, 전세권, 등기된 부동산임차권 　㉡ 부동산을 취득할 수 있는 권리(분양권, 입주권 등) ③ 기타자산 　㉠ 영업권, 이축권(사업용 자산과 함께 양도하는 것에 한함) 　㉡ 특정시설물 이용권(골프회원권 등)

	© 특정주식
	@ 특정업종 영위 부동산 과다보유 법인의 주식
주 식	① 주권상장법인의 주식, 비상장법인 주식
	② 외국법인이 발행, 외국에 있는 시장에 상장된 주식
파생상품	파생상품 등의 거래 또는 행위로 발생하는 소득
신탁수익권	신탁의 이익을 받을 권리(수익증권 및 투자신탁의 수익권 등은 제외)

1. 토지와 건물

'토지'란 「공간정보의 구축 및 관리 등에 관한 법률」에 따라 지적공부(地籍公簿)에 등록하여야 할 지목에 해당하는 것을 말하며 건물에는 건물에 부속된 시설물과 구축물을 포함한다(소득세법 제94조 제1항 제1호).

2. 부동산에 관한 권리(소득세법 제94조 제1항 제2호)

(1) 부동산을 이용할 수 있는 권리

① 지상권
② 전세권
③ 등기된 부동산임차권

(2) 부동산을 취득할 수 있는 권리

부동산의 취득시기가 도래하기 전에 해당 부동산을 취득할 수 있는 권리를 말하며 다음과 같다.

① 건물이 완성되는 때 해당 건물과 그 부수토지를 취득할 수 있는 권리(아파트 분양권 등)
② 지방자치단체, 한국토지주택공사가 발행하는 토지상환채권, 한국토지주택공사가 발행하는 주택상환채권
③ 부동산매매계약을 체결한 자가 계약금만 지급한 상태에서 양도하는 권리

3. 기타자산

(1) 영업권(소득세법 제94조 제1항 제4호 가목)

사업에 사용하는 자산(토지, 건물 및 부동산에 관한 권리)과 함께 양도하는 영업권을 말한다. 즉, 영업권만을 별도로 양도하여 발생한 소득은 기타소득으로 과세하며, 다음의 것을 포함한다.

추가 **등기된 부동산임차권**
국내자산의 경우는 등기된 것에 한하지만 국외자산의 경우는 등기 여부와 관계없이 과세대상에 해당된다.

추가 지역권은 등기 여부와 관계없이 과세대상이 아니다.

O X 확 인 문 제

토지상환채권과 주택상환채권을 양도하는 경우 양도소득세 과세대상이다. ( )

정답 (○)

① 영업권을 별도로 평가하지 않았으나 사회통념상 자산에 포함되어 함께 양도된 것으로 인정되는 영업권

② 행정관청으로부터 인가·허가·면허 등을 받음으로써 얻는 경제적 이익, 여기에는 해당 인·허가가 법규상 이전금지 여부와는 관계없이 사실상 이전됨으로 인하여 발생하는 소득을 포함한다.

(2) 이축권(소득세법 제94조 제1항 제4호 마목)

토지, 건물과 함께 양도하는 이축(移築)을 할 수 있는 권리를 말한다. 다만, 해당 이축권 가액을 별도로 평가하여 신고하는 경우는 제외한다.

① 별도로 평가하여 신고하는 경우란 감정평가업법인등이 감정한 가액이 있는 경우 그 가액(감정한 가액이 둘 이상인 경우에는 그 감정한 가액의 평균액)을 구분하여 신고하는 경우를 말한다(소득세법 시행령 제158조의2).

② 이축권을 별도로 평가하여 신고하는 경우 이축권을 양도하고 받은 대가는 기타소득으로 과세한다.

(3) 특정시설물 이용권(소득세법 제94조 제1항 제4호 나목)

① 특정시설물의 이용권·회원권, 그 밖에 그 명칭과 관계없이 시설물을 배타적으로 이용하거나 일반이용자보다 유리한 조건으로 이용할 수 있도록 약정한 단체의 구성원이 된 자에게 부여되는 시설물 이용권을 말한다(골프회원권, 콘도미니엄 회원권, 종합체육시설 이용회원권 등).

② 법인의 주식등을 소유하는 것만으로 시설물을 배타적으로 이용하거나 일반이용자보다 유리한 조건으로 시설물 이용권을 부여받게 되는 경우 그 주식등을 포함한다.

(4) 특정주식(소득세법 제94조 제1항 제4호 다목)

법인의 자산총액 중 부동산등이 차지하는 비율이 100분의 50 이상인 법인의 과점주주가 그 법인의 주식등의 100분의 50 이상을 해당 과점주주 외의 자에게 양도하는 경우에 해당 주식으로 다음 요건을 모두 충족한 것을 말한다.

구 분	요 건
부동산등의 비율이 50% 이상인 법인	해당 법인의 자산총액 중 토지, 건물 및 부동산에 관한 권리의 가액과 해당 법인이 보유한 다른 부동산 과다보유 법인의 주식 가액의 합계액이 차지하는 비율이 50% 이상인 법인

과점주주	법인의 주주 1인 및 기타주주가 소유하고 있는 주식등의 합계액이 해당 법인의 주식등의 합계액의 100분의 50을 초과하는 경우 그 주주 1인 및 기타주주를 말한다.
양도요건	과점주주가 해당 법인의 주식등의 100분의 50 이상을 과점주주 외의 자에게 양도한 주식등 중에서 양도하는 날(여러 번에 걸쳐 양도하는 경우에는 그 양도로 양도한 주식등이 전체 주식등의 100분의 50 이상이 된 날)부터 소급해 3년 내에 해당 법인의 과점주주 간에 해당 법인의 주식등을 양도한 경우를 말한다.

(5) 특정업종 영위 부동산 과다보유 법인의 주식(소득세법 제94조 제1항 제4호 라목)

다음 요건을 모두 충족하는 법인의 주식(출자지분 포함)을 말한다. 이 경우는 과점주주 여부나 양도비율에 관계없이 단 1주를 양도해도 기타자산에 해당한다.

구 분	요 건
부동산등의 비율	해당 법인의 자산총액 중 토지, 건물 및 부동산에 관한 권리의 가액과 해당 법인이 보유한 다른 부동산 과다보유 법인의 주식 가액의 합계액이 차지하는 비율이 80% 이상인 법인
업종기준	골프장업·스키장업 등 체육시설업, 「관광진흥법」에 따른 관광사업 중 휴양시설관련업 및 부동산업·부동산개발업으로서 기획재정부령으로 정하는 사업을 하는 법인

4. 다음의 어느 하나에 해당하는 주식등의 양도로 발생하는 소득

(1) 주권상장법인의 주식등으로서 다음의 어느 하나에 해당하는 주식등

① 소유주식의 비율·시가총액 등을 고려하여 대통령령으로 정하는 주권상장법인의 대주주가 양도하는 주식등

② 위 ①에 따른 대주주에 해당하지 아니하는 자가 「자본시장과 금융투자업에 관한 법률」에 따른 증권시장에서의 거래에 의하지 아니하고 양도하는 주식등

(2) 비상장법인의 주식등

주권비상장법인의 주식등. 다만, 소유주식의 비율·시가총액 등을 고려하여 대통령령으로 정하는 주권비상장법인의 대주주에 해당하지 아니하는 자가 「자본시장과 금융투자업에 관한 법률」에 따라 설립된 한국금융투자협회가 행하는 장외매매거래에 의하여 양도하는 대통령령으로 정하는 중소기업 및 중견기업의 주식등은 제외한다.

(3) 국외주식 등

외국법인이 발행하였거나 외국에 있는 시장에 상장된 주식등으로서 대통령령으로 정하는 것

5. 대통령령으로 정하는 파생상품등의 거래 또는 행위로 발생하는 소득

6. 신탁수익권

신탁수익권이란 신탁의 이익을 받을 권리를 말한다. 다만, 신탁수익권의 양도를 통하여 신탁재산에 대한 지배, 통제권이 사실상 이전되는 경우는 신탁재산 자체의 양도로 본다(소득세법 제94조 제1항 제6호).

기출&예상 문제

소득세법령상 거주자의 양도소득세 과세대상은 모두 몇 개인가? (단, 국내소재 자산을 양도한 경우임)

• 34회

- 전세권
- 등기되지 않은 부동산임차권
- 사업에 사용하는 토지 및 건물과 함께 양도하는 영업권
- 토지 및 건물과 함께 양도하는 「개발제한구역의 지정 및 관리에 관한 특별조치법」에 따른 이축권(해당 이축권의 가액을 대통령령으로 정하는 방법에 따라 별도로 평가하여 신고함)

① 0개   ② 1개
③ 2개   ④ 3개
⑤ 4개

해설 ③ 전세권과 사업에 사용하는 토지 및 건물과 함께 양도하는 영업권이 과세대상이며, 국내자산의 경우 등기되지 않은 부동산 임차권과 이축권의 가액을 별도로 평가하여 신고한 경우는 과세대상에 해당하지 아니한다(소득세법 제94조).

정답 ③

제2절 양도의 개념과 범위

1 양도의 개념

'양도'란 자산에 대한 등기 또는 등록과 관계없이 매도, 교환, 법인에 대한 현물출자 등을 통하여 그 자산을 유상으로 사실상 이전하는 것을 말한다(소득세법 제88조 제1호).

1. 자산의 유상이전

① 무상이전은 제외하고 대가가 수반되는 유상이전만을 말한다.
② 매매, 교환, 법인에 대한 현물출자뿐 아니라 대물변제, 부담부증여 시 수증자가 부담하는 채무액, 수용 등이 대표적인 사례이다.

2. 자산의 사실상 이전

등기·등록과 관계없이 그 자산이 사실상 이전되면 양도로 본다.

> **◉ 참고   부담부증여**
>
> 1. 부담부증여 시 증여자의 채무를 수증자가 인수하는 경우 증여가액 중 수증자가 부담하는 채무액에 해당하는 부분을 양도로 본다.
> 2. 배우자 간 또는 직계존비속 간의 부담부증여 시에는 채무액에 해당하는 부분을 수증자에게 인수되지 않은 것으로 추정하여 양도로 보지 않는다.
> 3. 다만, 해당 채무액이 국가 및 지방자치단체에 대한 채무 등 법령에 정하는 바에 의하여 채무인수를 객관적으로 증명하는 경우에는 양도로 본다.
>
> | 구 분 | 증여가액 중 채무인수액 | 채무인수액 이외 부분 |
> |---|---|---|
> | 일반적인 경우 | 유상거래(증여자 양도소득세) | 무상거래(수증자 증여세) |
> | 배우자,
직계존비속 간 | • 원칙 : 무상거래 추정(수증자 증여세)
• 예외 : 채무인수 증명 시 유상거래 인정(증여자 양도소득세) | 무상거래(수증자 증여세) |

2 양도로 보지 않는 경우

1. 환지처분, 보류지 충당

「도시개발법」이나 그 밖의 법률에 따른 환지처분으로 지목 또는 지번이 변경되거나 보류지(保留地)로 충당되는 경우 양도로 보지 아니한다(소득세법 제88조 제1호 가목).

2. 지적 경계선 변경을 위한 토지의 교환

토지의 경계를 변경하기 위하여 「공간정보의 구축 및 관리 등에 관한 법률」에 따른 토지의 분할 등 다음의 요건을 모두 충족하는 경우에는 양도로 보지 아니한다(소득세법 제88조 제1호 나목).
① 토지 이용상 불합리한 지상(地上) 경계(境界)를 합리적으로 바꾸기 위하여 「공간정보의 구축 및 관리 등에 관한 법률」이나 그 밖의 법률에 따라 토지를 분할하여 교환할 것
② 위 ①에 따라 분할된 토지의 전체 면적이 분할 전 토지의 전체 면적의 100분의 20을 초과하지 아니할 것

3. 신탁재산의 이전

위탁자와 수탁자 간 신임관계에 기하여 위탁자의 자산에 신탁이 설정되고 그 신탁재산의 소유권이 수탁자에게 이전된 경우로서 위탁자가 신탁 설정을 해지하거나 신탁의 수익자를 변경할 수 있는 등 신탁재산을 실질적으로 지배하고 소유하는 것으로 볼 수 있는 경우에는 양도로 보지 아니한다(소득세법 제88조 제1호 다목).

4. 양도담보

양도담보 시 소유권이전은 채권을 담보하기 위한 형식에 불과하므로 양도로 보지 아니한다. 다만, 채무불이행으로 인하여 당해 자산을 변제에 충당한 때에는 그때에 이를 양도한 것으로 본다(소득세법 시행령 제151조 제2항).

> **✓참고** **양도담보(소득세법 시행령 제151조 제1항)**
>
> 채무자가 채무의 변제를 담보하기 위하여 자산을 양도하는 계약을 체결한 경우에 다음의 요건을 모두 갖춘 계약서의 사본을 양도소득과세표준 확정신고서에 첨부하여 신고하는 때에는 이를 양도로 보지 아니한다.
> 1. 당사자 간에 채무의 변제를 담보하기 위하여 양도한다는 의사표시가 있을 것
> 2. 당해 자산을 채무자가 원래대로 사용·수익한다는 의사표시가 있을 것
> 3. 원금·이율·변제기한·변제방법 등에 관한 약정이 있을 것

5. 배우자 또는 직계존비속에게 양도하는 경우

배우자 또는 직계존비속에게 과세대상 자산을 양도한 경우에는 그 자산에 대해서는 증여한 것으로 추정한다. 다만, 그 대가를 지출한 사실이 입증되는 등의 경우에는 양도로 본다(상속세 및 증여세법 제44조 제1항·제3항).

> **✓참고** **대가를 지출한 사실이 입증되는 경우**
>
> 1. 법원의 결정으로 경매절차에 따라 처분된 경우
> 2. 파산선고로 처분된 경우
> 3. 「국세징수법」에 따라 공매된 경우
> 4. 「자본시장과 금융투자업에 관한 법률」에 따른 증권시장을 통하여 유가증권이 처분된 경우
> 5. 배우자 등에게 대가를 받고 양도한 사실이 명백히 인정되는 경우로서 대통령령으로 정하는 경우
>   ① 권리의 이전이나 행사에 등기 또는 등록을 요하는 재산을 서로 교환한 경우
>   ② 당해 재산의 취득을 위하여 이미 과세(비과세 또는 감면받은 경우 포함)받았거나 신고한 소득금액 또는 상속 또는 수증재산의 가액으로 그 대가를 지급한 사실이 입증되는 경우
>   ③ 당해 재산의 취득을 위하여 소유재산을 처분한 금액으로 그 대가를 지급한 사실이 입증되는 경우

6. 소유권의 환원

① 법원의 확정판결에 의하여 신탁해지를 원인으로 소유권이전등기를 하는 경우에는 양도로 보지 아니한다.
② 매매원인 무효의 소에 의하여 그 매매사실이 원인무효로 판시되어 환원될 경우에는 양도로 보지 아니한다.

7. 공유물의 분할

① 공동소유의 토지를 소유지분별로 단순히 분할하는 경우에는 양도로 보지 아니한다.

② 다만, 공동소유의 토지를 소유지분별로 분할하면서 그 공유지분의 감소의 대가를 받은 경우에는 양도로 본다.

8. 기타 양도로 보지 않는 경우

OX 확인 문 제

이혼 시 재산분할청구에 의하여 양도소득세의 과세대상자산을 소유권이전한 경우에는 양도가 아니다. • 23회 수정   (   )

정답 (○)

① 혼인 중에 형성된 부부공동재산을 「민법」에 따라 재산분할하는 경우 양도로 보지 아니한다.

② 경매·공매로 인하여 소유권이 이전되는 경우에는 양도로 보지만 자기가 재취득하는 경우에는 양도로 보지 아니한다.

③ 합자회사에 토지를 현물출자하였다가 퇴사하면서 그대로 찾아가지고 나온 경우에는 양도로 보지 아니한다.

제3절   양도 또는 취득시기

보유기간은 일반적으로 취득일부터 양도일까지를 말한다. 그런데 양도자산의 보유기간은 세율과 장기보유특별공제 등에 영향을 미쳐 결국 납부해야 할 세액이 달라진다. 따라서 양도시기 및 취득시기 판단은 매우 중요하다.

1 일반적인 경우 • 25회 • 29회 • 32회 • 34회

OX 확인 문 제

대금청산일은 6월 30일이고 양수자가 해당 자산의 양도소득세를 부담하기로 하여 8월 31일에 이를 납부하였다면 이 자산의 양도, 취득시기는 8월 31일이다.
(   )

정답 (×)

양수자가 부담하는 양도소득세 등은 양도, 취득시기에 영향이 없다.

(1) 원칙 : 대금청산일

자산의 양도차익을 계산할 때 그 취득시기 및 양도시기는 해당 자산의 대금을 청산한 날로 한다. 이 경우 자산의 대금에는 해당 자산의 양도에 대한 양도소득세 및 양도소득세의 부가세액을 양수자가 부담하기로 약정한 경우에는 해당 양도소득세 및 양도소득세의 부가세액은 제외한다(소득세법 제98조).

(2) 예외 : 등기·등록 접수일

① 대금을 청산한 날이 분명하지 아니한 경우에는 등기부·등록부 또는 명부 등에 기재된 등기·등록접수일 또는 명의개서일(소득세법 시행령 제162조 제1항 제1호)

② 대금을 청산하기 전에 소유권이전등기(등록 및 명의의 개서를 포함)를 한 경우에는 등기부·등록부 또는 명부 등에 기재된 등기접수일(소득세법 시행령 제162조 제1항 제2호)

2 특수한 경우 •32회 •34회

1. 장기할부조건의 경우

장기할부조건의 경우에는 소유권이전등기(등록 및 명의개서를 포함) 접수일·인도일 또는 사용수익일 중 빠른 날로 한다(소득세법 시행령 제162조 제1항 제3호).

2. 자가건설 건축물(소득세법 시행령 제162조 제1항 제4호)

(1) 허가를 받은 경우

자기가 건설한 건축물에 있어서는 「건축법」에 따른 사용승인서 교부일로 한다. 다만, 사용승인서 교부일 전에 사실상 사용하거나 임시사용승인을 받은 경우에는 그 사실상의 사용일 또는 임시사용승인을 받은 날 중 빠른 날을 취득시기로 한다.

(2) 무허가건축물의 경우

건축허가를 받지 아니하고 건축하는 건축물에 있어서는 그 사실상의 사용일을 취득시기로 한다.

3. 상속 및 증여받은 자산

상속 또는 증여에 의하여 취득한 자산에 대하여는 그 상속이 개시된 날 또는 증여를 받은 날을 취득시기로 한다(소득세법 시행령 제162조 제1항 제5호).

4. 점유시효취득의 경우

「민법」에 의하여 부동산의 소유권을 취득하는 경우에는 당해 부동산의 점유를 개시한 날을 취득시기로 한다(소득세법 시행령 제162조 제1항 제6호).

5. 수용의 경우

＊수용의 개시일
토지수용위원회가 수용을 개시하기로 결정한 날을 말한다.

＊공탁
법령의 규정에 의하여 금전·유가증권·기타의 물품을 공탁소(법원 등)에 맡기는 것이다. 공탁을 하는 이유에는 채무를 갚으려고 하나 채권자가 이를 거부하거나 혹은 채권자를 알 수 없는 경우 등이 있는데 여기서는 법원에 수용보상금을 맡긴 경우를 말한다.

① 「공익사업을 위한 토지 등의 취득 및 보상에 관한 법률」이나 그 밖의 법률에 따라 공익사업을 위하여 수용되는 경우에는 대금을 청산한 날, 수용의 개시일＊ 또는 소유권이전등기접수일 중 빠른 날로 한다(소득세법 시행령 제162조 제1항 제7호).

② 소유권에 관한 소송으로 보상금이 공탁＊된 경우에는 소유권 관련 소송 판결 확정일로 한다(소득세법 시행령 제162조 제1항 제7호 단서).

6. 대금청산 이후에 완성 또는 확정된 자산

완성 또는 확정되지 아니한 자산을 양도 또는 취득한 경우로서 해당 자산의 대금을 청산한 날까지 그 목적물이 완성 또는 확정되지 아니한 경우에는 그 목적물이 완성 또는 확정된 날로 한다. 이 경우 건설 중인 건물의 완성된 날에 관하여는 위 **2.**를 준용한다(소득세법 시행령 제162조 제1항 제8호).

7. 환지처분으로 취득한 토지

O X 확 인 문 제

「도시개발법」에 따른 환지처분으로 인하여 취득한 토지의 취득시기는 환지처분공고일의 다음 날을 취득일로 한다. ·18회 수정
( )

정답 (×)
환지 전 토지의 취득일로 한다.

① 「도시개발법」 또는 그 밖의 법률에 따른 환지처분으로 인하여 취득한 토지의 취득시기는 환지 전의 토지의 취득일을 취득시기로 한다(소득세법 시행령 제162조 제1항 제9호).

② 교부받은 토지의 면적이 환지처분에 의한 권리면적보다 증가 또는 감소된 경우에는 그 증가 또는 감소된 면적의 토지에 대한 취득시기 또는 양도시기는 환지처분의 공고가 있은 날의 다음 날로 한다(소득세법 시행령 제162조 제1항 제9호 단서).

8. 특정주식

기타자산에 속하는 특정주식의 양도시기는 주주 1인과 기타주주가 주식등을 양도함으로써 해당 법인의 주식등의 합계액의 100분의 50 이상이 양도되는 날로 한다. 이 경우 양도가액은 그들이 사실상 주식등을 양도한 날의 양도가액에 의한다(소득세법 시행령 제162조 제1항 제10호).

9. 취득시기가 분명하지 아니한 경우

양도한 자산의 취득시기가 분명하지 아니한 경우에는 먼저 취득한 자산을 먼저 양도한 것으로 본다(소득세법 시행령 제162조 제5항).

10. 법원의 무효판결로 환원된 자산

법원의 무효판결로 환원된 자산은 당초 취득일에 취득한 것으로 본다.

11. 분양권 등의 취득 및 양도시기

부동산의 분양계약을 체결한 자가 해당 계약에 관한 모든 권리를 양도한 경우에는 그 권리에 대한 취득시기는 해당 부동산을 분양받을 수 있는 권리가 확정되는 날(아파트당첨권은 당첨일)이고 타인으로부터 그 권리를 인수받은 때에는 대금청산일이 취득시기가 된다.

12. 의제 취득시기(소득세법 시행령 제162조 제6항·제7항)

(1) 토지, 건물, 부동산에 관한 권리 및 기타자산
1984년 12월 31일 이전에 취득한 것은 1985년 1월 1일에 취득한 것으로 본다.

(2) 주식 및 출자지분
1985년 12월 31일 이전에 취득한 것은 1986년 1월 1일에 취득한 것으로 본다.

소득세법령상 양도소득세의 양도 또는 취득시기에 관한 내용으로 틀린 것은?

• 34회

① 대금을 청산한 날이 분명하지 아니한 경우에는 등기부·등록부 또는 명부 등에 기재된 등기·등록접수일 또는 명의개서일

② 상속에 의하여 취득한 자산에 대하여는 그 상속이 개시된 날

③ 대금을 청산하기 전에 소유권이전등기를 한 경우에는 등기부에 기재된 등기접수일

④ 자기가 건설한 건축물로서 건축허가를 받지 아니하고 건축하는 건축물에 있어서는 그 사실상의 사용일

⑤ 완성되지 아니한 자산을 양도한 경우로서 해당 자산의 대금을 청산한 날까지 그 목적물이 완성되지 아니한 경우에는 해당 자산의 대금을 청산한 날

해설 ⑤ 완성 또는 확정되지 아니한 자산을 양도 또는 취득한 경우로서 해당 자산의 대금을 청산한 날까지 그 목적물이 완성 또는 확정되지 아니한 경우에는 그 목적물이 완성 또는 확정된 날(소득세법 시행령 제162조 제1항 제8호)

정답 ⑤

제4절 | 비과세 양도소득

1 개요 • 34회

비과세 양도소득이란 양도를 통한 소득 중 정책 목적상 과세하지 않기로 정한 다음의 경우를 말하며 이 경우 과세권자가 과세권을 포기한 것으로 과세표준 및 세액의 신고 또는 신청의 절차나 과세관청의 행정적 처분이 필요없다.

1. 파산선고에 의한 처분으로 발생하는 소득
2. 대통령령으로 정하는 경우에 해당하는 농지의 교환 또는 분합(分合)으로 발생하는 소득
3. 다음 어느 하나에 해당하는 주택(주택 및 이에 딸린 토지의 양도 당시 실지거래가액의 합계액이 12억원을 초과하는 고가주택은 제외)과 이에 딸린 토지로서 건물이 정착된 면적에 지역별로 대통령령으로 정하는 배율을 곱하여 산정한 면적 이내의 토지(주택부수토지)의 양도로 발생하는 소득
   ① 1세대가 1주택을 보유하는 경우로서 대통령령으로 정하는 요건을 충족하는 주택
   ② 1세대가 1주택을 양도하기 전에 다른 주택을 대체취득하거나 상속, 동거봉양, 혼인 등으로 인하여 2주택 이상을 보유하는 경우로서 대통령령으로 정하는 주택
4. 조합원입주권을 1개 보유한 1세대가 「도시 및 주거환경정비법」에 따른 관리처분계획의 인가일 및 「빈집 및 소규모주택 정비에 관한 특례법」에 따른 사업시행계획인가일(인가일 전에 기존주택이 철거되는 때에는 기존주택의 철거일) 현재 다음 어느 하나의 요건을 충족하여 양도하는 경우 해당 조합원입주권을 양도하여 발생하는 소득. 다만, 해당 조합원입주권의 양도 당시 실지거래가액이 12억원을 초과하는 경우에는 양도소득세를 과세한다.
   ① 양도일 현재 다른 주택 또는 분양권을 보유하지 아니할 것
   ② 양도일 현재 1조합원입주권 외에 1주택을 보유한 경우(분양권을 보유하지 아니하는 경우로 한정)로서 해당 1주택을 취득한 날부터 3년 이내에 해당 조합원입주권을 양도할 것(3년 이내에 양도하지 못하는 경우로서 대통령령으로 정하는 사유에 해당하는 경우를 포함)
5. 「지적재조사에 관한 특별법」에 따른 경계의 확정으로 지적공부상의 면적이 감소되어 같은 법 제20조에 따라 지급받는 조정금

추가 1세대가 주택(주택부수토지를 포함)과 조합원입주권 또는 분양권을 보유하다가 그 주택을 양도하는 경우에는 비과세를 적용하지 아니한다. 다만, 「도시 및 주거환경정비법」에 따른 재건축사업 또는 재개발사업, 「빈집 및 소규모주택 정비에 관한 특례법」에 따른 자율주택정비사업, 가로주택정비사업, 소규모재건축사업 또는 소규모재개발사업의 시행기간 중 거주를 위하여 주택을 취득하는 경우나 그 밖의 부득이한 사유로서 대통령령으로 정하는 경우에는 그러하지 아니하다(소득세법 제89조 제2항).

참고 지적재조사사업에 따른 경계의 확정 시 지급받는 조정금

1. 지적재조사사업이란 지적공부의 등록사항이 토지의 실제현황과 일치하지 않은 경우 이를 바로잡기 위하여 실시하는 국가사업을 말한다.
2. 「지적재조사에 관한 특별법」의 지적재조사사업에 따른 경계의 확정으로 지적공부상의 면적이 감소되어 지급받는 조정금에 대해서는 양도소득세를 과세하지 않는다.
3. 「지적재조사에 관한 특별법」의 지적재조사사업에 따른 경계의 확정으로 지적공부상의 면적이 증가되어 징수한 조정금은 양도차익을 계산할 때 양도가액에서 공제할 필요경비(취득가액)에서 제외한다(소득세법 제97조 제1항 제1호).

2 농지의 교환 또는 분합으로 발생하는 소득 •27회 •30회 •34회

다음의 어느 하나에 해당하는 농지를 교환 또는 분합으로 발생하는 소득에 대해서는 소득세를 과세하지 않는다(소득세법 제89조 제1항 제2호). 이 경우 교환 또는 분합하는 **쌍방 토지가액의 차액**은 **가액이 큰 편의 4분의 1 이하**이어야 한다(소득세법 시행령 제153조 제1항).

① 국가 또는 지방자치단체가 시행하는 사업으로 인하여 교환 또는 분합하는 농지
② 국가 또는 지방자치단체가 소유하는 토지와 교환 또는 분합하는 농지
③ 경작상 필요에 의하여 교환하는 농지. 다만, 교환에 의하여 새로이 취득하는 농지를 3년 이상 농지소재지에 거주하면서 경작하는 경우에 한한다.
④ 「농어촌정비법」·「농지법」·「한국농어촌공사 및 농지관리기금법」 또는 「농업협동조합법」에 의하여 교환 또는 분합하는 농지

> **참고** 농지소재지(소득세법 시행령 제153조 제3항)
>
> 다음의 어느 하나에 해당하는 지역(경작개시 당시에는 당해 지역에 해당하였으나 행정구역의 개편 등으로 이에 해당하지 아니하게 된 지역을 포함)을 말한다.
> 1. 농지가 소재하는 시(특별자치시와 제주특별자치도 설치 및 국제자유도시 조성을 위한 특별법 제10조 제2항에 따라 설치된 행정시를 포함)·군·구(자치구인 구) 안의 지역
> 2. 위 1.의 지역과 연접한 시·군·구 안의 지역
> 3. 농지로부터 직선거리 30킬로미터 이내에 있는 지역

기출&예상 문제

소득세법령상 거주자의 양도소득세 비과세에 관한 설명으로 틀린 것은?
(단, 국내소재 자산을 양도한 경우임) •34회

① 파산선고에 의한 처분으로 발생하는 소득은 비과세된다.
② 「지적재조사에 관한 특별법」에 따른 경계의 확정으로 지적공부상의 면적이 감소되어 같은 법에 따라 지급받는 조정금은 비과세된다.
③ 건설사업자가 「도시개발법」에 따라 공사용역 대가로 취득한 체비지를 토지구획환지처분공고 전에 양도하는 토지는 양도소득세 비과세가 배제되는 미등기양도자산에 해당하지 않는다.
④ 「도시개발법」에 따른 도시개발사업이 종료되지 아니하여 토지 취득등기를 하지 아니하고 양도하는 토지는 양도소득세 비과세가 배제되는 미등기양도자산에 해당하지 않는다.

⑤ 국가가 소유하는 토지와 분합하는 농지로서 분합하는 쌍방 토지가액의 차액이 가액이 큰 편의 4분의 1을 초과하는 경우 분합으로 발생하는 소득은 비과세된다.

해설 ⑤ 「소득세법 시행령」 제153조 제1항에 해당하는 농지의 교환 또는 분합(分合)으로 발생하는 소득은 양도소득세를 과세하지 아니한다(소득세법 제89조).

> **「소득세법 시행령」 제153조【농지의 비과세】** ① 법 제89조 제1항 제2호에서 '대통령령으로 정하는 경우'란 다음 각 호의 어느 하나에 해당하는 농지(제4항 각 호의 어느 하나에 해당하는 농지는 제외)를 교환 또는 분합하는 경우로서 교환 또는 분합하는 쌍방 토지가액의 차액이 가액이 큰 편의 4분의 1 이하인 경우를 말한다.
> 1. 국가 또는 지방자치단체가 시행하는 사업으로 인하여 교환 또는 분합하는 농지
> 2. 국가 또는 지방자치단체가 소유하는 토지와 교환 또는 분합하는 농지
> 3. 경작상 필요에 의하여 교환하는 농지. 다만, 교환에 의하여 새로이 취득하는 농지를 3년 이상 농지소재지에 거주하면서 경작하는 경우에 한한다.
> 4. 「농어촌정비법」·「농지법」·「한국농어촌공사 및 농지관리기금법」 또는 「농업협동조합법」에 의하여 교환 또는 분합하는 농지

정답 ⑤

3 1세대 1주택 양도소득세 비과세 ·24회 · 25회 · 26회 · 27회 · 29회

1세대 1주택(부수토지 포함)의 양도로 발생하는 소득은 양도소득세를 과세하지 않는다. 1세대 1주택이란 '1세대가 양도일 현재 국내에 1주택을 보유하고 있는 경우로서 해당 주택의 보유기간이 2년 이상인 것(취득 당시 조정대상지역*에 있는 주택의 경우에는 해당 주택의 보유기간이 2년 이상이고 그 보유기간 중 거주기간이 2년 이상인 것)'을 말한다(소득세법 시행령 제154조 제1항).

* **조정대상지역**
주택가격상승률이 물가상승률의 2배를 뛰어넘거나, 주택청약경쟁률이 5대 1 이상인 지역으로 「주택법」에 따라 국토교통부장관이 지정·공고하는 지역을 말한다. 지정 및 해제 현황은 국토교통부 홈페이지에서 확인할 수 있다.

1. 1세대

1세대란 거주자 및 그 배우자(법률상 이혼을 하였으나 생계를 같이 하는 등 사실상 이혼한 것으로 보기 어려운 관계에 있는 사람을 포함)가 그들과 같은 주소 또는 거소에서 생계를 같이 하는 자[거주자 및 그 배우자의 직계존비속(그 배우자를 포함) 및 형제자매를 말하며, 취학, 질병의 요양, 근무상 또는 사업상의 형편으로 본래의 주소 또는 거소에서 일시 퇴거한 사람을 포함]와 함께 구성하는 가족단위를 말한다. 다만, 다음의 경우에는 배우자가 없어도 1세대로 본다 (소득세법 제88조 제6호).

> ① 해당 거주자의 나이가 30세 이상인 경우
> ② 배우자가 사망하거나 이혼한 경우
> ③ 「소득세법」에 따른 소득이 「국민기초생활 보장법」 제2조 제11호에 따른 기준 중위소득의 100분의 40 수준 이상으로서 소유하고 있는 주택 또는 토지를 관리·유지하면서 독립된 생계를 유지할 수 있는 경우. 다만, 미성년자의 경우를 제외하되, 미성년자의 결혼, 가족의 사망 그 밖에 기획재정부령이 정하는 사유로 1세대의 구성이 불가피한 경우에는 그러하지 아니하다.

2. 1주택

(1) 주택의 개념

추가 공부상 주택이나 사실상 주거용으로 사용하지 않는 경우(음식점, 카페 등)는 주택으로 보지 아니한다.

주택이란 허가 여부나 공부상의 용도구분에 관계없이 사실상 주거용으로 사용하는 건물을 말한다. 이 경우 그 용도가 분명하지 않으면 공부상의 용도에 따른다(소득세법 제88조 제7호).

(2) 비과세되는 1주택

① 1세대 1주택으로서 양도소득세가 비과세되기 위해서는 1세대가 양도일 현재 국내에 1주택만을 보유해야 한다(소득세법 시행령 제154조 제1항).
② 양도시점을 기준으로 1주택 여부를 판단하므로 2년의 보유기간 동안 다른 주택을 소유한 사실이 없어야 하는 것은 아니다.
③ 1주택 양도 시 비과세되는 범위에는 주택에 딸린 토지(주택의 부수토지)를 포함한다. 이때 비과세되는 면적은 다음과 같다(소득세법 시행령 제154조 제7항).

ⓐ 「국토의 계획 및 이용에 관한 법률」 제6조 제1호에 따른 도시지역 내의 토지

    ⓐ 「수도권정비계획법」 제2조 제1호에 따른 수도권 내의 토지 중 주거지역·상업지역 및 공업지역 내의 토지 : 3배

    ⓑ 수도권 내의 토지 중 녹지지역 내의 토지 : 5배

    ⓒ 수도권 밖의 토지 : 5배

  ⓒ 그 밖의 토지 : 10배

④ **다가구주택의 경우** : 1세대 1주택 비과세 적용 시 다가구주택은 한 가구가 독립하여 거주할 수 있도록 구획된 부분을 각각 하나의 주택으로 본다. 다만, 해당 다가구주택을 구획된 부분별로 양도하지 아니하고 하나의 매매단위로 하여 양도하는 경우에는 그 전체를 하나의 주택으로 본다(소득세법 시행령 제155조 제15항).

⑤ **겸용주택의 경우** : 1세대 1주택 비과세 적용 시 하나의 건물이 주택과 주택 외의 부분으로 복합되어 있는 경우와 주택에 딸린 토지에 주택 외의 건물이 있는 경우에는 그 전부를 주택으로 본다. 다만, 주택의 연면적이 주택 외의 부분의 연면적보다 적거나 같을 때에는 주택 외의 부분은 주택으로 보지 아니한다(소득세법 시행령 제154조 제3항).

구 분	건 물	부수토지
주택면적 > 주택 외의 면적	전부 주택으로 본다.	전부를 주택의 부수토지로 본다.
주택면적 ≤ 주택 외의 면적	주택 외의 부분은 주택으로 보지 않는다.	전체 토지면적을 건물면적비율로 안분계산하여 주택 부수토지를 계산한다.

➕ 이렇게 계산된 주택부수토지 가운데 위 ③의 비과세면적을 초과하는 토지부분은 비과세를 적용하지 아니한다.

⑥ **고가주택의 경우** : 고가주택의 양도에 대해서는 비과세가 적용되지 아니한다.

  ㉠ 고가주택이란 주택 및 이에 딸린 토지의 양도 당시 실지거래가액의 합계액이 12억원을 초과하는 것을 말한다(소득세법 제89조 제1항 제3호).

  ㉡ 1주택 및 이에 부수되는 토지의 일부를 양도하거나 일부가 타인소유인 경우에는 다음의 금액을 기준으로 12억원을 초과하는지 여부를 판정한다(소득세법 시행령 제156조 제1항).

O X 확 인 문 제

다가구주택을 가구별로 양도하지 아니하고 해당 다가구주택을 하나의 단위로 양도하는 경우에는 이를 단독주택으로 본다.

• 24회 수정   (   )

정답 (○)

O X 확 인 문 제

1세대 1주택 비과세 요건을 갖춘 하나의 건물이 주택과 주택 외의 부분으로 복합되어 있는 경우(고가주택은 아님) 주택의 면적이 주택 외의 면적보다 큰 경우에는 전부 주택으로 본다. • 16회 수정

    (   )

정답 (○)

실지거래가액의 합계액 × 양도하는 부분(타인소유 부분 포함)의 면적/
전체주택 면적

ⓒ 겸용주택의 경우에는 주택으로 보는 부분(부수토지 포함)에 해당하
는 실지거래가액을 포함하여 고가주택 여부를 판정한다(소득세법 시
행령 제156조 제2항).

ⓔ 단독주택으로 보는 다가구주택의 경우에는 그 전체를 하나의 주택
으로 보아 고가주택 여부를 판정한다.

> ✔ 참고 **복합주택의 구분 방법**
>
> 1. 고가주택이 아닌 경우
>
> | 구 분 | 건 물 |
> | --- | --- |
> | 주택면적 > 주택 이외 면적 | 전부 주택으로 본다. |
> | 주택면적 ≤ 주택 이외 면적 | 주택 부분만 주택으로 본다. |
>
> 2. 고가주택인 경우 : 각각의 용도로 본다.
> 3. 비과세대상이 아닌 경우 : 1세대 1주택 비과세대상이 아닌 복합주택의 경우
>   에는 특정부분의 크기에 관계없이 각각의 용도로 한다.

추가 동일 세대원 간의 공동소유 시에는 1주택으로 본다.

⑦ **공동소유의 경우** : 1주택을 여러 사람이 공동으로 소유한 경우 이 「소득
세법 시행령」에 특별한 규정이 있는 것 외에는 주택 수를 계산할 때
공동 소유자 각자가 그 주택을 소유한 것으로 본다(소득세법 시행령 제
154조의2). 따라서 공동소유주택 외의 다른 주택을 양도하는 때에는 비
과세가 되지 않는 것이 원칙이다.

⑧ **공동상속주택의 경우** : 공동상속주택[상속으로 여러 사람이 공동으로 소
유하는 1주택을 말하며, 피상속인이 상속개시 당시 2 이상의 주택(상속받은
1주택이 재개발사업, 재건축사업 또는 소규모재건축사업 등의 시행으로 2 이
상의 주택이 된 경우를 포함)을 소유한 경우에는 피상속인이 소유한 기간이
가장 긴 1주택 등을 말한다] 외의 다른 주택을 양도하는 때에는 해당 공동
상속주택은 해당 거주자의 주택으로 보지 아니한다. 다만, 상속지분이
가장 큰 상속인의 경우에는 그러하지 아니하며, 상속지분이 가장 큰 상
속인이 2명 이상인 경우에는 그 2명 이상의 사람 중 다음의 순서에 따
라 그에 해당하는 사람이 그 공동상속주택을 소유한 것으로 본다(소득
세법 시행령 제155조 제3항).

> ㉠ 당해 주택에 거주하는 자
> ㉡ 최연장자

⑨ 1세대 1주택 비과세규정을 적용할 때 2개 이상의 주택을 같은 날 양도하는 경우에는 해당 거주자가 선택하는 순서에 따라 주택을 양도한 것으로 본다(소득세법 시행령 제154조 제9항).

3. 2년 이상 보유 요건(취득 당시 조정대상지역은 2년 이상 거주)

(1) 양도소득세가 비과세되는 1세대 1주택은 그 보유기간이 2년 이상인 경우에 적용한다(소득세법 시행령 제154조 제1항).

(2) 취득 당시에 조정대상지역에 있는 주택의 경우에는 해당 주택의 보유기간이 2년 이상이고 그 보유기간 중 거주기간이 2년 이상인 경우에 적용한다(소득세법 시행령 제154조 제1항).

(3) 보유기간 및 거주기간의 계산

① 보유기간은 해당 주택의 취득일부터 양도일까지로 한다(소득세법 제95조 제4항).

② 거주기간은 주민등록표 등본에 따른 전입일부터 전출일까지의 기간으로 한다(소득세법 시행령 제154조 제6항). 다만, 다음의 기간은 통산하여 계산한다(소득세법 시행령 제154조 제8항).

> ㉠ 거주하거나 보유하는 중에 소실·무너짐·노후 등으로 인하여 멸실되어 재건축한 주택인 경우에는 그 멸실된 주택과 재건축한 주택에 대한 거주기간 및 보유기간
> ㉡ 비거주자가 해당 주택을 3년 이상 계속 보유하고 그 주택에서 거주한 상태로 거주자로 전환된 경우에는 해당 주택에 대한 거주기간 및 보유기간
> ㉢ 상속받은 주택으로서 상속인과 피상속인이 상속개시 당시 동일세대인 경우에는 상속개시 전에 상속인과 피상속인이 동일세대로서 거주하고 보유한 기간

추가 비거주자가 해당 주택을 3년 이상 계속 보유하고 그 주택에서 거주한 상태로 거주자로 전환된 거주자의 주택의 경우에는 보유기간이 3년 이상이어야 한다.

(4) 보유기간 및 거주기간의 제한을 받지 않는 경우

1세대가 양도일 현재 국내에 1주택을 보유하고 있는 경우로서 다음 ①부터 ③까지의 어느 하나에 해당하는 경우에는 그 보유기간 및 거주기간의 제한을 받지 않는다(소득세법 시행령 제154조 제1항 단서).

① 「민간임대주택에 관한 특별법」에 따른 민간건설임대주택이나 「공공주택 특별법」에 따른 공공건설임대주택 또는 공공매입임대주택을 취득하여 양도하는 경우로서 해당 임대주택의 **임차일부터 양도일까지의 기간** 중 세대전원이 거주(기획재정부령으로 정하는 취학, 근무상의 형편, 질병의 요양, 그 밖에 부득이한 사유로 세대의 구성원 중 일부가 거주하지 못하는 경우를 포함)한 기간이 **5년 이상인 경우**

② **다음의 어느 하나에 해당하는 경우**

    ㉠ 주택 및 그 부수토지(사업인정 고시일 전에 취득한 주택 및 그 부수토지에 한한다)의 전부 또는 일부가 「공익사업을 위한 토지 등의 취득 및 보상에 관한 법률」에 의한 **협의매수·수용** 및 그 밖의 법률에 의하여 수용되는 경우. 이 경우 그 양도일 또는 수용일부터 5년 이내에 양도하는 그 잔존주택 및 그 부수토지를 포함하는 것으로 한다.

    ㉡ 「해외이주법」에 따른 해외이주로 세대전원이 출국하는 경우. 다만, 출국일 현재 1주택을 보유하고 있는 경우로서 **출국일부터 2년 이내**에 양도하는 경우에 한한다.

    ㉢ 1년 이상 계속하여 국외거주를 필요로 하는 취학 또는 근무상의 형편으로 세대전원이 출국하는 경우. 다만, 출국일 현재 1주택을 보유하고 있는 경우로서 **출국일부터 2년 이내**에 양도하는 경우에 한한다.

③ **1년 이상 거주한 주택**을 기획재정부령으로 정하는 취학, 근무상의 형편, 질병의 요양, 그 밖에 부득이한 사유로 양도하는 경우

(5) 거주기간의 제한을 받지 않는 경우

거주자가 조정대상지역의 공고가 있은 날 이전에 매매계약을 체결하고 계약금을 지급한 사실이 증빙서류에 의하여 확인되는 경우로서 해당 거주자가 속한 1세대가 계약금 지급일 현재 주택을 보유하지 아니하는 경우에는 거주기간의 제한을 받지 아니한다(소득세법 시행령 제154조 제1항 제5호).

4 1세대 1주택의 비과세 특례 ·29회 ·33회

1. 일시적 2주택에 대한 비과세 특례

(1) 국내에 1주택을 소유한 1세대가 그 주택(종전의 주택)을 양도하기 전에 다른 주택(신규 주택)을 취득(자기가 건설하여 취득한 경우를 포함)함으로써 일시적으로 2주택이 된 경우 종전의 주택을 취득한 날부터 1년 이상이 지난 후 신규 주택을 취득하고 신규 주택을 취득한 날부터 3년 이내에 종전의 주택을 양도하는 경우에는 이를 1세대 1주택으로 보아 비과세 규정을 적용한다.

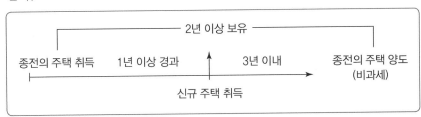

(2) 다음 어느 하나에 해당하는 경우에는 종전의 주택을 취득한 날부터 1년 이상이 지난 후 다른 주택을 취득하는 요건을 적용하지 않는다(소득세법 시행령 제155조 제1항, 제154조 제1항 제1호·제2호).

> ① 「민간임대주택에 관한 특별법」에 따른 민간건설임대주택이나 「공공주택 특별법」에 따른 공공건설임대주택 또는 공공매입임대주택을 취득하여 양도하는 경우로서 해당 임대주택의 임차일부터 양도일까지의 기간 중 세대전원이 거주(기획재정부령으로 정하는 취학, 근무상의 형편, 질병의 요양, 그 밖에 부득이한 사유로 세대의 구성원 중 일부가 거주하지 못하는 경우를 포함)한 기간이 5년 이상인 경우
> ② 주택 및 그 부수토지(사업인정 고시일 전에 취득한 주택 및 그 부수토지에 한한다)의 전부 또는 일부가 「공익사업을 위한 토지 등의 취득 및 보상에 관한 법률」에 의한 협의매수·수용 및 그 밖의 법률에 의하여 수용되는 경우
> ③ 1년 이상 거주한 주택을 기획재정부령으로 정하는 취학, 근무상의 형편, 질병의 요양, 그 밖에 부득이한 사유로 양도하는 경우

(3) 일시적 2주택의 비과세 특례를 적용(수도권에 1주택을 소유한 경우에 한정)할 때 수도권에 소재한 법인 또는 「지방자치분권 및 지역균형발전에 관한 특별법」에 따른 공공기관이 수도권 밖의 지역으로 이전하는 경우로서 법인의 임원과 사용인 및 공공기관의 종사자가 구성하는 1세대가 취득하는 다른 주택이 해당 공공기관 또는 법인이 이전한 시(특별자치시·광역시 및 제주특별자치도 설치 및 국제자유도시 조성을 위한 특별법에 따라 설치된 행정시를 포함)·군 또는 이와 연접한 시·군의 지역에 소재하는 경우에는 종전주택 양도기한을 3년이 아닌 5년을 적용한다.

(4) 종전의 주택 및 그 부수토지의 일부가 협의매수되거나 수용되는 경우로서 해당 잔존하는 주택 및 그 부수토지를 그 양도일 또는 수용일부터 5년 이내에 양도하는 때에는 해당 잔존하는 주택 및 그 부수토지의 양도는 종전의 주택 및 그 부수토지의 양도 또는 수용에 포함되는 것으로 본다(소득세법 시행령 제155조 제1항).

2. 직계존속의 동거봉양을 위한 1세대 2주택

1주택을 보유하고 1세대를 구성하는 자가 1주택을 보유하고 있는 60세 이상의 직계존속(다음의 사람을 포함)을 동거봉양하기 위하여 세대를 합침으로써 1세대가 2주택을 보유하게 되는 경우 합친 날부터 10년 이내에 먼저 양도하는 주택은 이를 1세대 1주택으로 보아 비과세규정을 적용한다(소득세법 시행령 제155조 제4항).

> ① 배우자의 직계존속으로서 60세 이상인 사람
> ② 직계존속(배우자의 직계존속을 포함) 중 어느 한 사람이 60세 미만인 경우
> ③ 60세 미만의 직계존속(배우자의 직계존속을 포함)으로서 중증질환자, 희귀성난치성 질환을 가진 사람 또는 결핵질환을 가진 사람에 해당하여 보건복지부장관이 정하는 요양급여를 받는 사람

3. 혼인으로 인한 1세대 2주택

다음의 경우는 각각 혼인한 날부터 5년 이내에 먼저 양도하는 주택은 이를 1세대 1주택으로 보아 비과세규정을 적용한다(소득세법 시행령 제155조 제5항).

① 1주택을 보유하는 자가 1주택을 보유하는 자와 혼인함으로써 1세대가 2주택을 보유하게 되는 경우

② 1주택을 보유하고 있는 60세 이상의 직계존속을 동거봉양하는 무주택자가 1주택을 보유하는 자와 혼인함으로써 1세대가 2주택을 보유하게 되는 경우

기출&예상 문제

다음은 소득세법 시행령 제155조 '1세대 1주택의 특례'에 관한 조문의 내용이다. 괄호 안에 들어갈 법령상의 숫자를 순서대로 옳게 나열한 것은?

• 29회

- 1주택을 보유하는 자가 1주택을 보유하는 자와 혼인함으로써 1세대가 2주택을 보유하게 되는 경우 혼인한 날부터 (   )년 이내에 먼저 양도하는 주택은 이를 1세대 1주택으로 보아 제154조 제1항을 적용한다.
- 1주택을 보유하고 1세대를 구성하는 자가 1주택을 보유하고 있는 (   )세 이상의 직계존속[배우자의 직계존속을 포함하며, 직계존속 중 어느 한 사람이 (   )세 미만인 경우를 포함]을 동거봉양하기 위하여 세대를 합침으로써 1세대가 2주택을 보유하게 되는 경우 합친 날부터 (   )년 이내에 먼저 양도하는 주택은 이를 1세대 1주택으로 보아 제154조 제1항을 적용한다.

① 3, 55, 55, 5
② 3, 60, 60, 5
③ 3, 60, 55, 10
④ 5, 55, 55, 10
⑤ 5, 60, 60, 10

해설 • 1주택을 보유하는 자가 1주택을 보유하는 자와 혼인함으로써 1세대가 2주택을 보유하게 되는 경우 혼인한 날부터 '5'년 이내에 먼저 양도하는 주택은 이를 1세대 1주택으로 보아 제154조 제1항을 적용한다(소득세법 시행령 제155조 제5항).
• 1주택을 보유하고 1세대를 구성하는 자가 1주택을 보유하고 있는 '60'세 이상의 직계존속[배우자의 직계존속을 포함하며, 직계존속 중 어느 한 사람이 '60'세 미만인 경우를 포함]을 동거봉양하기 위하여 세대를 합침으로써 1세대가 2주택을 보유하게 되는 경우 합친 날부터 '10'년 이내에 먼저 양도하는 주택은 이를 1세대 1주택으로 보아 제154조 제1항을 적용한다(소득세법 시행령 제155조 제4항).

정답 ⑤

4. 상속주택으로 인한 1세대 2주택

① 상속받은 주택과 그 밖의 주택(일반주택)을 국내에 각각 1개씩 소유하고 있는 1세대가 일반주택을 양도하는 경우에는 국내에 1개의 주택을 소유하고 있는 것으로 보아 비과세 규정을 적용한다(소득세법 시행령 제155조 제2항).

② 다만, 상속인과 피상속인이 상속개시 당시 1세대인 경우에는 1주택을 보유하고 1세대를 구성하는 자가 직계존속(배우자의 직계존속을 포함하며, 세대를 합친 날 현재 직계존속 중 어느 한 사람 또는 모두가 60세 이상으로서 1주택을 보유하고 있는 경우만 해당)을 동거봉양하기 위하여 세대를 합침에 따라 2주택을 보유하게 되는 경우로서 합치기 이전부터 보유하고 있었던 주택만 상속받은 주택으로 본다(소득세법 시행령 제155조 제2항 단서).

> **✔ 참고   상속주택 및 그 밖의 주택(일반주택)**
>
> 1. 상속주택은 조합원입주권 또는 분양권을 상속받아 사업시행 완료 후 취득한 신축주택을 포함하며, 피상속인이 상속개시 당시 2 이상의 주택(상속받은 1주택이 도시 및 주거환경정비법에 따른 재개발사업, 재건축사업 또는 빈집 및 소규모주택 정비에 관한 특례법에 따른 소규모재건축사업, 소규모재개발사업, 가로주택정비사업, 자율주택정비사업 시행으로 2 이상의 주택이 된 경우를 포함)을 소유한 경우에는 다음 순위에 따른 1주택을 말한다.
>   ① 피상속인이 소유한 기간이 가장 긴 1주택
>   ② 피상속인이 소유한 기간이 같은 주택이 2 이상일 경우에는 피상속인이 거주한 기간이 가장 긴 1주택
>   ③ 피상속인이 소유한 기간 및 거주한 기간이 모두 같은 주택이 2 이상일 경우에는 피상속인이 상속개시 당시 거주한 1주택
>   ④ 피상속인이 거주한 사실이 없는 주택으로서 소유한 기간이 같은 주택이 2 이상일 경우에는 기준시가가 가장 높은 1주택(기준시가가 같은 경우에는 상속인이 선택하는 1주택)
> 2. 그 밖의 주택(일반주택)은 상속개시 당시 보유한 주택 또는 상속개시 당시 보유한 조합원입주권이나 분양권에 의하여 사업시행 완료 후 취득한 신축주택만 해당하며, 상속개시일부터 소급하여 2년 이내에 피상속인으로부터 증여받은 주택 또는 증여받은 조합원입주권이나 분양권에 의하여 사업시행 완료 후 취득한 신축주택은 제외한다.

5. 문화재주택으로 인한 1세대 2주택

「문화재보호법」에 따른 지정문화재 및 국가등록문화재에 해당하는 주택과 그 밖의 주택(일반주택)을 국내에 각각 1개씩 소유하고 있는 1세대가 일반주택을 양도하는 경우에는 국내에 1개의 주택을 소유하고 있는 것으로 보아 비과세규정을 적용한다(소득세법 시행령 제155조 제6항).

6. 농어촌주택으로 인한 1세대 2주택

(1) 다음에 해당하는 주택으로 수도권 밖의 지역 중 읍지역(도시지역 안의 지역을 제외) 또는 면지역에 소재하는 주택(농어촌주택)과 그 밖의 주택(일반주택)을 국내에 각각 1개씩 소유하고 있는 1세대가 일반주택을 양도하는 경우에는 국내에 1개의 주택을 소유하고 있는 것으로 보아 비과세규정을 적용한다(소득세법 시행령 제155조 제7항).

(2) 다만, 다음 ③의 주택(귀농주택)에 대해서는 그 주택을 취득한 날부터 5년 이내에 일반주택을 양도하는 경우에 한정하여 비과세규정을 적용한다(소득세법 시행령 제155조 제7항 단서).

> ① 상속받은 주택(피상속인이 취득 후 5년 이상 거주한 사실이 있는 경우에 한함)
> ② 이농인(어업에서 떠난 자를 포함)이 취득일 후 5년 이상 거주한 사실이 있는 이농주택
> ③ 영농 또는 영어의 목적으로 취득한 귀농주택

소득세법 시행령 제155조 '1세대 1주택의 특례'에 관한 조문의 내용이다. ( )에 들어갈 숫자로 옳은 것은?

• 33회

- 영농의 목적으로 취득한 귀농주택으로서 수도권 밖의 지역 중 면지역에 소재하는 주택과 일반주택을 국내에 각각 1개씩 소유하고 있는 1세대가 귀농주택을 취득한 날부터 (㉠)년 이내에 일반주택을 양도하는 경우에는 국내에 1개의 주택을 소유하고 있는 것으로 보아 제154조 제1항을 적용한다.
- 취학 등 부득이한 사유로 취득한 수도권 밖에 소재하는 주택과 일반주택을 국내에 각각 1개씩 소유하고 있는 1세대가 부득이한 사유가 해소된 날부터 (㉡)년 이내에 일반주택을 양도하는 경우에는 국내에 1개의 주택을 소유하고 있는 것으로 보아 제154조 제1항을 적용한다.
- 1주택을 보유하는 자가 1주택을 보유하는 자와 혼인함으로써 1세대가 2주택을 보유하게 되는 경우 혼인한 날부터 (㉢)년 이내에 먼저 양도하는 주택은 이를 1세대 1주택으로 보아 제154조 제1항을 적용한다.

① ㉠ : 2, ㉡ : 2, ㉢ : 5
② ㉠ : 2, ㉡ : 3, ㉢ : 10
③ ㉠ : 3, ㉡ : 2, ㉢ : 5
④ ㉠ : 5, ㉡ : 3, ㉢ : 5
⑤ ㉠ : 5, ㉡ : 3, ㉢ : 10

해설
- 영농의 목적으로 취득한 귀농주택으로서 수도권 밖의 지역 중 면지역에 소재하는 주택과 일반주택을 국내에 각각 1개씩 소유하고 있는 1세대가 귀농주택을 취득한 날부터 '5'년 이내에 일반주택을 양도하는 경우에는 국내에 1개의 주택을 소유하고 있는 것으로 보아 제154조 제1항을 적용한다(소득세법 시행령 제155조 제7항).
- 취학 등 부득이한 사유로 취득한 수도권 밖에 소재하는 주택과 일반주택을 국내에 각각 1개씩 소유하고 있는 1세대가 부득이한 사유가 해소된 날부터 '3'년 이내에 일반주택을 양도하는 경우에는 국내에 1개의 주택을 소유하고 있는 것으로 보아 제154조 제1항을 적용한다(소득세법 시행령 제155조 제8항).
- 1주택을 보유하는 자가 1주택을 보유하는 자와 혼인함으로써 1세대가 2주택을 보유하게 되는 경우 혼인한 날부터 '5'년 이내에 먼저 양도하는 주택은 이를 1세대 1주택으로 보아 제154조 제1항을 적용한다(소득세법 시행령 제155조 제5항).

정답 ④

7. 부득이한 사유로 취득한 수도권 밖의 주택으로 인한 1세대 2주택

취학, 근무상의 형편, 질병의 요양, 그 밖에 부득이한 사유로 취득한 수도권 밖에 소재하는 주택과 그 밖의 주택(일반주택)을 국내에 각각 1개씩 소유하고 있는 1세대가 부득이한 사유가 해소된 날부터 3년 이내에 일반주택을 양도하는 경우에는 국내에 1개의 주택을 소유하고 있는 것으로 보아 비과세규정을 적용한다(소득세법 시행령 제155조 제8항).

8. 장기임대주택 등에 관한 특례

(1) 장기임대주택 또는 장기어린이집과 그 밖의 1주택을 국내에 소유하고 있는 1세대가 각각 ①과 ② 또는 ①과 ③의 요건을 충족하고 해당 1주택(거주주택)을 양도하는 경우(장기임대주택을 보유하고 있는 경우에는 생애 한 차례만 거주주택을 최초로 양도하는 경우에 한정)에는 국내에 1개의 주택을 소유하고 있는 것으로 보아 비과세규정을 적용한다(소득세법 시행령 제155조 제20항).

① **거주주택** : 보유기간 중 거주기간이 2년 이상일 것

② **장기임대주택** : 양도일 현재 사업자등록을 하고, 장기임대주택을 「민간임대주택에 관한 특별법」에 따라 민간임대주택으로 등록하여 임대하고 있으며, 임대보증금 또는 임대료의 증가율이 100분의 5를 초과하지 않을 것. 이 경우 임대료 등의 증액 청구는 임대차계약의 체결 또는 약정한 임대료 등의 증액이 있은 후 1년 이내에는 하지 못하고, 임대사업자가 임대료 등의 증액을 청구하면서 임대보증금과 월임대료를 상호간에 전환하는 경우에는 「민간임대주택에 관한 특별법」 제44조 제4항의 전환 규정을 준용한다.

③ **장기어린이집** : 양도일 현재 고유번호를 부여받고, 장기어린이집을 운영하고 있을 것

(2) 이 경우 해당 거주주택을 「민간임대주택에 관한 특별법」에 따라 민간임대주택으로 등록하였거나 「영유아보육법」에 따른 인가를 받거나 위탁을 받아 어린이집으로 사용한 사실이 있고 그 보유기간 중에 양도한 다른 거주주택(양도한 다른 거주주택이 둘 이상인 경우에는 가장 나중에 양도한 거주주택을 말하며 이하 '직전거주주택'이라 함)이 있는 거주주택(민간임대주택으로 등록한 사실이 있는 주택인 경우에는 1주택 외의 주택을 모두 양도한 후 1주택을 보유하게 된 경우로 한정하며 이하 '직전거주주택 보유주택'이라 함)인 경우에는 직

추가 장기임대주택

「소득세법 시행령」 제167조의3 제1항 제2호에 따른 주택[같은 호 가목 및 다목에 해당하는 주택의 경우에는 해당 목의 단서에서 정하는 기한의 제한은 적용하지 않되 2020년 7월 10일 이전에 민간임대주택에 관한 특별법 제5조에 따른 임대사업자등록 신청(임대할 주택을 추가하기 위해 등록사항의 변경 신고를 한 경우를 포함)을 한 주택으로 한정하며, 같은 호 마목에 해당하는 주택의 경우에는 같은 목 1)에 따른 주택(같은 목 2) 및 3)에 해당하지 않는 경우로 한정)을 포함]

전거주주택의 양도일 후의 기간분에 대해서만 국내에 1개의 주택을 소유하고 있는 것으로 보아 비과세규정을 적용한다.

> **참고** **상생임대주택에 대한 1세대 1주택의 특례(제155조의3)**
>
> 1. 국내에 1주택(제155조, 제155조의2, 제156조의2, 제156조의3 및 그 밖의 법령에 따라 1세대 1주택으로 보는 경우를 포함)을 소유한 1세대가 다음의 요건을 모두 갖춘 주택(상생임대주택)을 양도하는 경우에는 제154조 제1항, 제155조 제20항 제1호 및 제159조의4를 적용할 때 해당 규정에 따른 거주기간의 제한을 받지 않는다.
>   ① 1세대가 주택을 취득한 후 해당 주택에 대하여 임차인과 체결한 직전 임대차계약(해당 주택의 취득으로 임대인의 지위가 승계된 경우의 임대차계약은 제외, 직전임대차계약) 대비 임대보증금 또는 임대료의 증가율이 100분의 5를 초과하지 않는 임대차계약(상생임대차계약)을 2021년 12월 20일부터 2024년 12월 31일까지의 기간 중에 체결(계약금을 지급받은 사실이 증빙서류에 의해 확인되는 경우로 한정)하고 임대를 개시할 것
>   ② 직전임대차계약에 따라 임대한 기간이 1년 6개월 이상일 것
>   ③ 상생임대차계약에 따라 임대한 기간이 2년 이상일 것
> 2. 상생임대차계약을 체결할 때 임대보증금과 월임대료를 서로 전환하는 경우에는 「민간임대주택에 관한 특별법」 제44조 제4항에서 정하는 기준에 따라 임대보증금 또는 임대료의 증가율을 계산한다.
> 3. 직전임대차계약 및 상생임대차계약에 따른 임대기간은 월력에 따라 계산하며, 1개월 미만인 경우에는 1개월로 본다.
> 4. 직전임대차계약 및 상생임대차계약에 따른 임대기간을 계산할 때 임차인의 사정으로 임대를 계속할 수 없어 새로운 임대차계약을 체결하는 경우로서 기획재정부령으로 정하는 요건을 충족하는 경우에는 새로운 임대차계약의 임대기간을 합산하여 계산한다.
> 5. 위 1.을 적용받으려는 자는 법 제105조 또는 제110조에 따른 양도소득세 과세표준 신고기한까지 기획재정부령으로 정하는 상생임대주택에 대한 특례 적용신고서에 해당 주택에 관한 직전임대차계약서 및 상생임대차계약서를 첨부하여 납세지 관할 세무서장에게 제출해야 한다. 이 경우 납세지 관할 세무서장은 「전자정부법」 제36조 제1항에 따른 행정정보의 공동이용을 통하여 해당 주택의 토지·건물 등기사항증명서를 확인해야 한다.

5 조합원입주권 등에 대한 비과세 특례

1. 1조합원입주권 양도 시 비과세

조합원입주권을 1개 보유한 1세대[도시 및 주거환경정비법에 따른 관리처분계획의 인가일 및 빈집 및 소규모주택 정비에 관한 특례법에 따른 사업시행계획인가일(인가일 전에 기존주택이 철거되는 때에는 기존주택의 철거일) 현재 1세대 1주택 비과세요건을 충족하는 기존주택을 소유하는 세대]가 다음의 어느 하나의 요건을 충족하여 양도하는 경우 해당 조합원입주권을 양도하여 발생하는 소득. 다만, 해당 조합원입주권의 양도 당시 실지거래가액이 12억원을 초과하는 경우에는 양도소득세를 과세한다(소득세법 제89조 제1항 제4호).

① 양도일 현재 다른 주택 또는 분양권을 보유하지 아니할 것
② 양도일 현재 1조합원입주권 외에 1주택을 보유한 경우(분양권을 보유하지 아니하는 경우로 한정)로서 해당 1주택을 취득한 날부터 3년 이내에 해당 조합원입주권을 양도할 것(3년 이내에 양도하지 못하는 경우로서 대통령령으로 정하는 사유에 해당하는 경우를 포함)

2. 1세대 1주택에 대한 비과세 배제

(1) 1세대가 주택(주택부수토지를 포함)과 조합원입주권 또는 분양권을 보유하다가 그 주택을 양도하는 경우에는 비과세규정에도 불구하고 1세대 1주택 비과세규정을 적용하지 아니한다(소득세법 제89조 제2항).

(2) 다만, 다음 중 어느 하나에 해당하는 경우에는 1세대 1주택으로 보아 비과세규정을 적용한다(소득세법 시행령 제156조의2 제3항·제4항, 제156조의3 제2항·제3항).

① 국내에 1주택을 소유한 1세대가 그 주택(종전주택)을 양도하기 전에 조합원입주권(또는 분양권)을 취득함으로써 일시적으로 1주택과 1조합원입주권(또는 1분양권)을 소유하게 된 경우 종전주택을 취득한 날부터 1년 이상이 지난 후에 조합원입주권(또는 분양권)을 취득하고 그 조합원입주권(또는 분양권)을 취득한 날부터 3년 이내에 종전주택을 양도하는 경우

추가 3년 이내에 양도하지 못하는 경우로서 대통령령으로 정하는 사유

다른 주택을 취득한 날부터 3년이 되는 날 현재 다음의 어느 하나에 해당하는 경우를 말한다.

1. 「한국자산관리공사 설립 등에 관한 법률」에 따른 한국자산관리공사에 매각을 의뢰한 경우
2. 법원에 경매를 신청한 경우
3. 「국세징수법」에 따른 공매가 진행 중인 경우
4. 재개발사업, 재건축사업 또는 소규모재건축사업 등의 시행으로 「도시 및 주거환경정비법」 또는 「빈집 및 소규모주택 정비에 관한 특례법」에 따라 현금으로 청산을 받아야 하는 토지등소유자가 사업시행자를 상대로 제기한 현금청산금 지급을 구하는 소송절차가 진행 중인 경우 또는 소송절차는 종료되었으나 해당 청산금을 지급받지 못한 경우
5. 재개발사업, 재건축사업 또는 소규모재건축사업 등의 시행으로 「도시 및 주거환경정비법」 또는 「빈집 및 소규모주택 정비에 관한 특례법」에 따라 사업시행자가 「도시 및 주거환경정비법」 또는 「빈집 및 소규모주택 정비에 관한 특례법」에 따른 토지등소유자를 상대로 신청·제기한 수용재결 또는 매도청구소송 절차가 진행 중인 경우 또는 재결이나 소송절차는 종료되었으나 토지등소유자가 해당 매도대금 등을 지급받지 못한 경우

② 국내에 1주택을 소유한 1세대가 그 주택(종전주택)을 양도하기 전에 조합원입주권(또는 분양권)을 취득함으로써 일시적으로 1주택과 1조합원입주권(또는 1분양권)을 소유하게 된 경우 종전주택을 취득한 날부터 1년이 지난 후에 조합원입주권(또는 분양권)을 취득하고 그 조합원입주권(또는 분양권)을 취득한 날부터 3년이 지나 종전주택을 양도하는 경우로서 다음의 요건을 모두 갖춘 경우

　㉠ 재개발사업, 재건축사업 또는 소규모재건축사업 등의 관리처분계획등에 따라 취득하는 주택이 완성(또는 분양권에 따라 취득하는 주택이 완성)된 후 3년 이내에 그 주택으로 세대전원이 이사(취학, 근무상의 형편, 질병의 요양 그 밖의 부득이한 사유로 세대의 구성원 중 일부가 이사하지 못하는 경우를 포함)하여 1년 이상 계속하여 거주할 것

　㉡ 재개발사업, 재건축사업 또는 소규모재건축사업 등의 관리처분계획등에 따라 취득하는 주택(또는 분양권에 따라 취득하는 주택)이 완성되기 전 또는 완성된 후 3년 이내에 종전의 주택을 양도할 것

> **✔ 참고** **1년 이상이 지난 후에 조합원입주권(또는 분양권)을 취득하는 요건을 적용하지 않는 경우**
>
> 1. 「민간임대주택에 관한 특별법」에 따른 민간건설임대주택이나 「공공주택 특별법」에 따른 공공건설임대주택 또는 공공매입임대주택을 취득하여 양도하는 경우로서 해당 임대주택의 임차일부터 양도일까지의 기간 중 세대전원이 거주(기획재정부령으로 정하는 취학, 근무상의 형편, 질병의 요양, 그 밖에 부득이한 사유로 세대의 구성원 중 일부가 거주하지 못하는 경우를 포함)한 기간이 5년 이상인 경우
> 2. 주택 및 그 부수토지(사업인정 고시일 전에 취득한 주택 및 그 부수토지에 한한다)의 전부 또는 일부가 「공익사업을 위한 토지 등의 취득 및 보상에 관한 법률」에 의한 협의매수·수용 및 그 밖의 법률에 의하여 수용되는 경우
> 3. 1년 이상 거주한 주택을 기획재정부령으로 정하는 취학, 근무상의 형편, 질병의 요양, 그 밖에 부득이한 사유로 양도하는 경우

양도소득과세표준의 계산

• 26회 • 29회 • 30회 • 33회

양 도 가 액		
− 필 요 경 비	취득가액 + 기타 필요경비(자본적 지출액 + 양도비용)	
= 양 도 차 익		
− 장기보유특별공제	국내소재 등기된 3년 이상 보유한 토지, 건물 및 조합원입주권	
= 양 도 소 득 금 액		
− 양도소득기본공제	소득별로 연 250만원 한도, 미등기자산 제외	
= 과 세 표 준		
× 세 율	초과누진세율(6~45%), 비례세율(70%, 60%, 50%, 40% 등)	
= 산 출 세 액		
− 세 액 공 제 액		
− 감 면 세 액		
= 결 정 세 액		
+ 가 산 세	신고불성실가산세, 납부지연가산세 등	
= 총 결 정 세 액		
− 기 납 부 세 액		
= 납 부 세 액		

1 양도차익 산정기준

양도차익을 계산할 때 양도가액을 실지거래가액(매매사례가액·감정가액이 적용되는 경우 그 매매사례가액·감정가액 등을 포함)에 따를 때에는 취득가액도 실지거래가액(매매사례가액·감정가액·환산취득가액이 적용되는 경우 그 매매사례가액·감정가액·환산취득가액 등을 포함)에 따르고, 양도가액을 기준시가에 따를 때에는 취득가액도 기준시가에 따른다(소득세법 제100조 제1항).

1. 원칙 : 실지거래가액 •26회

① 양도소득세가 과세되는 자산의 양도가액 또는 취득가액은 그 자산의 양도 또는 취득 당시 실지거래가액에 따른다(소득세법 제96조 제1항, 제97조 제1항 가목).

② '실지거래가액'이란 자산의 양도 또는 취득 당시에 양도자와 양수자가 실제로 거래한 가액으로서 해당 자산의 양도 또는 취득과 대가관계에 있는 금전과 그 밖의 재산가액을 말한다(소득세법 제88조 제5호).

2. 예외 : 추계가액

장부, 매매계약서, 영수증 그 밖의 증명서류에 의하여 해당 자산의 양도 당시 또는 취득 당시의 실지거래가액을 인정 또는 확인할 수 없는 경우에는 양도가액 또는 취득가액을 매매사례가액, 감정가액, 환산취득가액 또는 기준시가 등의 순서로 산정할 수 있다(소득세법 제114조 제7항).

3. 과세관청의 결정·경정 시 양도가액과 취득가액 산정 기준

① 납세의무자가 무신고 또는 과소신고하여 관할 세무서장이 양도소득과 세표준과 세액을 결정 또는 경정하는 경우에도 위의 기준(실지거래가액 원칙, 추계가액 예외)을 그대로 따른다.
② 다만, 예정신고 또는 확정신고를 한 경우로서 그 신고가액이 사실과 달라 납세지 관할 세무서장 또는 지방국세청장이 실지거래가액을 확인한 경우에는 그 확인된 가액을 양도가액 또는 취득가액으로 하여 양도소득과세표준과 세액을 경정한다(소득세법 제114조 제6항).

> ➕ 보충　추계가액(소득세법 시행령 제176조의2 제3항)
>
> 1. 매매사례가액 : 양도일 또는 취득일 전후 각 3개월 이내에 해당 자산(주권상 장법인의 주식등은 제외)과 동일성 또는 유사성이 있는 자산의 매매사례가 있는 경우 그 가액
> 2. 감정가액 : 양도일 또는 취득일 전후 각 3개월 이내에 해당 자산(주식등을 제외)에 대하여 둘 이상의 감정평가법인등이 평가한 것으로서 신빙성이 있는 것으로 인정되는 감정가액(감정평가기준일이 양도일 또는 취득일 전후 각 3개월 이내인 것에 한정)이 있는 경우에는 그 감정가액의 평균액. 다만, 기준시가가 10억원 이하인 자산(주식등은 제외)의 경우에는 양도일 또는 취득일 전후 각 3개월 이내에 하나의 감정평가법인등이 평가한 것으로서 신빙성이 있는 것으로 인정되는 경우 그 감정가액(감정평가기준일이 양도일 또는 취득일 전후 각 3개월 이내인 것에 한정)
> 3. 환산취득가액(토지·건물 및 부동산을 취득할 수 있는 권리에 대해 적용)
>
> 환산취득가액 = 양도당시의 실지거래가액, 매매사례가액, 감정가액
> × 취득 당시의 기준시가/양도 당시의 기준시가

> 4. **기준시가** : 국세부과 시 법의 규정에 따라 산정한 가액으로 양도가액 또는 취득가액 계산에 있어 기준이 되는 금액

추가 환산취득가액은 있지만 환산양도가액이라는 것은 없다.

4. 토지와 건물을 함께 취득하거나 양도한 경우

양도가액 또는 취득가액을 실지거래가액에 따라 산정하는 경우로서 토지와 건물 등을 함께 취득하거나 양도한 경우에는 이를 각각 구분하여 기장하되 토지와 건물 등의 가액 구분이 불분명할 때에는 취득 또는 양도 당시의 기준시가 등을 고려하여 대통령령으로 정하는 바에 따라 안분계산(按分計算)한다. 이 경우 공통되는 취득가액과 양도비용은 해당 자산의 가액에 비례하여 안분계산한다(소득세법 제100조 제2항).

추가 토지와 건물 등을 함께 취득하거나 양도한 경우로서 그 토지와 건물 등을 구분 기장한 가액이 안분계산한 가액과 100분의 30 이상 차이가 있는 경우에는 토지와 건물 등의 가액 구분이 불분명한 때로 본다(소득세법 제100조 제3항).

5. 상속·증여받은 자산의 실지취득가액

상속 또는 증여(부담부증여의 채무액에 해당하는 부분도 포함)받은 자산에 대하여 실지거래가액을 적용할 때에는 상속개시일 또는 증여일 현재 「상속세 및 증여세법」에 따라 평가한 가액(세무서장 등이 결정·경정한 가액이 있는 경우 그 결정·경정한 가액)을 취득 당시의 실지거래가액으로 본다(소득세법 시행령 제163조 제9항).

> **⊘ 참고** **의제취득시기 이전 취득자산의 취득가액**
>
> 다음의 자산은 다음에서 규정하는 시기에 취득한 것으로 본다(소득세법 시행령 제162조 제6항·제7항).
>
> | 구 분 | 의제취득일 |
> | --- | --- |
> | ① 1984년 12월 31일 이전에 취득한 토지, 건물, 부동산에 관한 권리 및 기타자산 | 1985년 1월 1일 |
> | ② 1985년 12월 31일 이전에 취득한 주식과 출자지분 | 1986년 1월 1일 |
>
> 이러한 의제취득일 전에 취득한 자산(상속 또는 증여받은 자산 포함)에 대하여 매매사례가액, 감정가액 또는 환산취득가액을 적용할 때 의제취득일 현재의 취득가액은 다음과 같이 계산한다(소득세법 시행령 제176조의2 제4항).
>
> > 의제취득일 현재의 취득가액은 다음 ①, ②의 가액 중 많은 것으로 한다.
> > ① 의제취득일 현재의 매매사례가액, 감정가액 또는 환산취득가액
> > ② 실제 취득 당시 실지거래가액, 매매사례가액 또는 감정가액에 실제취득일부터 의제취득일의 직전일까지의 보유기간 동안의 생산자물가상승률을 곱하여 계산한 금액을 합산한 가액

참고 기준시가(소득세법 제99조, 시행령 제164조·제165조)

기준시가는 다음을 말하며 이때 새로운 기준시가가 고시되기 전에 취득 또는 양도하는 경우에는 직전의 기준시가에 의한다.

1. 토 지
   ① **개별공시지가가 있는 경우** : 「부동산 가격공시에 관한 법률」에 따른 개별공시지가. 단, 지가(地價)가 급등하는 지역으로서 대통령령으로 정하는 지역의 경우에는 배율방법에 따라 평가한 가액
   ② **개별공시지가가 없는 경우** : 개별공시지가가 없는 토지와 지목·이용상황 등 지가형성요인이 유사한 인근토지를 표준지로 보고 「부동산 가격공시에 관한 법률」 제3조 제8항에 따른 비교표에 따라 납세지 관할 세무서장(납세지 관할 세무서장과 해당 토지의 소재지를 관할하는 세무서장이 서로 다른 경우로서 납세지 관할 세무서장의 요청이 있는 경우에는 그 토지의 소재지를 관할하는 세무서장)이 평가한 가액을 말한다. 이 경우 납세지 관할 세무서장은 「지방세법」 제4조 제1항 단서에 따라 시장·군수가 산정한 가액을 평가한 가액으로 하거나 둘 이상의 감정평가법인 등에게 의뢰하여 그 토지에 대한 감정평가법인등의 감정가액을 고려하여 평가할 수 있다.
      ㉠ 「공간정보의 구축 및 관리 등에 관한 법률」에 의한 신규등록토지
      ㉡ 「공간정보의 구축 및 관리 등에 관한 법률」에 의하여 분할 또는 합병된 토지
      ㉢ 토지의 형질변경 또는 용도변경으로 인하여 「공간정보의 구축 및 관리 등에 관한 법률」상의 지목이 변경된 토지
      ㉣ 개별공시지가의 결정·고시가 누락된 토지(국·공유지를 포함)

2. 건 물
   ① **일반적인 경우** : 건물의 신축가격, 구조, 용도, 위치, 신축연도 등을 고려하여 매년 1회 이상 국세청장이 산정·고시하는 가액
   ② **오피스텔 및 상업용 건물** : 건물에 딸린 토지를 공유로 하고 건물을 구분소유하는 것으로서 건물의 용도·면적 및 구분소유하는 건물의 수(數) 등을 고려하여 대통령령으로 정하는 오피스텔(이에 딸린 토지를 포함) 및 상업용 건물(이에 딸린 토지를 포함)에 대해서는 건물의 종류, 규모, 거래상황, 위치 등을 고려하여 매년 1회 이상 국세청장이 토지와 건물에 대하여 일괄하여 산정·고시하는 가액

3. **주택** : 「부동산 가격공시에 관한 법률」에 따른 개별주택가격 및 공동주택가격. 다만, 공동주택가격의 경우에 같은 법 제18조 제1항 단서에 따라 국세청장이 결정·고시한 공동주택가격이 있을 때에는 그 가격에 따르고, 개별주택가격 및 공동주택가격이 없는 주택의 가격은 납세지 관할 세무서장이 인근 유사주택의 개별주택가격 및 공동주택가격을 고려하여 대통령령으로 정하는 방법에 따라 평가한 금액

4. 부동산에 관한 권리
   ① **부동산을 취득할 수 있는 권리** : 양도자산의 종류, 규모, 거래상황 등을 고려하여 취득일 또는 양도일까지 불입한 금액과 취득일 또는 양도일 현재 프리미엄에 상당하는 금액을 합한 금액
   ② **지상권·전세권 및 등기된 부동산임차권** : 권리의 남은 기간, 성질, 내용 및 거래상황 등을 고려하여 「상속세 및 증여세법」상 지상권에 대한 평가 방법의 규정을 준용하여 평가한 금액

기출&예상 문제

소득세법상 국내에 있는 자산의 기준시가 산정에 관한 설명으로 틀린 것은?
• 30회

① 개발사업 등으로 지가가 급등하거나 급등우려가 있는 지역으로서 국세청장이 지정한 지역에 있는 토지의 기준시가는 배율방법에 따라 평가한 가액으로 한다.
② 상업용 건물에 대한 새로운 기준시가가 고시되기 전에 취득 또는 양도하는 경우에는 직전의 기준시가에 의한다.
③ 「민사집행법」에 의한 저당권실행을 위하여 토지가 경매되는 경우의 그 경락가액이 개별공시지가보다 낮은 경우에는 그 차액을 개별공시지가에서 차감하여 양도 당시 기준시가를 계산한다(단, 지가 급등 지역 아님).
④ 부동산을 취득할 수 있는 권리에 대한 기준시가는 양도자산의 종류를 고려하여 취득일 또는 양도일까지 납입한 금액으로 한다.
⑤ 국세청장이 지정하는 지역에 있는 오피스텔의 기준시가는 건물의 종류, 규모, 거래상황, 위치 등을 고려하여 매년 1회 이상 국세청장이 토지와 건물에 대하여 일괄하여 산정·고시하는 가액으로 한다.

해설 ④ 양도자산의 종류, 규모, 거래상황 등을 고려하여 취득일 또는 양도일까지 불입한 금액과 취득일 또는 양도일 현재 프리미엄에 상당하는 금액을 합한 금액으로 한다.

정답 ④

2 양도차익의 계산 · 28회

1. 개요(소득세법 제95조 제1항)

양 도 가 액	
− 필 요 경 비	취득가액 + 기타의 필요경비(자본적 지출액 + 양도비용)
= 양 도 차 익	양도자산별로 계산한다.

(1) 필요경비는 다음과 같이 계산한다(소득세법 제97조 제1항·제2항).

구 분	취득가액	기타의 필요경비
실지거래가액에 의한 경우	실지거래가액	실지 자본적 지출액, 양도비용
추계방법에 의한 경우	매매사례가액, 감정가액, 환산취득가액, 기준시가	개산공제

(2) 실지거래가액을 확인할 수 없는 경우에만 매매사례가액, 감정가액 또는 환산취득가액을 적용한다(소득세법 제97조 제1항 제1호 단서).

(3) 필요경비 개산공제액(소득세법 시행령 제163조 제6항)

> ① **토지, 건물** : 취득 당시의 기준시가 × 100분의 3(미등기 양도자산의 경우에는 1,000분의 3)
> ② **지상권, 전세권, 등기된 임차권** : 취득 당시의 기준시가 × 100분의 7(미등기 제외)
> ③ **부동산을 취득할 수 있는 권리, 기타자산, 주식 등** : 취득 당시의 기준시가 × 100분의 1

(4) 취득가액을 환산취득가액으로 하는 경우 다음 중 큰 금액을 필요경비로 할 수 있다(소득세법 제97조 제2항 제2호).
  ① 환산취득가액과 개산공제액의 합계액
  ② 실제 지출된 자본적 지출액과 양도비용 합계액

양도차익 계산구조

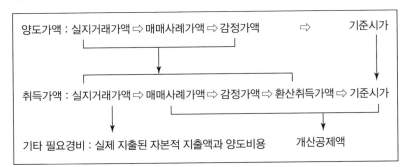

1. 양도가액을 우선 결정하고 취득가액, 기타 필요경비 순으로 결정한다.
2. 먼저 있는 가액부터 적용한다(즉, 실지거래가액이 확인되는데 매매사례가액을 적용할 수 없다).
3. 취득가액을 실지거래가액으로 적용하는 경우에만 기타 필요경비를 실제 지출된 금액으로 적용할 수 있다(나머지 경우에는 전부 개산공제액을 적용).

2. 취득가액(실지거래가액)의 범위

(1) 취득가액에 포함되는 항목

취득가액에 포함되는 항목	비 고
① 취득부대비용(현재가치할인차금 포함) 　㉠ 취득세, 등록면허세 등 기타 부대비용 　㉡ 자기가 행한 제조, 생산 또는 건설에 의하여 취득한 자산은 원재료비, 노무비, 운임, 하역비, 보험료 등 기타 부대비용의 합 　㉢ 부가가치세(폐업 시 잔존재화에 관한 부가가치세 및 면세전용 시 납부한 부가가치세 포함)	① 취득세, 등록면허세 등은 납부영수증이 없는 경우에도 필요경비로 공제한다. 다만, 취득세 등이 감면된 경우의 해당 세액은 제외 ② 부당행위계산에 따른 시가초과액은 제외 ③ 매입세액 공제를 받은 부가가치세 제외
② 당사자 약정에 따른 대금지급방법에 따라 취득원가에 이자상당액을 가산하여 거래가액을 확정하는 경우 해당 이자상당액	당초 약정에 따른 거래가액의 지급기일의 지연으로 추가발생하는 이자상당액은 제외
③ 취득에 관한 쟁송이 있는 자산에 대해서 그 소유권 등을 확보하기 위하여 직접 소요된 소송비용, 화해비용 등의 금액	그 지출한 연도의 각 소득금액을 계산할 때 필요경비에 산입된 것은 제외

추가 양수자가 부담하기로 한 양도소득세 등을 그대로 납부하였다면 매도인의 양도가액 및 양수인의 취득가액에 이를 포함한다.

(2) 현재가치할인차금

① 사업자가 현재가치할인차금을 계상한 경우에는 그 현재가치할인차금은 취득가액에 포함한다(소득세법 시행령 제163조 제1항 제1호).

② 단, 양도자산의 보유기간 중에 그 현재가치할인차금의 상각액을 각 연도의 사업소득금액 계산 시 필요경비로 산입하였거나 산입할 금액이 있는 때에는 그 금액을 취득가액에서 공제한다(소득세법 시행령 제163조 제2항).

(3) 감가상각비

양도자산 보유기간에 그 자산에 대한 감가상각비로서 각 과세기간의 사업소득금액을 계산하는 경우 필요경비에 산입하였거나 산입할 금액이 있을 때에는 그 금액을 공제한 금액을 그 취득가액으로 한다(소득세법 제97조 제3항).

3. 자본적 지출액과 양도비용의 범위

자본적 지출액 및 양도비용은 적격증명서류(세금계산서, 계산서, 신용카드매출전표, 현금영수증 등)를 수취·보관하거나 실제 지출사실이 금융거래 증명서류에 의하여 확인되는 경우에만 양도차익 계산 시 필요경비로 공제할 수 있다.

추가 대출금이자, 상속세 및 증여세, 재산세, 종합부동산세, 수익적지출(현상유지를 위한 지출) 등은 필요경비로 인정되지 아니한다.

(1) 자본적 지출액(소득세법 시행령 제163조 제3항)

① 내용연수를 연장시키거나 해당 자산의 가치를 현실적으로 증가시키기 위해 지출한 다음의 수선비

㉠ 본래의 용도를 변경하기 위한 개조

㉡ 엘리베이터 또는 냉난방장치의 설치

㉢ 빌딩 등의 피난시설 등의 설치

㉣ 재해 등으로 인하여 건물·기계·설비 등이 멸실 또는 훼손되어 당해 자산의 본래 용도로의 이용가치가 없는 것의 복구

㉤ 기타 개량·확장·증설 등 위 ㉠~㉣과 유사한 성질의 것

② 양도자산을 취득한 후 쟁송이 있는 경우에 그 소유권을 확보하기 위하여 직접 소요된 소송비용·화해비용 등의 금액으로서 그 지출한 연도의 각 소득금액의 계산에 있어서 필요경비에 산입된 것을 제외한 금액

③ 「공익사업을 위한 토지 등의 취득 및 보상에 관한 법률」이나 그 밖의 법률에 따라 토지 등이 협의 매수 또는 수용되는 경우로서 그 보상금의 증액과 관련하여 직접 소요된 소송비용·화해비용 등의 금액으로서 그 지출한 연도의 각 소득금액의 계산에 있어서 필요경비에 산입된 것을 제외한 금액. 이 경우 증액보상금을 한도로 한다.

④ 양도자산의 용도변경·개량 또는 이용편의를 위하여 지출한 비용(재해·노후화 등 부득이한 사유로 인하여 건물을 재건축한 경우 그 철거비용을 포함)

⑤ 「개발이익환수에 관한 법률」에 따른 개발부담금(개발부담금의 납부의무자와 양도자가 서로 다른 경우에는 양도자에게 사실상 배분될 개발부담금상당액)

⑥ 「재건축초과이익 환수에 관한 법률」에 따른 재건축부담금(재건축부담금의 납부의무자와 양도자가 서로 다른 경우에는 양도자에게 사실상 배분될 재건축부담금상당액)

⑦ 위 ①~⑥에 준하는 비용으로서 기획재정부령이 정하는 것

(2) 양도비용(소득세법 시행령 제163조 제5항)

① **자산을 양도하기 위하여 직접 지출한 비용으로서 다음의 비용**

㉠ 「증권거래세법」에 따라 납부한 증권거래세

㉡ 양도소득세과세표준 신고서 작성비용 및 계약서 작성비용

㉢ 공증비용, 인지대 및 소개비

㉣ 매매계약에 따른 인도의무를 이행하기 위하여 양도자가 지출하는 명도비용

㉤ 위 ㉠~㉣의 비용과 유사한 비용으로서 기획재정부령으로 정하는 비용

② 자산을 취득함에 있어서 법령 등의 규정에 따라 매입한 국민주택채권 및 토지개발채권을 만기 전에 양도함으로써 발생하는 매각차손. 이 경우 금융기관 외의 자에게 양도한 경우에는 동일한 날에 금융기관에 양도하였을 경우 발생하는 매각차손을 한도로 한다.

소득세법상 거주자가 국내자산을 양도한 경우 양도소득의 필요경비에 관한 설명으로 옳은 것은? •28회 수정

① 취득가액을 실지거래가액에 의하는 경우 당초 약정에 의한 지급기일의 지연으로 인하여 추가로 발생하는 이자상당액은 취득원가에 포함하지 아니한다.

② 취득가액을 실지거래가액에 의하는 경우 자본적 지출액도 실지로 지출된 가액에 의하므로 「소득세법」 제160조의2 제2항에 따른 적격증명서류를 수취·보관하지 않더라도 이를 필요경비로 인정한다.

③ 「소득세법」 제97조 제3항에 따른 취득가액을 계산할 때 감가상각비를 공제하는 것은 취득가액을 실지거래가액으로 하는 경우에만 적용하므로 취득가액을 환산취득가액으로 하는 때에는 적용하지 아니한다.

④ 토지를 취득함에 있어서 부수적으로 매입한 채권을 만기 전에 양도함으로써 발생하는 매각차손은 채권의 매매상대방과 관계없이 전액 양도비용으로 인정된다.

⑤ 취득세는 납부영수증이 없으면 필요경비로 인정되지 아니한다.

해설 ② 자본적 지출액 및 양도비용은 적격증명서류(세금계산서, 계산서, 신용카드매출전표, 현금영수증 등)를 수취·보관하거나 실제 지출사실이 금융거래 증명서류에 의하여 확인되는 경우에만 양도차익 계산 시 필요경비로 공제할 수 있다.
③ 취득가액의 실지거래가액 여부와 관계없이 양도자산 보유기간에 그 자산에 대한 감가상각비로서 각 과세기간의 사업소득금액을 계산하는 경우 필요경비에 산입하였거나 산입할 금액이 있을 때에는 그 금액을 공제한 금액을 그 취득가액으로 한다.
④ 토지를 취득함에 있어서 부수적으로 매입한 채권을 만기 전에 양도함으로써 발생하는 매각차손은 금융기관 외의 자에게 양도한 경우에는 동일한 날에 금융기관에 양도하였을 경우 발생하는 매각차손을 한도로 양도비용으로 인정된다.
⑤ 취득세는 납부영수증이 없어도 필요경비로 인정된다.

정답 ①

3 장기보유특별공제 •24회 •26회

양도소득세는 일반적인 경우 누진세율 구조로 되어 있으므로 장기간에 걸쳐 형성된 이익이 한꺼번에 실현됨에 따라 이른바 결집효과(높은 세율을 적용받음)가 발생한다. 이러한 결집효과를 완화하기 위하여 장기보유특별공제 제도를 두고 있다.

1. 공제대상 자산

장기보유 특별공제는 다음의 자산에 대해서 적용한다.

(1) 토지 및 건물로서 보유기간이 3년 이상인 것. 다만, 미등기양도자산과 조정대상지역 내 주택으로 다음 어느 하나에 해당하는 주택은 제외한다.

① 1세대 2주택 이상에 해당하는 주택

② 1세대가 1주택과 조합원입주권(또는 분양권)을 그 수의 합이 2 이상인 경우의 해당 주택(다만, 중과 제외하는 장기임대주택 등의 경우는 제외)

> **참고** **조정대상지역 내 다주택자에 대한 중과배제**
>
> 2022.5.10.~2024.5.9.까지 1년간 조정대상지역 내 주택 양도 시 주택 수 2 이상 등의 경우 중과세율 적용 및 장기보유특별공제 배제 규정은 적용하지 않는다. 즉, 일반적인 세율 적용과 3년 이상 보유 시 장기보유특별공제(30% 한도)를 적용한다.

(2) 부동산을 취득할 수 있는 권리 중 조합원입주권(조합원으로부터 취득한 것은 제외)

2. 공제액의 계산

(1) 일반적인 경우

> 장기보유특별공제액 = 양도차익 × 보유기간별 공제율

보유기간	공제율
3년 이상 4년 미만	100분의 6
4년 이상 5년 미만	100분의 8
5년 이상 6년 미만	100분의 10
6년 이상 7년 미만	100분의 12
7년 이상 8년 미만	100분의 14
8년 이상 9년 미만	100분의 16
9년 이상 10년 미만	100분의 18
10년 이상 11년 미만	100분의 20
11년 이상 12년 미만	100분의 22
12년 이상 13년 미만	100분의 24
13년 이상 14년 미만	100분의 26
14년 이상 15년 미만	100분의 28
15년 이상	100분의 30

① 보유기간은 그 자산의 취득일부터 양도일까지로 한다(소득세법 제95조 제4항).

② 다만, 다음의 경우에는 다음에 규정한 날을 취득일로 보아 보유기간을 계산한다.

    ㉠ 배우자, 직계존비속 간 증여재산에 대해 이월과세를 적용받는 경우에는 증여한 배우자 또는 직계존비속이 해당 자산을 취득한 날

    ㉡ 가업상속공제가 적용된 비율에 해당하는 자산의 경우에는 피상속인이 해당 자산을 취득한 날

    ㉢ 조합원입주권을 양도하는 경우에는 「도시 및 주거환경정비법」에 따른 관리처분계획인가 전 양도차익으로 한정한다. 또한 장기보유특별공제액을 공제하는 경우의 보유기간은 기존건물과 그 부수토지의 취득일부터 관리처분계획 등 인가일까지의 기간으로 한다(소득세법 시행령 제166조 제5항 제1호).

(2) 1세대 1주택의 경우

① 1세대 1주택 비과세요건을 갖춘 고가주택의 장기보유특별공제액은 다음과 같이 계산한 금액으로 한다(이 규정은 2021.1.1. 이후 양도하는 분부터 적용함).

> 장기보유특별공제액 = 1세대 1주택의 양도차익 × (보유기간별 공제율 + 거주기간별 공제율)

보유기간	공제율	거주기간	공제율
3년 이상 4년 미만	100분의 12	2년 이상 3년 미만 (보유기간 3년 이상에 한정함)	100분의 8
		3년 이상 4년 미만	100분의 12
4년 이상 5년 미만	100분의 16	4년 이상 5년 미만	100분의 16
5년 이상 6년 미만	100분의 20	5년 이상 6년 미만	100분의 20
6년 이상 7년 미만	100분의 24	6년 이상 7년 미만	100분의 24
7년 이상 8년 미만	100분의 28	7년 이상 8년 미만	100분의 28
8년 이상 9년 미만	100분의 32	8년 이상 9년 미만	100분의 32
9년 이상 10년 미만	100분의 36	9년 이상 10년 미만	100분의 36
10년 이상	100분의 40	10년 이상	100분의 40

② 1세대 1주택에 대한 장기보유특별공제를 적용할 때 1세대 1주택이란 1세대가 양도일 현재 국내에 1주택(특례규정 등에 따라 1세대 1주택으로 보는 주택 포함)을 보유하고 보유기간 중 거주기간이 2년 이상인 것을 말한다.

4 양도소득기본공제 ·24회 ·28회 ·29회

1. 개 요

양도소득이 있는 거주자에 대해서는 다음의 소득별로 해당 과세기간의 양도소득금액에서 각각 **연 250만원**을 공제한다(소득세법 제103조 제1항).

양 도 소 득 금 액	
− 양도소득기본공제	소득별로 연 250만원 한도
= 과 세 표 준	

① 토지, 건물, 부동산에 관한 권리 및 기타자산의 양도소득금액(미등기자산의 양도소득금액 제외)
② 주식 및 출자지분의 양도소득금액
③ 파생상품 관련 양도소득금액
④ 신탁수익권의 양도소득금액

2. 공제방법

① 양도소득금액에 「소득세법」 또는 「조세특례제한법」이나 그 밖의 법률에 따른 감면소득금액이 있는 경우에는 그 감면소득금액 외의 양도소득금액에서 먼저 공제한다.
② 감면소득금액 외의 양도소득금액 중에서는 해당 과세기간에 먼저 양도한 자산의 양도소득금액에서부터 순서대로 공제한다.

한눈에 보기 **장기보유특별공제와 양도소득기본공제의 비교**

구 분	장기보유특별공제	양도소득기본공제
대 상	토지, 건물, 조합원입주권	모든 자산(단, 자산별이 아닌 소득별로 공제)
보유기간	3년 이상	불문
공제율·공제금액	보유기간 × 2%(30% 한도) 단, 1세대 1주택으로 일정한 요건 충족 시 최대 80%	소득별로 연 250만원
미등기양도자산	공제 불가	공제 불가
국외양도자산	공제 불가	공제 가능

기출&예상 **문제**

01 소득세법에 다른 거주자의 양도소득세 과세에 관한 설명으로 옳은 것은?
· 2013년 CPA 1차

① 거주자가 등기된 비사업용 토지를 양도한 경우 장기보유특별공제액을 양도차익에서 공제할 수 있고, 양도소득기본공제액도 양도소득금액에서 공제할 수 있다.

② 거주자가 토지를 내국법인에 현물출자하고 그 대가로 내국법인의 주식을 받는 경우에는 이를 양도로 보지 아니한다.

③ 양도소득세가 비과세되는 1세대 1주택이란 1세대가 양도일 현재 국내에 1주택을 보유하고 있는 경우로서 해당 주택의 보유기간이 3년 이상인 것을 말한다.

④ 토지의 양도차익을 계산할 때 대금을 청산한 날이 분명하지 않은 경우에는 사용수익일을 토지의 양도시기로 한다.

⑤ 토지의 취득 당시의 실지거래가액을 확인할 수 없는 경우에는 매매사례가액, 환산취득가액, 감정가액을 순차로 적용하여 산정한 가액을 취득가액으로 한다.

해설 ② 현물출자는 양도에 해당한다.
　③ 양도소득세가 비과세되는 1세대 1주택이란 1세대가 양도일 현재 국내에 1주택을 보유하고 있는 경우로서 해당 주택의 보유기간이 2년 이상(취득 당시 조정대상지역인 경우 보유기간 중 거주기간이 2년 이상 요건 추가)인 것을 말한다.
　④ 등기접수일을 양도시기로 한다.
　⑤ 매매사례가액, 감정가액, 환산취득가액, 기준시가 순서로 적용한다.

정답 ①

02 거주자 甲의 매매(양도일 : 2024.5.1.)에 의한 등기된 토지 취득 및 양도에 관한 다음의 자료를 이용하여 양도소득세 과세표준을 계산하면? (단, 법령에 따른 적격증명서류를 수취·보관하고 있으며, 2024년 다른 양도거래는 없으며, 주어진 조건 이외에는 고려하지 않음) • 33회 수정

항 목	기준시가	실지거래가액
양도가액	40,000,000원	67,000,000원
취득가액	35,000,000원	42,000,000원
추가사항	• 양도비용 : 4,000,000원 • 보유기간 : 2년	

① 18,500,000원
② 19,320,000원
③ 19,740,000원
④ 21,000,000원
⑤ 22,500,000원

해설

양도가액	67,000,000원
− 취득가액	− 42,000,000원
− 자본적 지출액 및 양도비용	− 4,000,000원
= 양도차익	= 21,000,000원
− 장기보유특별공제	− 0
= 양도소득금액	= 21,000,000원
− 양도소득기본공제	− 2,500,000원
= 과세표준	= 18,500,000원

✚ • 실지거래가액을 기준으로 양도차익을 산정하는 것이 원칙이다.
• 보유기간 3년 이상의 경우에만 장기보유특별공제를 적용한다.

정답 ①

제6절 **양도소득금액 계산의 특례**

1 양도차손의 공제

1. 양도소득금액의 구분계산

양도소득금액은 다음의 소득별로 구분하여 계산한다. 이 경우 소득금액을 계산할 때 발생하는 결손금은 다른 소득금액과 합산하지 아니한다(소득세법 제102조 제1항).

① 토지, 건물, 부동산에 관한 권리 및 기타자산의 양도소득금액
② 주식 및 출자지분의 양도로 인하여 발생하는 양도소득금액
③ 파생상품 관련 양도소득금액
④ 신탁수익권의 양도소득금액

2. 양도차손의 통산 ·25회

위 1.에 따라 양도소득금액을 계산할 때 양도차손이 발생한 자산이 있는 경우에는 다음 순서대로 위 1.의 같은 소득 내에서 해당 자산 외의 다른 자산에서 발생한 양도소득금액에서 그 양도차손을 공제한다(소득세법 제102조 제2항, 시행령 제167조의2 제1항).

① 양도차손이 발생한 자산과 같은 세율을 적용받는 자산의 양도소득금액
② 양도차손이 발생한 자산과 다른 세율을 적용받는 자산의 양도소득금액. 이 경우 다른 세율을 적용받는 자산의 양도소득금액이 2 이상인 경우에는 각 세율별 양도소득금액의 합계액에서 당해 양도소득금액이 차지하는 비율로 안분하여 공제한다.

3. 공제 후 남은 결손금

위 2.에 따라 공제 후 남은 결손금은 다른 소득금액에서 공제받을 수 없다. 예를 들어 토지, 건물, 부동산에 관한 권리 및 기타자산의 양도소득금액에서 발생한 결손금은 신탁수익권의 양도소득금액에서 공제할 수 없으며 차기 이후 과세기간의 양도소득금액에서 이월공제도 받을 수 없다.

2 고가주택 등의 양도소득금액 계산의 특례 ·31회 ·34회

1. 고가주택의 범위

① 고가주택이란 주택 및 이에 딸린 토지의 양도 당시의 실지거래가액의 합계액이 12억원을 초과하는 것을 말한다(소득세법 제89조 제1항 제1호).
② 다가구주택의 경우에는 그 전체를 하나의 주택으로 보아 고가주택 여부를 판단한다(소득세법 시행령 제156조 제3항).

추가 1주택 및 이에 딸린 토지의 일부를 양도하거나 일부가 타인 소유인 경우로서 실지거래가액 합계액에 양도하는 부분(타인 소유 부분을 포함)의 면적이 전체 주택면적에서 차지하는 비율을 나누어 계산한 금액이 12억원을 초과하는 경우에는 고가주택으로 본다(소득세법 시행령 제156조 제1항). 예를 들어, 주택의 50%를 8억원에 양도한 경우 고가주택에 해당한다.

③ 겸용주택 양도 시 고가주택 여부 판정은 1세대 1주택 판정 시 주택으로 보는 부분(부수토지 포함)에 해당하는 실지거래가액을 포함한다(소득세법 시행령 제156조 제2항).

> **⊕ 보충 겸용주택의 1세대 1주택 비과세 판정**
>
> 하나의 건물이 주택과 주택 외의 부분으로 복합되어 있는 경우와 주택에 딸린 토지에 주택 외의 건물이 있는 경우에는 그 전부를 주택으로 본다. 다만, 주택의 연면적이 주택 외의 부분의 연면적보다 적거나 같을 때에는 주택 외의 부분은 주택으로 보지 아니한다. 다만, 고가주택인 경우에는 각각의 용도로 본다.

2. 양도차익 및 장기보유특별공제 계산 특례

(1) 대 상

① 1세대 1주택 비과세요건을 충족한 비과세대상에서 제외되는 고가주택(이에 딸린 토지를 포함)

② 1세대 1주택 비과세요건을 충족한 비과세대상에서 제외되는 실지거래가액이 12억원을 초과하는 조합원입주권에 해당하는 자산

(2) 계산 방법

위 **(1)**에 해당하는 자산의 양도차익 및 장기보유특별공제액은 다음에 따라 계산한 금액으로 한다.

① **고가주택에 해당하는 자산에 적용할 양도차익**

$$\text{「소득세법」 제95조 제1항에 따른 양도차익} \times \frac{\text{양도가액} - 12억원}{\text{양도가액}}$$

② **고가주택에 해당하는 자산에 적용할 장기보유특별공제액**

$$\text{「소득세법」 제95조 제2항에 따른 장기보유특별공제액} \times \frac{\text{양도가액} - 12억원}{\text{양도가액}}$$

01 소득세법상 거주자의 국내 소재 1세대 1주택인 고가주택과 그 양도소득세에 관한 설명으로 틀린 것은?
• 31회 수정

① 거주자가 2022년 취득 후 계속 거주한 법령에 따른 고가주택을 2024년 5월에 양도하는 경우 장기보유특별공제의 대상이 되지 않는다.

② '고가주택'이란 기준시가 12억원을 초과하는 주택을 말한다.

③ 법령에 따른 고가주택에 해당하는 자산의 장기보유특별공제액은 「소득세법」 제95조 제2항에 따른 장기보유특별공제액에 '양도가액에서 12억원을 차감한 금액이 양도가액에서 차지하는 비율'을 곱하여 산출한다.

④ 법령에 따른 고가주택에 해당하는 자산의 양도차익은 「소득세법」 제95조 제1항에 따른 양도차익에 '양도가액에서 12억원을 차감한 금액이 양도가액에서 차지하는 비율'을 곱하여 산출한다.

⑤ 「건축법 시행령」 [별표 1]에 의한 다가구주택을 구획된 부분별로 양도하지 아니하고 하나의 매매단위로 양도하여 단독주택으로 보는 다가구주택의 경우에는 그 전체를 하나의 주택으로 보아 법령에 따른 고가주택 여부를 판단한다.

해설 ② 고가주택이란 주택 및 이에 딸린 토지의 양도 당시의 실지거래가액의 합계액이 12억원을 초과하는 것을 말한다.

정답 ②

02 소득세법령상 1세대 1주택자인 거주자 甲이 2024년 양도한 국내 소재 A주택(조정대상지역이 아니며 등기됨)에 대한 양도소득과세표준은? (단, 2024년에 A주택 외 양도한 자산은 없으며, 법령에 따른 적격증명서류를 수취·보관하고 있고 주어진 조건 이외에는 고려하지 않음)
• 34회 수정

항 목	기준시가	실지거래가액
양도 시	18억원	25억원
취득 시	13억5천만원	19억5천만원
추가사항	• 양도비 및 자본적 지출액 : 5천만원 • 보유기간 및 거주기간 : 각각 5년 • 장기보유특별공제율 : 보유기간별 공제율과 거주기간별 공제율은 각각 20%	

① 153,500,000원 ② 156,000,000원
③ 195,500,000원 ④ 260,000,000원
⑤ 500,000,000원

| 해설 | • 실지거래가액이 주어졌으므로 실지거래가액에 의해 계산한다. |

- 1세대 1주택인 고가주택에 해당되어 양도가액 중 12억원을 초과하는 부분에 대해서만 과세한다.
- 3년 이상 보유하고 보유기간 중 2년 이상 거주하였으므로 보유기간에 따른 공제율과 거주기간에 대한 공제율을 합산한 장기보유특별공제율을 적용한다.
- 본건 외 2024년에 양도한 자산은 없으므로 양도소득기본공제는 250만원을 적용한다.

양도가액	25억원
− 취득가액	(19억 5천만원)
− 기타필요경비	(5천만원)
= 양도차익	5억원 × (25억원 − 12억원) / 25억원 = 2.6억원
− 장기보유특별공제	2.6억원 × 40% = (104,000,000원)
= 양도소득금액	156,000,000원
− 양도소득기본공제	(2,500,000원)
= 양도소득과세표준	153,500,000원

정답 ①

3 부담부증여의 경우 양도가액과 취득가액 ·30회

1. 개 요

(1) 부담부증여에 있어 증여자의 채무를 수증자가 인수하는 경우 증여가액 중 그 채무액에 해당하는 부분은 양도로 본다(소득세법 제88조 제1호). 따라서 증여재산이 양도소득세 과세대상 자산인 경우에는 양도로 보는 부분에 대해서는 증여자에게 양도소득세가 과세된다.

(2) 이 경우 양도로 보는 부분에 대한 양도차익을 계산할 때 그 양도가액 및 취득가액은 다음과 같이 계산한다(소득세법 시행령 제159조 제1항).

2. 양도가액 및 취득가액

(1) 양도가액

$$양도가액 = A \times \frac{B}{C}$$

A : 「상속세 및 증여세법」 제60조부터 제66조까지의 규정에 따라 평가한 가액
B : 채무액
C : 증여가액

(2) 취득가액

$$취득가액 = A \times \frac{B}{C}$$

A : 「소득세법」 제97조 제1항 제1호에 따른 가액(제2호에 따른 양도가액을 상속세 및 증여세법 제61조 제1항, 제2항, 제5항 및 제66조에 따라 기준시가로 산정한 경우에는 취득가액도 기준시가로 산정)
B : 채무액
C : 증여가액

> **참고** 양도소득세 과세대상 자산과 아닌 자산을 함께 부담부증여하는 경우
>
> 양도소득세 과세대상에 해당하는 자산과 해당하지 아니하는 자산을 함께 부담부증여하는 경우로서 증여자의 채무를 수증자가 인수하는 경우 채무액은 다음과 같이 계산한다(소득세법 시행령 제159조 제2항).
>
> $$채무액 = A \times \frac{B}{C}$$
>
> A : 총채무액
> B : 양도소득세 과세대상 자산가액
> C : 총증여자산가액

기출&예상 문제

거주자 甲은 국내에 있는 양도소득세 과세대상 X토지를 2014년 시가 1억원에 매수하여 2024년 배우자 乙에게 증여하였다. X토지에는 甲의 금융기관 차입금 5천만원에 대한 저당권이 설정되어 있었으며 乙이 이를 인수한 사실은 채무부담계약서에 의하여 확인되었다. X토지의 증여가액과 증여 시 상속세 및 증여세법에 따라 평가한 가액(시가)은 각각 2억원이었다. 다음 중 **틀린** 것은? •30회 수정

① 배우자 간 부담부증여로서 수증자에게 인수되지 아니한 것으로 추정되는 채무액은 부담부증여의 채무액에 해당하는 부분에서 제외한다.
② 乙이 인수한 채무 5천만원에 해당하는 부분은 양도로 본다.
③ 양도로 보는 부분의 취득가액은 2천5백만원이다.
④ 양도로 보는 부분의 양도가액은 5천만원이다.
⑤ 甲이 X토지와 증여가액(시가) 2억원인 양도소득세 과세대상에 해당하지 않는 Y자산을 함께 乙에게 부담부증여하였다면 乙이 인수한 채무 5천만원에 해당하는 부분은 모두 X토지에 대한 양도로 본다.

> **해설** ⑤ 양도로 보는 채무액
>
> $$= 총채무액 \times \frac{양도소득세\ 과세대상\ 자산가액}{총증여자산가액}$$
>
> $$= 5천만원 \times \frac{2억원}{4억원} = 2천5백만원$$
>
> **정답** ⑤

4 배우자, 직계존비속 간 증여재산에 대한 이월과세

• 25회 • 31회 • 32회

1. 개 요

거주자가 양도일부터 소급하여 10년 이내에 그 배우자(양도 당시 혼인관계가 소멸된 경우 포함) 또는 직계존비속으로부터 증여받은 토지, 건물 등의 자산의 양도차익을 계산할 때 양도가액에서 공제할 취득가액은 그 배우자 또는 직계존비속의 취득 당시를 기준으로 계산한다(소득세법 제97조의2 제1항). 이는 증여재산공제[10년간 배우자 6억원, 직계존비속 5천만원(미성년자 2천만원)]를 이용하여 배우자 등에게 증여 후 단기간 내에 양도하면 양도소득세를 줄일 수 있는데 이를 방지하기 위하여 마련된 제도이다.

2. 내 용

(1) 적용요건

배우자 또는 직계존비속으로부터 증여받은 자산을 수증일부터 10년(등기부에 기재된 기간) 이내에 제3자에게 양도해야 한다.

(2) 적용대상

토지, 건물 또는 부동산을 취득할 수 있는 권리(건물이 완성되는 때에 그 건물이 완성되는 때에 그 건물과 이에 딸린 토지를 취득할 수 있는 권리를 포함), 시설물 이용권, 회원권을 양도한 경우에 한한다.

(3) 이월과세 적용 시 변동사항

① **납세의무자** : 납세의무자는 변동이 없다. 즉, 증여받은 배우자 또는 직계존비속이다.

② **기납부증여세** : 거주자가 증여받은 자산에 대하여 납부하였거나 납부할 증여세 상당액이 있는 경우에는 필요경비에 산입한다.

O X 확 인 문 제

양도일부터 소급하여 10년 이내에 그 배우자로부터 증여받은 토지의 양도차익을 계산할 때 그 증여받은 토지에 대하여 납부한 증여세는 양도가액에서 공제할 필요경비에 산입하지 아니한다.

• 31회 수정 ( )

정답 (×)

증여받은 자산에 대하여 납부하였거나 납부할 증여세 상당액이 있는 경우에는 필요경비에 산입한다.

③ **양도차익 계산 시 취득가액** : 양도차익을 계산할 때 양도가액에서 공제할 취득가액은 그 배우자 또는 직계존비속의 취득 당시의 금액(실지거래가액을 확인할 수 없는 경우에는 매매사례가액 등 추계가액 적용)으로 한다.

④ **보유기간** : 증여한 배우자 또는 직계존비속이 해당 자산을 취득한 날부터 양도일까지를 보유기간으로 한다.

(4) 연대납세의무

증여자와 수증자의 연대납세의무는 없다.

(5) 이월과세 배제(소득세법 제97조의2 제2항)

① 양도 당시 사망으로 인하여 혼인관계가 소멸된 경우

② 사업인정고시일부터 소급하여 2년 이전에 증여받은 경우로서 「공익사업을 위한 토지 등의 취득 및 보상에 관한 법률」이나 그 밖의 법률에 따라 협의매수 또는 수용된 경우

③ 이월과세 규정을 적용했을 때 1세대 1주택 비과세 양도에 해당되는 경우[양도소득의 비과세대상에서 제외되는 고가주택(부수토지를 포함)을 포함]

④ 이월과세 규정을 적용하여 계산한 양도소득 결정세액이 이월과세 규정을 적용하지 아니하고 계산한 양도소득 결정세액보다 적은 경우

5 부당행위계산 부인

1. 증여 후 양도의 부인 · 31회 · 33회

(1) 개 요

거주자가 특수관계인으로부터 증여받은 자산을 증여받은 날부터 10년 이내에 제3자에게 양도한 경우 일정한 요건 충족 시 증여자가 직접 제3자에게 양도한 것으로 본다.

(2) 요 건

거주자가 특수관계인(이월과세 규정을 적용받는 배우자 및 직계존비속의 경우는 제외)에게 자산을 증여한 후 그 자산을 증여받은 자가 그 증여일부터 10년 이내에 다시 타인에게 양도한 경우로서 다음 ①에 따른 세액이 ②에 따른 세액보다 적은 경우 본 규정을 적용한다(소득세법 제101조 제2항).

① 증여받은 자의 증여세(상속세 및 증여세법에 따른 산출세액에서 공제·감면세액을 뺀 세액)와 양도소득세(소득세법에 따른 산출세액에서 공제·감면세액을 뺀 결정세액)를 합한 세액

② 증여자가 직접 양도하는 경우로 보아 계산한 양도소득세

(3) 적용대상
모든 양도소득세 과세대상 자산에 적용한다.

(4) 부당행위계산 부인규정 적용 시 변동사항
① **납세의무자** : 당초 증여자가 그 자산을 직접 양도한 것으로 본다. 다만, 양도소득이 해당 수증자에게 실질적으로 귀속된 경우에는 그러하지 아니하다(소득세법 제101조 제2항).
② **기납부증여세** : 증여자에게 양도소득세가 과세되는 경우에는 당초 증여받은 자산에 대해서는「상속세 및 증여세법」의 규정에도 불구하고 증여세를 부과하지 아니한다(소득세법 제101조 제3항).
③ **양도차익 계산** : 증여자가 직접 양도한 것으로 보므로 당연히 증여자의 취득가액을 양도가액에서 공제하며 보유기간도 증여자의 취득일부터 기산한다.

(5) 연대납세의무
증여자와 수증자는 연대납세의무가 있다.

기출&예상 문제

거주자 甲은 2016.10.20. 취득한 토지(취득가액 1억원, 등기함)를 동생인 거주자 乙(특수관계인임)에게 2023.10.1. 증여(시가 3억원, 등기함)하였다. 乙은 해당 토지를 2024.6.30. 특수관계가 없는 丙에게 양도(양도가액 10억원)하였다. 양도소득은 乙에게 실질적으로 귀속되지 아니하고, 乙의 증여세와 양도소득세를 합한 세액이 甲이 직접 양도하는 경우로 보아 계산한 양도소득세보다 적은 경우에 해당한다. 소득세법상 양도소득세 납세의무에 관한 설명으로 틀린 것은?　•33회

① 乙이 납부한 증여세는 양도차익 계산 시 필요경비에 산입한다.
② 양도차익 계산 시 취득가액은 甲의 취득 당시를 기준으로 한다.
③ 양도소득세에 대해서는 甲과 乙이 연대하여 납세의무를 진다.
④ 甲은 양도소득세 납세의무자이다.
⑤ 양도소득세 계산 시 보유기간은 甲의 취득일부터 乙의 양도일까지의 기간으로 한다.

해설　① 乙이 납부한 증여세는 양도차익 계산 시 부과하지 아니한다(소득세법 제101조 제3항).

정답　①

OX확인문제
특수관계인에게 증여한 자산에 대해 증여자인 거주자에게 양도소득세가 과세되는 경우 수증자가 부담한 증여세 상당액은 양도가액에서 공제할 필요경비에 산입한다. •31회　( )

정답 (×)
증여자에게 양도소득세가 과세되는 경우에는 당초 증여받은 자산에 대해서는 증여세를 부과하지 아니한다.

2. 저가양도, 고가취득

① 거주자가 **특수관계인과의 거래**로 인하여 그 소득에 대한 조세 부담을 부당하게 감소시킨 것으로 인정되는 경우(저가양도 또는 고가매입)에는 그 거주자의 행위 또는 계산과 관계없이 해당 과세기간의 소득금액을 계산할 수 있다(소득세법 제101조 제1항). 즉, 거주자와 특수관계인과의 거래가액과 관계없이 양도가액 또는 취득가액을 시가에 의하여 계산한다.

② 위 ①에서 조세의 부담을 부당하게 감소시킨 것으로 인정되는 경우란 **시가와 거래가액의 차액이 3억원 이상이거나 시가의 100분의 5에 상당하는 금액 이상인 경우**를 말한다(소득세법 시행령 제167조 제3항).

③ 이 규정을 적용함에 있어 시가는 「상속세 및 증여세법」 규정을 준용하여 평가한 가액에 따른다(소득세법 시행령 제167조 제5항).

✅ 참고 특수관계인의 범위(국세기본법 시행령 제1조의2)

1. 친족관계
   ① 4촌 이내의 혈족
   ② 3촌 이내의 인척
   ③ 배우자(사실상의 혼인관계에 있는 자를 포함)
   ④ 친생자로서 다른 사람에게 친양자 입양된 자 및 그 배우자·직계비속
2. 임원·사용인 등 경제적 연관관계
   ① 임원과 그 밖의 사용인
   ② 본인의 금전이나 그 밖의 재산으로 생계를 유지하는 자
   ③ 위 ①, ②의 자와 생계를 함께하는 친족
3. 주주·출자자 등 대통령령으로 정하는 경영지배관계
   ① 본인이 개인인 경우
      ㉠ 본인이 직접 또는 그와 친족관계 또는 경제적 연관관계에 있는 자를 통하여 법인의 경영에 대하여 지배적인 영향력을 행사하고 있는 경우 그 법인
      ㉡ 본인이 직접 또는 그와 친족관계, 경제적 연관관계 또는 위 ㉠의 관계에 있는 자를 통하여 법인의 경영에 대하여 지배적인 영향력을 행사하고 있는 경우 그 법인
   ② 본인이 법인인 경우
      ㉠ 개인 또는 법인이 직접 또는 그와 친족관계 또는 경제적 연관관계에 있는 자를 통하여 본인인 법인의 경영에 대하여 지배적인 영향력을 행사하고 있는 경우 그 개인 또는 법인
      ㉡ 본인이 직접 또는 그와 경제적 연관관계 또는 위 ㉠의 관계에 있는 자를 통하여 어느 법인의 경영에 대하여 지배적인 영향력을 행사하고 있는 경우 그 법인

ⓒ 본인이 직접 또는 그와 경제적 연관관계, 위 ⓙ 또는 ⓛ의 관계에 있
는 자를 통하여 어느 법인의 경영에 대하여 지배적인 영향력을 행사
하고 있는 그 법인

ⓔ 본인이 「독점규제 및 공정거래에 관한 법률」에 따른 기업집단에 속
하는 경우 그 기업집단에 속하는 다른 계열회사 및 그 임원

4. 다음 요건에 해당하는 경우 해당 법인의 경영에 대하여 지배적인 영향력을
행사하고 있는 것으로 본다.

① 영리법인인 경우

ⓙ 법인의 발행주식총수 또는 출자총액의 100분의 30 이상을 출자한
경우

ⓛ 임원의 임면권의 행사, 사업방침의 결정 등 법인의 경영에 대하여 사
실상 영향력을 행사하고 있다고 인정되는 경우

② 비영리법인인 경우

ⓙ 법인의 이사의 과반수를 차지하는 경우

ⓛ 법인의 출연재산(설립을 위한 출연재산만 해당)의 100분의 30 이상
을 출연하고 그중 1인이 설립자인 경우

제7절   세 율

• 27회 • 30회 • 34회

1. 개 요

양도소득세 세율은 다음과 같다. 이 경우 하나의 자산이 둘 이상의 세율에
해당할 때에는 해당 세율을 적용하여 계산한 양도소득 산출세액 중 큰 것
을 그 세액으로 한다(소득세법 제104조 제1항).

(1) 부동산, 부동산에 관한 권리, 기타자산(주택, 조합원입주권, 분양권 제외)

대상 자산	세 율
미등기양도자산	70%
1년 미만 보유	50%
1년 이상 2년 미만 보유	40%
2년 이상 보유(기본세율)	6~45%
비사업용 토지	16~55%

(2) 주택, 조합원입주권

대상 자산	세 율
미등기양도자산	70%
1년 미만 보유	70%
1년 이상 2년 미만 보유	60%
2년 이상 보유(기본세율)	6~45%
조정대상지역 내 주택 양도(2주택자)	26~65%
조정대상지역 내 주택 양도 (3주택자 이상)	36~75%

① 조정대상지역 내 주택 양도 시 주택 수 계산은 조합원입주권 또는 분양권을 포함하여 계산한다.

② 조정대상지역 주택 양도 시 해당 주택 보유기간이 2년 미만인 경우에는 6~45%의 세율에 100분의 20(3주택 이상의 경우 100분의 30)을 더한 세율을 적용하여 계산한 양도소득 산출세액과 70%(1년 미만 보유) 또는 60%(2년 미만 보유)의 세율을 적용하여 계산한 양도소득 산출세액 중 큰 세액을 양도소득 산출세액으로 한다(소득세법 제104조 제7항).

> **✓ 참고** **2년 이상 보유한 조정대상지역 내 주택 양도 시 다주택자에 대한 양도소득세 중과세율 한시적 배제**
>
> 중과세율을 적용하지 않는 주택에 '보유기간이 2년(재개발사업, 재건축사업 또는 소규모재건축사업 등을 시행하는 정비사업조합의 조합원이 해당 조합에 기존건물과 그 부수토지를 제공하고 관리처분계획 등에 따라 취득한 신축주택 및 그 부수토지를 양도하는 경우의 보유기간은 기존건물과 그 부수토지의 취득일부터 기산) 이상인 주택을 2024년 5월 9일까지 양도하는 경우 그 해당 주택'이라는 문구를 삽입함으로써 한시적으로 중과세율을 적용하지 아니한다(소득세법 시행령 제167조의10 제1항 제12호의2 및 제167조의3 제1항 제12호의2).

(3) 분양권

보유기간	세 율
1년 미만 보유	70%
1년 이상 보유	60%

(4) 기타자산

보유기간과 무관하게 6~45%

추가 기타자산

기타자산이란 영업권, 이축권, 특정시설물 이용권 등을 말한다.

(5) 초과누진세율

양도소득세 기본세율이란 다음의 8단계 초과누진세율을 말한다.

과세표준	세 율
1,400만원 이하	과세표준의 6퍼센트
1,400만원 초과 5,000만원 이하	84만원 + (1,400만원을 초과하는 금액의 15퍼센트)
5,000만원 초과 8,800만원 이하	624만원 + (5,000만원을 초과하는 금액의 24퍼센트)
8,800만원 초과 1억5천만원 이하	1,536만원 + (8,800만원을 초과하는 금액의 35퍼센트)
1억5천만원 초과 3억원 이하	3,706만원 + (1억5천만원을 초과하는 금액의 38퍼센트)
3억원 초과 5억원 이하	9,406만원 + (3억원을 초과하는 금액의 40퍼센트)
5억원 초과 10억원 이하	1억 7,406만원 + (5억원을 초과하는 금액의 42퍼센트)
10억원 초과	3억 8,406만원 + (10억원을 초과하는 금액의 45퍼센트)

기출&예상 문제

01 소득세법령상 거주자의 양도소득과세표준에 적용되는 세율에 관한 내용으로 옳은 것은? (단, 국내소재 자산을 2024년에 양도한 경우로서 주어진 자산 외에 다른 자산은 없으며, 비과세와 감면은 고려하지 않음)

• 34회 수정

① 보유기간이 6개월인 등기된 상가건물 : 100분의 40
② 보유기간이 10개월인 「소득세법」에 따른 분양권 : 100분의 70
③ 보유기간이 1년 6개월인 등기된 상가건물 : 100분의 30
④ 보유기간이 1년 10개월인 「소득세법」에 따른 조합원입주권 : 100분의 70
⑤ 보유기간이 2년 6개월인 「소득세법」에 따른 분양권 : 100분의 50

해설 ① 보유기간이 6개월인 등기된 상가건물: 100분의 50
③ 보유기간이 1년 6개월인 등기된 상가건물: 100분의 40과 기본세율(6%~45%) 중 산출세액이 큰 세율
④ 보유기간이 1년 10개월인 「소득세법」에 따른 조합원입주권: 100분의 60
⑤ 보유기간이 2년 6개월인 「소득세법」에 따른 분양권: 100분의 60

정답 ②

02 소득세법상 거주자가 국내에 있는 자산을 양도한 경우 양도소득과 세표준에 적용되는 세율로 틀린 것은? (단, 해당 자산은 2024년 10월 중에 양도한 것이며, 주어진 자산이나 조건 또는 보유기간 등 그 밖의 사항은 고려하지 않고 답지항의 세액이 누진세율에 의한 세액보다 큼)

• 30회 수정

① 보유기간이 1년 이상 2년 미만인 등기된 상업용 건물 : 100분의 40

② 보유기간이 1년 미만인 조합원입주권 : 100분의 70

③ 거주자가 양도한 1년 미만 보유한 주택 분양권 : 100분의 50

④ 양도소득과세표준이 1,200만원 이하인 등기된 비사업용 토지(지정지역에 있지 않음) : 100분의 16

⑤ 미등기건물(미등기양도 제외 자산 아님) : 100분의 70

해설 ③ 거주자가 양도한 1년 미만 보유한 주택 분양권 : 100분의 70

정답 ③

2. 보유기간의 계산

세율 적용 시 보유기간은 해당 자산의 취득일부터 양도일까지로 한다. 다만, 다음의 어느 하나에 해당하는 경우에는 각각 그 정한 날을 그 자산의 취득일로 본다(소득세법 제104조 제2항).

① 상속받은 자산은 피상속인이 그 자산을 취득한 날

② 배우자 또는 직계존비속으로부터 증여받은 자산에 대해 이월과세규정 적용 시에는 증여자가 그 자산을 취득한 날

한눈에 보기 상속(가업상속 제외)받은 자산의 보유기간

세율 적용 시	장기보유특별공제 시
피상속인이 취득한 날부터 상속인이 양도한 날까지	상속개시일부터 상속인이 양도한 날까지

참고 **비사업용 토지**

1. '비사업용 토지'란 해당 토지를 소유하는 기간 중 대통령령으로 정하는 기간 (다음 2.) 동안 다음의 어느 하나에 해당하는 토지를 말한다(소득세법 제 104조의3).

① 농지로서 다음의 어느 하나에 해당하는 것

   ㉠ 대통령령으로 정하는 바에 따라 소유자가 농지 소재지에 거주하지 아니하거나 자기가 경작하지 아니하는 농지. 다만, 「농지법」이나 그 밖의 법률에 따라 소유할 수 있는 농지로서 대통령령으로 정하는 경우는 제외한다.

   ㉡ 특별시·광역시(광역시에 있는 군은 제외)·특별자치시(특별자치시 에 있는 읍·면지역은 제외)·특별자치도(제주특별자치도 설치 및 국 제자유도시 조성을 위한 특별법 제10조 제2항에 따라 설치된 행정 시의 읍·면지역은 제외) 및 시지역(지방자치법 제3조 제4항에 따른 도농 복합형태인 시의 읍·면지역은 제외) 중 「국토의 계획 및 이용 에 관한 법률」에 따른 도시지역(대통령령으로 정하는 지역은 제외) 에 있는 농지. 다만, 대통령령으로 정하는 바에 따라 소유자가 농지 소재지에 거주하며 스스로 경작하던 농지로서 특별시·광역시·특별 자치시·특별자치도 및 시지역의 도시지역에 편입된 날부터 대통령 령으로 정하는 기간이 지나지 아니한 농지는 제외한다.

② 임야(다만, 다음의 어느 하나에 해당하는 것은 제외)

   ㉠ 「산림자원의 조성 및 관리에 관한 법률」에 따라 지정된 산림유전자 원보호림, 보안림(保安林), 채종림(採種林), 시험림(試驗林), 그 밖에 공익을 위하여 필요하거나 산림의 보호·육성을 위하여 필요한 임야 로서 대통령령으로 정하는 것

   ㉡ 대통령령으로 정하는 바에 따라 임야 소재지에 거주하는 자가 소유 한 임야

   ㉢ 토지의 소유자, 소재지, 이용 상황, 보유기간 및 면적 등을 고려하여 거주 또는 사업과 직접 관련이 있다고 인정할 만한 상당한 이유가 있 는 임야로서 대통령령으로 정하는 것

③ 목장용지로서 다음의 어느 하나에 해당하는 것. 다만, 토지의 소유자, 소 재지, 이용 상황, 보유기간 및 면적 등을 고려하여 거주 또는 사업과 직 접 관련이 있다고 인정할 만한 상당한 이유가 있는 목장용지로서 대통령 령으로 정하는 것은 제외한다.

   ㉠ 축산업을 경영하는 자가 소유하는 목장용지로서 대통령령으로 정하 는 축산용 토지의 기준면적을 초과하거나 특별시·광역시·특별자치 시·특별자치도 및 시지역의 도시지역(대통령령으로 정하는 지역은 제외)에 있는 것(도시지역에 편입된 날부터 대통령령으로 정하는 기 간이 지나지 아니한 경우는 제외)

   ㉡ 축산업을 경영하지 아니하는 자가 소유하는 토지

④ 농지, 임야 및 목장용지 외의 토지 중 다음을 제외한 토지
  ㉠ 「지방세법」 또는 관계 법률에 따라 재산세가 비과세되거나 면제되는 토지
  ㉡ 「지방세법」 제106조 제1항 제2호 및 제3호에 따른 재산세 별도합산 과세대상 또는 분리과세대상이 되는 토지
  ㉢ 토지의 이용 상황, 관계 법률의 의무 이행 여부 및 수입금액 등을 고려하여 거주 또는 사업과 직접 관련이 있다고 인정할 만한 상당한 이유가 있는 토지로서 대통령령으로 정하는 것
⑤ 「지방세법」 제106조 제2항에 따른 주택부속토지 중 주택이 정착된 면적에 지역별로 대통령령으로 정하는 배율을 곱하여 산정한 면적을 초과하는 토지
⑥ 주거용 건축물로서 상시주거용으로 사용하지 아니하고 휴양, 피서, 위락 등의 용도로 사용하는 건축물(별장)의 부속토지. 다만, 「지방자치법」 제3조 제3항 및 제4항에 따른 읍 또는 면에 소재하고 대통령령으로 정하는 범위와 기준에 해당하는 농어촌주택의 부속토지는 제외하며, 별장에 부속된 토지의 경계가 명확하지 아니한 경우에는 그 건축물 바닥면적의 10배에 해당하는 토지를 부속토지로 본다.
⑦ 그 밖에 위 ①부터 ⑥까지와 유사한 토지로서 거주자의 거주 또는 사업과 직접 관련이 없다고 인정할 만한 상당한 이유가 있는 대통령령으로 정하는 토지

2. 비사업용 토지의 기간기준
   위 1.에서 '대통령령으로 정하는 기간'이란 다음의 어느 하나에 해당하는 기간을 말한다. 이 경우 기간의 계산은 일수로 한다(소득세법 시행령 제168조의6).
   ① 토지의 소유기간이 5년 이상인 경우에는 다음의 모두에 해당하는 기간
     ㉠ 양도일 직전 5년 중 2년을 초과하는 기간
     ㉡ 양도일 직전 3년 중 1년을 초과하는 기간
     ㉢ 토지의 소유기간의 100분의 40에 상당하는 기간을 초과하는 기간
   ② 토지의 소유기간이 3년 이상이고 5년 미만인 경우에는 다음의 모두에 해당하는 기간
     ㉠ 토지의 소유기간에서 3년을 차감한 기간을 초과하는 기간
     ㉡ 양도일 직전 3년 중 1년을 초과하는 기간
     ㉢ 토지의 소유기간의 100분의 40에 상당하는 기간을 초과하는 기간
   ③ 토지의 소유기간이 3년 미만인 경우에는 다음의 모두에 해당하는 기간. 다만, 소유기간이 2년 미만인 경우에는 다음의 ㉠을 적용하지 아니한다.
     ㉠ 토지의 소유기간에서 2년을 차감한 기간을 초과하는 기간
     ㉡ 토지의 소유기간의 100분의 40에 상당하는 기간을 초과하는 기간

3. 부득이한 사유가 있어 비사업용 토지로 보지 않는 토지의 판정기준 등
   ① 다음의 어느 하나에 해당하는 토지는 해당 항목에서 규정한 기간 동안 비사업용 토지에 해당하지 않는 토지로 보아 비사업용 토지에 해당하는지를 판정한다(소득세법 시행령 제168조의14).
     ㉠ 토지를 취득한 후 법령에 따라 사용이 금지 또는 제한된 토지 : 사용이 금지 또는 제한된 기간

     ⓛ 토지를 취득한 후 「문화재보호법」에 따라 지정된 보호구역 안의 토지 : 보호구역으로 지정된 기간

     ⓒ 위 ㉠ 및 ⓛ에 해당되는 토지로서 상속받은 토지 : 상속개시일부터 위 ㉠ 및 ⓛ에 따라 계산한 기간

     ⓔ 그 밖에 공익, 기업의 구조조정 또는 불가피한 사유로 인한 법령상 제한, 토지의 현황·취득사유 또는 이용상황 등을 고려하여 기획재정부령으로 정하는 부득이한 사유에 해당되는 토지 : 기획재정부령으로 정하는 기간

② 다음의 어느 하나에 해당하는 토지에 대하여는 해당 항목에서 규정한 날을 양도일로 보아 비사업용 토지에 해당하는지 여부를 판정한다.

     ㉠ 「민사집행법」에 따른 경매에 따라 양도된 토지 : 최초의 경매기일

     ⓛ 「국세징수법」에 따른 공매에 따라 양도된 토지 : 최초의 공매일

     ⓒ 그 밖에 토지의 양도에 일정한 기간이 소요되는 경우 등 기획재정부령이 정하는 부득이한 사유에 해당되는 토지

③ 다음의 어느 하나에 해당하는 토지는 비사업용 토지로 보지 않는다.

     ㉠ 2006년 12월 31일 이전에 상속받은 농지·임야 및 목장용지로서 2009년 12월 31일까지 양도하는 토지

     ⓛ 직계존속 또는 배우자가 8년 이상 기획재정부령으로 정하는 토지소재지에 거주하면서 직접 경작한 농지·임야 및 목장용지로서 이를 해당 직계존속 또는 해당 배우자로부터 상속·증여받은 토지. 다만, 양도 당시 「국토의 계획 및 이용에 관한 법률」에 따른 도시지역(녹지지역 및 개발제한구역은 제외) 안의 토지는 제외한다.

     ⓒ 2006년 12월 31일 이전에 20년 이상을 소유한 농지·임야 및 목장용지로서 2009년 12월 31일까지 양도하는 토지

     ⓔ **「공익사업을 위한 토지 등의 취득 및 보상에 관한 법률」 및 그 밖의 법률에 따라 협의매수 또는 수용되는 토지로서 다음의 어느 하나에 해당하는 토지**

          ⓐ 사업인정고시일이 2006년 12월 31일 이전인 토지

          ⓑ 취득일(상속받은 토지는 피상속인이 해당 토지를 취득한 날을 말하고, 이월과세규정을 적용받는 경우에는 증여한 배우자 또는 직계존비속이 해당 자산을 취득한 날)이 사업인정고시일부터 5년 이전인 토지

     ⓜ **「소득세법」 제104조의3 제1항 제1호 나목에 해당하는 도시지역 안의 농지로서 다음의 어느 하나에 해당하는 농지**

          ⓐ 종중이 소유한 농지(2005년 12월 31일 이전에 취득한 것에 한한다)

          ⓑ 상속에 의하여 취득한 농지로서 그 상속개시일부터 5년 이내에 양도하는 토지

     ⓗ 그 밖에 공익·기업의 구조조정 또는 불가피한 사유로 인한 법령상 제한, 토지의 현황·취득사유 또는 이용상황 등을 고려하여 기획재정부령으로 정하는 부득이한 사유에 해당되는 토지

• 29회 • 32회 • 34회

미등기양도자산이란 토지, 건물 및 부동산에 관한 권리를 취득한 자가 그 자산 취득에 관한 등기를 하지 아니하고 양도하는 것을 말한다(소득세법 제104조 제3항).

1 미등기양도 시 불이익

미등기양도 시 다음과 같은 불이익이 있다.

① **높은 세율 적용** : 미등기양도자산에 대해서는 70%의 세율이 적용된다.
② **장기보유특별공제 및 양도소득기본공제 적용 배제**
③ **저율의 필요경비 개산공제 적용** : 양도차익을 추계방법에 의해 계산하는 경우 저율(취득 시 기준시가의 0.3% 등)의 개산공제를 적용한다.
④ **비과세 및 감면 배제** : 「소득세법」상 비과세 및 「조세특례제한법」상 감면을 적용받을 수 없다.

2 미등기로 보지 않는 경우

다음에 해당하는 경우에는 미등기양도로 보지 않아 위 **1**의 불이익을 적용하지 아니한다(소득세법 시행령 제168조 제1항).

① 장기할부조건으로 취득한 자산으로서 그 계약조건에 의하여 양도 당시 그 자산의 취득에 관한 등기가 불가능한 자산
② 법률의 규정 또는 법원의 결정에 의하여 양도 당시 그 자산의 취득에 관한 등기가 불가능한 자산
③ 농지의 교환 또는 분합으로 인하여 발생하는 소득에 대하여 비과세가 적용되는 농지, 8년 이상 자경 농지 및 농지대토에 대한 양도소득세 감면을 적용받는 토지
④ 1세대 1주택 비과세대상인 주택으로서 「건축법」에 따른 건축허가를 받지 아니하여 등기가 불가능한 자산
⑤ 「도시개발법」에 따른 도시개발사업이 종료되지 아니하여 토지 취득등기를 하지 아니하고 양도하는 토지
⑥ 건설사업자가 「도시개발법」에 따라 공사용역 대가로 취득한 체비지를 토지구획환지처분공고 전에 양도하는 토지

구 분	미등기양도	비사업용 토지	조정대상지역 내 주택 양도 (2주택자)	조정대상지역 내 주택 양도 (3주택 이상자)
세 율	70%	기본세율 + 10% (16~55%)	기본세율 + 20% (26~65%)	기본세율 + 30% (36~75%)
장기보유 특별공제	배 제	적 용	배 제	배 제
양도소득 기본공제	배 제	적 용	적 용	적 용

한눈에 보기 양도소득세 불이익규정

➕ 2022.5.10.~2024.5.9.까지 조정대상지역 내 2년 이상 보유한 등기된 주택 양도 시 다주택자의 경우 한시적으로 기본세율 적용 및 장기보유특별공제(최대 30%) 적용

기출&예상 문제

소득세법상 과세표준에 70% 세율 적용 대상인 국내 미등기양도자산에 관한 설명으로 옳은 것은? •29회 수정

① 미등기양도자산도 양도소득에 대한 소득세의 비과세에 관한 규정을 적용할 수 있다.

② 건설업자가 「도시개발법」에 따라 공사용역 대가로 취득한 체비지를 토지구획환지처분공고 전에 양도하는 토지는 미등기양도자산에 해당하지 않는다.

③ 미등기양도자산의 양도소득금액 계산 시 양도소득기본공제를 적용할 수 있다.

④ 미등기양도자산은 양도소득세 산출세액에 100분의 70을 곱한 금액을 양도소득 결정세액에 더한다.

⑤ 미등기양도자산의 양도소득금액 계산 시 장기보유특별공제를 적용할 수 있다.

해설 ① 비과세 및 감면규정을 배제한다.
③ 양도소득기본공제를 적용하지 아니한다.
④ 가산세가 아닌 세율이 100분의 70이다.
⑤ 장기보유특별공제를 적용하지 아니한다.

정답 ②

•24회 •25회 •26회 •27회 •29회 •31회 •33회

1 개요 및 납세지

1. 개 요

양도소득세는 납세의무자가 스스로 신고함으로써 확정된다. 물론 신고의무를 다하지 아니하거나 과소신고한 경우에는 과세관청에서 결정 또는 경정을 하게 된다. 양도소득세는 확정신고뿐만 아니라 예정신고 제도를 두고 있다.

2. 납세지(소득세법 제6조)

① 거주자의 소득세 납세지는 그 주소지로 한다. 다만, 주소지가 없는 경우에는 그 거소지로 한다.
② 비거주자의 소득세 납세지는 국내사업장의 소재지로 한다. 다만, 국내사업장이 둘 이상 있는 경우에는 주된 국내사업장의 소재지로 하고, 국내사업장이 없는 경우에는 국내원천소득이 발생하는 장소로 한다.

2 양도소득과세표준의 예정신고 납부 •31회 •32회

1. 예정신고 의무자

양도소득세 과세대상 자산을 양도한 거주자는 양도소득과세표준을 납세지 관할 세무서장에게 신고하여야 한다(소득세법 제105조 제1항).

2. 예정신고 납부기한

① **부동산 등을 양도한 경우** : 그 양도일이 속하는 달의 말일부터 2개월. 다만, 「부동산 거래신고 등에 관한 법률」에 따른 토지거래계약에 관한 허가구역에 있는 토지를 양도할 때 토지거래계약허가를 받기 전에 대금을 청산한 경우에는 그 허가일(토지거래계약허가를 받기 전에 허가구역의 지정이 해제된 경우에는 그 해제일)이 속하는 달의 말일부터 2개월

O X 확 인 문 제

거주자가 국내 상가건물을 양도한 경우 거주자의 주소지와 상가건물의 소재지가 다르다면 양도소득세 납세지는 상가건물의 소재지이다. •27회   (   )

정답 (×)
거주자의 소득세 납세지는 그 주소지로 한다. 다만, 주소지가 없는 경우에는 그 거소지로 한다.

추가 예정신고는 강제사항으로 예정신고를 하지 않은 경우에는 가산세를 부과한다.

② 부담부증여의 채무액에 해당하는 부분으로서 양도로 보는 경우에는 그 양도일이 속하는 달의 말일부터 3개월

③ 예정신고는 양도차익이 없거나 양도차손이 발생한 경우에도 적용한다 (소득세법 제105조 제3항).

3. 예정신고 산출세액의 계산

(1) 거주자가 예정신고를 할 때 예정신고 산출세액은 다음 계산식에 따라 계산한다(소득세법 제107조 제1항).

> 예정신고 산출세액 = (A − B − C) × D
>
> A : 양도차익
> B : 장기보유특별공제
> C : 양도소득기본공제
> D : 양도소득세 세율

(2) 해당 과세기간에 누진세율 적용대상 자산에 대한 예정신고를 2회 이상 하는 경우로서 거주자가 이미 신고한 양도소득금액과 합산하여 신고하려는 경우에는 다음의 구분에 따른 금액을 제2회 이후 신고하는 예정신고 산출세액으로 한다(소득세법 제107조 제2항).

① **부동산, 부동산에 관한 권리 및 기타자산의 경우**

> 예정신고 산출세액 = [(A + B − C) × D] − E
>
> A : 이미 신고한 자산의 양도소득금액
> B : 2회 이후 신고하는 자산의 양도소득금액
> C : 양도소득기본공제
> D : 양도소득세 세율
> E : 이미 신고한 예정신고 산출세액

② **비사업용 토지 또는 비사업용 토지의 과다보유법인의 주식 등의 경우**

> 예정신고 산출세액 = [(A + B − C) × D] − E
>
> A : 이미 신고한 자산의 양도소득금액
> B : 2회 이후 신고하는 자산의 양도소득금액
> C : 양도소득기본공제
> D : 양도소득세 세율
> E : 이미 신고한 예정신고 산출세액

OX 확인문제

양도한 토지 등의 양도차익이 없거나 양도차손이 발생한 경우 예정신고대상이 아니다. (　　)

정답 (×)

예정신고는 양도차익이 없거나 양도차손이 발생한 경우에도 적용한다.

PART 3

03 양도소득세

3 양도소득과세표준의 확정신고 납부

1. 확정신고 의무자

해당 과세기간의 양도소득금액이 있는 거주자는 양도소득과세표준을 납세지 관할 세무서장에게 신고하여야 한다.

2. 확정신고 납부기한

(1) 양도소득과세표준을 그 과세기간의 다음 연도 5월 1일부터 5월 31일까지 [토지거래계약에 관한 허가일(토지거래계약허가를 받기 전에 허가구역의 지정이 해제된 경우에는 그 해제일)이 속하는 과세기간의 다음 연도 5월 1일부터 5월 31일까지] 납세지 관할 세무서장에게 신고하여야 한다(소득세법 제110조 제1항).

(2) 확정신고는 해당 과세기간의 과세표준이 없거나 결손금액이 있는 경우에도 적용한다(소득세법 제110조 제2항).

(3) 확정신고 제외

예정신고를 한 자는 해당 소득에 대한 확정신고를 하지 아니할 수 있다. 다만, 다음의 경우에는 그러하지 아니하다.

> ① 당해 연도에 누진세율의 적용대상 자산에 대한 예정신고를 2회 이상 한 자가 이미 신고한 양도소득금액과 합산하여 신고하지 아니한 경우
> ② 토지, 건물, 부동산에 관한 권리, 기타자산 및 신탁수익권을 2회 이상 양도한 경우로서 양도소득기본공제 규정을 적용할 경우 당초 신고한 양도소득 산출세액이 달라지는 경우
> ③ 주식등을 2회 이상 양도한 경우로서 양도소득기본공제 규정을 적용할 경우 당초 신고한 양도소득 산출세액이 달라지는 경우
> ④ 토지, 건물, 부동산에 관한 권리 및 기타자산을 둘 이상 양도한 경우로서 비교과세특례(소득세법 제104조 제5항) 규정을 적용할 경우 당초 신고한 양도소득 산출세액이 달라지는 경우

4 가산세 ·33회

1. 가산세 부과

양도소득세 납세의무자가 예정신고납부 또는 확정신고납부를 하지 않은 경우에는 다음의 가산세를 부과한다.

> ① **무신고가산세**
> ㉠ **일반무신고가산세** : 무신고한 세액의 100분의 20에 상당하는 금액
> ㉡ **부정행위로 인한 무신고가산세** : 무신고한 세액의 100분의 40에 상당하는 금액(역외거래*에서 발생한 부정행위인 경우에는 100분의 60)
> ② **과소신고(초과환급)가산세**
> ㉠ **일반과소신고(초과환급)가산세** : 과소신고납부세액등의 100분의 10에 상당하는 금액
> ㉡ **부정행위로 과소신고하거나 초과신고한 경우** : 다음의 금액을 합한 금액
> ⓐ 부정행위로 인한 과소신고납부세액등의 100분의 40(역외거래에서 발생한 부정행위로 인한 경우에는 100분의 60)에 상당하는 금액
> ⓑ 과소신고납부세액등에서 부정행위로 인한 과소신고납부세액등을 뺀 금액의 100분의 10에 상당하는 금액
> ③ **납부지연가산세** : 납부하지 아니한 세액 또는 과소납부분 세액(세법에 따라 가산하여 납부하여야 할 이자상당가산액이 있는 경우에는 그 금액을 더한다) × 법정납부기한의 다음 날부터 납부일까지의 기간(납부고지일부터 납부고지서에 따른 납부기한까지의 기간은 제외) × 금융회사 등이 연체대출금에 대하여 적용하는 이자율 등을 고려하여 대통령령으로 정하는 이자율(1일당 10만분의 22)

> *** 역외거래**
> 국제 금융 시장에서 비거주자 사이에 자금의 공여나 차입이 이루어지는 거래

2. 예정신고 불성실자의 확정신고기한 내 신고 시 가산세의 감면

다음에 해당하는 경우 무신고가산세 및 과소신고가산세의 100분의 50에 상당하는 금액을 감면한다.

① 예정신고기한까지 예정신고를 하였으나 과소신고한 경우로서 확정신고기한까지 과세표준을 수정하여 신고한 경우(해당 기간에 부과되는 과소신고가산세만 해당하며, 과세표준과 세액을 경정할 것을 미리 알고 과세표준신고를 하는 경우는 제외)

② 예정신고기한까지 예정신고를 하지 아니하였으나 확정신고기한까지 과세표준신고를 한 경우(해당 기간에 부과되는 무신고가산세만 해당하며, 과세표준과 세액을 경정할 것을 미리 알고 과세표준신고를 하는 경우는 제외)

3. 감정가액 또는 환산취득가액 적용에 따른 가산세

① 거주자가 건물을 신축 또는 증축(증축의 경우 바닥면적 합계가 85m²를 초과하는 경우에 한정)하고 그 건물의 취득일 또는 증축일부터 5년 이내에 해당 건물을 양도하는 경우로서 감정가액 또는 환산취득가액을 그 취득가액으로 하는 경우에는 해당 건물의 **감정가액**(증축의 경우 증축한 부분에 한정) 또는 **환산취득가액**(증축의 경우 증축한 부분에 한정)의 100분의 5에 해당하는 금액을 양도소득 결정세액에 더한다(소득세법 제114조의2 제1항).

② 이는 양도소득 산출세액이 없는 경우에도 적용한다(소득세법 제114조의2 제2항).

5 양도소득과세표준과 세액의 결정·경정

1. 개 요

① 양도소득세는 신고납부제도를 택하고 있으므로 양도소득세의 예정신고와 확정신고는 모두 납세의무를 확정하는 효력을 가지고 있다.

② 납세지 관할 세무서장 또는 지방국세청장은 예정신고 또는 확정신고를 하여야 할 자가 그 신고를 하지 아니한 경우에는 해당 거주자의 양도소득과세표준과 세액을 결정한다(소득세법 제114조 제1항).

③ 납세지 관할 세무서장 또는 지방국세청장은 예정신고 또는 확정신고를 한 자의 신고 내용에 탈루 또는 오류가 있는 경우에는 양도소득과세표준과 세액을 경정한다(소득세법 제114조 제2항).

2. 결정·경정의 방법

① 납세지 관할 세무서장 또는 지방국세청장은 양도소득과세표준과 세액을 결정 또는 경정하는 경우에는 납세의무자의 신고 시 양도차익을 산정하는 방법과 동일한 산정기준(이월과세 적용 시에는 취득가액 특례)을 따른다(소득세법 제114조 제3항).

② 양도가액 또는 취득가액을 실지거래가액에 따라 정하는 경우로서 장부나 그 밖의 증명서류에 의하여 해당 자산의 양도 당시 또는 취득 당시의 실지거래가액을 인정 또는 확인할 수 없는 경우에는 양도가액 또는 취득가액을 매매사례가액, 감정가액, 환산취득가액 또는 기준시가 등에 따라 추계조사하여 결정 또는 경정할 수 있다(소득세법 제114조 제7항).

6 양도소득세의 징수와 환급 •33회

(1) 예정신고, 확정신고 납부세액의 징수

납세지 관할 세무서장은 거주자가 확정신고 납부세액의 전부 또는 일부를 납부하지 아니한 경우에는 그 미납된 부분의 양도소득세액을 「국세징수법」에 따라 징수한다. 예정신고납부세액의 경우에도 또한 같다(소득세법 제116조 제1항).

(2) 결정·경정에 따른 추가납부세액의 징수

납세지 관할 세무서장은 양도소득과세표준과 세액을 결정 또는 경정한 경우 양도소득 총결정세액이 기납부세액을 초과할 때에는 그 초과하는 세액을 해당 거주자에게 알린 날부터 30일 이내에 징수한다(소득세법 제116조 제2항).

(3) 양도소득세의 환급

납세지 관할 세무서장은 과세기간별로 기납부세액이 양도소득 총결정세액을 초과할 때에는 그 초과하는 세액을 환급하거나 다른 국세 및 강제징수비에 충당하여야 한다(소득세법 제117조).

기출&예상 문제

소득세법상 거주자의 양도소득세 징수와 환급에 관한 설명으로 옳은 것은?
•33회

① 과세기간별로 이미 납부한 확정신고세액이 관할 세무서장이 결정한 양도소득 총결정세액을 초과한 경우 다른 국세에 충당할 수 없다.
② 양도소득과세표준과 세액을 결정 또는 경정한 경우 관할 세무서장이 결정한 양도소득 총결정세액이 이미 납부한 확정신고세액을 초과할 때에는 그 초과하는 세액을 해당 거주자에게 알린 날부터 30일 이내에 징수한다.
③ 양도소득세 과세대상 건물을 양도한 거주자는 부담부증여의 채무액을 양도로 보는 경우 예정신고 없이 확정신고를 하여야 한다.

④ 양도소득세 납세의무의 확정은 납세의무자의 신고에 의하지 않고 관할 세무서장의 결정에 의한다.

⑤ 이미 납부한 확정신고세액이 관할 세무서장이 결정한 양도소득 총결정세액을 초과할 때에는 해당 결정일부터 90일 이내에 환급해야 한다.

해설 ② 「소득세법」 제116조 제2항

①⑤ 납세지 관할 세무서장은 과세기간별로 확정신고납부세액 등이 양도소득 총결정세액을 초과할 때에는 그 초과하는 세액을 환급하거나 다른 국세 및 강제징수비에 충당하여야 한다(소득세법 제117조).

③ 부담부증여의 채무액에 해당하는 부분으로서 양도로 보는 경우에는 그 양도일이 속하는 달의 말일부터 3개월 이내에 예정신고를 하여야 한다(소득세법 제105조 제1항 제3호).

④ 양도소득세 납세의무의 확정은 납세의무자의 신고에 의하는 것을 원칙으로 한다.

정답 ②

7 분할납부 · 33회

1. 개 요

추가 양도소득세는 물납이 허용되지 않는다.

거주자로서 예정신고 또는 확정신고 시 납부할 세액이 각각 1천만원을 초과하는 자는 그 납부할 세액의 일부를 납부기한이 지난 후 2개월 이내에 분할납부할 수 있다(소득세법 제112조).

2. 분할납부할 수 있는 세액(소득세법 시행령 제175조)

① **납부할 세액이 2천만원 이하일 때** : 1천만원을 초과하는 금액

② **납부할 세액이 2천만원 초과 시** : 그 세액의 100분의 50 이하의 금액

3. 분할납부 신청

납부할 세액의 일부를 분할납부하고자 하는 자는 양도소득과세표준 예정신고기한 또는 확정신고기한까지 신청하여야 한다(소득세법 시행규칙 제85조).

O X 확 인 문 제

예정신고납부할 세액이 1천5백만원인 자는 그 세액의 100분의 50의 금액을 납부기한이 지난 후 2개월 이내에 분할납부할 수 있다. · 33회 ( )

정답 (×)

납부할 세액이 1천5백만원인 자는 500만원을 분할납부할 수 있다.

한눈에 보기 | 분할납부와 물납

구 분	분할납부	물 납
재산세	① 납부할 세액 250만원 초과 시 납부기한까지 신청 ② 분할납부 가능 금액(2개월 이내) 　㉠ 500만원 이하 : 250만원 초과금액 　㉡ 500만원 초과 : 50% 이하의 금액	① 납부할 세액 1천만원 초과 시 납부기한 10일 전까지 신청 ② 관할구역 내 부동산으로 신청 가능
종합 부동산세	① 납부할 세액 250만원 초과 시 납부기한(신고납부기한)까지 신청 ② 분할납부 가능 금액(6개월 이내) 　㉠ 500만원 이하 : 250만원 초과금액 　㉡ 500만원 초과 : 50% 이하의 금액	불 가
양도소득세	① 납부할 세액 1천만원 초과 시 예정 및 확정신고 납부기한까지 신청 ② 분할납부 가능 금액(2개월 이내) 　㉠ 2천만원 이하 : 1천만원 초과금액 　㉡ 2천만원 초과 : 50% 이하의 금액	불 가

기출&예상 | 문제

01 소득세법상 거주자의 양도소득세 신고납부에 관한 설명으로 옳은 것은?
　　　　　　　　　　　　　　　　　　　　　　　　　　　　• 33회

① 건물을 신축하고 그 취득일부터 3년 이내에 양도하는 경우로서 감정가액을 취득가액으로 하는 경우에는 그 감정가액의 100분의 3에 해당하는 금액을 양도소득 결정세액에 가산한다.

② 공공사업의 시행자에게 수용되어 발생한 양도소득세액이 2천만원을 초과하는 경우 납세의무자는 물납을 신청할 수 있다.

③ 과세표준 예정신고와 함께 납부하는 때에는 산출세액에서 납부할 세액의 100분의 5에 상당하는 금액을 공제한다.

④ 예정신고납부할 세액이 1천5백만원인 자는 그 세액의 100분의 50의 금액을 납부기한이 지난 후 2개월 이내에 분할납부할 수 있다.

⑤ 납세의무자가 법정신고기한까지 양도소득세의 과세표준신고를 하지 아니한 경우(부정행위로 인한 무신고는 제외)에는 그 무신고납부세액의 100분의 20을 곱한 금액을 가산세로 한다.

해설 ⑤ 「국세기본법」 제47조의2 제1항
　　① 건물을 신축하고 그 취득일부터 5년 이내에 양도하는 경우로서 감정가액을 취득가액으로 하는 경우에는 그 감정가액의 100분의 5에 해당하는 금액을 양도소득 결정세액에 가산한다(소득세법 제114조의2 제1항).
　　② 양도소득세는 물납을 신청할 수 없다.
　　③ 양도소득세 예정신고 시 세액공제제도는 없다.
　　④ 납부할 세액이 2천만원 이하인 때에는 1천만원을 초과하는 금액을 분할납부할 수 있다(소득세법 시행령 제175조 제1호).

정답 ⑤

02 소득세법상 거주자의 국내 토지에 대한 양도소득과세표준 및 세액의 신고·납부에 관한 설명으로 <u>틀린</u> 것은? ·31회

① 법령에 따른 부담부증여의 채무액에 해당하는 부분으로서 양도로 보는 경우 그 양도일이 속하는 달의 말일부터 3개월 이내에 양도소득과세표준을 납세지 관할 세무서장에게 신고하여야 한다.
② 예정신고납부를 하는 경우 예정신고 산출세액에서 감면세액을 빼고 수시부과세액이 있을 때에는 이를 공제하지 아니한 세액을 납부한다.
③ 예정신고납부할 세액이 2천만원을 초과하는 때에는 그 세액의 100분의 50 이하의 금액을 납부기한이 지난 후 2개월 이내에 분할납부할 수 있다.
④ 당해 연도에 누진세율의 적용대상 자산에 대한 예정신고를 2회 이상 한 자가 법령에 따라 이미 신고한 양도소득금액과 합산하여 신고하지 아니한 경우에는 양도소득과세표준의 확정신고를 하여야 한다.
⑤ 양도차익이 없거나 양도차손이 발생한 경우에도 양도소득과세표준의 예정신고를 하여야 한다.

해설 ② 예정신고납부를 하는 경우 예정신고 산출세액에서 감면세액을 빼고 수시부과세액이 있을 때에는 이를 공제한 세액을 납부한다.

정답 ②

8 부가세

1. 납부 시 부가세

지방소득세의 납세지는 주소지 관할 지방자치단체이다.

양도소득세 납부세액에 부과되는 조세는 없다. 그러나 지방소득세를 별도로 신고납부하여야 한다.

2. 감면 시 부가세

양도소득세를 감면하는 경우 그 감면세액의 100분의 20에 해당하는 농어촌특별세를 부과한다.

제10절 | 국외자산에 대한 양도소득세

• 25회 • 27회 • 30회 • 31회 • 32회

1 납세의무자 및 과세범위

1. 납세의무자

국외자산 양도소득세의 납세의무자는 해당 자산의 양도일까지 계속 5년 이상 국내에 주소 또는 거소를 둔 거주자만 해당한다(소득세법 제118조의2).

2. 과세범위

국외에 있는 자산의 양도에 대한 양도소득은 해당 과세기간에 국외에 있는 자산을 양도함으로써 발생하는 다음의 소득으로 한다. 다만, 다음에 따른 소득이 국외에서 외화를 차입하여 취득한 자산을 양도하여 발생하는 소득으로서 환율변동으로 인하여 외화차입금으로부터 발생하는 환차익을 포함하고 있는 경우에는 해당 환차익을 양도소득의 범위에서 제외한다(소득세법 제118조의2).

> ① 토지 또는 건물의 양도로 발생하는 소득
> ② 다음의 어느 하나에 해당하는 부동산에 관한 권리의 양도로 발생하는 소득
>   ⊙ 부동산을 취득할 수 있는 권리(건물이 완성되는 때에 그 건물과 이에 딸린 토지를 취득할 수 있는 권리를 포함)
>   ⓒ 지상권
>   ⓒ 전세권과 부동산임차권
> ③ 그 밖의 기타자산 등(영업권, 이축권, 특정시설물 이용권 등)의 양도로 발생하는 소득

추가 부동산임차권

국내자산의 경우는 등기된 임차권에 한해 과세대상이나 국외자산은 등기 여부와 관계없이 과세대상이다.

2 국외자산 양도차익의 계산

1. 국외자산 양도가액과 취득가액의 산정방법

① 국외자산의 양도가액과 취득가액은 그 자산의 양도 당시의 실지거래가액으로 한다(소득세법 제118조의3 제1항).

② 다만, 양도 또는 취득 당시의 실지거래가액을 확인할 수 없는 경우에는 양도자산이 소재하는 국가의 양도 또는 취득 당시 현황을 반영한 시가에 따르되, 시가를 산정하기 어려울 때에는 그 자산의 종류, 규모, 거래상황 등을 고려하여 보충적 평가방법에 따른다(소득세법 제118조의3 제1항 단서).

2. 국외자산 양도소득의 필요경비 계산

국외자산의 양도에 대한 양도차익을 계산할 때 양도가액에서 공제하는 필요경비는 다음의 금액을 합한 것으로 한다(소득세법 제118조의4 제1항).

> ① 취득가액
> 　㉠ 해당 자산의 취득에 든 실지거래가액
> 　㉡ 다만, 취득 당시의 실지거래가액을 확인할 수 없는 경우에는 양도자산이 소재하는 국가의 취득 당시의 현황을 반영한 시가에 따르되, 시가를 산정하기 어려울 때에는 그 자산의 종류, 규모, 거래상황 등을 고려하여 법령으로 정하는 방법에 따라 취득가액을 산정한다.
> ② 법령으로 정하는 자본적 지출액
> ③ 법령으로 정하는 양도비

3. 양도차익의 원화 환산

양도차익을 계산함에 있어서는 양도가액 및 필요경비를 수령하거나 지출한 날 현재 「외국환거래법」에 의한 기준환율 또는 재정환율에 의하여 계산한다(소득세법 시행령 제178조의5 제1항).

추가 외화양도차익을 양도일 현재의 환율로 환산하는 것이 아니라 양도가액(수령 시 환율)과 필요경비(지출한 날 환율)를 각각 환산한다.

3 과세표준 및 세액의 계산

1. 계산구조

계산구조	비 고
양도가액	
− 취득가액	
− 기타 필요경비(자본적 지출액, 양도비용)	필요경비개산공제 배제
= 양도차익	환율변동으로 인한 환차익 제외
	장기보유특별공제 배제
= 양도소득금액	
− 양도소득기본공제	무조건 연 250만원 공제
= 과세표준	

2. 장기보유특별공제 및 양도소득기본공제

(1) 장기보유특별공제

국외자산 양도 시 장기보유특별공제는 적용하지 아니한다(소득세법 제118
조의8).

(2) 양도소득기본공제

① 국외자산의 양도에 대한 양도소득이 있는 거주자에 대해서는 해당 과
세기간의 양도소득금액에서 연 250만원을 공제한다(소득세법 제118조
의7 제1항).

② 해당 과세기간의 양도소득금액에 「소득세법」 또는 「조세특례제한법」
이나 그 밖의 법률에 따른 감면소득금액이 있는 경우에는 감면소득금
액 외의 양도소득금액에서 먼저 공제하고, 감면소득금액 외의 양도소
득금액 중에서는 해당 과세기간에 먼저 양도하는 자산의 양도소득금액
에서부터 순서대로 공제한다(소득세법 제118조의7 제2항).

3. 세 율

기본세율 6~45%(중과세율 없음)

O X 확 인 문 제

거주자가 국외주택을 양도한 경
우 양도일까지 계속해서 5년간
국내에 주소를 두었다면 양도소
득금액 계산 시 장기보유특별공
제가 적용된다. ·27회 ( )

정답 (×)
국외자산 양도 시 장기보유특별
공제는 적용하지 아니한다.

4 이중과세 조정

국외자산의 양도소득에 대하여 해당 외국에서 과세를 하는 경우로서 그 양도소득에 대하여 국외자산 양도소득에 대한 세액(국외자산 양도소득세액)을 납부하였거나 납부할 것이 있을 때에는 다음의 방법 중 하나를 선택하여 적용할 수 있다.

① 외국납부세액의 세액공제방법 : 다음 계산식에 따라 계산한 금액을 한도로 국외자산 양도소득세액을 해당 과세기간의 양도소득 산출세액에서 공제하는 방법

$$공제한도금액 = A \times \frac{B}{C}$$

A : 「소득세법」 제118조의5에 따라 계산한 해당 과세기간의 국외자산에 대한 양도소득 산출세액
B : 해당 국외자산 양도소득금액
C : 해당 과세기간의 국외자산에 대한 양도소득금액

② 외국납부세액의 필요경비 산입방법 : 국외자산 양도소득에 대하여 납부하였거나 납부할 국외자산 양도소득세액을 해당 과세기간의 필요경비에 산입하는 방법

5 납세절차

국내자산 양도에 적용되는 규정을 준용한다(예정신고납부, 확정신고납부 및 결정·경정 등).

6 준용규정 등

국외자산의 양도에 대한 양도소득세의 과세에 관하여는 양도소득세의 일반적인 규정들을 준용한다.

준용하는 규정	준용하지 않는 규정
① 비과세 양도소득	① 양도의 정의
② 양도 또는 취득시기	② 미등기양도자산에 대한 비과세 배제
③ 양도소득의 부당행위계산 부인	③ 배우자, 직계존비속 간의 증여자산 이월과세
④ 감정가액, 환산취득가액 적용에 따른 가산세	④ 장기보유특별공제
	⑤ 기준시가의 산정

01 **소득세법상 거주자**(해당 국외자산 양도일까지 계속 5년 이상 국내에 주소를 두고 있음)**가 2024년에 양도한 국외자산의 양도소득세에 관한 설명으로 틀린 것은?** (단, 국외 외화차입에 의한 취득은 없음)

• 31회 수정

① 국외에 있는 부동산에 관한 권리로서 미등기양도자산의 양도로 발생하는 소득은 양도소득의 범위에 포함된다.
② 국외토지의 양도에 대한 양도소득세를 계산하는 경우에는 장기보유특별공제액은 공제하지 아니한다.
③ 양도 당시의 실지거래가액이 확인되더라도 외국정부의 평가가액을 양도가액으로 먼저 적용한다.
④ 해당 과세기간에 다른 자산의 양도가 없을 경우 국외토지의 양도에 대한 양도소득이 있는 거주자에 대해서는 해당 과세기간의 양도소득금액에서 연 250만원을 공제한다.
⑤ 국외토지의 양도소득에 대하여 해당 외국에서 과세를 하는 경우로서 법령이 정한 그 국외자산 양도소득세액을 납부하였거나 납부할 것이 있을 때에는 외국납부세액의 세액공제방법과 필요경비 산입방법 중 하나를 선택하여 적용할 수 있다.

해설 ③ 양도 당시의 실지거래가액을 우선하여 적용한다.

정답 ③

02 **거주자 甲이 국외에 있는 양도소득세 과세대상 X토지를 양도함으로써 소득이 발생하였다. 다음 중 틀린 것은?** (단, 해당 과세기간에 다른 자산의 양도는 없음)

• 30회

① 甲이 X토지의 양도일까지 계속 5년 이상 국내에 주소 또는 거소를 둔 경우에만 해당 양도소득에 대한 납세의무가 있다.
② 甲이 국외에서 외화를 차입하여 X토지를 취득한 경우 환율변동으로 인하여 외화차입금으로부터 발생한 환차익은 양도소득의 범위에서 제외한다.
③ X토지의 양도가액은 양도 당시의 실지거래가액으로 하는 것이 원칙이다.
④ X토지에 대한 양도차익에서 장기보유특별공제액을 공제한다.
⑤ X토지에 대한 양도소득금액에서 양도소득기본공제로 250만원을 공제할 수 있다.

해설 ④ 국외자산 양도에 관한 양도소득세 계산 시 장기보유특별공제는 적용하지 아니한다.

정답 ④

❶ 사업에 사용하는 토지, 건물과 별도로 영업권을 양도함으로써 발생하는 소득은 (   )소득으로 과세한다.

❷ 양도담보계약을 체결한 후 채무불이행으로 인하여 양도담보된 자산을 (   )에 충당한 때는 대물변제로 보아 이를 양도한 것으로 본다.

❸ (   ) 간 또는 직계존비속 간의 부담부증여 시에는 채무액에 해당하는 부분을 수증자에게 인수되지 않은 것으로 추정하여 양도로 보지 않는다.

❹ 사실상 대금청산일이 불분명한 경우에는 (   )을 양도 또는 취득시기로 한다.

❺ 장기할부조건의 경우에는 소유권이전등기 접수일·(   ) 또는 사용수익일 중 빠른 날을 양도 또는 취득시기로 한다.

❻ 자기가 건설한 건축물에 대해서는 (   )을 취득시기로 한다. 다만, (   ) 전에 사실상 사용하거나 임시승인을 받은 경우에는 그 사실상 사용일 또는 임시사용승인을 받은 날 중 빠른 날로 한다.

❼ 1세대 1주택 비과세를 적용 시 다가구주택은 한 가구가 독립하여 거주할 수 있도록 구획된 부분을 각각 하나의 주택으로 본다. 다만, 해당 다가구주택을 구획된 부분별로 양도하지 아니하고 (   )의 매매단위로 하여 양도하는 경우에는 그 전체를 하나의 주택으로 본다.

정답   **1** 기타   **2** 변제   **3** 배우자   **4** 등기접수일   **5** 인도일   **6** 사용승인서 교부일, 사용승인서 교부일   **7** 하나

❽ 양도차익을 계산할 때 취득가액이 실지거래가액을 확인할 수 없는 경우에는 매매사례가액·감정가액·(   )·기준시가의 순서에 따른다.

❾ 양도소득기본공제를 적용할 때 양도소득금액에 법령에 따른 감면소득금액이 있는 경우에는 그 (   )의 양도소득금액에서 먼저 공제하고, 감면소득금액 외의 양도소득금액 중에서는 해당 과세기간에 먼저 (   )한 자산의 양도소득금액에서부터 순서대로 공제한다.

❿ 미등기양도자산에 적용하는 세율은 양도소득과세표준의 100분의 (   )이다.

⓫ 토지 등을 부담부증여한 경우 증여자는 그 양도일이 속하는 달의 말일부터 (   )개월 내에 주소지 관할 세무서에 양도소득세 예정신고를 해야 한다.

⓬ 국외자산의 양도에 대한 양도소득세는 해당 자산의 양도일까지 국내에 계속 (   )년 이상 주소 또는 거소를 둔 거주자에 한하여 납세의무를 진다.

⓭ 고가주택이란 주택 및 이에 딸린 토지의 양도 당시 실지거래가액의 합계액이 (   )원을 초과하는 것을 말한다.

⓮ 1세대 1주택 비과세요건을 갖춘 고가주택의 경우 요건 충족 시 최대 (   )%의 장기보유특별공제를 적용한다.

정답   **8** 환산취득가액   **9** 감면소득금액 외, 양도   **10** 70   **11** 3   **12** 5   **13** 12억   **14** 80

⑮ 장기보유특별공제는 (　　　)에 보유기간별 공제율을 곱하여 계산한다.

⑯ 장기보유특별공제는 토지 및 건물 등으로서 보유기간이 (　　　)년 이상인 것에 대해 적용한다.

⑰ 양도소득이 있는 거주자에 대해서는 소득별로 해당 과세기간의 양도소득금액에서 각각 연 (　　　)원을 공제한다.

⑱ 거주자가 양도일부터 소급하여 (　　　)년 이내에 그 배우자(양도 당시 혼인관계가 소멸된 경우 포함) 또는 직계존비속으로부터 증여받은 토지, 건물 등의 자산의 양도차익을 계산할 때 양도가액에서 공제할 취득가액은 그 배우자 또는 직계존비속의 취득 당시를 기준으로 계산한다.

⑲ 이월과세규정 적용 시 증여받은 자가 증여받은 자산에 대하여 납부하였거나 납부할 증여세 상당액이 있는 경우에는 (　　　)에 산입한다.

⑳ 거주자가 건물을 신축 또는 증축하고 그 건물의 취득일 또는 증축일부터 (　　　)년 이내에 해당 건물을 양도하는 경우로서 감정가액 또는 환산취득가액을 그 취득가액으로 하는 경우에는 해당 건물의 감정가액의 100분의 (　　　)에 해당하는 금액을 양도소득 결정세액에 더한다.

㉑ 거주자로서 예정신고 또는 확정신고 시 납부할 세액이 각각 (　　　)천만원을 초과하는 자는 그 납부할 세액의 일부를 납부기한이 지난 후 (　　　)개월 이내에 분할납부할 수 있다.

정답　**15** 양도차익　**16** 3　**17** 250만　**18** 10　**19** 필요경비　**20** 5, 5　**21** 1, 2

㉒ 국외에서 외화를 차입하여 취득한 자산을 양도하여 발생하는 소득으로서 환율변동으로 인하여 외화차입금으로부터 발생하는 (　　　)을 포함하고 있는 경우에는 해당 (　　　)을 양도소득의 범위에서 제외한다.

㉓ 국외자산의 양도소득에 대하여 해당 외국에서 과세를 하는 경우로서 그 양도소득에 대하여 국외자산 양도소득세액을 납부하였거나 납부할 것이 있을 때에는 외국납부세액의 (　　　)공제방법과 (　　　) 산입방법 중 선택할 수 있다.

01 국세기본법령상 국세의 부과제척기간에 관한 설명으로 옳은 것은?

① 납세자가 「조세범 처벌법」에 따른 사기나 그 밖의 부정한 행위로 종합소득세를 포탈하는 경우(역외거래 제외) 그 국세를 부과할 수 있는 날부터 15년을 부과제척기간으로 한다.

② 지방국세청장은 「행정소송법」에 따른 소송에 대한 판결이 확정된 경우 그 판결이 확정된 날부터 2년이 지나기 전까지 경정이나 그 밖에 필요한 처분을 할 수 있다.

③ 세무서장은 「감사원법」에 따른 심사청구에 대한 결정에 의하여 명의대여 사실이 확인되는 경우에는 당초의 부과처분을 취소하고 그 결정이 확정된 날부터 1년 이내에 실제로 사업을 경영한 자에게 경정이나 그 밖에 필요한 처분을 할 수 있다.

④ 종합부동산세의 경우 부과제척기간의 기산일은 과세표준과 세액에 대한 신고기한의 다음 날이다.

⑤ 납세자가 법정신고기한까지 과세표준신고서를 제출하지 아니한 경우(역외거래 제외)에는 해당 국세를 부과할 수 있는 날부터 10년을 부과제척기간으로 한다.

02 국세 및 지방세의 연대납세의무에 관한 설명으로 옳은 것은?

① 공동주택의 공유물에 관계되는 지방자치단체의 징수금은 공유자가 연대하여 납부할 의무를 진다.

② 공동으로 소유한 자산에 대한 양도소득금액을 계산하는 경우에는 해당 자산을 공동으로 소유하는 공유자가 그 양도소득세를 연대하여 납부할 의무를 진다.

③ 공동사업에 관한 소득금액을 계산하는 경우(주된 공동사업자에게 합산과세되는 경우 제외)에는 해당 공동사업자가 그 종합소득세를 연대하여 납부할 의무를 진다.

④ 상속으로 인하여 단독주택을 상속인이 공동으로 취득하는 경우에는 상속인 각자가 상속받는 취득물건을 취득한 것으로 보고, 공동상속인이 그 취득세를 연대하여 납부할 의무를 진다.

⑤ 어느 연대납세의무자에 대하여 소멸시효가 완성된 때에도 다른 연대납세의무자의 납세의무에는 영향을 미치지 아니한다.

03 지방세법령상 취득세에 관한 설명으로 **틀린** 것은?

① 건축물 중 조작 설비에 속하는 부분으로서 그 주체구조부와 하나가 되어 건축물로서의 효용가치를 이루고 있는 것에 대하여는 주체구조부 취득자 외의 자가 가설한 경우에도 주체구조부의 취득자가 함께 취득한 것으로 본다.

② 「도시개발법」에 따른 환지방식에 의한 도시개발사업의 시행으로 토지의 지목이 사실상 변경됨으로써 그 가액이 증가한 경우에는 그 환지계획에 따라 공급되는 환지는 사업시행자가, 체비지 또는 보류지는 조합원이 각각 취득한 것으로 본다.

③ 경매를 통하여 배우자의 부동산을 취득하는 경우에는 유상으로 취득한 것으로 본다.

④ 형제자매인 증여자의 채무를 인수하는 부동산의 부담부증여의 경우에는 그 채무액에 상당하는 부분은 부동산을 유상으로 취득하는 것으로 본다.

⑤ 부동산의 승계취득은 「민법」등 관계 법령에 따른 등기를 하지 아니한 경우라도 사실상 취득하면 취득한 것으로 보고 그 부동산의 양수인을 취득자로 한다.

04
수정

지방세기본법령 및 지방세법령상 취득세 납세의무의 성립에 관한 설명으로 **틀린** 것은?

① 상속으로 인한 취득의 경우에는 상속개시일이 납세의무의 성립시기이다.

② 부동산의 증여계약으로 인한 취득에 있어서 소유권이전등기를 하지 않고 계약일부터 60일 이내에 공증받은 공정증서로 계약이 해제된 사실이 입증되는 경우에는 취득한 것으로 보지 않는다.

③ 유상승계취득의 경우 사실상의 잔금지급일과 등기일 또는 등록일 중 빠른 날이 납세의무의 성립시기이다.

④ 「민법」에 따른 이혼 시 재산분할로 인한 부동산 취득의 경우에는 취득물건의 등기일이 납세의무의 성립시기이다.

⑤ 「도시 및 주거환경정비법」에 따른 재건축조합이 재건축사업을 하면서 조합원으로부터 취득하는 토지 중 조합원에게 귀속되지 아니하는 토지를 취득하는 경우에는 같은 법에 따른 준공인가 고시일의 다음 날이 납세의무의 성립시기이다.

05 종합부동산세법령상 주택의 과세표준 계산과 관련한 내용으로 **틀린** 것은? (단, 2024년 납세의무
_{수정} 성립분임)

① 대통령령으로 정하는 1세대 1주택자(공동명의 1주택자 제외)의 경우 주택에 대한 종합부동산세의
과세표준은 납세의무자별로 주택의 공시가격을 합산한 금액에서 12억원을 공제한 금액에 100분의
60을 곱한 금액으로 한다. 다만, 그 금액이 영보다 작은 경우에는 영으로 본다.

② 대통령령으로 정하는 다가구 임대주택으로서 임대기간, 주택의 수, 가격, 규모 등을 고려하여 대
통령령으로 정하는 주택은 과세표준 합산의 대상이 되는 주택의 범위에 포함되지 아니하는 것으
로 본다.

③ 1주택(주택의 부속토지만을 소유한 경우는 제외)과 다른 주택의 부속토지(주택의 건물과 부속토지
의 소유자가 다른 경우의 그 부속토지)를 함께 소유하고 있는 경우는 1세대 1주택자로 본다.

④ 혼인으로 인한 1세대 2주택의 경우 납세의무자가 해당 연도 9월 16일부터 9월 30일까지 관할 세무
서장에게 합산배제를 신청하면 1세대 1주택자로 본다.

⑤ 2주택을 소유하여 1천분의 27의 세율이 적용되는 법인의 경우 주택에 대한 종합부동산세의 과세표
준은 납세의무자별로 주택의 공시가격을 합산한 금액에서 0원을 공제한 금액에 100분의 60을 곱한
금액으로 한다. 다만, 그 금액이 영보다 작은 경우에는 영으로 본다.

06 종합부동산세법령상 종합부동산세의 부과·징수에 관한 내용으로 **틀린** 것은?

① 관할 세무서장은 납부하여야 할 종합부동산세의 세액을 결정하여 해당 연도 12월 1일부터 12월 15일
까지 부과·징수한다.

② 종합부동산세를 신고납부방식으로 납부하고자 하는 납세의무자는 종합부동산세의 과세표준과 세액
을 관할 세무서장이 결정하기 전인 해당 연도 11월 16일부터 11월 30일까지 관할 세무서장에게 신
고하여야 한다.

③ 관할 세무서장은 종합부동산세로 납부하여야 할 세액이 250만원을 초과하는 경우에는 대통령령으
로 정하는 바에 따라 그 세액의 일부를 납부기한이 지난 날부터 6개월 이내에 분납하게 할 수 있다.

④ 관할 세무서장은 납세의무자가 과세기준일 현재 1세대 1주택자가 아닌 경우 주택분 종합부동산세액
의 납부유예를 허가할 수 없다.

⑤ 관할 세무서장은 주택분 종합부동산세액의 납부가 유예된 납세의무자가 해당 주택을 타인에게 양도
하거나 증여하는 경우에는 그 납부유예 허가를 취소하여야 한다.

07 지방세법령상 재산세의 표준세율에 관한 설명으로 <u>틀린</u> 것은? (단, 지방세관계법령상 감면 및 특례는 고려하지 않음)

① 법령에서 정하는 고급선박 및 고급오락장용 건축물의 경우 고급선박의 표준세율이 고급오락장용 건축물의 표준세율보다 높다.

② 특별시 지역에서 「국토의 계획 및 이용에 관한 법률」과 그 밖의 관계 법령에 따라 지정된 주거지역 및 해당 지방자치단체의 조례로 정하는 지역의 대통령령으로 정하는 공장용 건축물의 표준세율은 과세표준의 1천분의 5이다.

③ 주택(법령으로 정하는 1세대 1주택 아님)의 경우 표준세율은 최저 1천분의 1에서 최고 1천분의 4까지 4단계 초과누진세율로 적용한다.

④ 항공기의 표준세율은 1천분의 3으로 법령에서 정하는 고급선박을 제외한 그 밖의 선박의 표준세율과 동일하다.

⑤ 지방자치단체의 장은 특별한 재정수요나 재해 등의 발생으로 재산세의 세율 조정이 불가피하다고 인정되는 경우 조례로 정하는 바에 따라 표준세율의 100분의 50의 범위에서 가감할 수 있다. 다만, 가감한 세율은 해당 연도를 포함하여 3년간 적용한다.

08 지방세법령상 재산세의 부과·징수에 관한 설명으로 <u>틀린</u> 것은?

① 주택에 대한 재산세의 경우 해당 연도에 부과·징수할 세액의 2분의 1은 매년 7월 16일부터 7월 31일까지, 나머지 2분의 1은 9월 16일부터 9월 30일까지를 납기로 한다. 다만, 해당 연도에 부과할 세액이 20만원 이하인 경우에는 조례로 정하는 바에 따라 납기를 9월 16일부터 9월 30일까지로 하여 한꺼번에 부과·징수할 수 있다.

② 재산세는 관할 지방자치단체의 장이 세액을 산정하여 보통징수의 방법으로 부과·징수한다.

③ 재산세를 징수하려면 토지, 건축물, 주택, 선박 및 항공기로 구분한 납세고지서에 과세표준과 세액을 적어 늦어도 납기개시 5일 전까지 발급하여야 한다.

④ 재산세의 과세기준일은 매년 6월 1일로 한다.

⑤ 고지서 1장당 재산세로 징수할 세액이 2천원 미만인 경우에는 해당 재산세를 징수하지 아니한다.

09 지방세법령상 등록에 대한 등록면허세가 비과세되는 경우로 <u>틀린</u> 것은?

① 지방자치단체조합이 자기를 위하여 받는 등록

② 무덤과 이에 접속된 부속시설물의 부지로 사용되는 토지로서 지적공부상 지목이 묘지인 토지에 관한 등기

③ 회사의 정리 또는 특별청산에 관하여 법원의 촉탁으로 인한 등기(법인의 자본금 또는 출자금의 납입, 증자 및 출자전환에 따른 등기 제외)

④ 대한민국 정부기관의 등록에 대하여 과세하는 외국정부의 등록

⑤ 등기 담당 공무원의 착오로 인한 주소 등의 단순한 표시변경 등기

10 지방세법령상 등록에 대한 등록면허세에 관한 설명으로 <u>틀린</u> 것은? (단, 지방세관계법령상 감면 및 특례는 고려하지 않음)

① 같은 등록에 관계되는 재산이 둘 이상의 지방자치단체에 걸쳐 있어 등록면허세를 지방자치단체별로 부과할 수 없을 때에는 등록관청 소재지를 납세지로 한다.

② 지방자치단체의 장은 조례로 정하는 바에 따라 등록면허세의 세율을 부동산 등기에 따른 표준세율의 100분의 50의 범위에서 가감할 수 있다.

③ 주택의 토지와 건축물을 한꺼번에 평가하여 토지나 건축물에 대한 과세표준이 구분되지 아니하는 경우에는 한꺼번에 평가한 개별주택가격을 토지나 건축물의 가액비율로 나눈 금액을 각각 토지와 건축물의 과세표준으로 한다.

④ 부동산의 등록에 대한 등록면허세의 과세표준은 등록자가 신고한 당시의 가액으로 하고, 신고가 없거나 신고가액이 시가표준액보다 많은 경우에는 시가표준액으로 한다.

⑤ 채권자대위자는 납세의무자를 대위하여 부동산의 등기에 대한 등록면허세를 신고납부할 수 있다.

11 주택임대사업자인 거주자 甲의 국내주택 임대현황(A, B, C 각 주택의 임대기간 : 2024.1.1.~ 2024.12.31.)을 참고하여 계산한 주택임대에 따른 2024년 귀속 사업소득의 총수입금액은? (단, 법령에 따른 적격증명서류를 수취·보관하고 있고, 기획재정부령으로 정하는 이자율은 연 4%로 가정하며 주어진 조건 이외에는 고려하지 않음)

구분(주거전용면적)	보증금	월세*	기준시가
A주택(85m²)	3억원	5십만원	5억원
B주택(40m²)	1억원	-	2억원
C주택(109m²)	5억원	1백만원	7억원

* 월세는 매월 수령하기로 약정한 금액임

① 0원
② 16,800,000원
③ 18,000,000원
④ 32,400,000원
⑤ 54,000,000원

12 소득세법령상 양도소득세의 양도 또는 취득시기에 관한 내용으로 <u>틀린</u> 것은?

① 대금을 청산한 날이 분명하지 아니한 경우에는 등기부·등록부 또는 명부 등에 기재된 등기·등록접수일 또는 명의개서일
② 상속에 의하여 취득한 자산에 대하여는 그 상속이 개시된 날
③ 대금을 청산하기 전에 소유권이전등기를 한 경우에는 등기부에 기재된 등기접수일
④ 자기가 건설한 건축물로서 건축허가를 받지 아니하고 건축하는 건축물에 있어서는 그 사실상의 사용일
⑤ 완성되지 아니한 자산을 양도한 경우로서 해당 자산의 대금을 청산한 날까지 그 목적물이 완성되지 아니한 경우에는 해당 자산의 대금을 청산한 날

13 소득세법령상 거주자의 양도소득과세표준에 적용되는 세율에 관한 내용으로 옳은 것은? (단, 국
수정 내소재 자산을 2024년에 양도한 경우로서 주어진 자산 외에 다른 자산은 없으며, 비과세와 감
면은 고려하지 않음)

① 보유기간이 6개월인 등기된 상가건물 : 100분의 40
② 보유기간이 10개월인 「소득세법」에 따른 분양권 : 100분의 70
③ 보유기간이 1년 6개월인 등기된 상가건물 : 100분의 30
④ 보유기간이 1년 10개월인 「소득세법」에 따른 조합원입주권 : 100분의 70
⑤ 보유기간이 2년 6개월인 「소득세법」에 따른 분양권 : 100분의 50

14 소득세법령상 거주자의 양도소득세 과세대상은 모두 몇 개인가? (단, 국내소재 자산을 양도한
경우임)

- 전세권
- 등기되지 않은 부동산임차권
- 사업에 사용하는 토지 및 건물과 함께 양도하는 영업권
- 토지 및 건물과 함께 양도하는 「개발제한구역의 지정 및 관리에 관한 특별조치법」에 따른 이축권(해당
  이축권의 가액을 대통령령으로 정하는 방법에 따라 별도로 평가하여 신고함)

① 0개   ② 1개
③ 2개   ④ 3개
⑤ 4개

15 소득세법령상 거주자의 양도소득세 비과세에 관한 설명으로 **틀린** 것은? (단, 국내소재 자산을 양도한 경우임)

① 파산선고에 의한 처분으로 발생하는 소득은 비과세된다.

② 「지적재조사에 관한 특별법」에 따른 경계의 확정으로 지적공부상의 면적이 감소되어 같은 법에 따라 지급받는 조정금은 비과세된다.

③ 건설사업자가 「도시개발법」에 따라 공사용역 대가로 취득한 체비지를 토지구획환지처분공고 전에 양도하는 토지는 양도소득세 비과세가 배제되는 미등기양도자산에 해당하지 않는다.

④ 「도시개발법」에 따른 도시개발사업이 종료되지 아니하여 토지 취득등기를 하지 아니하고 양도하는 토지는 양도소득세 비과세가 배제되는 미등기양도자산에 해당하지 않는다.

⑤ 국가가 소유하는 토지와 분합하는 농지로서 분합하는 쌍방 토지가액의 차액이 가액이 큰 편의 4분의 1을 초과하는 경우 분합으로 발생하는 소득은 비과세된다.

16 소득세법령상 1세대 1주택자인 거주자 甲이 2024년 양도한 국내소재 A주택(조정대상지역이
_{수정} 아니며 등기됨)에 대한 양도소득과세표준은? (단, 2024년에 A주택 외 양도한 자산은 없으며, 법령에 따른 적격증명서류를 수취·보관하고 있고 주어진 조건 이외에는 고려하지 않음)

구 분	기준시가	실지거래가액
양도 시	18억원	25억원
취득 시	13억 5천만원	19억 5천만원
추가 사항	• 양도비 및 자본적 지출액 : 5천만원 • 보유기간 및 거주기간 : 각각 5년 • 장기보유특별공제율 : 보유기간별 공제율과 거주기간별 공제율은 각각 20%	

① 153,500,000원　　　　　　② 156,000,000원

③ 195,500,000원　　　　　　④ 260,000,000원

⑤ 500,000,000원

한눈에 보는 정답

01	02	03	04	05	06	07	08	09	10
③	④	②	⑤	④	②	⑤	①	④	④
11	12	13	14	15	16				
③	⑤	②	③	⑤	①				

01 　③

카테고리　조세총론 > 납세의무의 성립·확정·소멸

해설

① 납세자가 「조세범 처벌법」에 따른 사기나 그 밖의 부정한 행위로 종합소득세를 포탈하는 경우(역외거래 제외) 그 국세를 부과할 수 있는 날부터 10년을 부과제척기간으로 한다.

② 지방국세청장은 「행정소송법」에 따른 소송에 대한 판결이 확정된 경우 그 판결이 확정된 날부터 1년이 지나기 전까지 경정이나 그 밖에 필요한 처분을 할 수 있다.

④ 종합부동산세의 경우 부과제척기간의 기산일은 납세의무가 성립한 날(과세기준일인 6월 1일)이다.

⑤ 납세자가 법정신고기한까지 과세표준신고서를 제출하지 아니한 경우(역외거래 제외)에는 해당 국세를 부과할 수 있는 날부터 7년을 부과제척기간으로 한다.

02 　④

카테고리　조세총론 > 납세의무의 성립·확정·소멸

해설

① 공유물(공동주택의 공유물은 제외한다), 공동사업 또는 그 공동사업에 속하는 재산에 관계되는 지방자치단체의 징수금은 공유자 또는 공동사업자가 연대하여 납부할 의무를 진다(지방세기본법 제44조 제1항).

② 공동으로 소유한 자산에 대한 양도소득금액을 계산하는 경우에는 해당 자산을 공동으로 소유하는 각 거주자가 납세의무를 진다(소득세법 제2조의2 제5항).

③ 공동사업에 관한 소득금액을 계산하는 경우에는 해당 공동사업자별로 납세의무를 진다. 다만, 주된 공동사업자에게 합산과세되는 경우 그 합산과세되는 소득금액에 대해서는 주된 공동사업자의 특수관계인은 손익분배비율에 해당하는 그의 소득금액을 한도로 주된 공동사업자와 연대하여 납세의무를 진다(소득세법 제2조의2 제1항).

⑤ 어느 연대채무자에 대하여 소멸시효가 완성한 때에는 그 부담부분에 한하여 다른 연대채무자도 의무를 면한다(지방세기본법 제44조 제5항, 민법 제421조).

03 ②

카테고리 지방세 > 취득세

해설

② 선박, 차량과 기계장비의 종류를 변경하거나 토지의 지목을 사실상 변경함으로써 그 가액이 증가한 경우에는 취득으로 본다. 이 경우 「도시개발법」에 따른 도시개발사업(환지방식만 해당)의 시행으로 토지의 지목이 사실상 변경된 때에는 그 환지계획에 따라 공급되는 환지는 조합원이, 체비지 또는 보류지는 사업시행자가 각각 취득한 것으로 본다(지방세법 제7조 제4항).

04 ⑤

카테고리 지방세 > 취득세

해설

⑤ 취득세 납세의무의 성립시기는 과세물건을 취득하는 때이다(지방세기본법 제34조 제1항 제1호). 「도시 및 주거환경정비법」에 따른 재건축조합이 재건축사업을 하거나 「빈집 및 소규모주택 정비에 관한 특례법」에 따른 소규모재건축조합이 소규모재건축사업을 하면서 조합원으로부터 취득하는 토지 중 조합원에게 귀속되지 아니하는 토지를 취득하는 경우에는 「도시 및 주거환경정비법」 또는 「빈집 및 소규모주택 정비에 관한 특례법」에 따른 소유권이전 고시일의 다음 날에 그 토지를 취득한 것으로 본다(지방세법 시행령 제20조 제7항).

05 ④

카테고리 국 세 > 종합부동산세

해설

④ 혼인으로 인한 1세대 2주택의 경우 신청 시 1세대 1주택자로 보는 규정은 없다.

> 「종합부동산세법」 제8조 【과세표준】 ④ 제1항을 적용할 때 다음 각 호의 어느 하나에 해당하는 경우에는 1세대 1주택자로 본다.
> 1. 1주택(주택의 부속토지만을 소유한 경우는 제외한다)과 다른 주택의 부속토지(주택의 건물과 부속토지의 소유자가 다른 경우의 그 부속토지를 말한다)를 함께 소유하고 있는 경우
> 2. 1세대 1주택자가 1주택을 양도하기 전에 다른 주택을 대체취득하여 일시적으로 2주택이 된 경우로서 대통령령으로 정하는 경우
> 3. 1주택과 상속받은 주택으로서 대통령령으로 정하는 주택을 함께 소유하고 있는 경우
> 4. 1주택과 주택 소재 지역, 주택 가액 등을 고려하여 대통령령으로 정하는 지방 저가주택을 함께 소유하고 있는 경우
> ⑤ 제4항 제2호부터 제4호까지의 규정을 적용받으려는 납세의무자는 해당 연도 9월 16일부터 9월 30일까지 대통령령으로 정하는 바에 따라 관할 세무서장에게 신청하여야 한다.

06 ②

카테고리 국 세 > 종합부동산세

해설

② 종합부동산세를 신고납부방식으로 납부하고자 하는 납세의무자는 종합부동산세의 과세표준과 세액을 해당 연도 12월 1일부터 12월 15일까지 대통령령으로 정하는 바에 따라 관할 세무서장에게 신고하여야 한다. 이 경우 관할 세무서장의 결정은 없었던 것으로 본다(종합부동산세법 제16조 제3항).

07 ⑤

카테고리 지방세 > 재산세

해설

⑤ 지방자치단체의 장은 특별한 재정수요나 재해 등의 발생으로 재산세의 세율 조정이 불가피하다고 인정되는 경우 조례로 정하는 바에 따라 표준세율의 100분의 50의 범위에서 가감할 수 있다. 다만, 가감한 세율은 해당 연도에만 적용한다(지방세법 제111조).
① 고급선박 : 1천분의 50, 고급오락장용 건축물 : 1천분의 40
④ 항공기 및 선박(고급선박 제외) : 1천분의 3

08 ①

카테고리 지방세 > 재산세

해설

① 주택에 대한 재산세의 경우 해당 연도에 부과·징수할 세액의 2분의 1은 매년 7월 16일부터 7월 31일까지, 나머지 2분의 1은 9월 16일부터 9월 30일까지를 납기로 한다. 다만, 해당 연도에 부과할 세액이 20만원 이하인 경우에는 조례로 정하는 바에 따라 납기를 7월 16일부터 7월 31일까지로 하여 한꺼번에 부과·징수할 수 있다(지방세법 제115조 제1항 제3호).

09 ④

카테고리 지방세 > 등록에 대한 등록면허세

해설

④ 국가, 지방자치단체, 지방자치단체조합, 외국정부 및 주한국제기구가 자기를 위하여 받는 등록 또는 면허에 대하여는 등록면허세를 부과하지 아니한다. 다만, 대한민국 정부기관의 등록 또는 면허에 대하여 과세하는 외국정부의 등록 또는 면허의 경우에는 등록면허세를 부과한다(지방세법 제26조 제1항).

10 ④

카테고리 지방세 > 등록에 대한 등록면허세

해설

④ 부동산의 등록에 대한 등록면허세의 과세표준은 조례로 정하는 바에 따라 등록자의 신고에 따른다. 다만, 신고가 없거나 신고가액이 시가표준액보다 적은 경우에는 시가표준액을 과세표준으로 한다(지방세법 제27조 제2항).

11 ③

카테고리 국 세 > 종합소득세

해설

③ 소형주택은 주택 수에서 제외하므로 2주택자이다. 따라서 임대료부분에 대해서만 총수입금액에 산입한다.

그러므로 총수입금액 = 150만원 × 12개월 = 18,000,000원이 된다.

> 「소득세법」 제24조【총수입금액의 계산】① 거주자의 각 소득에 대한 총수입금액(총급여액과 총연금액을 포함)
> 은 해당 과세기간에 수입하였거나 수입할 금액의 합계액으로 한다.
>
> 「소득세법」 제25조【총수입금액 계산의 특례】① 거주자가 부동산 또는 그 부동산상의 권리 등을 대여하고 보증
> 금·전세금 또는 이와 유사한 성질의 금액(이하 '보증금등'이라 한다)을 받은 경우에는 대통령령으로 정하는 바
> 에 따라 계산한 금액을 사업소득금액을 계산할 때에 총수입금액에 산입(算入)한다. 다만, 주택을 대여하고 보
> 증금등을 받은 경우에는 3주택[주거의 용도로만 쓰이는 면적이 1호(戶) 또는 1세대당 40제곱미터 이하인 주
> 택으로서 해당 과세기간의 기준시가가 2억원 이하인 주택은 2026년 12월 31일까지는 주택 수에 포함하지 아
> 니한다] 이상을 소유하고 해당 주택의 보증금등의 합계액이 3억원을 초과하는 경우를 말하며, 주택 수의 계산
> 그 밖에 필요한 사항은 대통령령으로 정한다.

12 ⑤

카테고리 국 세 > 양도소득세

해설

⑤ 완성 또는 확정되지 아니한 자산을 양도 또는 취득한 경우로서 해당 자산의 대금을 청산한 날까지 그 목적물이 완성
또는 확정되지 아니한 경우에는 그 목적물이 완성 또는 확정된 날(소득세법 시행령 제162조 제1항 제8호)

13 ②

카테고리 국 세 > 양도소득세

해설

① 보유기간이 6개월인 등기된 상가건물 : 100분의 50

③ 보유기간이 1년 6개월인 등기된 상가건물 : 100분의 40과 기본세율(6%~45%) 중 산출세액이 큰 세율

④ 보유기간이 1년 10개월인 「소득세법」에 따른 조합원입주권 : 100분의 60

⑤ 보유기간이 2년 6개월인 「소득세법」에 따른 분양권 : 100분의 60

14 ③

카테고리 국 세 > 양도소득세

해설

③ 전세권과 사업에 사용하는 토지 및 건물과 함께 양도하는 영업권이 과세대상이며, 국내자산의 경우 등기되지 않은 부
동산임차권과 이축권의 가액을 별도로 평가하여 신고한 경우는 과세대상에 해당하지 아니한다(소득세법 제94조).

15 ⑤

카테고리 국 세 > 양도소득세

해설

⑤ 「소득세법 시행령」 제153조 제1항에 해당하는 농지의 교환 또는 분합(分合)으로 발생하는 소득은 양도소득세를 과세하지 아니한다(소득세법 제89조).

> **「소득세법 시행령」 제153조 【농지의 비과세】** ① 법 제89조 제1항 제2호에서 '대통령령으로 정하는 경우'란 다음 각 호의 어느 하나에 해당하는 농지(제4항 각 호의 어느 하나에 해당하는 농지는 제외)를 교환 또는 분합하는 경우로서 교환 또는 분합하는 쌍방 토지가액의 차액이 가액이 큰 편의 4분의 1 이하인 경우를 말한다.
> 1. 국가 또는 지방자치단체가 시행하는 사업으로 인하여 교환 또는 분합하는 농지
> 2. 국가 또는 지방자치단체가 소유하는 토지와 교환 또는 분합하는 농지
> 3. 경작상 필요에 의하여 교환하는 농지. 다만, 교환에 의하여 새로이 취득하는 농지를 3년 이상 농지소재지에 거주하면서 경작하는 경우에 한한다.
> 4. 「농어촌정비법」·「농지법」·「한국농어촌공사 및 농지관리기금법」 또는 「농업협동조합법」에 의하여 교환 또는 분합하는 농지

16 ①

카테고리 국 세 > 양도소득세

해설

- 실지거래가액이 주어졌으므로 실지거래가액에 의해 계산한다.
- 1세대 1주택인 고가주택에 해당되어 양도가액 중 12억원을 초과하는 부분에 대해서만 과세한다.
- 3년 이상 보유하고 보유기간 중 2년 이상 거주하였으므로 보유기간에 따른 공제율과 거주기간에 대한 공제율을 합산한 장기보유특별공제율을 적용한다.
- 본건 외 2024년에 양도한 자산은 없으므로 양도소득기본공제는 250만원을 적용한다.

양도가액	25억원
− 취득가액	(19억 5천만원)
− 기타필요경비	(5천만원)
= 양도차익	5억원 × (25억원 − 12억원) / 25억원 = 2.6억원
− 장기보유특별공제	2.6억원 × 40% = (104,000,000원)
= 양도소득금액	156,000,000원
− 양도소득기본공제	(2,500,000원)
= 양도소득과세표준	153,500,000원

삶의 순간순간이
아름다운 마무리이며
새로운 시작이어야 한다.

– 법정 스님

여러분의 작은 소리
에듀윌은 크게 듣겠습니다.

본 교재에 대한 여러분의 목소리를 들려주세요.
공부하시면서 어려웠던 점, 궁금한 점,
칭찬하고 싶은 점, 개선할 점, 어떤 것이라도 좋습니다.

에듀윌은 여러분께서 나누어 주신 의견을
통해 끊임없이 발전하고 있습니다.

에듀윌 도서몰 book.eduwill.net
• 부가학습자료 및 정오표: 에듀윌 도서몰 → 도서자료실
• 교재 문의: 에듀윌 도서몰 → 문의하기 → 교재(내용, 출간) / 주문 및 배송

2024 공인중개사 2차 기본서 부동산세법

발 행 일	2024년 1월 7일 초판
편 저 자	한영규
펴 낸 이	양형남
펴 낸 곳	(주)에듀윌
등록번호	제25100-2002-000052호
주 소	08378 서울특별시 구로구 디지털로34길 55
	코오롱싸이언스밸리 2차 3층

www.eduwill.net
대표전화 1600-6700

에듀윌 직영학원에서
합격을 수강하세요

언제나 전문 학습 매니저와 상담이 가능한 안내데스크

고품질 영상 및 음향 장비를 갖춘 최고의 강의실

재충전을 위한 카페 분위기의 아늑한 휴게실

에듀윌의 상징 노란색의 환한 학원 입구

에듀윌 직영학원 대표전화

공인중개사 학원 02)815-0600	공무원 학원 02)6328-0600	편입 학원 02)6419-0600
주택관리사 학원 02)815-3388	경찰 학원 02)6332-0600	세무사·회계사 학원 02)6010-0600
전기기사 학원 02)6268-1400	소방 학원 02)6337-0600	취업아카데미 02)6486-0600
부동산아카데미 02)6736-0600		

공인중개사학원
바로가기

에듀윌 공인중개사
동문회 9가지 특권

1. 에듀윌 공인중개사 합격자 모임

2. 동문회 인맥북

믿고 의지할 수 있는
동문들을 한 손에!

3. 동문 중개업소 홍보물 지원

4. 동문회와 함께하는 사회공헌활동

5. 동문회 사이트

전국구 동문 인맥
네트워크!
dongmun.eduwill.net

6. 동문회 소식지 무료 구독

7. 최대 규모의 동문회 커뮤니티

8. 창업 사무소 지원 센터

상위1% 고소득을 위한
동문회 전임
자문교수

김진희 교수

우수 동문 선정
부동산 사무소
언론홍보 지원

업계 최고
전문가 초청
성공특강

9. 취업/창업 코칭 센터

합격 후 취업 성공
부동산 중개법인
취업연계

eduwill +

전국 인맥 네트워크
동문선배 사무소
취업연계

선배 동문
성공 노하우
실무포럼

※ 본 특권은 회원별로 상이하며, 예고 없이 변경될 수 있습니다.

에듀윌 공인중개사 동문회 | dongmun.eduwill.net
문의 | 1600-6700

에듀윌 부동산 아카데미 강의 듣기

성공 창업의 필수 코스
부동산 창업 CEO 과정

1 튼튼 창업 기초

- 창업 입지 컨설팅
- 중개사무 문서작성
- 성공 개업 실무TIP

2 중개업 필수 실무

- 온라인 마케팅
- 세금 실무
- 토지/상가 실무
- 재개발/재건축

3 실전 Level-Up

- 계약서작성 실습
- 중개영업 실무
- 사고방지 민법실무
- 빌딩 중개 실무

4 부동산 투자

- 시장 분석
- 투자 정책

부동산으로 성공하는
컨설팅 전문가 3대 특별 과정

마케팅 마스터

- 데이터 분석
- 블로그 마케팅
- 유튜브 마케팅
- 실습 샘플 파일 제공

디벨로퍼 마스터

- 부동산 개발 사업
- 유형별 절차와 특징
- 토지 확보 및 환경 분석
- 사업성 검토

빅데이터 마스터

- QGIS 프로그램 이해
- 공공데이터 분석 및 활용
- 컨설팅 리포트 작성
- 토지 상권 분석

경매의 神과 함께 '중개'에서
'경매'로 수수료 업그레이드

- 공인중개사를 위한 경매 실무
- 투자 및 중개업 분야 확장
- 고수들만 아는 돈 되는 특수 물권
- 이론(기본) - 이론(심화) - 임장 3단계 과정
- 경매 정보 사이트 무료 이용

실전 경매의 神
안성선
이주왕
장석태

에듀윌 부동산 아카데미 | uland.eduwill.net

문의 | 온라인 강의 1600-6700, 학원 강의 02)6736-0600

꿈을 현실로 만드는
에듀윌

DREAM

공무원 교육
- 선호도 1위, 신뢰도 1위! 브랜드만족도 1위!
- 합격자 수 2,100% 폭등시킨 독한 커리큘럼

자격증 교육
- 8년간 아무도 깨지 못한 기록 합격자 수 1위
- 가장 많은 합격자를 배출한 최고의 합격 시스템

직영학원
- 직영학원 수 1위, 수강생 규모 1위!
- 표준화된 커리큘럼과 호텔급 시설 자랑하는 전국 27개 학원

종합출판
- 온라인서점 베스트셀러 1위!
- 출제위원급 전문 교수진이 직접 집필한 합격 교재

어학 교육
- 토익 베스트셀러 1위
- 토익 동영상 강의 무료 제공
- 업계 최초 '토익 공식' 추천 AI 앱 서비스

콘텐츠 제휴 · B2B 교육
- 고객 맞춤형 위탁 교육 서비스 제공
- 기업, 기관, 대학 등 각 단체에 최적화된 고객 맞춤형 교육 및 제휴 서비스

부동산 아카데미
- 부동산 실무 교육 1위!
- 상위 1% 고소득 창업/취업 비법
- 부동산 실전 재테크 성공 비법

공기업 · 대기업 취업 교육
- 취업 교육 1위!
- 공기업 NCS, 대기업 직무적성, 자소서, 면접

학점은행제
- 99%의 과목이수율
- 15년 연속 교육부 평가 인정 기관 선정

대학 편입
- 편입 교육 1위!
- 업계 유일 500% 환급 상품 서비스

국비무료 교육
- '5년우수훈련기관' 선정
- K-디지털, 4차 산업 등 특화 훈련과정

교육 문의 **1600-6700** www.eduwill.net